Fokus Deutsch

Erfolgreich in Alltag und Beruf
Kurs- und Übungsbuch B1

Joachim Schote
Gunther Weimann
sowie Dieter Maenner

Dieses Buch als E-Book nutzen:
Use this book as an e-book:
mein.cornelsen.de
txfu-ou-p4yt

Symbole

- 🔊 Hörtext
- ▶ Video
- P Übung im Prüfungsformat (*Deutsch-Test für den Beruf B1*)
- M Mediation
- ▸ Grammatikübersicht

Erfolgreich in Alltag und Beruf B1
Kurs- und Übungsbuch

Im Auftrag des Verlages erarbeitet von:
Joachim Schote, Gunther Weimann und Dieter Maenner (Prüfungstrainings)

Redaktion:	Maria Funk und Alessandra Frattin
Layout:	finedesign Büro für Gestaltung, Berlin
Umschlag und technische Umsetzung:	Klein & Halm Grafikdesign, Berlin
Illustrationen:	Christoph Grundmann
Studio:	Clarity Studio Berlin
Aufnahmeleitung und Regie:	Susanne Kreuzer
Tontechnik:	Hüseyin Dönerta, Christian Marx, Gislinde Böhringer, Dimitris Kritikos
Sprecherinnen und Sprecher:	Marianne Graffam, Roman Hemetsberger, Melissa Jung, Kim Pfeiffer, Benjamin Plath, Paul Sonderegger, Denis Abrahams, Angelina Geisler, Justin Reddig, Christian Schmitz

Basierend auf **Pluspunkt Deutsch – Erfolgreich im Beruf B1** von Joachim Schote, Gunther Weimann, Petra Schappert und Dieter Maenner

Soweit in diesem Lehrwerk Personen fotografisch abgebildet sind und ihnen von der Redaktion fiktive Namen, Berufe, Dialoge und Ähnliches zugeordnet oder diese Personen in bestimmte Kontexte gesetzt werden, dienen diese Zuordnungen und Darstellungen ausschließlich der Veranschaulichung und dem besseren Verständnis des Inhalts.

www.cornelsen.de

Die Webseiten Dritter, deren Internetadressen in diesem Lehrwerk angegeben sind, wurden teilweise von Cornelsen mit fiktiven Inhalten zur Veranschaulichung und/oder Illustration von Aufgabenstellungen und Inhalten erstellt. Alle anderen Webseiten wurden vor Drucklegung sorgfältig geprüft. Der Verlag übernimmt keine Gewähr für die Aktualität und den Inhalt dieser Seiten oder solcher, die mit ihnen verlinkt sind.

1. Auflage, 1. Druck 2024

Alle Drucke dieser Auflage sind inhaltlich unverändert und können im Unterricht nebeneinander verwendet werden.

© 2024 Cornelsen Verlag GmbH, Berlin

Das Werk und seine Teile sind urheberrechtlich geschützt. Jede Nutzung in anderen als den gesetzlich zugelassenen Fällen bedarf der vorherigen schriftlichen Einwilligung des Verlages.

Hinweis zu §§ 60 a, 60 b UrhG: Weder das Werk noch seine Teile dürfen ohne eine solche Einwilligung an Schulen oder in Unterrichts- und Lehrmedien (§ 60 b Abs. 3 UfhG) vervielfältigt, insbesondere kopiert oder eingescannt, verbreitet oder in ein Netzwerk eingestellt oder sonst öffentlich zugänglich gemacht oder wiedergegeben werden. Dies gilt auch für Intranets von Schulen und anderen Bildungseinrichtungen.

Druck: H. Heenemann, Berlin
ISBN 978-3-06-123213-9 (Kurs- und Übungsbuch)
ISBN 1100033559 (E-Book)

Fokus Deutsch B1 – auf einen Blick

Die Lehrwerksreihe Fokus Deutsch – Erfolgreich in Alltag und Beruf richtet sich an Deutschlernende, die sich auf die sprachlichen Anforderungen im Arbeitsleben in den deutschsprachigen Ländern vorbereiten oder an weiterführenden Qualifizierungsmaßnahmen – zum Beispiel im Rahmen der bundesweiten berufsbezogenen Deutschsprachförderung nach § 45 a Aufenthaltsgesetz – teilnehmen. Der Band Fokus Deutsch – Erfolgreich in Alltag und Beruf B1 wurde entwickelt für Kursteilnehmende, die in Spezialberufssprachkursen die Niveaustufe B1 des GER erreichen möchten.

Der vorliegende Band B1 setzt die Lernziele des Spezialberufssprachkurses B1 des Bundesamts für Migration und Flüchtlinge um und bereitet die Lernenden auf die Abschlussprüfung Deutsch-Test für den Beruf B1 vor. Das Lehrwerk bietet Material für 400 Unterrichtseinheiten inklusive Übungs- und Selbstlernphasen in den Übungseinheiten sowie Prüfungsvorbereitung.

Das Kurs- und Übungsbuch umfasst 14 Einheiten sowie vier Stationen. Jede Einheit besteht aus insgesamt 14 Seiten: sieben Seiten für gemeinsames Lernen im Kursraum, eine Seite „Kurz und bündig", die die wichtigsten Redemittel und die grammatischen Strukturen zusammenfasst, fünf Seiten mit Übungen zur Wiederholung und Vertiefung der Kursbuchinhalte sowie eine Seite „Wichtige Wörter" mit dem Lernwortschatz. Die vier Stationen enthalten jeweils drei Seiten mit weiterem Wortschatz- und Grammatiktraining, eine Seite mit abwechslungsreichen Aufgaben und Übungen zu den Videos „Profis gesucht" der Deutschen Welle (DW) sowie Prüfungstrainingsseiten. Außerdem befinden sich in den Stationen 2 und 4 Zwischentests zur Wiederholung des Gelernten. Der Anhang enthält Partnerseiten mit ausgewählten Übungen zur Förderung der kommunikativen Kompetenz in Rollenspielen, eine systematische Grammatikübersicht sowie eine Liste unregelmäßiger Verben und Verben mit Präpositionen.

Die Themen haben einen klaren Arbeitsweltbezug. Die Kursteilnehmenden lernen dabei, in unterschiedlichen berufsfeldübergreifenden und authentischen Szenarien handlungsorientiert zu agieren.

Mit der kostenlosen **PagePlayer-App** können die Kursteilnehmenden auf alle Audios, Videos sowie auf zusätzliche interaktive Übungen zugreifen. Alternativ finden Sie unter *www.cornelsen.de/webcodes* (Webcode **maquxu**) neben den Inhalten aus der PagePlayer-App auch die Lösungen der Übungen, die Transkripte der Hörtexte sowie eine Wortliste.

Viel Spaß und Erfolg mit Fokus Deutsch – Erfolgreich in Alltag und Beruf B1!

„Profis gesucht" in den Stationen

Die Videos „Profis gesucht" der DW bieten erste Einblicke in den Berufsalltag, Fakten um die Ausbildung sowie Informationen zu wichtigen Tätigkeiten und vermitteln notwendige Redemittel und Wortschatz für das Arbeitsleben. Die Videos in voller Länge mit interaktiven Übungen und zahlreichen weiteren Materialien gibt es kostenlos bei der DW: *www.dw.com/profis*.

Inhalt

	Themen	Grammatik
1 Ein Neuanfang 	A Small Talk in der Arbeitswelt B Arbeitszeiten, Arbeitsorte, Aufgaben C Umgangsformen am Arbeitplatz D Wünsche	· Satzverbindungen mit *obwohl* und *trotzdem* · Perfekt · Präteritum · Nebensätze mit *dass*
2 Wege in den Beruf 	A Schule, Ausbildung und Weiterbildung B Ausländische Berufsabschlüsse C Den Traumberuf finden D Aufgaben im Beruf	· das Verb *lassen* · Wünsche mit Konjunktiv II + *zu*
3 Mein Arbeitsplatz 	A Branchen und Berufe B Die Spedition Huning C Urlaubsplanung D Der Arbeitsweg	· *zu* + Infinitiv · Genitiv · Präpositionen mit Genitiv
Station 1	Wortschatz und Grammatik, Berufe im Fokus: Gebäudereinigung	
4 Arbeit finden 	A Rund um die Arbeitssuche B Sich über Berufe informieren C Kompetenzen im Beruf D Die Jobmesse	· Finalsätze: *damit* und *um ... zu* · *nicht ..., sondern ...* · *anstatt ... zu*
5 Erfolgreich bewerben 	A Wie bewerbe ich mich? B Stellenanzeigen C Im Bewerbungsprozess D Das Anschreiben	· Adjektivdeklination ohne Artikel
6 Das Vorstellungsgespräch	A Gefühle rund um das Vorstellungsgespräch B Vor dem Vorstellungsgespräch C Im Vorstellungsgespräch D Stellenanzeigen	· Präpositionalpronomen bei Sachen: *wo(r)-*, *da(r)-* · temporale Nebensätze mit *bevor*, *während* und *nachdem*
7 Ein neuer Arbeitsplatz 	A Der erste Arbeitstag B Fragen in der ersten Arbeitswoche C Eine Arbeitsbesprechung D Erfahrungen	· Passiv Präsens · Passiv Perfekt · Passiv Präteritum
Station 2	Wortschatz und Grammatik, Berufe im Fokus: Gebäudereinigung, Zwischentest Einheit 1–7	

Lernziele	Seite
· über geeignete Themen für Small Talk sprechen · informelle Gespräche am Arbeitsplatz führen · berichten, was andere in ihrem Beruf gemacht haben · über frühere Arbeitsplätze und Aufgaben sprechen · über formelle (siezen) und informelle (duzen) Kommunikation sprechen · über Wünsche für das Berufsleben sprechen	8–15 **Übungen** 16–21
· über Berufserfahrungen berichten · über Schule, Ausbildung und Weiterbildung sprechen · ein Beratungsgespräch zum Thema Weiterbildung führen · über die Anerkennung von ausländischen Berufsabschlüssen sprechen · über „typische" Männer- und Frauenberufe sprechen · über Berufswege und Pläne für die Zukunft sprechen · über Aufgaben in Berufen sprechen und einen Beruf vorstellen	22–29 **Übungen** 30–35
· über Branchen und Berufe sprechen · Durchsagen verstehen · eine Firma präsentieren · eine Rundmail verstehen · über Urlaubstermine diskutieren und eine Einigung finden · Verkehrsmittel benennen und den Weg zur Arbeit beschreiben	36–43 **Übungen** 44–49
Prüfungstraining *Deutsch-Test für den Beruf B1*: Lesen Teil 1–4	50–59
· über die Arbeitssuche sprechen · wie das BiZ bei der Arbeitssuche helfen kann · Informationen über Berufe sammeln und über Berufe berichten · über Softskills sprechen und die eigene Meinung sagen · über Jobmessen sprechen	60–67 **Übungen** 68–73
· über Unterlagen für eine Bewerbung sprechen · über Erfahrungen mit Bewerbungen sprechen · Stellenanzeigen lesen und verstehen und über Stellenangebote sprechen · sich telefonisch über eine Stelle informieren · einen tabellarischen Lebenslauf schreiben · ein Bewerbungsschreiben verstehen und verfassen	74–81 **Übungen** 82–87
· über Gefühle rund um das Vorstellungsgespräch sprechen · eine Einladung zu einem Vorstellungsgespräch verstehen und den Termin bestätigen · einen Ratgebertext verstehen · sich auf ein Vorstellungsgespräch vorbereiten · über berufliche Erfahrungen und Qualifikationen berichten · typische Fragen in einem Vorstellungsgespräch beantworten	88–95 **Übungen** 96–101
· über den ersten Arbeitstag sprechen und Informationen darüber verstehen · Einweisungen am ersten Arbeitstag erhalten und verstehen · ein Begrüßungsschreiben für neue Mitarbeitende verstehen · die Bedienung eines Gerätes erklären · in einer Firma nach dem Weg fragen und den Weg erklären · einen Einsatzplan und ein Arbeitsprotokoll verstehen · eine Arbeitsbesprechung verstehen und daran teilnehmen	102–109 **Übungen** 110–115
Prüfungstraining *Deutsch-Test für den Beruf B1*: Lesen und Schreiben Teil 1 und 2, Sprachbausteine und Schreiben Teil 1 und 2	116–127

Inhalt

	Themen	Grammatik
8 Kommunikation	A Gespräche am Arbeitsplatz B Bitten und Aufforderungen C Telefonieren am Arbeitsplatz D Konfliktgespräche	· Höfliche Aufforderungen und Bitten mit dem Konjunktiv II · Nebensätze mit *wenn*
9 Arbeitsschutz	A Unfallrisiken und Sicherheit B Sicherheitsmaßnahmen in Unternehmen C Einen Unfall melden D Die richtige Kleidung	· Partizip I · Adjektive mit *-un* und *-los*
10 Berufliche Veränderungen	A Selbstständigkeit pro und kontra B Ich mache mich selbstständig C Seinen Job kündigen D Die Kündigung	· Plusquamperfekt · Bedingungen und Wünsche mit *wenn* und Konjunktiv II · N-Deklination
Station 3	Wortschatz und Grammatik, Berufe im Fokus: Anlagenmechanik	
11 Termine	A Termine einhalten B Termine mündlich vereinbaren C Termine schriftlich vereinbaren D Eine Krisensitzung	· temporale Präpositionen · Superlativ
12 Aufträge	A Bestellungen und Einkäufe B Vom Angebot bis zur Lieferung C Beschwerden und Reklamationen D Beschwerdemanagement	· Partizip II als Adjektiv · Vergleiche mit *je … desto*
13 Digitalisierung	A Technische Innovationen B Einfach „smart" C Die Hotline D Künstliche Intelligenz	· Futur I · Doppelkonjunktionen
14 Arbeit und Recht	A Der Arbeitsvertrag B Vollzeit oder Teilzeit? C Der Betriebsrat und seine Aufgaben D Die Gehaltsabrechnung	· Adjektive für Personen als Nomen · Relativsätze mit Relativpronomen
Station 4	Wortschatz und Grammatik, Berufe im Fokus: Anlagenmechanik	

Partnerseiten 248   **Grammatik** 251   **Verblisten** 274

Lernziele	Seite
• einen Dienstplan verstehen und darüber sprechen • mündliche Arbeitsaufträge verstehen, darauf reagieren und annehmen • Bitten annehmen oder ablehnen • Textnachrichten und Telefonnotizen schreiben • am Arbeitsplatz telefonieren • ein Konfliktgespräch führen und Verärgerung ausdrücken	128–135 **Übungen** 136–141
• über Unfallrisiken am Arbeitsplatz sprechen • Sicherheitszeichen verstehen • Informationen über Sicherheit am Arbeitsplatz verstehen • einen Unfall melden und den Hergang schriftlich und mündlich beschreiben • ein Unfallprotokoll ausfüllen • über den Sinn und die Funktion von Arbeitskleidung sprechen	142–149 **Übungen** 150–155
• über Selbstständigkeit und die Vor- und Nachteile sprechen • über Geschäftsideen sprechen • einen Text zusammenfassen • über Gründe für eine Kündigung sprechen • ein Kündigungsschreiben verstehen • ein Kündigungsgespräch führen und ein Arbeitszeugnis verstehen	156–163 **Übungen** 164–169
Prüfungstraining *Deutsch-Test für den Beruf B1*: Hören Teil 1–4, Hören und Schreiben	170–179
• Termine vereinbaren und über Terminvereinbarungen sprechen • über Pünktlichkeit sprechen • eine Sprachnachricht hinterlassen und Informationen aus einer Nachricht notieren • Mitarbeitende über Kundenbeschwerden informieren • interne Firmenprobleme und ihre Gründe verstehen • den Inhalt einer Diskussion in einem Protokoll zusammenfassen	180–187 **Übungen** 188–193
• über Erfahrungen mit Bestellungen und Einkäufen im Internet sprechen • über Angebote sprechen • Materialien entgegennehmen und quittieren • Lieferlisten Informationen entnehmen und vergleichen • fehlende oder fehlerhafte Ware reklamieren und auf Reklamationen eingehen • über Mängel und Schäden informieren und über Beschwerdemanagement sprechen	194–201 **Übungen** 202–207
• über Veränderungen in der Arbeitswelt sprechen • über zukünftige Entwicklungen sprechen • gemeinsam etwas planen • eine Hotline anrufen und Probleme mit der Computertechnik beschreiben • einen Zeitungskommentar verstehen • über die Möglichkeiten von Künstlicher Intelligenz diskutieren	208–215 **Übungen** 216–221
• über Rechte und Pflichten im Beruf sprechen • einen Arbeitsvertrag verstehen und darüber sprechen • über die Vor- und Nachteile von Teilzeit sprechen • den Inhalt einer Statistik erfassen und wiedergeben • Gehaltsabrechnungen verstehen und darüber sprechen	222–229 **Übungen** 230–235
Zwischentest Einheit 8–14, Prüfungstraining *Deutsch-Test für den Beruf B1*: Sprechen Teil 1–3	236–247

Quellen 278   **Trackübersicht** 280

1 Ein Neuanfang

A Small Talk in der Arbeitswelt

1 Welche Situationen passen (nicht) zum Thema Arbeit? Sehen Sie die Fotos an und sprechen Sie.

> Ich glaube, Foto A passt zum Thema Arbeit. Hier sind zwei Person. Sie essen vielleicht in einer Kantine.

> Die Personen auf Foto B sind vielleicht …

2a Gespräche am Arbeitsplatz. Zu welchen Fotos in 1 passen die Dialoge? Hören und notieren Sie.

☐ Dialog 1   ☐ Dialog 2   ☐ Dialog 3   ☐ Dialog 4

2b Über welche Themen sprechen die Personen? Hören Sie noch einmal und verbinden Sie.

Dialog 1   a die Pause
                    b die Kolleginnen und Kollegen
Dialog 2   c das Wochenende
                    d den Urlaub
Dialog 3   e die Musik
                    f die Nachbarn
Dialog 4   g die kommende Woche

8

Lernziele
- über geeignete Themen für Small Talk sprechen
- informelle Gespräche am Arbeitsplatz führen

3 Welche Themen finden Sie für Small Talk geeignet? Über welche Themen reden Sie (nicht) gerne? Sprechen Sie im Kurs.

> Essen • Familie • Gesundheit • Wetter • Sport • Kolleginnen und Kollegen • Arbeit • Urlaub • Politik • Wochenende • Geld • Hobbys • Freizeit • Kinder • Betriebsausflug • Betriebsfeier

> Ich finde, dass das Wetter immer ein gutes Gesprächsthema ist.

> In Deutschland sprechen die Leute gern über …

4a Small Talk am Arbeitsplatz. Ordnen Sie die Redemittel zu und ergänzen Sie die Tabelle.
Ü2+3

> Ganz schön warm/kalt heute! • Das hört sich ja spannend an. • Wie geht es dir? • Das tut mir leid! • Na, dann bis später! • Wie war Ihr Urlaub/Wochenende? • Sie sind ja wieder da! • Man sieht sich! • Ich habe gehört, … • Ach, wie schön! • Ich wünsche Ihnen ein schönes Wochenende / einen schönen Urlaub! • ~~Erzählen Sie mal!~~ • Geht es dir wieder besser? • Ach, schon so spät, ich muss los.

das Gespräch beginnen	Interesse zeigen	das Gespräch beenden
	Erzählen Sie mal!	

4b Wählen Sie eine Situation aus und spielen Sie zu zweit einen Dialog.

Situation 1
Sie setzen sich in der Kantine neben eine Kollegin oder einen Kollegen, die/den Sie nicht kennen und stellen sich vor. Sie arbeiten seit zehn Tagen in der Firma in der Produktion. Die Kolleginnen/Kollegen sind freundlich und helfen immer, wenn Sie etwas nicht wissen.

Situation 2
Es ist Montagmorgen. Sie kommen zur Arbeit. Eine Kollegin oder ein Kollege fragt, wie Ihr Wochenende war. Sie haben am Samstag eingekauft und die Wohnung geputzt. Am Sonntag haben Sie mit der Familie im Park gegrillt.

Situation 3
Sie sind auf einem Betriebsfest und sitzen neben einer Kollegin oder einem Kollegen, die/den Sie schon oft gesehen haben, aber Sie wissen nicht, wie sie/er heißt und in welcher Abteilung sie/er arbeitet. Sie stellen sich vor und sprechen mit der Kollegin oder dem Kollegen über das Essen und die allgemeine Stimmung auf dem Betriebsfest.

B Arbeitszeiten, Arbeitsorte, Aufgaben

1a Wie arbeiten die Personen? Lesen Sie die Texte und ergänzen Sie die Namen.
Ü4+5

Teilzeit: .... Vollzeit: .... Schichtarbeit: ....

regelmäßige Arbeitszeiten: .... nach Auftrag: ....

Lan Phuong: Verkehrsbetriebe

Ich habe bei den Unterroder Verkehrsbetrieben eine Ausbildung zur Elektrotechnikerin gemacht. Nach der Ausbildung habe ich einen festen Arbeitsvertrag bekommen und arbeite jetzt bei
5 den Verkehrsbetrieben in Vollzeit mit 38 Stunden pro Woche. Meine Kolleginnen und Kollegen und ich warten und reparieren die Straßenbahnen. Das ist unsere Hauptaufgabe. Ich habe regelmäßige Arbeitszeiten von montags bis freitags
10 7.30 bis 16.00 Uhr, am Freitag machen wir schon etwas früher Feierabend. Das ist ein Unterschied zu vielen Kolleginnen und Kollegen bei den Verkehrsbetrieben, denn die Bus- und Straßenbahnfahrerinnen und -fahrer haben alle Schichtdienst und müssen früh morgens, spät am Abend und auch am Wochenende arbeiten.

Gibran Sah: Lokführer

Mein Beruf ist Lokführer. Ich habe viele Jahre in Festanstellung bei der Nordsüdbahn AG gearbeitet. Die Arbeit hat mir gut gefallen. Trotzdem habe ich vor zwei Jahren gekündigt und arbeite
5 jetzt freiberuflich. Ich bekomme Aufträge von verschiedenen Transportunternehmen und fahre vor allem Güterzüge. Die Entscheidung war richtig, denn als Freiberufler bin ich flexibler. Wenn ich z. B. am Wochenende nicht arbeiten
10 möchte, nehme ich keine Aufträge an. Wenn ich krank bin und nicht fahren kann, verdiene ich nichts. Aber in den letzten Jahren wurden immer Lokführer gesucht und ich hatte immer sehr viele Aufträge. Ich mache mir also keine Sorgen, obwohl eine freiberufliche Arbeit auch Risiken hat.

Mikkel Jepsen: Cafeteria

Ich habe eine Teilzeitstelle als Bedienung in einem Café am Hauptbahnhof und arbeite 25 Stunden pro Woche. Das Café öffnet jeden Tag um 7.00 Uhr, aber wir Angestellten sind
5 immer schon eine halbe Stunde früher da, um alles vorzubereiten. Ich bin immer am Montag, Mittwoch und Freitag bis zum frühen Nachmittag da. Viele von meinen Kolleginnen und Kollegen arbeiten in Teilzeit. In den Ferienzeiten
10 und im Sommer, wenn viel los ist, arbeiten bei uns auch viele Studierende als Aushilfen. Ich habe viel mit Menschen zu tun. Das gefällt mir.

Lernziele
- berichten, was andere in ihrem Beruf gemacht haben
- über frühere Arbeitsplätze und Aufgaben sprechen
- Wiederholung: Satzverbindungen mit *obwohl* und *trotzdem*, Perfekt und Präteritum

1

Ariuna Bayaraa: Lagerarbeiterin

Ich bin vor drei Jahren nach Deutschland gekommen. Obwohl ich in meinem Heimatland eine erfolgreiche Grafikerin war, konnte ich hier in Deutschland keine Stelle in meinem Beruf
5 finden. Jetzt bin ich Lagerarbeiterin in einer großen Möbelfirma. Ich bin unter anderem für die Kontrolle der Warenlieferungen zuständig. Wenn eine Kundin oder ein Kunde etwas kauft, hole ich es aus dem Lager und bringe es zur
10 Warenausgabe. Ich muss viel laufen – jeden Tag gehe ich mehrere Kilometer. Ich arbeite fünf Tage pro Woche in der Frühschicht von 5 bis 13 Uhr oder in der Spätschicht von 11 bis 19 Uhr. Jede zweite Woche muss ich auch am Samstag in der Firma sein, aber dafür bekomme ich dann an einem anderen Wochentag frei. Ich finde meine Arbeitszeiten gut.

1b Lesen Sie noch einmal und kreuzen Sie an: richtig oder falsch?

		R	F
1	Lan Phuong hat ihren Beruf bei den Verkehrsbetrieben gelernt.	☐	☐
2	Manchmal arbeitet sie als Straßenbahnfahrerin.	☐	☐
3	Gibran Sah sucht wieder eine feste Stelle.	☐	☐
4	Mikkel Jepsen arbeitet an drei Tagen pro Woche.	☐	☐
5	Ariuna Bayaraa arbeitet regelmäßig am Samstag.	☐	☐
6	Sie arbeitet an der Warenausgabe.	☐	☐

1c *Obwohl* und *trotzdem*. Formen Sie die Sätze um.
Ü6

> **Regel**
> *trotzdem* + Hauptsatz
> *obwohl* + Nebensatz
> ▶ 10.9 + 10.12

1 Die Arbeit hat mir gut gefallen. Trotzdem habe ich gekündigt.

Obwohl ...., ...

2 Obwohl ich eine erfolgreiche Grafikerin war, konnte ich hier keine Stelle in meinem Beruf finden.

Ich war .... Trotzdem ....

2 Ein Jahr später. Ariuna arbeitet nicht mehr in dem Lager. Schreiben Sie den Text aus 1a in der Vergangenheit. Benutzen Sie das Perfekt oder das Präteritum.
Ü7+8

3 *Ich war Lagerarbeiterin in einer großen Möbelfirma. ...*

> **Memo**
>
> | Präsens | Präteritum | Präsens | Perfekt |
> |---|---|---|---|
> | ich bin | ich war | sie kaufen | sie haben gekauft |
> | ich muss | ich musste | ich gehe | ich bin gegangen |
>
> ▶ 2.1–2.5

Wo haben Sie schon gearbeitet? Welche Aufgaben hatten Sie? Was hat Ihnen Spaß gemacht? Was können Sie besonders gut? Berichten Sie im Kurs.

> **Redemittel**
>
> **über die Arbeit und Aufgaben sprechen**
> Ich habe als … bei der Firma … gearbeitet.
> Ich habe jeden Tag von … bis … Uhr gearbeitet. Ich hatte Schichtarbeit. Ich musste auch am Wochenende arbeiten.
> Ich habe mich um … gekümmert. Ich kann sehr gut … . Ich glaube, das ist meine Stärke.
> Besonders interessant war … Eher langweilig war …

C Umgangsformen am Arbeitsplatz

1a Begegnungen am Arbeitsplatz. Welche Sätze passen zu welchem Bild? Lesen und notieren Sie.

1 Sind Sie Frau Yorgan aus …?
2 Hallo, ich soll um 10 Uhr bei Frau Mondo sein.
3 Guten Morgen zusammen!
4 Entschuldigen Sie die Verspätung, ich hatte noch einen Termin.
5 Hallo Leute! Alles ok?
6 Hallo, Sie da! Kommen Sie von der Firma Horizonte Warenlogistik?
7 Ich weiß, ich bin zu spät, aber jetzt bin ich da!
8 Guten Tag, mein Name ist Shariati. Ich habe um 10 Uhr einen Termin bei Frau Mondo.

1b Welche Sätze aus a passen in den Situationen am besten? Ergänzen Sie die Sprechblasen in den Bildern.

2a Was ist das Thema? Hören Sie das Gespräch und kreuzen Sie an.

1 ☐ Der Unterschied zwischen Duzen und Siezen
2 ☐ Umgangsformen in der Arbeitswelt
3 ☐ Höflichkeit und Unhöflichkeit in der Arbeitswelt

2b Wer sagt was? Hören Sie das Gespräch noch einmal und kreuzen Sie an.

	Moderatorin	Herr Pedroza
1 Es gibt Regeln für das Duzen oder Siezen.	☐	☐
2 In manchen Firmen ist das Du zwischen allen Mitarbeitenden üblich.	☐	☐
3 Die Firmenkulturen sind verschieden.	☐	☐
4 Neue Geschäftspartner werden am Anfang immer gesiezt.	☐	☐
5 Respekt im Umgangston ist wichtiger als das „Du" oder „Sie".	☐	☐
6 Höflichkeit und Respekt verbessern das Betriebsklima.	☐	☐

- über formelle (siezen) und informelle (duzen) Kommunikation sprechen
- berichten, was andere sagen oder gesagt haben
- Wiederholung: Nebensätze mit *dass*

2c Was sagen die Moderatorin und Herr Pedroza? Formulieren Sie die Sätze aus b neu.

> Herr Pedroza sagt, dass in manchen Firmen das Du zwischen allen Mitarbeitenden üblich ist.

> Die Moderatorin sagt, dass …

Memo

Nebensätze mit *dass*

Herr Pedroza: „In manchen Firmen ist das Du zwischen allen Mitarbeitenden üblich."
Herr Pedroza sagt, dass in manchen Firmen das Du zwischen allen Mitarbeitenden üblich ist.

Vor dem Nebensatz steht immer ein Komma.

▶ 10.12

2d Was haben Sie gehört oder gelesen? Sprechen Sie zu zweit und reagieren Sie wie im Beispiel.

> Ich habe gehört, dass sich immer mehr Menschen duzen.

> Das habe ich auch gehört. / Tatsächlich? / Das ist ja interessant. Ich habe gelesen, dass …

3a Lesen Sie den Text. Welche Antwort a oder b passt am besten? Kreuzen Sie an.

Formelle und informelle Kommunikation im Berufsleben

Im Allgemeinen dürfen Vorgesetzte den Mitarbeitenden das Du anbieten, aber nicht umgekehrt. Bei Mitarbeitenden, die die gleiche Position haben, bieten Ältere den Jüngeren das Du an. Wenn man neu in der Firma ist, sollte man darauf warten, dass die Kolleginnen oder Kollegen das Du anbieten. Wenn man unsicher ist, kann man auch fragen, ob sich die Angestellten siezen oder
5 duzen. In vielen jungen Firmen, für die eine partnerschaftliche Zusammenarbeit aller Mitarbeitenden wichtig ist, gehört das Du auf allen Ebenen von der Unternehmensführung bis zu den Auszubildenden zur Unternehmenskultur. In Onlineshops, aber auch in der Werbung wird die Zielgruppe heutzutage auf den Webseiten, in E-Mails oder in Werbebotschaften immer häufiger geduzt.

1 Wenn man neu in einer Firma ist,
 a ☐ sollte man die anderen nicht sofort duzen.
 b ☐ bieten die Vorgesetzten oft das Du an.

2 In einigen Firmen
 a ☐ darf man die Auszubildenden nicht duzen.
 b ☐ ist das Du auf allen Ebenen üblich.

3b Welche Erfahrungen haben Sie mit Duzen und Siezen in Deutschland gemacht? Erzählen Sie.

Redemittel

über Erfahrungen sprechen

Ich habe die Erfahrung gemacht, dass …
Ich habe oft/schon erlebt, dass …
Ich habe in/bei … gearbeitet. Da haben sich die Angestellten (nicht) geduzt/gesiezt.
In …, wo ich früher gearbeitet/gewohnt habe, ist der Unterschied von Du und Sie nicht so streng wie / strenger als hier.
Bei uns werden ältere Menschen gesiezt.

4 Formelles und informelles Sprechen in Ihrem Heimatland. Wie wichtig ist der Unterschied im täglichen Leben und im Beruf? Sprechen Sie zu zweit.

> Bei uns in … ist es wichtig, dass man Vorgesetzte siezt.

> Ich komme aus Schweden. Da duzen sich alle.

> In meiner Sprache gibt es da keinen Unterschied.

D Wünsche

• über Wünsche für das Berufsleben sprechen

1a Welche Berufe wollen die Personen lernen oder welche Berufe lernen sie? Hören und notieren Sie.

Köchin • Bürokaufmann • Hotelfachfrau • Friseur • Florist •
Berufskraftfahrer • Bankkauffrau • Altenpfleger

Angelina

Mahdi

Monique

Pablo

1b Hören Sie noch einmal und ergänzen Sie die Sätze.

ein gutes Gehalt • leisten • Berufswunsch • weiterarbeiten •
eine gute Arbeitsatmosphäre • kreativ • Arbeitszeiten • Chance • Sicherheit

1 Nach der Ausbildung konnte Angelina in der Bank ....
2 Sie findet .... und .... wichtig.
3 Mahdi hat noch keinen klaren ....
4 .... ist ihm wichtiger als Geld.
5 Monique ist mit ihren .... insgesamt zufrieden.
6 Sie möchte in ihrem Beruf gerne .... sein.
7 Pablo sieht in seiner Ausbildung eine große ....
8 Er will gute Arbeit ....

2a Was ist Ihnen im Beruf wichtig (+) und was nicht so wichtig (–)? Notieren Sie.

☐ feste/flexible Arbeitszeiten • ☐ Sicherheit • ☐ ein gutes Gehalt •
☐ nette Kolleginnen und Kollegen • ☐ Spaß an der Arbeit • ☐ genug Zeit für die Familie •
☐ Karrierechancen • ☐ mit den Händen arbeiten • ☐ draußen/drinnen arbeiten •
☐ freundliche Vorgesetzte • ☐ mit Kindern arbeiten • ☐ alleine / im Team arbeiten •
☐ Kontakt zu Kundinnen und Kunden haben • ☐ in einem Büro / am Computer arbeiten •
☐ im Bereich Gesundheit/Gastronomie/Verkauf/… arbeiten • …

2b Machen Sie ein Interview mit Ihrer Partnerin oder Ihrem Partner.

> Was ist dir besonders wichtig bei der Arbeit? Was ist nicht so wichtig? Wo möchtest du am liebsten arbeiten?

> Für mich ist am wichtigsten, …
> Am liebsten möchte ich …
> Nette Kollegen sind mir wichtiger als …

2c Was hat Ihre Partnerin oder Ihr Partner gesagt? Sprechen Sie im Kurs.

> … ist für … besonders wichtig. Er/Sie hat gesagt, dass …

Kurz und bündig

Kommunikation

Small Talk
- Schön, Sie zu sehen. Wie war denn Ihr Urlaub?
- Wunderbar. Wir hatten so ein Glück mit dem Wetter.
- Was haben Sie gemacht? Erzählen Sie mal.
- Wir waren jeden Tag am Strand und haben im Meer gebadet.

über Arbeit und Aufgaben sprechen
Ich habe als Mechaniker bei einer Heizungsfirma gearbeitet.
Ich kann sehr gut unter Stress arbeiten. Ich glaube, das ist meine Stärke.

über Wünsche für den Beruf sprechen
Für mich ist wichtig, dass ich neben der Arbeit noch Zeit für meine Kinder habe.
Mir gefällt eine Arbeit, bei der man viel unterwegs ist.
Ich möchte gute Karrierechancen haben.

Grammatik

Vergangenheit

Das Präteritum von *sein* und *haben*		
	sein	haben
ich	war	hatte
du	warst	hattest
er/es/sie/man	war	hatte
wir	waren	hatten
ihr	wart	hattet
sie/Sie	waren	hatten

Perfekt: *haben/sein* + Partizip II

Ich	bin	nach Deutschland	gekommen.
Ich	habe	eine Ausbildung	gemacht.
Ich	habe	in einem Café	gearbeitet.

Perfekt: *sein* oder *haben*?
Die meisten Verben bilden das Perfekt mit *haben*:
ich habe gemacht, ich habe gelernt, ich habe gearbeitet …

Verben der Bewegung von A nach B oder Verben der Veränderung bilden das Perfekt mit *sein*:
ich bin gegangen, ich bin gefahren, ich bin gelaufen …

Satzverbindungen

Nebensätze mit *dass* und *obwohl*

| Melika sagt, | dass | in machen Firmen das Du üblich | ist. |
| Ich mache mir keine Sorgen, | obwohl | eine freiberufliche Arbeit auch Risiken | hat. |

Satzverbindungen mit *deshalb* und *trotzdem*
Er ist krank. Deshalb macht er sich Sorgen.
Die Arbeit hat ihm gut gefallen. Trotzdem hat er gekündigt.

1 Übungen

1 Was wird groß geschrieben? Korrigieren Sie den Dialog.

- hallo, darko! was machst du denn hier? ich dachte, du hast urlaub!
- hatte ich auch. aber nur bis freitag. heute ist mein erster tag nach dem urlaub.
- stimmt. und, was hast du im urlaub gemacht? wo warst du denn?
- ich habe meine eltern besucht. und dann war ich noch eine woche am meer. ich habe ein bisschen erholung gebraucht.
- von der familie?
- hm, ja. familie kann anstrengend sein. immer so viele leute, alle muss man besuchen. wenn man einen vergisst, ist der beleidigt. du kennst das sicher.
- ja, das kenne ich sehr gut. na ja, jetzt bist du ja wieder hier und kannst dich vom urlaub erholen.

> **Memo**
> Groß schreibt man z. B.: Nomen (der Urlaub, die Arbeit), Satzanfänge und Eigennamen.

Hallo, Darko! Was ...

2a Small Talk. Schreiben Sie Fragen wie im Beispiel.

1. ein schönes Wochenende – Sie – hatten

    Hatten Sie ein schönes Wochenende?

2. war – Ihr Urlaub – wie

3. haben – den neuen James-Bond-Film – gesehen – Sie

4. welche Pläne – Sie – für das Wochenende – haben

5. geht – wie – Ihrer Familie – es

2b Schreiben Sie weitere Fragen und dazu passende Antworten.

Haben Sie das Fußballspiel gestern gesehen? – Ja, das war wirklich spannend.

3 Pausengespräch. Bringen Sie den Dialog in die richtige Reihenfolge.

- ☐ Ihnen auch. Auf Wiedersehen!
- ☐ Das haben Sie richtig gemacht, dass Sie zu Hause geblieben sind.
- ☐ Ja, er hat mich eine Woche krankgeschrieben.
- ☐ Wieder gut. Ich war letzte Woche krank.
- ☐ Ja, ich wollte niemanden anstecken. Einen schönen Tag noch!
- ☐ Oh, das tut mir aber leid. Was hatten Sie denn?
- ☒ 1 Guten Morgen, Frau Bobic. Wie geht es Ihnen?
- ☐ Ach, eine schlimme Erkältung.
- ☐ Das klingt nicht gut, waren Sie beim Arzt?

4 Arbeitszeiten. Ordnen Sie die Wörter den Erklärungen zu.

> Frühschicht • Spätschicht • Teilzeit • Vollzeit • Feierabend • Schichtdienst

1 Man arbeitet zu verschiedenen Zeiten und oft auch am Wochenende: ....
2 Man arbeitet zum Beispiel nur 20 Stunden pro Woche: ....
3 Man arbeitet von frühmorgens bis mittags: ....
4 Der Arbeitstag ist beendet: ....
5 Man arbeitet 38 Stunden pro Woche: ....
6 Man arbeitet von mittags bis abends: ....

5 Ergänzen Sie die Wörter.

1 Ich hatte früher eine F__st__nst__ll__ng, jetzt arbeite ich fr____b__r__fl__ch.
2 Nach meiner ____sb__ld__ng habe ich von der Firma einen festen __rb____tsv__rtr__g bekommen.
3 Ich habe einige K__ll__g__nn__n, die bei uns als ____sh__lf__n arbeiten.
4 Meine H____pt____fg__b__ ist es, die Waren zu kontrollieren.
5 Ich bin für die Reparatur der Straßenbahnen z__st__nd__g.
6 Mittags esse ich mit meinen K__ll__g__n in der K__nt__n__.

6a Satzverbindungen. Verbinden Sie die Sätze mit *obwohl*.
▶ 10.12

1 Lan arbeitet nicht am Wochenende. Sie arbeitet bei den Verkehrsbetrieben.

  Lan arbeitet nicht am Wochenende, obwohl sie bei den Verkehrsbetrieben arbeitet.

2 Gibran macht sich keine Sorgen. Er verdient bei Krankheit kein Geld.

3 Mikkel beginnt seine Arbeit um 7 Uhr. Das Café öffnet schon um 6.30 Uhr.

4 Ariuna arbeitet als Lagerarbeiterin. Sie war eine erfolgreiche Grafikerin.

5 Meltem konnte keine Stelle finden. Er hat viele Jahre Berufserfahrung.

6 Vladimir darf in Deutschland nicht unterrichten. Er hat in Russland als Lehrer gearbeitet.

6b Verbinden Sie die Sätze aus a mit *trotzdem* wie im Beispiel. Schreiben Sie die Sätze in Ihr Heft.
▶ 10.9

> *1 Lan arbeitet bei den Verkehrsbetrieben. Trotzdem arbeitet sie nicht am Wochenende.*

1

7 Regelmäßige Verben. Schreiben Sie die Sätze im Perfekt und Präteritum wie im Beispiel.
▶ 2.3–2.5

1 Gibran lernt den Beruf Lokführer. *Er hat den Beruf Lokführer gelernt.*
Er lernte den Beruf Lokführer.

2 Wir arbeiten oft zehn Stunden pro Tag. ....

3 In meinem Job repariere ich Straßenbahnwagen. ....

4 Ariuna sucht eine neue Arbeit. ....

5 Am Morgen bereiten wir alles für den Verkauf im Café vor. ....

8a Unregelmäßige Verben. Ergänzen Sie.
▶ 2.6

gefallen – gefiel – .... | .... – .... – ist gelaufen

.... – .... – ist gekommen | sehen – .... – ....

lassen – .... – .... | .... – ging – ....

.... – .... – ist geflogen | werden – .... – ....

.... – fing an – .... | .... – .... – ist geblieben

8b Ergänzen Sie passende Verben aus a in der angegebenen Zeitform.

1 Manchmal .... er zu spät zur Arbeit. (*Präteritum*)

2 In der letzten Zeit .... wir den Chef nicht oft .... (*Perfekt*)

3 Der Urlaub .... mir sehr gut .... (*Perfekt*)

4 Das Wetter .... plötzlich schlechter .... (*Perfekt*)

5 Er .... meistens zu Fuß zur Arbeit. (*Präteritum*)

6 Wir .... nach Feierabend noch zwei Stunden in der Firma. (*Präteritum*)

7 Ich .... mit dem Flugzeug .... (*Perfekt*)

> **Memo**
> Nebensätze (z. B. mit *dass*, *obwohl* oder *weil*) werden immer mit einem Komma getrennt.

9 Satzverbindungen. Schreiben Sie die Sätze mit *dass*.
▶ 10.12

1 Solarenergie wird in der Zukunft immer wichtiger.
Ich denke, dass ....

2 Viele Firmen suchen Mitarbeitende.
Die Zeitungen schreiben, dass ....

3 Nicht alle Themen sind für Small Talk geeignet.
Viele Leute meinen, dass ....

4 Er kann nach der Ausbildung bei der Firma weiterarbeiten.
Wir sind sicher, dass ....

18

10 Was sagt Alhadji Daffe? Schreiben Sie Sätze mit *dass*.
▶ 10.12

Ich lebe seit sechs Jahren in Deutschland. Ich lerne jetzt den Beruf Lagerlogistiker. Bei der Arbeit verstehe ich nicht immer alles. Meine Kollegen sind sehr nett und erklären mir die Sachen, die ich nicht verstehe. Der Beruf macht mir Spaß. Später will ich gerne in der Firma weiterarbeiten.

Herr Daffe sagt, dass er seit sechs Jahren in Deutschland lebt. Er sagt, dass er ....

11 Formelle und informelle Kommunikation. Schreiben Sie die Dialoge um wie im Beispiel.

1 informell
- Hallo Paul, wie geht es dir?
- Danke, gut. Und dir?
- Mir geht es auch gut. Hast du schon in deinem neuen Job angefangen?
- Noch nicht. Aber am zweiten Mai fange ich an. Erinnere ich mich richtig, dass du auch deine Stelle wechseln willst?
- Ja, das ist richtig, aber bei mir ist es nicht so eilig wie bei dir.

formell
Guten Tag, Herr Erb. Wie geht es Ihnen?

2 formell
- Räumen Sie bitte noch die Küche auf, bevor Sie gehen.
- Können Sie das nicht machen? Ich muss noch fünf Briefe schreiben.
- Einverstanden. Aber ich bitte Sie, dass Sie das dann morgen machen.
- Selbstverständlich. Ich weiß ja, dass Sie im Moment auch viel Stress haben.
- Ja, das stimmt. Ich danke Ihnen.
- Dann wünsche ich Ihnen einen schönen Feierabend. Kommen Sie gut nach Hause.

informell
Räum bitte

1

12 Vorteile und Nachteile von Berufen. Ergänzen Sie die Sätze.

> ein gutes Gehalt • ~~nette Kolleginnen und Kollegen~~ • vielen Reisen •
> Spaß an der Arbeit • viel Zeit für meine Familie • Karrierechancen •
> im Team arbeiten • lange Arbeitszeiten • am Wochenende arbeiten

Elena: „Es ist gar nicht so einfach, den richtigen Beruf zu finden. Ich bin Altenpflegerin und habe sehr viele ..... *nette Kolleginnen und Kollegen*[1]....., mit denen ich viel lache und die mich auch mal trösten. Leider ist meine Arbeit sehr anstrengend und ich muss auch oft ....[2]. Das bedeutet, dass ich nicht ....[3] habe. Aber ich liebe meinen Beruf."

Vitali: „Ich bin Berufskraftfahrer und fahre oft in andere Länder. Dadurch habe ich ....[4]. Doch dafür bekomme ich eigentlich ....[5] und ich habe ....[6], weil ich gerne Auto fahre."

Muriel: „Ich bin Hotelkauffrau und ein großer Vorteil von meiner Arbeit sind die ....[7] in verschiedene Länder. Dort teste ich Hotels. In meinem Beruf gibt es gute ....[8]. Vielleicht werde ich mal Hoteldirektorin, wer weiß. Im Hotel arbeiten viele Menschen, daher ist es wichtig, dass man gut ....[9] kann."

> drinnen arbeiten • feste Arbeitszeiten • mit Kindern arbeiten •
> Sicherheit • einem Büro arbeiten • draußen arbeiten

Sarif: „Ich arbeite als Bürokaufmann. Ich wollte schon immer in ....[10]. Ich arbeite von 9 Uhr bis 17 Uhr. Für mich sind ....[11] sehr wichtig, da ich Familie habe. Ich arbeite in einem großen Konzern, das gibt mir ....[12] bezogen auf meine Arbeitsstelle."

Gabriella: „Ich bin Erzieherin. Das ist der schönste Beruf, den es gibt. Wenn schönes Wetter ist, kann ich ....[13]. Dann gehe ich mit den Kindern in den Wald oder auf den Spielplatz. Bei schlechtem Wetter kann ich ....[14]. Schon seit ich ein junges Mädchen war, wollte ich immer ....[15]."

13 Wiederholung. Ergänzen Sie die Adjektive im Komparativ und im Superlativ.
▸ 7.4

		Komparativ	Superlativ
1	wichtig	*wichtiger*	*am*
2	gern		
3	gut		
4	groß		

14 Welche Wünsche haben Sie für Ihr Berufsleben? Schreiben Sie einen Text.

> ● Ich wünsche mir eine Arbeit mit ... Wichtiger als ... ist für mich ...

Wichtige Wörter

A Small Talk in der Arbeitswelt

der	Anfang, -ä-e	
die	Arbeit, -en	
die	Kantine, -n	
die	Person, -en	
das	Gespräch, -e	
die	Pause, -n	
das	Wochenende, -n	
der	Urlaub, -e	
die	Musik (Sg.)	
der	Nachbar, -n	
die	Familie, -n	
die	Gesundheit (Sg.)	
die	Politik (Sg.)	
die	Freizeit (Sg.)	
das	Gesprächsthema, -themen	
	spannend	
die	Produktion, -en	
	putzen	
die	Abteilung, -en	
die	Stimmung, -en	

B Arbeitszeiten, Arbeitsorte, Aufgaben

die	Arbeitszeit, -en	
die	Teilzeit (Sg.)	
die	Vollzeit (Sg.)	
der	Auftrag, -ä-e	
die	Ausbildung, -en	
der	Vertrag, -ä-e	
	regelmäßig	
	kündigen	
die	Entscheidung, -en	
	flexibel	
	verdienen	
das	Risiko, Risiken	
	bedienen	
der	Mitarbeiter, -	
die	Mitarbeiterin, -nen	
die	Aushilfe, -n	
	erfolgreich	
die	Stelle, -n	
die	Kontrolle, -n	

das	Lager, -	
die	Firma, Firmen	
	sich kümmern um	
	interessant	
	langweilig	

C Umgangsformen am Arbeitsplatz

die	Verspätung, -en	
der	Unterschied, -e	
	höflich	
der	Respekt (Sg.)	
die	Kultur, -en	
die	Regel, -n	
	verbessern	
die	Position, -en	
der	Angestellte -n	
die	Angestellte -n	
die	Zusammenarbeit (Sg.)	
der	Auszubildende, -n	
die	Auszubildende, -n	
die	Werbung, -en	

D Wünsche

der	Koch -ö-e	
die	Köchin, -nen	
der	Kaufmann, -ä-er	
die	Kauffrau, -en	
der	Fachmann, -ä-er	
die	Fachfrau, -en	
der	Friseur, -e	
die	Friseurin, -nen	
der	Pfleger, -	
die	Pflegerin, -nen	
das	Gehalt, -ä-er	
	leisten	
	kreativ	
die	Chance, -n	
	die Sicherheit, -en	

Meine Wörter

Wollen Sie mehr üben? Wiederholen und üben Sie in der App.

Wege in den Beruf

A Schule, Ausbildung und Weiterbildung

1a Berufsstationen. Sehen Sie die Fotos an und beschreiben Sie die Situationen.

> Auf Foto D sieht man eine Frau. Sie arbeitet am Laptop und …

> Vielleicht ist sie …

1b Welche Aussage passt zu welchem Foto? Hören Sie und notieren Sie in den Fotos.

1c Hören Sie noch einmal und notieren Sie die Informationen.

	Woher?	Aus-/Weiterbildung/Abschlüsse	Beruf
Nabil Benzima	aus Marokko		
Lilian Bundi			
Walid Salam		Jurastudium	
Marta Garcia			Friseurin

2 Interviewen Sie Ihre Partnerin / Ihren Partner. Machen Sie Notizen und stellen Sie sie/ihn vor.

Redemittel

nach Schule, Ausbildung und Berufserfahrung fragen und antworten

Wo bist du zur Schule gegangen? – Wie lange?
Hast du einen Schulabschluss?
Hast du nach der Schule eine Ausbildung gemacht?
Hast du Berufserfahrung?
Wo hast du schon gearbeitet?

Ich bin in … von … bis … zur Schule gegangen.
Ja. / Nein, ich konnte die Schule nicht beenden, weil …
Ich habe (k)eine Ausbildung. Ich habe … gelernt.
Ja. / Nein, ich habe keinen Beruf gelernt.
Ich habe als … in … gearbeitet.

Lernziele
- über Berufserfahrungen berichten
- über Schule, Ausbildung und Weiterbildung sprechen
- ein Beratungsgespräch zum Thema Weiterbildung führen

3a Weiterbildungen. Welche Überschrift passt? Lesen Sie das Infoblatt und kreuzen Sie an.

☐ **Beruflich durchstarten**   ☐ **Jetzt weiterbilden**

Sie wollen Ihre Chancen auf dem Arbeitsmarkt verbessern?
Wir haben die Antworten auf die wichtigsten Fragen.

1 Warum ist Weiterbildung wichtig?

Für viele Berufe braucht man nach der Ausbildung noch weitere Qualifikationen.
In der Weiterbildung werden berufsrelevante Kenntnisse und Fähigkeiten erweitert.

2 Wo finde ich Informationen über Weiterbildungen?

Die Bundesagentur für Arbeit kann Ihnen helfen, den richtigen Kurs zu finden.
Sie können sich online oder vor Ort über die Angebote informieren.

3 Was kostet eine Weiterbildung?

Wenn Sie eine berufliche Weiterbildung machen wollen, können Sie von Ihrem Jobcenter einen Bildungsgutschein bekommen. Dann ist die Weiterbildung für Sie kostenlos!

3b Erklären Sie einer Freundin / einem Freund in Ihrer Sprache die wichtigsten Punkte aus dem Infoblatt in a.

1. Warum ist Weiterbildung wichtig?
2. Wer bietet Informationen über Weiterbildungsangebote?
3. Wie können die Kosten übernommen werden?

3c Möchten Sie sich nach dem Deutschkurs weiterbilden? Warum (nicht)? In welchem Bereich? Sprechen Sie im Kurs.

Was willst du nach dem Kurs machen?   Ich überlege, ob ich …   Vielleicht mache ich …, und du?

4a Ein Beratungsgespräch zum Thema Weiterbildung.
Was möchte Herr Salim machen?
Hören Sie und sprechen Sie zu zweit.

4b Hören Sie noch einmal und kreuzen Sie an: richtig oder falsch?

	R	F
1 Herr Salim hat keine Berufserfahrung.	☐	☐
2 Er möchte an einer Weiterbildung zur Fachkraft für Systemgastronomie teilnehmen.	☐	☐
3 Die Weiterbildung dauert zwei Monate und findet von Montag bis Freitag statt.	☐	☐
4 Die Agentur für Arbeit will seine Weiterbildung fördern.	☐	☐

5 Rollenspiel. Spielen Sie einen Dialog im Jobcenter. Partnerin/Partner A und B finden ihre Rollen auf Seite 248.

B Ausländische Berufsabschlüsse

1 Der Weg in den Beruf. Welche Schwierigkeiten kann es geben? Sammeln Sie im Kurs.

> Meine Ausbildung wird in Deutschland nicht anerkannt.

> Für viele Berufe braucht man gute Deutschkenntnisse.

2a Berufliche Qualifikationen erwerben. Was ist richtig? Hören Sie und kreuzen Sie an.

☐ Nedim Baron konnte in Deutschland zuerst nur eine Stelle als Helfer in einer Kfz-Werkstatt finden. Er war aber mit dieser Selle zufrieden, denn er hat gut verdient.

☐ Leyla Sarhan hat in Ägypten als Köchin gearbeitet. Sie hat in Deutschland schnell Arbeit gefunden, aber nur als Servicekraft in der Küche. Damit war sie nicht zufrieden, denn sie wollte in Deutschland wieder in ihrem alten Beruf als Köchin arbeiten.

2b Lesen Sie die die Fortsetzung über die Berufswege von Nedim Baron und Leyla Sarhan und beantworten Sie die Fragen.

Nedim Baron

Deshalb hat sich Nedim Baron über Möglichkeiten der beruflichen Weiterbildung informiert. Sein Problem war, dass er nicht alle Papiere von seiner früheren Arbeit und Ausbildung hatte. In der Beratungsstelle erfuhr er, dass es in Deutschland ein Gesetz zur Anerkennung ausländischer Berufsabschlüsse gibt. „Ohne die Hilfe der Handwerkskammer hätte ich den Antrag nicht stellen können. Sie haben mich sehr gut beraten", sagt er heute. Die Handwerkskammer Ulm hat seine türkischen Zeugnisse geprüft. Er musste allerdings noch einige Kurse besuchen und eine praktische und theoretische Prüfung machen, damit er die volle Anerkennung für seinen türkischen Berufsabschluss bekommen konnte. Heute arbeitet er als Mechaniker in einer Werkstatt in Ulm. Er sagt: „Die Kurse dauerten acht Monate und die Prüfung war richtig schwer. Aber es hat sich gelohnt. In einigen Jahren möchte ich auch gerne die Meisterprüfung machen."

Von einer Kollegin wusste Leyla Sarhan, dass ihre Berufschancen steigen, wenn sie ihre Zeugnisse aus Ägypten in Deutschland anerkennen lässt. Nach einer Beratung bei der Bundesagentur für Arbeit ließ sie die Zeugnisse übersetzen und gab sie bei der Industrie- und Handelskammer Oberrhein ab.
Da in ihren Zeugnissen genaue Informationen über die Inhalte ihrer Ausbildung fehlten, musste sie eine sogenannte Qualifikationsanalyse machen. Das heißt, sie musste ein Menü mit drei Gängen kochen und es gab ein Fachgespräch mit Prüferinnen und Prüfern von der IHK. „Das war gar nicht so einfach, aber ich habe mich gut vorbereitet. Ich habe das Menü vorher im Restaurant für meine Kolleginnen und Kollegen gekocht. Vor dem Fachgespräch war ich sehr aufgeregt, aber die Prüferinnen und Prüfer waren sehr freundlich."
Jetzt hat sie eine Stelle als Köchin. Sie sagt: „Ich bin sehr froh, dass ich die Prüfung gemacht habe. Jetzt habe ich eine gute Stelle mit einem guten Gehalt."

Leyla Sarhan

Lernziele
- sich über die Anerkennung von ausländischen Berufsabschlüssen informieren
- über Berufsabschlüsse sprechen
- Wiederholung: das Verb *lassen*

1. Welches Problem hatte Nedim Barom?
2. Wer hat seine türkischen Zeugnisse geprüft?
3. Wie lange dauerte der Kurs, den er für die Anerkennung machen musste?
4. Wer hat Leyla Sarhan beraten?
5. Warum musste sie eine Qualifikationsanalyse machen?
6. Was hat sie in der Qualifikationsanalyse gemacht?

3a In der Beratungsstelle. Hören Sie das Gespräch. Ist die Aussage richtig oder falsch und welche Antwort (a oder b) passt am besten? Kreuzen Sie an.

1. Frau Ruigin Hu hat ihre Zeugnisse ins Deutsche übersetzt. [Richtig] [Falsch]
2. Frau Hu möchte wissen,
   a ☐ ob sie in Deutschland als Schneiderin arbeiten darf.
   b ☐ ob ihre Ausbildung anerkannt wird.

3b Welche Aussagen sind richtig? Hören Sie noch einmal und kreuzen Sie an. Korrigieren Sie anschließend die falschen Aussagen.

1. ☐ Frau Hu hat eine Ausbildung zur Schneiderin gemacht.
2. ☐ Sie möchte wissen, ob sie ihren Berufsabschluss anerkennen lassen kann.
3. ☐ Sie muss ihre Zeugnisse noch übersetzen lassen.
4. ☐ Die Handwerkskammer muss ihren Antrag auf Anerkennung ihrer Abschlüsse prüfen.
5. ☐ Nach einem Monat bekommt sie einen Bescheid über die Gleichwertigkeit der Abschlüsse.
6. ☐ Das Anerkennungsverfahren ist kostenlos.

> **Info**
>
> **Schulzeugnisse, Arbeitszeugnisse, Urkunden usw.** sind offizielle Dokumente. Sie müssen sie von einer vereidigten Übersetzerin bzw. von einem vereidigten Übersetzer ins Deutsche übersetzen lassen. Ein vereidigter Übersetzer bzw. eine vereidigte Übersetzerin darf Übersetzungen durch einen Stempel und eine Unterschrift beglaubigen. Das bedeutet, dass die Übersetzung richtig und korrekt ist.

3c Wie ist das in Ihrem Land? Was muss man beachten, wenn man als Ausländerin oder Ausländer in Ihrem Land leben und arbeiten möchte?

> Bei uns in… braucht man eine Arbeitserlaubnis und …

4 Was lassen Sie im Alltag andere machen? Was machen Sie selbst? Sprechen Sie im Kurs.

> meine Haare schneiden • mein Auto reparieren • Kaffee kochen • Computerprogramme installieren • die Wohnung streichen • einen Schrank aufbauen • …

> Ich lasse meine Haare schneiden. Das mache ich nicht selbst. Und du?

> **Memo**
>
> **das Verb *lassen***
> Sie **lässt** ihre Zeugnisse übersetzen.
> ! Perfekt: Sie **hat** ihre Zeugnisse übersetzen **lassen**.
> ▶ 1.6

5 Wählen Sie auf Seite 27 einen Beruf aus. Schreiben und spielen Sie mit Ihrer Partnerin oder Ihrem Partner ein Beratungsgespräch wie in 3a.

> Guten Tag, was kann ich für Sie tun?

> Guten Tag, mein Name ist … Ich komme aus … und habe eine Ausbildung zur/zum … gemacht.

C Den Traumberuf finden

1a Berufswege. Welche Berufe haben die Personen zuerst gelernt? Welchen Job haben sie heute? Hören Sie die Dialoge und notieren Sie.

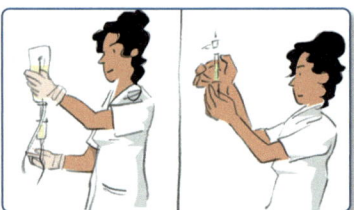

....

....

1b Wer sagt was? Hören Sie noch einmal und verbinden Sie.

1 Mahmoud Hussein

2 Adina Suljic

3 Alessio Meazza

a Meine Ausbildung wurde hier zunächst nicht anerkannt.
b Ich wollte nicht an einer Universität wieder von vorne anfangen und noch einmal studieren.
c Ich möchte mein eigenes Geschäft eröffnen.
d Ich habe zuerst mehrere Deutschkurse und dann noch eine Weiterbildung gemacht.
e Ich möchte beruflich weiterkommen.
f Ich hatte fast ein Jahr lang nur Gelegenheitsjobs.
g Ich bin zufrieden, denn ich arbeite wieder in meinem Beruf.

1c Welche Fragen zum Berufsweg werden gestellt? Hören Sie die Dialoge noch einmal und kreuzen Sie an.

☐ Was hast du früher beruflich gemacht?
☐ Wie sehen Ihre beruflichen Pläne aus?
☐ Was sind Sie von Beruf?
☐ Welche Arbeit haben Sie zurzeit?
☐ Was machst du heute beruflich?
☐ Haben Sie für die Zukunft weitere Pläne?
☐ Was sind deine Pläne für die Zukunft?

☐ Haben Sie eine Ausbildung gemacht?
☐ Welche Pläne haben Sie für Ihre berufliche Zukunft?
☐ Haben Sie in dem Beruf eine Ausbildung gemacht?
☐ Was machen Sie momentan beruflich?
☐ Was wollen Sie in der Zukunft machen?

2a Im Beratungsgespräch. Ordnen Sie Fragen und Antworten zu. Hören Sie zur Kontrolle.

1 Haben Sie eine Ausbildung gemacht?
2 Was machen Sie momentan beruflich?
3 In welchem Beruf haben Sie in Ihrem Heimatland gearbeitet?
4 Welche beruflichen Pläne haben Sie?

a Ich habe als Krankenpfleger gearbeitet.
b Im Moment bin ich Pizzafahrer.
c Ja, in meinem Heimatland habe ich den Beruf Krankenpfleger gelernt.
d Ich würde gern wieder in meinem alten Beruf arbeiten. Aber ich habe noch keine Anerkennung für meine Ausbildung.

2b Arbeiten Sie zu zweit. Stellen Sie sich gegenseitig Fragen wie in a und antworten Sie.

> **Redemittel**
>
> **über den Berufsweg und Pläne für die Zukunft sprechen**
>
> Ich habe … gelernt.
> Ich habe eine Ausbildung zum/zur … gemacht.
> Meine Ausbildung ist noch nicht / schon anerkannt.
>
> In meiner Heimat habe ich als … gearbeitet.
> Im Moment habe ich keine Arbeit.
> Zurzeit arbeite ich als …
>
> Ich würde nach dem Deutschkurs gern als … arbeiten.
> Ich hätte gern einen Job als …
> Ich möchte eine Umschulung zum/zur … machen.

Lernziele
- über „typische" Männer- und Frauenberufe sprechen
- über Berufswege und Pläne für die Zukunft sprechen
- Wiederholung: Wünsche mit Konjunktiv II + *gern*

2

3a Welches Foto passt zu dem Beruf? Notieren Sie.

1. ☐ Koch
2. ☐ Elektrikerin
3. ☐ Altenpfleger
4. ☐ Tischlerin
5. ☐ Paketzusteller
6. ☐ Erzieher
7. ☐ Maurer
8. ☐ Malerin
9. ☐ Kellner
10. ☐ Bäcker
11. ☐ Verkäufer
12. ☐ Büroangestellte

3b Kennen Sie noch andere Berufe? Sammeln und vergleichen Sie im Kurs.

3c Notieren Sie drei Berufe, die Sie interessant finden. Berichten Sie im Kurs.

> Ich finde den Beruf Influencer spannend. Da kann man bestimmt viel Geld verdienen.

> Ich finde, Koch ist ein schöner Beruf. Da kann man kreativ sein.

4 Bauarbeiterin – (K)ein Beruf für Frauen?
Gibt es typische Männer- oder Frauenberufe in Ihrem Land?
Machen Sie eine Liste und diskutieren Sie.

> In meinem Heimatland sind die meisten Handwerker Männer.

5 Arbeitsorte. Wo würden Sie gerne, wo würden Sie auf keinen Fall arbeiten? Sprechen Sie im Kurs.

> in einem Altenheim • auf einer Baustelle • in einem Hotel • in einem Büro •
> in einer Fabrik • in einem Geschäft • im Freien • in einer Kneipe • in einer Werkstatt •
> im Zoo • in einem Friseursalon • in einem Freizeitpark • …

> Ich würde sehr gern in einem Altenheim arbeiten, aber in einer Fabrik möchte ich auf keinen Fall arbeiten.

> Ich hätte gern einen Job als Verkäuferin. Ich würde nicht so gerne in einem Büro arbeiten.

Memo
Wünsche mit Konjunktiv II + *gern*
Ich **würde gern** eine Ausbildung machen.
Ich **hätte gern** einen Job als Elektriker.
▶ 1.11

D Aufgaben im Beruf

• über Aufgaben in Berufen sprechen
• einen Beruf vorstellen

1a Berufe und Tätigkeiten. Ordnen Sie die Aufgaben den Bildern zu.

1 betonieren
2 Waren transportieren und ausliefern
3 den Gästen die Rechnungen bringen
4 in einer Bäckerei Brot und Brötchen backen
5 Projekte vorbereiten
6 elektronische Anlagen installieren
7 in einer Kita Kindern vorlesen
8 Farben mischen
9 Speisen kochen
10 LKWs fahren
11 in einer Werkstatt Holz zuschneiden
12 für Kunden Möbel bauen
13 in einem Restaurant Essen servieren
14 Medikamente geben
15 auf einer Baustelle Wände mauern
16 in einem Haus Elektroleitungen legen
17 Kuchen und Torten herstellen
18 in einer Restaurantküche Kartoffeln schälen
19 Wände streichen
20 in einem Altenheim Bewohnerinnen pflegen
21 in einem Geschäft Kundinnen beraten
22 Regale einräumen
23 in einem Büro E-Mails schreiben
24 mit Kindern spielen

 A
 B
 C
 D

 E
 F
 G *1,*
 H

 I
 J
 K
 L

1b Was macht man in den Berufen in a und wo arbeitet man? Sprechen Sie zu zweit.

> Was sind die Aufgaben von Verkäuferinnen und Verkäufern? Und wo arbeiten sie?

> Sie arbeiten in Geschäften und Warenhäusern. Sie beraten Kundinnen und Kunden und zeigen ihnen Produkte. Und was machen …?

2 Berufe, Arbeitsorte und Aufgaben. Recherchieren Sie einen Beruf, für den Sie sich interessieren. Machen Sie Notizen wie im Beispiel und stellen ihn dann im Kurs vor.

Redemittel

über Berufe und Aufgaben sprechen

Fachkräfte für Lagerlogistik … arbeiten in Lagerhallen / in Werkstätten / …
Als Fachkraft für Lagerlogistik muss man …
Zu den Aufgaben von Lagerlogistikern gehört (auch) …

- Beruf: Fachkraft Lagerlogistik
- Arbeitsort: Lagerhallen in Firmen
- Aufgaben: LKWs entladen und beladen, Waren kontrollieren, Warenlieferungen zusammenstellen

Kurz und bündig

Kommunikation

über Schule, Ausbildung und Weiterbildung sprechen
Ich bin von … bis … in die Schule gegangen.
Ich habe (k)einen Schulabschluss. / Ich konnte die Schule nicht beenden, weil … .
Nach der Schule habe ich … gelernt. / Ich habe eine Ausbildung zur/zum … gemacht.
Ich will eine Weiterbildung zur/zum … machen.

über die Anerkennung von ausländischen Berufsabschlüssen sprechen
Ich habe einen Antrag zur Anerkennung meiner Berufsabschlüsse gestellt.
Meine Ausbildung in … wurde von der Handelskammer (noch nicht) anerkannt.
Ich musste eine Qualifikationsanalyse machen und ein Fachgespräch mit Prüferinnen und Prüfern führen.
Ich habe meine Zeugnisse übersetzen und beglaubigen lassen.

über den Berufsweg sprechen
In meiner Heimat habe ich als … gearbeitet.
Ich würde nach dem Deutschkurs gern als … arbeiten. / Ich hätte gern einen Job als … .
Ich möchte eine Umschulung/Weiterbildung zur/zum … machen.

über Berufe und Aufgaben sprechen
Tischlerinnen und Tischler arbeiten in Werkstätten / auf Baustellen / …
Als Tischlerin/Tischler schneidet man Holz / berät man Kundinnen und Kunden / …
Zu den Aufgaben von … gehört (auch) … / Sie sind verantwortlich/zuständig für …

Grammatik

das Verb *lassen*

Ich	lasse	mir die Haare schneiden.
Du	lässt	das Auto waschen.
Er/Sie/Es/Man	lässt	die Zeugnisse übersetzen.
Wir	lassen	die Wohnung streichen.
Ihr	lasst	das Computerprogramm installieren.
Sie/Sie	lassen	das Paket liefern.

Perfekt: Ich habe meine Zeugnisse von einem Übersetzer übersetzen lassen.

Wünsche mit Konjunktiv II + *gern*
Was würdest du gern machen? – Ich würde gern eine Ausbildung machen.
Würden Sie gern in einem Altenheim arbeiten? – Ja, sehr gern. / Nein, eigentlich nicht so gern.
Was für einen Beruf hätte Amalia gern? – Sie hätte gern einen Job als Elektrikerin.

2 Übungen

1a Was passt zusammen? Verbinden Sie die Nomen und Verben.

1 eine Ausbildung — a arbeiten
2 Deutsch an der VHS — b wohlfühlen
3 als Pflegekraft — c schneiden
4 ein Stellenangebot — d lernen
5 sich in einem Unternehmen — e pflegen
6 Webseiten — f machen
7 Haare — g bekommen

1b Über den Lebensweg sprechen. Ergänzen Sie die Präteritum- und Perfektformen der Verben.
▶ 2.3–2.6

anfangen		hat angefangen
arbeiten (bei/für …)	arbeitete	
aufwachsen (in …)		bin
(eine Stelle) bekommen		
(zur Schule) gehen		
heiraten		
(nach Deutschland) kommen		
(in …) leben		
(Deutsch) lernen		
(eine Umschulung zur/zum) machen		
studieren		

2a Ibrahim Hakimi berichtet über sein Leben. Ergänzen Sie die Präpositionen.

ab • am • bis • bis zum • nach • im • bis • seit • um • vom • von • vor • zwischen

Ich wurde 2003 in Tanger in Marokko geboren. Dort bin ich ……………¹ 2009 ……………² 2018 zur Schule gegangen. Anschließend habe ich zwei Jahre als Kellner in einem großen Hotel gearbeitet. ……………³ meiner Ankunft ……………⁴ Sommer 2020 in Frankfurt habe ich zuerst Deutsch an der VHS gelernt. Danach habe ich einen Job gefunden und ……………⁵ 1. Oktober 2022 ……………⁶ 30. April 2024 als Paketauslieferer gearbeitet. Ich fing meistens schon morgens ……………⁷ 6:30 Uhr an und arbeitete oft ……………⁸ 18:00 Uhr. ……………⁹ Samstag habe ich manchmal auch gearbeitet. In den Wochen ……………¹⁰ Weihnachten mussten wir besonders viele Pakete ausliefern. ……………¹¹ Weihnachten und Neujahr hatte ich meistens frei. Der Job war ziemlich stressig. Deshalb habe ich gekündigt und eine Ausbildung zum Busfahrer gemacht. ……………¹² sechs Monaten fahre ich in Frankfurt Bus. ……………¹³ Montag ist die Probezeit vorbei. Die Arbeit macht mir richtig Spaß und ich habe viele nette Kolleginnen und Kollegen.

2b Und Sie? Schreiben Sie einen Text über Ihren Lebensweg.

Schule: Wo? Von wann bis wann? Lieblingsfächer? Schulabschluss?
Ausbildung: Wo? Wann? Was?
Berufserfahrung: Welche?
Pläne: Weiterbildung? Berufswünsche?

> **Memo**
> Strukturieren Sie Ihren Text und benutzen Sie Verbindungswörter wie z. B. *zuerst, danach, dann, nach, nachdem, seit*.

- *Ich bin in ... aufgewachsen. Dort bin ich auch von ... bis ... in die Schule gegangen. Danach ...*

3 Weiterbildungsangebote. Welche Anzeige passt zu welcher Person?
Lesen Sie die Informationen zu den Personen 1–3 und die Anzeigen a–f und ordnen Sie zu.

1. ☐ Jakub Bielik möchte im öffentlichen Nahverkehr arbeiten. Er hat den Führerschein Klasse B.
2. ☐ Indira Dikshit möchte beruflich alten Menschen helfen, hat aber noch keine Berufserfahrung.
3. ☐ Edson Gallardo möchte im Bereich Lagerlogistik arbeiten. Die Weiterbildung soll nicht lange dauern.

a
Busfahrer*in werden in fünf Monaten!
Busfahrer*innen werden dringend benötigt. In unserer Umschulung machen Sie den Führerschein Klasse D/DE. Die Umschulung dauert fünf Monate. Die Umschulung kann mit einem Bildungsgutschein von der Agentur für Arbeit zu 100 % gefördert werden. Sie müssen mindestens 21 Jahre alt sein und den PKW-Führerschein Klasse B haben.
Nächster Starttermin: 24.04.2025

b
Umschulung zum/zur Berufskraftfahrer*in
Werden Sie Berufskraftfahrer*in und machen Sie den Führerschein Klasse CE. Mit diesem Führerschein können Sie alle großen LKWs fahren.
Die Ausbildung dauert ca. sechs Monate und findet in Vollzeit montags bis freitags von 8:00 bis 15:00 Uhr statt.
Eine Förderung durch die Agentur für Arbeit (Arbeitsamt) ist möglich.
Mindestalter: 21 Jahre

c
Weiterbildung zum/zur Pflegehelfer*in
Mit dem Pflegebasiskurs erhalten Sie in zwölf Wochen einen anerkannten Abschluss, um sofort im Pflegeberuf arbeiten zu können.
Teilnehmer*innen: Arbeitssuchende mit und ohne Schul- oder Berufsabschluss
Kursdetails: 12 Wochen inklusive Praktikum, täglich von 8:00–15:00 Uhr
100 % Kostenübernahme mit Bildungsgutschein

d
Umschulung zum/zur Fachlagerist*in
Fachlagerist*innen werden immer gebraucht. Fachlagerist*innen nehmen Waren an und prüfen sie. Sie verpacken Waren, die verschickt werden, und beladen die LKWs.
Voraussetzung: Bildungsgutschein von der Agentur für Arbeit
Dauer: 151 Tage
Unterrichtszeiten: Vollzeit montags bis freitags

e
Weiterbildung für Pflegefachkräfte zur Pflegeberater*in
Als Pflegeberater*in helfen Sie Menschen, die Pflege brauchen. Sie unterstützen dabei, passende Pflegeleistungen zu finden. Die Weiterbildung richtet sich an Menschen, die im Gesundheitswesen arbeiten, zum Beispiel als Altenpfleger*innen.
Dauer: 76 Tage in Vollzeit
Kosten: 100 % kostenlos bei Förderung

f
Ausbildung Gabelstaplerfahrer*in
Als Gabelstaplerfahrer*in transportieren Sie Waren mithilfe von Gabelstaplern. Sie arbeiten bei Speditionen und Logistikfirmen in Lagerhallen.
Die Ausbildung dauert fünf Tage und besteht aus einem Theorie- und einem Praxisteil.
Beginn: monatlich, Termine auf Anfrage
Unsere Fortbildungen können durch die Agentur für Arbeit gefördert werden.

4 Nomen und Verben. Was passt nicht? Streichen Sie durch.

1 einen Berufsabschluss machen • erwerben • anerkennen lassen • kaufen
2 eine Beratung anbieten • nehmen • brauchen • bekommen
3 einen Kurs verschreiben • abschließen • besuchen • halten
4 Unterlagen schicken • vorbereiten • schreiben • einreichen
5 einen Antrag stellen • ablehnen • einreichen • kontaktieren

5 Ausländische Berufsabschlüsse anerkennen lassen. Sehen Sie die Bilder an. Ordnen Sie die Schritte 1–6 zu.

1 Zeugnisse und Nachweise über Qualifikationen zusammenstellen
2 nach ca. drei Monaten einen Bescheid über die Gleichwertigkeit der Abschlüsse erhalten
3 Antrag und Unterlagen zur Anerkennung einreichen
4 Unterlagen übersetzen und beglaubigen lassen
5 sich in einer Beratungsstelle über das Verfahren informieren
6 Antragsformulare ausfüllen

6a Das Verb *lassen*. Ergänzen Sie.
▶ 1.6

1 Wir *lassen* die Büroräume von einer Malerin streichen.
2 Ich .... meine Zeugnisse übersetzen.
3 .... du dir heute die Haare schneiden?
4 .... ihr euer Auto vor dem Urlaub reparieren?
5 Er .... die Dokumente von einem Rechtsanwalt prüfen.
6 Die Angestellten .... den Vertrag unterschreiben.

6b Schreiben Sie die Sätze aus a im Perfekt.

1 Wir haben die Büroräume von einer Malerin streichen lassen.

7 Typische Männerberufe und Frauenberufe? Überfliegen Sie den Text und notieren Sie jeweils vier Branchen, in denen viel mehr Frauen bzw. viel mehr Männer arbeiten.

Immer noch typische Frauen- und Männerberufe?

Die gute Nachricht ist, dass heute deutlich mehr Frauen als früher einen Beruf ausüben. Aber es gibt noch immer Branchen, in denen fast nur Frauen oder fast nur Männer arbeiten. So sind in den Erziehungs- und sozialen Berufen mehr als 80 Prozent der Beschäftigten Frauen. In der Kindertagespflege arbeiten zum Beispiel rund 95 Prozent Frauen. Auch in den Gesundheitsberufen wie z.B. in der Pflege sowie im Einzelhandel arbeiten wesentlich mehr Frauen als Männer. Auf dem Bau arbeiten allerdings fast nur Männer. Dort arbeiten weniger als zwei Prozent Frauen. Männer dominieren auch im Handwerk und in der Industrie. In den Handwerksberufen beträgt der Frauenanteil nur etwas mehr als zehn Prozent und in der Automobilbranche beträgt er beispielsweise nur etwa 14 Prozent. Die Bundesregierung möchte das ändern und unterstützt vor allem junge Frauen, die in sogenannten „Männerberufen" arbeiten möchten.

1 In diesen Branchen/Berufen arbeiten vor allem Frauen: *Erziehungsberufe,* ....

2 In diesen Branchen/Berufen arbeiten vor allem Männer: ....

8 Wünsche: *würde* oder *hätte*? Ergänzen Sie die Verben in der passenden Form.

1 Akim .... gern einen Job in der Baubranche.

2 Maria und Louisa .... gern eine eigene Firma gründen.

3 .... du lieber zu Hause in Homeoffice oder im Büro arbeiten?

4 .... ihr gern eine Ausbildung machen?

5 Wir .... unsere Zeugnisse gern übersetzen lassen.

6 Ich .... gern einen Job in Teilzeit.

7 Irina .... nach dem Deutschkurs am liebsten gleich eine Arbeit suchen.

9 Wo ist das? Ordnen Sie die Arbeitsorte den Bildern zu und notieren Sie.

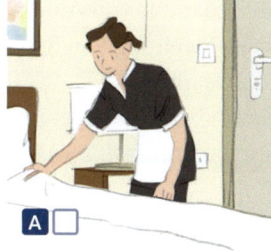 A ☐
 B ☐
 C ☐
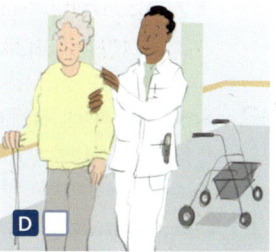 D ☐
 E ☐
 F ☐
 G ☐
 H ☐

1 die Werkstatt **3** das Büro **5** die Fabrik **7** die Kindertagesstätte
2 das Altenheim **4** draußen **6** auf dem Bau **8** das Hotel

2

10 Wer arbeitet wo? Verbinden Sie.

1 Maurerinnen und Maurer
2 KfZ-Mechatronikerinnen und -mechatroniker
3 Kellnerinnen und Kellner
4 Sekretärinnen und Sekretäre
5 Krankenpflegerinnen und Krankenpfleger
6 LKW-Fahrerinnen und -Fahrer
7 Erzieherinnen und Erzieher
8 Mediendesignerinnen und Mediendesigner
9 Verkäuferinnen und Verkäufer
10 Lehrerinnen und Lehrer

a in Krankenhäusern
b in Geschäften
c am Computer
d an Schulen
e in Werkstätten
f auf Baustellen
g in Restaurants
h auf der Autobahn
i in Büros
j in Kindertagesstätten

11 a Berufe und Tätigkeiten. Wer macht was? Ordnen Sie zu. Es gibt mehrere Möglichkeiten.

> bauen • bearbeiten • bedienen • beobachten • beraten • betonieren • betreuen •
> helfen • herstellen • kassieren • kontrollieren • lesen • mauern •
> montieren • organisieren • pflegen • planen • reparieren • schreiben •
> servieren • telefonieren • verkaufen • vorlesen • waschen • zeigen

1 die/der Maurerin/Maurer: *bauen,*
2 die/der Tischlerin/Tischler:
3 die/der Verkäuferin/Verkäufer:
4 die/der Büroangestellte:
5 die/der Erzieherin/Erzieher:
6 die/der Altenpflegerin/Altenpfleger:
7 die/der Kellnerin/Kellner:

11 b Berufe und Aufgaben. Was passt zusammen? Verbinden Sie.

1 Bürokauffrauen und -männer planen
2 Krankenpfleger kümmern sich um
3 Zu den Aufgaben von LKW-Fahrern gehört
4 Köche und Köchinnen sind zuständig für
5 Als Tischlerin oder Tischler muss man
6 KfZ-Mechatronikerinnen sind verantwortlich für

a der Transport von Waren.
b die Reparatur von Autos.
c die Zubereitung von Speisen.
d Holz bearbeiten.
e Termine und Besprechungen.
f ihre Patientinnen und Patienten.

11 c Berufsprofile. Schreiben Sie für drei Berufe aus a zwei bis drei Sätze wie im Beispiel.

Maurer arbeiten meistens auf Baustellen im Freien. Sie mauern Wände und Decken von Wohn- und Geschäftshäusern. Sie arbeiten oft mit Beton. Zu ihren Aufgaben gehört ...

Wichtige Wörter 2

A Schule, Ausbildung und Weiterbildung

die Weiterbildung, -en
die Situation, -en
der Abschluss, -ü-e
der Vorteil, -e
die Berufserfahrung, -en
der Arbeitsmarkt, -ä-e
die Qualifikation, -en
die Kenntnisse (Pl.)
die Fähigkeit, -en
sich informieren über
kostenlos
stattfinden
teilnehmen
fördern

B Ausländische Berufsabschlüsse

anerkennen
zufrieden sein
erfahren
der Antrag, -ä-e
beraten
das Zeugnis, -se
prüfen
übersetzen
(sich) vorbereiten
offiziell
das Dokument, -e
der Stempel, -
die Unterschrift, -en
korrekt
installieren

C Den Traumberuf finden

studieren
eröffnen
der Plan, -ä-e
der Maler, -
die Malerin, -nen
der Kellner, -
die Kellnerin, -nen
der Bäcker, -
die Bäckerin, -nen
der Verkäufer, -
die Verkäuferin, -nen
der Handwerker, -
die Handwerkerin, -nen
das Altenheim, -e
die Baustellen, -n
das Hotel, -s
das Büro, -s
die Fabrik, -en
das Geschäft, -e
die Kneipe, -en
die Werkstatt, -ä-en

D Aufgaben im Beruf

transportieren
das Möbel, -
die Rechnung, -en
das Medikament, -e
herstellen
streichen
das Projekt, -e
etw. vorbereiten
die Aktivität, -en
planen
zeigen

Meine Wörter

 Wollen Sie mehr üben? Wiederholen und üben Sie in der App.

 # Mein Arbeitsplatz

A Branchen und Berufe

1a Ordnen Sie die Fotos den Branchen zu. Manchmal gibt es mehrere Möglichkeiten.

1 Altenpflege ....
2 Gesundheitsbranche ....
3 Einzelhandel ....
4 Automobilbranche *Foto 1*
5 Verkehrsbranche ....

6 Gastronomie ....
7 IT-Branche ....
8 Hotellerie ....
9 Handwerk ....
10 Baubranche ....

1b Wer arbeitet in welcher Branche? Sprechen Sie im Kurs.
Ü1

> Zugbegleiterin • Pflegekraft • Ärztin • Installateur • Industriemeisterin • Supermarktleiter •
> Kassiererin • Berufskraftfahrer • Köchin • Restaurantmanagerin • Glaser • Programmierer • …

Arzt oder Ärztin ist ein typischer Beruf in der Gesundheitsbranche.

In der Baubranche arbeiten viele Handwerker, z. B. …

1c In welchen Branchen arbeiten Ihre Bekannten oder Verwandten? Sprechen Sie zu zweit.
Ü2

Mein Onkel arbeitet als … in der …

36

Lernziele
- über Branchen und Berufe sprechen
- Durchsagen verstehen

2a Zu welchen Fotos passen die Durchsagen? Hören Sie und ordnen Sie zu. Ein Foto passt nicht.

A ☐   B ☐   C ☐   D ☐

2b Hören Sie noch einmal. Welche Antwort (a oder b) passt am besten? Kreuzen Sie an.

1 Die Leute
  a ☐ müssen sich beeilen.
  b ☐ kommen heute nicht mehr an ihr Ziel.

2 Man kann
  a ☐ maximal 520 € verdienen.
  b ☐ die Arbeit auch als Minijob machen.

3 An einigen Tagen
  a ☐ gibt es zwischen den beiden Städten keinen Verkehr.
  b ☐ fahren nur Busse zwischen den Städten.

3 Durchsagen an öffentlichen Orten. Was verstehen Sie gut, was verstehen Sie nicht so gut? Sprechen Sie im Kurs.

› Ich verstehe Durchsagen am Bahnhof schlecht, weil …

‹ Finden Sie es auch schwierig, wenn in Durchsagen …

37

B Die Spedition Huning

1a Welche Dienstleistungen bietet eine Spedition? Sehen Sie die Bilder an und sprechen Sie im Kurs.

Speditionen transportieren Waren.

Für einen Umzug braucht man oft eine Möbelspedition.

1b Wie finden Sie die Aufgaben in einer Spedition? Sprechen Sie im Kurs.

Der Job ist bestimmt sehr stressig.

Das glaube ich nicht. Ich denke, …

2a Welche Informationen über die Firma Huning finden Sie? Arbeiten Sie zu dritt. Jeder liest einen Text. Notieren Sie jeweils drei wichtige Informationen. Informieren Sie dann Ihre Partnerin oder Ihren Partner mithilfe Ihrer Notizen über Ihren Text.

Gisela Huning, Geschäftsführerin

Vor 30 Jahren haben mein Mann und ich unsere Speditionsfirma gegründet. Wir haben mit zwei Möbeltransportern angefangen und sind heute eine mittelgroße Spedition mit 70 LKWs und
5 220 festen Angestellten. Zuerst waren wir nur in Deutschland unterwegs, heute transportieren wir Waren durch die gesamte Europäische Union. Außerdem bieten wir unseren Kundinnen und Kunden die Möglichkeit, Lagerflächen zu mieten.
10 Unser Lager ist ungefähr 4.000 qm groß. Als Geschäftsführerin habe ich viel Verantwortung: Ich führe Bewerbungsgespräche, stelle Personal ein und kümmere mich um die Verträge mit Großkunden, wie z. B. Supermarktketten. Leider mussten wir in den letzten Monaten Aufträge ablehnen, denn wir haben Probleme, Personal zu finden. Ich muss viele Überstunden machen und mein Mann und ich mussten unseren Urlaub verschieben.

Als Disponent organisiere ich den Gütertransport und teile unsere Fahrer und LKWs ein. Ich arbeite nicht im Hauptsitz unserer Firma in Hamburg, sondern in der Filiale in Bremen. Ich
5 bin für die Spezialtransporte zuständig. Unsere Firma bietet neben dem üblichen Geschäft mit Umzügen oder Lieferungen für Supermärkte auch Schwertransporte an, für die man eine besondere Genehmigung von den Behörden
10 braucht. Die Firma hat leider Personalprobleme und deshalb musste ich in den letzten Monaten oft länger arbeiten. Das hat aber auch einen Vorteil, denn für die Überstunden bekomme ich Freizeitausgleich. Den kann ich nutzen, um mit meiner Freundin im September und Oktober eine längere Reise zu machen.

Marc Cedric, Disponent

Lernziele
- eine Firma präsentieren
- Wiederholung: zu + Infinitiv

3

Jan Kling, Berufskraftfahrer

Ich hatte schon immer vor, große LKWs zu fahren. Seit zwei Jahren arbeite ich jetzt bei Huning als Fahrer. Früher habe ich bei einer kleinen Speditionsfirma gearbeitet, die nur
5 zehn Transportfahrzeuge und 25 Mitarbeitende hatte. Die Arbeit dort war langweilig, denn ich habe immer nur in Hamburg und Umgebung Wäsche von Krankenhäusern und Hotels abgeholt und in eine Wäscherei gefahren und die
10 saubere Wäsche zurückgebracht. Bei der Huning GmbH ist die Arbeit viel interessanter. Ich komme als Fahrer von Schwertransporten in viele europäische Länder. Ich muss oft nachts arbeiten, denn die Güter, die wir transportieren, sind sehr lang oder sehr breit. Wenn man sie am Tag transportiert, behindern sie den Verkehr. Ich bekomme neben meinem normalen Gehalt auch Nachtzuschläge.

2b Arbeiten Sie weiter zu dritt und beantworten Sie die Fragen.

1 Welche Aufgaben hat Gisela Huning?
2 Welche Probleme hat die Spedition?
3 Wofür ist Marc Cedric zuständig?
4 Warum macht er eine längere Reise?
5 Warum war Jan Kling früher unzufrieden?
6 Was gefällt ihm an der Arbeit bei der Firma Huning?

2c Was haben Sie über die Spedition Huning erfahren? Berichten Sie im Kurs.

Die Firma wurde .... gegründet. Sie hat .... Mitarbeitende.

Der Hauptsitz ist in .... Die Firma hat eine Filiale in ....

Das Lager ist .... groß. Die Firma bietet ....

Die Firma ist ...*mittelgroß*........ .

2d Ich hatte schon immer vor, … Sprechen Sie im Kurs.

> Hast du Lust, als Fahrer zu arbeiten?

> Kannst du dir vorstellen, als … zu arbeiten?

Memo

zu + Infinitiv
Wir bieten unseren Kunden die Möglichkeit, Lagerflächen **zu mieten**.
Wir haben Probleme, Personal **zu finden**.
▶ 1.7

3 Stellen Sie die Firma mit den Informationen im Kasten vor.
Ü5

Name: Optimist GmbH
Gegründet: 1987
Produkte: Haushaltsgeräte (Waschmaschinen, Geschirrspüler, Kühlschränke)
Hauptsitz: Flensburg

Weiterer Standort: Metzingen
Mitarbeitende: 500
Exportländer: Europäische Union – vor allem Frankreich, Spanien und Italien
Werte: Pünktlichkeit, Zuverlässigkeit, Nachhaltigkeit

> Das Gründungsjahr der Optimist GmbH ist …

> Sie produziert … ,

> Ihre Produkte exportiert sie besonders nach …

4 Stellen Sie eine Firma vor, in der Sie gerne arbeiten würden oder schon gearbeitet haben.
Ü6+7

> Ich habe Lust, in einem großen internationalen Unternehmen zu arbeiten.

C Urlaubsplanung

1a Eine E-Mail von der Geschäftsführung. Lesen Sie und beantworten Sie die Fragen.

An: Lager, Verwaltung

Betreff: Urlaubsregelung 2025

Von: Geschäftsführung

Liebe Kolleginnen und Kollegen im Lager und in der Verwaltung,

bitte beachten Sie bei Ihrer Urlaubsplanung für das nächste Jahr die folgenden Regeln:
1. Es dürfen außerhalb der Ferien nie mehr als 20 % der Mitarbeitenden gleichzeitig Urlaub machen.
2. Während der Ferienzeit, also in den Monaten Juli und August, dürfen nie mehr als 40 % der Angestellten gleichzeitig Urlaub haben.
3. Nach den Sommerferien, das heißt vom 1. bis zum 30. September, gibt es eine allgemeine Urlaubssperre.
4. Vom 26. Dezember 2025 bis zum 1. Januar 2026 bleibt die Firma geschlossen. Alle Mitarbeitenden müssen in dieser Zeit Urlaub nehmen.

Bitte stimmen Sie sich mit Ihren Kolleginnen und Kollegen ab.

Herzliche Grüße
Ihre Geschäftsführung

---

1 Von wem ist die E-Mail?
2 Wer bekommt die E-Mail?
3 Was ist das Thema der E-Mail?
4 Was sollen die Mitarbeitenden machen?

1b Lesen Sie die E-Mail noch einmal und korrigieren Sie die Sätze.

1 In der Verwaltung und im Lager dürfen 20 bis 40 Mitarbeitende gleichzeitig Urlaub machen.

Richtig ist, dass _____ .

2 Im September müssen alle Angestellten Urlaub nehmen.

Richtig ist, dass _____ .

3 Nach Weihnachten müssen die Mitarbeitenden arbeiten.

Richtig ist, dass _____ .

2a Welche Aussage passt? Hören Sie das Gespräch und kreuzen Sie an.

1 ☐ Jessica Wark und Simon Brunner machen die Urlaubsplanung für die ganze Personalabteilung.
2 ☐ Jessica Wark und Simon Brunner planen den Urlaub nur für sich selbst. Die anderen Angestellten haben die Urlaubsplanung schon gemacht.

2b Hören Sie noch einmal und beantworten Sie die Fragen.

1 Warum durften die drei anderen Kollegen zuerst ihre Urlaubstermine festlegen?
2 Warum können Jessica Wark und Simon Brunner Mitte August nicht in Urlaub gehen?
3 Wann möchte Jessica Wark Urlaub machen?
4 Wie lange möchte Simon Brunner Urlaub machen?
5 Welche Lösung finden Jessica Wark und Simon Brunner?

Lernziele
- eine Rundmail verstehen
- über Urlaubstermine diskutieren und eine Einigung finden
- Wiederholung: Genitiv und Präpositionen mit Genitiv

3

3a Wann nehmen die Personen Urlaub und wie lange? Hören Sie das Gespräch und notieren Sie.

Ivan: _ab Anfang August,_ ....

Aneta: ....

Ana: ....

3b Lesen Sie das Gespräch und ergänzen Sie den Redemittelkasten.

Redemittel			
einen Wunsch äußern	**einen Vorschlag machen**	**zustimmen**	**ablehnen**
Ich würde gerne …	Wir sollten … Du könntest / Wir könnten	Das ist eine gute Idee! Einverstanden!	Das finde ich nicht so gut. Wir sollten lieber …

- ● Ich möchte gerne Anfang August Urlaub haben und dann insgesamt drei Wochen.
- ▶ Ich hätte auch gern Anfang August Urlaub, aber nur zwei Wochen.
- ✱ Das ist eher schlecht. Einer von euch sollte wegen des IT-Systems immer hier sein, denn ihr kennt euch am besten damit aus.
- ▶ Du hast recht. Ich kann auch anders Urlaub nehmen. Ich schlage vor, dass ich zuerst zwei Wochen Urlaub im Monat Juli nehme und dann kann Ivan im August in Urlaub fahren.
- ● Ja, das ist gut. Vielen Dank, Aneta.
- ▶ Und was ist mit dir, Ana?
- ✱ Für mich ist eine Urlaubszeit Ende August ideal und dann brauche ich drei Wochen Urlaub. Ivan und ich sind also für einige Zeit gleichzeitig weg. Ist das ein Problem?
- ▶ Ich weiß nicht genau. Das bedeutet ja, dass Simon und Jessica während dieser Zeit auf keinen Fall Urlaub nehmen können, es müssen immer mindestens drei Personen in der Abteilung sein. Wir könnten sie noch einmal fragen. Was meint ihr?
- ● Ich glaube, das ist nicht nötig. Ich bin sicher, dass sie mit unserem Urlaubsplan einverstanden sind. Sie haben ganz klar gesagt, dass wir zuerst über den Urlaub sprechen sollten, weil wir Kinder haben und uns immer an den Schulferien orientieren müssen.
- ▶ Das ist wirklich nett von ihnen. Ich denke, wir sollten ihnen die freie Auswahl geben, wenn sie außerhalb der Sommerferien Urlaub nehmen möchten.
- ✱ Ja, das ist eine gute Idee.

3c Suchen Sie weitere Beispiel für den Genitiv in den Texten von 1a und 3b und notieren Sie.

Memo
Genitiv   **m** des/eines Mitarbeiters **n** des/eines Lagers   **f** der/einer Mitarbeiterin **Pl.** der/- Mitarbeiterinnen   Präpositionen mit Genitiv: wegen, während, innerhalb, außerhalb   Ich nehme keinen Urlaub außerhalb der Sommerferien.   ▶ 5.4 + 8.6

4 Urlaubsplanung. Spielen Sie Dialoge. Arbeiten Sie zu dritt. Die Rollenkarten für Partnerin/Partner B und C finden Sie auf Seite 248.

Sie arbeiten in derselben Abteilung und machen einen Urlaubsplan für den Monat Juli. Es ist wichtig, dass immer zwei Personen in der Abteilung anwesend sind.

Partnerin/Partner A
Sie wollen gerne Anfang Juli für zwei Wochen Urlaub machen. Sie können aber auch ab dem 20. Juli Urlaub machen.

3 D Der Arbeitsweg

• Verkehrsmittel benennen
• den Weg zur Arbeit beschreiben

1a Eine Umfrage im Radio. Hören Sie die Einleitung. Was ist eine Pendlerin / ein Pendler? Kreuzen Sie an.

Eine Pendlerin / Ein Pendler ist eine Person, die …
1 ☐ mit dem Auto zur Arbeit fährt.
2 ☐ nicht in demselben Ort arbeitet, in dem sie wohnt.
3 ☐ jeden Tag einen Arbeitsweg von mindestens einer Stunde hat.
4 ☐ öffentliche Verkehrsmittel für den Weg zur Arbeit benutzt.

1b Wie heißen die Verkehrsmittel? Notieren Sie.

1c Welche Verkehrsmittel benutzen die Personen für den Weg zur Arbeit? Hören Sie die Umfrage und notieren Sie.

☐☐☐ Marika Kashia   ☐ Lucie Rey   ☐☐ Fabiano Balesteros   ☐☐ Urs Weimar

1d Hören Sie noch einmal und kreuzen Sie an: richtig oder falsch?

		R	F
1	Wenn der Zug Verspätung hat, nimmt Marika Kashia das Auto.	☐	☐
2	Die Uniklinik bezahlt einen Zuschuss zur Monatskarte.	☐	☐
3	Lucie Rey sucht eine Arbeit in Basel.	☐	☐
4	In Emmendigen hat sie einen kurzen Arbeitsweg.	☐	☐
5	Fabiano Balesteros fährt gerne mit der Bahn zur Arbeit.	☐	☐
6	Er sucht eine Wohnung in Freiburg.	☐	☐
7	Urs Weimar hat ein Büro in Stuttgart.	☐	☐
8	Er muss für seine Arbeit viel reisen.	☐	☐

2 Ihre Wege. Wie kommen Sie zum Unterrichtsort oder zur Arbeit? Wie sind Sie früher zur Arbeit gekommen? Sprechen Sie im Kurs.

> Hier zur Sprachschule komme ich mit …

> Ich habe jetzt keine Arbeit, aber früher bin ich immer mit dem Auto gefahren.

> Ich habe … benutzt.

> Im Sommer komme ich gerne mit …

> Ich wohne nicht weit weg. Ich gehe zu Fuß.

Kurz und bündig

Kommunikation

über Berufe und Branchen sprechen

Arzt oder Ärztin ist ein typischer Gesundheitsberuf.
In der Baubranche arbeiten viele Handwerkerinnen und Handwerker, zum Beispiel Maurerinnen/Maurer, Zimmerleute oder Installateurinnen/Installateure.
Zur Verkehrs- und Transportbranche gehören viele Bereiche: Logistikunternehmen, Flughäfen, Bahnhöfe usw.

eine Firma präsentieren

Die Firma wurde … gegründet.
Sie hat heute 220 Mitarbeitende und 70 Transportfahrzeuge.
Der Hauptsitz ist in Hamburg und es gibt eine Filiale in Bremen.
Das Lager ist 4.000 qm groß.
Das Unternehmen bietet unter anderem den Transport von Waren zu Supermärkten und Schwertransporte.
Außerdem können die Kundinnen und Kunden Lagerflächen mieten.
Für die Firma sind Nachhaltigkeit und Umweltschutz sehr wichtig.

über Urlaubstermine diskutieren

- Ich möchte gerne im August Urlaub haben.
▸ Ich hätte auch gern im August Urlaub.
- Ich schlage vor, dass du Anfang August zwei Wochen Urlaub nimmst, ich mache dann ab Mitte August Urlaub. Einverstanden?
▸ Ja, das ist gut.

über den Weg zur Arbeit sprechen

Früher bin ich immer mit dem Auto zur Arbeit gefahren.
Ich nehme gerne den Zug. Aber wenn der Zug Verspätung hat oder ausfällt, benutze ich das Auto.
Im Sommer fahre ich gern mit dem Fahrrad zur Arbeit.

Grammatik

zu + Infinitiv

Wir bieten unseren Kunden die Möglichkeit, Lagerflächen zu mieten.
Wir haben Probleme, Personal zu finden.

zu + Infinitiv steht nach:

- bestimmten Verben (z. B. anfangen, verbieten, vergessen, versuchen, …)
- Ausdrücken mit Nomen + *haben* (z. B. Zeit/Lust/… haben)
- Ausdrücken mit *Es ist* + Adjektiv (z. B. Es ist gut/schlecht/schwierig/…)

Genitiv

m des / eines Mitarbeiters
f der / einer Mitarbeiterin
n des / eines Lagers
Pl. der / Mitarbeiterinnen

Präpositionen mit Genitiv: wegen, während, innerhalb, außerhalb
Wegen des Wetters musste ich zu Hause bleiben.
Während des Urlaubs habe ich viel gelesen.
Innerhalb der vorgegebenen Zeit muss ich am Flughafen sein.
Ich nehme keinen Urlaub außerhalb der Sommerferien.

3 Übungen

1a Wie heißen diese Berufe richtig? Schreiben Sie.

1 BE – TE – ZUG – GLEI – IN ....

2 KRAFT – BE – FAH – RUFS – RER ....

3 MEI – IN – STER – DUS – TRIE – IN ....

4 LEI – PER – MARKT – SU – TER ....

5 NENT – PO – DIS ....

1b Finden Sie sechs Branchen. Schreiben Sie die Branchen mit Artikel.

habgesundheitsbranchekuzeinzelhandelpusgastronomieüladverkehrsbrancheaidoalhotellerieopahandwerk

1 .... 3 .... 5 ....

2 .... 4 .... 6 ....

2a Zu welchen Branchen aus 1b passen diese Unternehmen? Schreiben Sie.

1 Baumarkt – *Einzelhandel* 6 Sanitätshaus – ....

2 Apotheke – .... 7 Pflegedienst – ....

3 Seniorenheim – .... 8 Autohaus – ....

4 Spedition – .... 9 Friseursalon – ....

5 Café – .... 10 Bäckerei – ....

2b Wichtige Branchen. Schreiben Sie Sätze.

1 für die deutsche Wirtschaft – sein – der Maschinenbau – sehr wichtig

Der Maschinenbau ist ....

2 für den Export spielen – eine wichtige Rolle – auch die Automobilbranche

....

3 in einigen Regionen Deutschlands – der Tourismus – von Bedeutung – sein

....

3a 🔊 16 Wo kann man diese Durchsagen hören? Notieren Sie.

.... am Bahnsteig   .... im Regionalzug   .... im Schwimmbad

.... an einer Bushaltestelle   .... im Möbelhaus   .... im Krankenhaus

3b 🔊 Hören Sie die Durchsagen noch einmal. Beantworten Sie die Fragen.

1 Warum fährt der Zug nicht weiter?
2 Was soll der Autofahrer machen?
3 Was sollen die Eltern von Manuela machen?

4 Was passt zusammen? Verbinden Sie.

1 den Güterverkehr — a behindern
2 den Verkehr — b organisieren
3 Güter — c transportieren
4 als Fahrer — d verstehen
5 Durchsagen — e arbeiten
6 Bewerbungsgespräche — f führen

5 Rechtschreibung. Wo fehlen die Umlaute? Korrigieren Sie.

Die Optimist GmbH wurde 1987 gegrundet. Das Unternehmen produziert Haushaltsgerate wie Waschmaschinen, Geschirrspuler und Kuhlschranke. In dem Unternehmen arbeiten 500 Menschen an zwei Standorten. Die Firma exportiert in Lander der Europaischen Union, zum Beispiel Frankreich und Spanien. Besonders großen Wert legt sie auf die Werte Punktlichkeit, Zuverlassigkeit und Nachhaltigkeit.

Memo

Im Deutschen gibt es drei Umlaute:

a → ä → Ä
o → ö → Ö
u → ü → Ü

6a Zu + Infinitiv. Ergänzen Sie die Sätze mit den Verben aus 4.
▶ 1.7

1 Herr Cedric ist dafür zuständig, den Güterverkehr ....
2 Herr Kling hatte keine Lust mehr, bei der Wäscherei als Fahrer ....
3 Schwertransport fahren nachts, um den Verkehr nicht ....
4 Für mich ist es manchmal schwierig, Durchsagen ....
5 Eine Spedition bietet ihren Kunden an, Güter ....
6 Es ist eine Aufgabe von Frau Huning, Bewerbungsgespräche ....

6b Schreiben Sie Sätze mit *zu* + Infinitiv.
▶ 1.7

1 Es ist wichtig – Kundinnen und Kunden – gut – beraten

   Es ist wichtig, Kundinnen und Kunden gut zu beraten.

2 Wegen meines Dienstplans – fällt es mir schwer – Freizeitaktivitäten – planen

3 Ich freue mich – Kundenkontakt – haben

4 Es ist nicht einfach – passende Mitarbeiterinnen und Mitarbeiter – finden

5 Jan macht es Spaß – bei Huning als Fahrer – arbeiten

6 Wir planen – im Urlaub – nach Schweden fahren

7 Ergänzen Sie die Sätze wie im Beispiel. Verwenden Sie *zu* + Infinitiv.

▶ 1.7

1 Ich finde es wichtig, *gesund zu essen.*

2 Es macht mir Spaß, ...

3 Manchmal vergesse ich, ...

4 Es ist interessant, ...

5 Ich habe Probleme, ...

6 Ich bitte dich, ...

8 Ein Urlaubsantrag. Bringen Sie die Sätze in die richtige Reihenfolge.

> am 23. August heiratet • beantrage ich für die Zeit • helfen möchte, • ich bei der Hochzeit dabei sein • meine Schwester. Da • Mit freundlichen Grüßen • ~~Sehr geehrte Frau Huning~~, • und auch bei den Vorbereitungen • Vania Sithi • vom 21. bis 26. August Urlaub.

Sehr geehrte Frau Huning,

....

....

....

....

....

9a Ordnen Sie die Redemittel zu.

> Das ist eher schlecht. • Ich schlage vor, … • Wir sollten … • Ich weiß nicht genau. • Das ist gut. • Einverstanden! • Wir könnten … • Ich möchte gerne …

einen Wunsch äußern	einen Vorschlag machen	zustimmen	ablehnen

9b Ergänzen Sie passende Redemittel aus a.

1 • ...., dass wir heute schon um 14.00 Uhr Feierabend machen.

▸ .... Dann haben wir morgen mehr Stress.

2 • .... am 10. September frei haben. Da ist eine Fortbildung, die mich interessiert.

▸ .... In der Zeit sind genug Leute hier im Geschäft, du kannst ohne Probleme frei haben.

3 • .... in Zukunft auch am Samstag arbeiten.

▸ .... Das finde ich nur gut, wenn wir dann von Montag bis Freitag weniger Stunden arbeiten.

4 • Kannst du heute länger bleiben?

▸ ....! Aber morgen möchte ich eher nach Hause gehen.

10 Genitiv. Schreiben Sie die Nomen und Artikel im Genitiv.

▶ 5.4

1 Ich heiße Günther Trenk. Ich bin Geschäftsführer *der Spedition* (die Spedition) Umbach. Das Unternehmen ist noch jung, das Gründungsjahr ist 2021. Wir haben uns für einen Standort in der Nähe *d*............... (die Autobahn, Pl.) A1 und A27 entschieden. Das ist außerhalb .... (die Stadt), aber der Vorteil *dies*............... (der Standort) ist klar: Die LKWs kommen schnell in alle Richtungen.

2 Ich bin Jamile. Ich arbeite als Krankenschwester. Während .... (die Arbeit) darf ich keinen Schmuck oder Piercings tragen. Das ist unhygienisch. Ich finde das nicht schlimm, aber die Tochter .... (meine Kollegin) hat deshalb ihre Ausbildung abgebrochen.

3 Mein Name ist Ibrahim und ich mache eine Ausbildung zum Industriemechaniker. Während .... (der Unterricht) in der Werkstatt muss ich Sicherheitsschuhe tragen. In der Nähe .... (die Maschine, Pl.) muss man vorsichtig sein, denn es passieren schnell Unfälle.

4 Ich heiße Yahub. Ich bin Lokführer. Im Führerstand .... (der Zug) fühle ich mich am wohlsten. Während .... (die Fahrt) bin ich sehr konzentriert. Ich arbeite im Schichtdienst, das ist anstrengend. Aber trotz *mein*............... (die Arbeitszeit, Pl.) möchte ich keinen anderen Beruf.

11 Ordnen Sie den Dialog. Hören Sie ihn dann zur Kontrolle.

🔊 17

☐ Dann können wir also nur ab Mitte August oder im September Urlaub nehmen.
☐ Davon weiß ich ja gar nichts! Warum haben sie uns nichts gesagt?
☐ Ja, das würde für mich sehr gut passen, besser als später. Würdest du dann in der zweiten Augusthälfte oder im September in Urlaub gehen?
☐ Na, ok. Wie sieht diese Einigung aus, Leandro?
☐ Wollten wir das nicht zusammen im Team machen?
☒ 1 Andrea, wir sollten noch den Urlaubsplan besprechen.
☐ Dann mache ich vom 20. August bis zum 3. September Urlaub. Danach habe ich eine Fortbildung.
☐ Das ist nicht mehr nötig, die anderen Kollegen mit Kindern haben sich schon geeinigt.
☐ Oder im Juni!
☐ Sie meinten, es wäre zu kompliziert, wenn wir das alle zusammen besprechen.
☐ Ursula und Vivian nehmen im Juli Urlaub und Paolo vom ersten bis zum 15. August.
☐ Das ist eine gute Lösung. Ich hoffe aber, dass wir nächstes Jahr gemeinsam über den Urlaub sprechen.

12a Wie heißen die Verkehrsmittel? Ergänzen Sie mit Artikel und Plural.

12b Ergänzen Sie die Verkehrsmittel aus a.

1 Mit einem .... kann man auch auf Autobahnen fahren.

2 Pendlerinnen/Pendler fahren sehr oft mit dem .... zur Arbeit.

3 In Deutschland gibt es in sehr vielen Städten .... für den öffentlichen Nahverkehr.

4 .... fahren auf Seen, Flüssen und auf dem Meer.

13 Der Weg zur Arbeit. Vor- und Nachteile von Fortbewegungsmitteln. Schreiben Sie ganze Sätze.

1 Der Vorteil, mit dem Auto zur Arbeit zu fahren, ist, dass man *unabhängig von Abfahrtszeiten ist und morgens länger schlafen kann.*

(*unabhängig von Abfahrtszeiten sein, morgens länger schlafen können*)

2 Der Nachteil ist, dass man ....

(*oft im Stau stehen, die Umwelt verschmutzen*)

3 Der Vorteil, mit dem Bus und der U-Bahn zu fahren, ist, dass man ....

(*ein Buch lesen können, sich entspannen können*)

4 Der Nachteil ist, dass man ....

(*länger brauchen, von Fahrzeiten abhängig sein*)

5 Mit dem Fahrrad zu fahren, hat den Vorteil, dass man ....

(*an der frischen Luft sein, sich bewegen*)

6 Mit dem Fahrrad zu fahren, hat den Nachteil, dass man ....

(*schwitzen, kaputt zur Arbeit kommen*)

14 Ihre Wege in der Stadt. Wählen Sie ein Ziel aus und beschreiben Sie den Weg.

Wichtige Wörter

A Branchen und Berufe

der Arzt, Ä-e
die Ärztin, -nen
typisch
der Bruder, -ü-
der Vater, -ä-
beeilen (sich)
das Ziel, -e
maximal
zwischen
die Stadt, -ä-e
der Verkehr, (Sg.)
der Bus, -se
die Durchsage, -n
der Bahnhof, -ö-e

B Die Spedition Huning

die Ware, -n
der Umzug, -ü-e
stressig
bestimmt
gründen
anfangen
fest
zuerst
unterwegs
gesamt
außerdem
bieten
der Kunde, -n
die Kundin, -nen
die Möglichkeit, -en
mieten
ungefähr
die Verantwortung, -en
das Personal, (Sg.)
einstellen
ablehnen
die Überstunde, -n

verschieben
sondern
zuständig
üblich
die Behörde, -n
abholen
behindern
die Leistung, -en
der Wert, -e

C Urlaubsplanung

die Verwaltung, -en
gleichzeitig
während
abstimmen
die Lösung, -en
insgesamt
wegen
die Auswahl, -en
außerhalb
innerhalb

D Arbeitsweg

der Pendler, -
die Pendlerin, -nen
die Umfrage, -n
das Verkehrsmittel, -
der Weg, -e
benutzen

Meine Wörter

Wollen Sie mehr üben? Wiederholen und üben Sie in der App.

Station 1: Wortschatz und Grammatik

1 Arbeitszeiten. Ergänzen Sie die Wörter.

1. Viele Menschen wünschen sich reg__lm__ß__g__ Arb__ __tsz__ __t__n. Sch__ __ __ td__ __nst ist nicht so beliebt.
2. In Supermärkten, die von 8.00 bis 20.00 Uhr geöffnet haben, arbeiten die Angestellten in der Fr__hsch__ __ __t oder in der Sp__tsch__ __ __t.
3. Wenn man in V__ llz__ __t arbeitet, verdient man mehr als in T__ __lz__ __t, aber man muss auch mehr arbeiten.
4. Am Freitag machen viele Beschäftigte früher F__ __ __r__b__nd.

2 *Obwohl* und *trotzdem*. Schreiben Sie die Sätze.

1. Jonas verdient sehr gut. Trotzdem sucht er eine neue Stelle.
   Obwohl _____.
2. Obwohl sich viele Kollegen duzen, bleibe ich lieber beim Sie.
   _____, trotzdem _____.
3. Elham hat ein sehr gutes Abitur gemacht. Trotzdem will sie nicht studieren.
   _____, obwohl _____.
4. Obwohl Sebastian ein Fahrrad und ein Auto hat, fährt er mit dem Bus zur Arbeit.
   _____, _____.

3 Was sagen, denken, glauben die Leute? Schreiben Sie Nebensätze mit *dass*.

1. Frau Meyerhoff: „Acht Stunden Arbeit pro Tag sind oft anstrengend."
   Frau Meyerhoff sagt, dass _____.
2. Herr Ahmadi: „Das Wetter ist ein passendes Thema für Small Talk."
   Herr Ahmadi findet, _____.
3. Frau Jakob: „Beim Small Talk spricht man in Deutschland nur selten über Geld."
   Frau Jakob glaubt, _____.
4. Die Berufsberaterin: „Man kann ausländische Berufsabschlüsse anerkennen lassen."
   Die Berufsberaterin berichtet, _____.
5. Viele Leute hätten gerne mehr Zeit für die Familie.
   Ich denke, _____.

4 Früher und heute. Ergänzen Sie die Verben in Klammern im Präteritum und im Präsens.

1. Früher _____ ich in der Pause Zeitung. Heute _____ ich Nachrichten auf dem Smartphone. (*lesen*)
2. Damals _____ ich lange im Büro, jetzt _____ ich schon mittags nach Hause. (*bleiben, gehen*)
3. Vor zehn Jahren _____ ich 1.200 € netto, heute _____ ich 2.300 €. (*bekommen*)
4. Hier _____ ich in einem Café. In Polen _____ ich früher als Lehrerin. (*bedienen, arbeiten*)

5 Was macht man in den Berufen? Ergänzen Sie die passenden Verben aus der Wortschlange.

streichen servieren pflegen beraten betreuen mischen kassieren verkaufen

1 Verkäufer ……*verkaufen*…… Waren, aber sie …………………………………… die Kunden auch.

2 Pflegekräfte …………………………… und …………………………… Menschen, die Hilfe brauchen.

3 Kellnerinnen …………………………… das Essen und ……………………………, wenn die Gäste fertig sind.

4 Maler …………………………… Farben und …………………………… Wände.

6 Präpositionen im Akkusativ und Dativ. Unterstreichen Sie die richtige Präposition.

Ich will heute genau bei • um • nach 20.00 Uhr für • von • zu Hause sein. Eine alte Freundin kommt bei • zu • gegen Besuch. Wir haben uns bis • vor • seit Jahren nicht gesehen. Ich kenne sie noch an • aus • bei der Schule. Wir sind ab • bis • seit zum Abitur viele Jahre zusammen in • auf • unter dieselbe Klasse gegangen. Nach • Vor • In der Schulzeit haben sich unsere Wege getrennt. Ich habe eine Ausbildung neben • bei • für einer Bank gemacht, zu • ohne • für die ich auch heute noch arbeite. Auch ohne • mit • gegen ein Studium bin ich beruflich erfolgreich. Meine Freundin ist in • zu • nach Düsseldorf gezogen und hat dort auf • an • in der Uni studiert.

7 Genitiv. Ergänzen Sie die passende Genitivendung, wenn nötig.

1 Manchmal übernehme ich die Arbeit mein……… Kollegin……… .

2 Leider gibt es nur außerhalb d……… Firmengelände……… Parkplätze. Wir haben nicht genug Platz.

3 Ich finde die Leistungen unser……… Team……… sehr effizient.

4 Während d……… Urlaub……… lese ich keine beruflichen Mails.

5 Die Aufgaben mein……… Chef………, Herrn Grundmann, sind sehr schwierig.

6 Ich hatte den Bericht innerhalb ein……… Stunde……… fertig geschrieben.

7 Die Öffnungszeiten d……… Supermärkte……… haben sich geändert.

8 Der Nachteil ein……… Teilzeitarbeit……… ist, dass man weniger verdient.

9 Das Gründungsjahr d……… Speditionsunternehmen……… Huning ist 1993.

10 Manche Leute müssen wegen ihr……… Arbeit……… oft reisen.

8 Infinitiv mit oder ohne *zu*? Ergänzen Sie *zu*, wenn nötig.

1 Ich habe die Möglichkeit, im Homeoffice ……… arbeiten, aber ich kann auch in der Firma ……… arbeiten.

2 Ich lasse mir von unserer IT-Abteilung ……… helfen, wenn ich Computerprobleme habe.

3 Es macht mir großen Spaß, im Team ……… arbeiten.

4 Für mich ist es wichtig, immer einen ordentlichen Schreibtisch ……… haben.

5 Um 12.30 Uhr gehe ich mit den Kollegen ……… essen.

6 Ich finde es interessant, neue Dinge ……… lernen.

7 Oft muss man für seinen Beruf auch neue Dinge ……… lernen.

①  Wortschatz und Grammatik

9 Infinitiv mit *zu* oder Nebensatz mit *dass*? Schreiben Sie Sätze.

1 verschieben – das Meeting – auf einen anderen Tag – wir

Ich schlage vor, dass ....

Ich schlage vor, das Meeting ....

2 Sie – zu dem Termin morgen – kommen

Ich bitte Sie, ...

Ich schlage vor, ...

3 privat telefonieren – am Arbeitsplatz – sie

Die Firma verbietet ihren Mitarbeitern, ...

Sie möchte nicht, dass ....

10a Suchrätsel. Finden Sie vier Branchen.

H	O	T	E	L	L	R	I	E	Z	Y	F
A	L	T	E	N	P	F	L	E	G	E	N
N	G	T	R	N	K	P	A	L	C	J	W
D	B	A	U	B	R	A	N	C	H	E	O
W	S	P	N	G	I	U	S	D	K	B	O
E	I	N	Z	E	L	H	A	N	D	E	L
R	H	Q	G	E	T	R	V	O	P	K	M
K	B	A	E	I	J	P	T	D	R	H	A

10b Notieren Sie zu jeder Branche mindestens ein passendes Unternehmen und einen passenden Beruf.

Branche	Unternehmen	Beruf
Altenpflege		

11 Firmenpräsentation. Stellen Sie die Firma vor und schreiben Sie Sätze. Die Stichpunkte helfen.

> Name: Calido GmbH • Produkte: Fertiggerichte, z. B. Dosensuppen, Pizza • Standort: Neu-Ulm • Mitarbeiterzahl: 360 • Gründungsjahr: 1974

Die Firma ....

Berufe im Fokus

Gebäudereinigung Teil 1

1a Welche Aufgaben haben Gebäudereiniger? Machen Sie eine Liste. Arbeiten Sie zu zweit. Vergleichen Sie Ihre Ergebnisse im Kurs.

● Böden reinigen, Fenster putzen …

1b Sehen Sie das Video ohne Ton und vergleichen Sie mit Ihren Notizen.

1c Welche Aufgaben gibt es in der Unterhaltsreinigung (U), welche in der Fassadenreinigung (F)? Sehen Sie das Video noch einmal und notieren Sie.

1 ☐ Böden saugen
2 ☐ Büros putzen
3 ☐ Glasfassadenreinigung
4 ☐ Graffitientfernung
5 ☐ Sanitäranlagen reinigen
6 ☐ Teppichsäuberung

2a Wie entfernt man Graffiti? Sehen Sie das Video und ergänzen Sie.

> die Chemikalie einreiben • die Wand abtrocknen • die Fassade einreiben •
> die Flüssigkeit auf dem Mopp verteilen • Graffitientferner auf den Schwamm •
> Wasser nachfüllen • ~~Handschuhe anziehen~~

Bei dieser Arbeit verwendet man Chemikalien, deshalb muss man zuerst ....*Handschuhe anziehen*........
Dann .... und
.... Danach .... man .... Im
zweiten Schritt gibt man .... und dann .... man
...., damit die Flüssigkeit in die Poren gelangt. Zum Schluss .... man
.... und der Arbeitsvorgang ist beendet.

2b Wie wird das gemacht? Schreiben Sie den Text aus a im Passiv.

● Bei dieser Arbeit werden Chemikalien verwendet, deshalb müssen …

3 Wie finden Sie den Beruf Gebäudereiniger? Was gefällt Ihnen gut/nicht? Sprechen Sie im Kurs.

▸ Ich finde den Beruf spannend. Man kann …
▸ Mir gefällt nicht, dass man …

Die Serie „Deutsch im Job – Profis gesucht" in voller Länge mit interaktiven Übungen und zahlreichen weiteren Materialien gibt es kostenlos bei der DW: **dw.com/profis**

1 Prüfungstraining

Allgemeine Hinweise zum *Deutsch-Test für den Beruf B1*

Übersicht:

Der *Deutsch-Test für den Beruf B1* prüft die Fähigkeit, an einem deutschsprachigen Arbeitsplatz sprachlich angemessen zu handeln.

Wortschatz und Aufgaben orientieren sich allgemein am Berufsalltag. Berufsspezifische Fachsprache wird nicht verlangt.

Geprüft werden die vier Fertigkeiten Lesen, Hören, Schreiben und Sprechen sowie Wortschatz und Grammatik (geprüft im Teil *Sprachbausteine und Schreiben*).

In der Prüfung werden auch die kombinierten Fertigkeiten *Lesen und Schreiben* und *Hören und Schreiben* getestet, d. h. die Schreibaufgaben beziehen sich auf konkrete Lese- oder Hörtexte, wie sie in der Berufsrealität vorkommen können.

Die Prüfung besteht aus den folgenden Teilen:

Schriftliche Prüfung: 95 Minuten

- Lesen — Zeit: 40 Minuten
- Lesen und Schreiben — Zeit: 20 Minuten
- Hören — Zeit: 20 Minuten
- Hören und Schreiben — Zeit: 5 Minuten
- Sprachbausteine und Schreiben — Zeit: 10 Minuten

Die einzelnen Prüfungsteile bestehen aus mehreren Aufgaben, z. B. Lesen Teil 1–4, Hören Teil 1–4.

Mündliche Prüfung: ca. 16 Minuten

Teil 1A:	Über ein Thema sprechen
Teil 1B:	Anschlussfragen beantworten
Teil 2:	Mit Kolleginnen und Kollegen sprechen
Teil 3:	Gemeinsam etwas planen

Die mündliche Prüfung ist eine Paarprüfung. Es gibt keine Vorbereitungszeit.

Die einzelnen Prüfungsteile bestehen aus mehreren Aufgaben. In den Stationen von *Fokus B1 Erfolgreich im Alltag und Beruf* werden die einzelnen Teile vorgestellt.

- Lesen — Seite 54–59
- Lesen und Schreiben, Sprachbausteine, Schreiben — Seite 124–127
- Hören, Hören und Schreiben — Seite 174–179
- Sprechen — Seite 244–247

Zudem finden Sie dort Tipps zur Vorbereitung auf die Prüfung und Erläuterungen der Lösungen.

In der Prüfung dürfen Sie keine Hilfsmittel wie Wörterbücher, Handys usw. benutzen. Sie müssen Ihre Lösungen in den Antwortbögen mit **Bleistift**, nicht mit Kugelschreiber **markieren** (nicht ankreuzen).

a b c

Lesen Teil 1
(Informationen aus Stellenanzeigen entnehmen)

Info: Sie sollen für fünf Personen eine passende Anzeige finden. Sie haben die Auswahl aus acht Anzeigen, d. h. für drei Anzeigen gibt es keine Lösung. Jede Anzeige kann nur einmal verwendet werden.

Vorgehen: Lesen Sie zuerst genau die Aufgaben (Situationen), dann die Anzeigen. Unterstreichen Sie wichtige Wörter. Suchen Sie die richtige Anzeige. Oft gibt es ähnliche Wörter in den Anzeigen und den Überschriften, die allerdings nicht zur Aufgabe passen. Oft werden die Wörter aus der Aufgabe in den Anzeigen anders ausgedrückt als in den Aufgaben.

Generelle Info zum Prüfungsteil *Lesen*:

Sie haben für alle Teile 40 Minuten Zeit. Sie können die Zeit frei einteilen.

Lesen Sie die Informationen zu den Personen 1–5 und die Anzeigen a–h. Welche Anzeige passt zu welcher Person?

1. Antonia Musso sucht eine Arbeit in Vollzeit. Sie ist sehr kommunikativ und telefoniert gerne.
2. Mohammed Aslan ist Restaurantfachkraft und sucht eine Arbeit am Wochenende.
3. Claudine Leclerc will sich selbständig machen und braucht Informationen.
4. Michel DeJonge sucht einen Raum, in dem man Unterlagen sicher lassen kann.
5. Lola Rodriguez sucht eine Tätigkeit im Außendienst.

a   Räume zu vermieten
Darmstadt – Bürgerhäuser
Für Veranstaltungen, Feiern, Sport – sowohl gewerblich als auch privat, für jede Gelegenheit, in verschiedenen Größen. Onlineanmeldung erforderlich.
mehr …

b   Restaurantfachleute (m/w/d)
Restaurant 4 Jahreszeiten – Weimar. Wir bilden aus. Du hast Spaß daran, Gäste zu betreuen und flexibel zu arbeiten, auch am Wochenende? Bei uns lernst du die verschiedensten Tätigkeiten in Restaurant und Küche kennen. Wir freuen uns auf Deine Bewerbung.
mehr …

c   Auslieferungsfahrer (m/w/d)
Getränkemarkt Obrecht – Trier
Sie lernen gerne neue Menschen kennen? Beim Obrecht Lieferservice kommen Sie in Kontakt zu den unterschiedlichsten Menschen, die sich freuen, wenn Sie ihnen ihre Bestellung liefern. Wir bieten sichere Arbeitsverträge, Überstunden werden vergütet oder mit Freizeit ausgeglichen.
mehr …

d   Lagern außerhalb
Berlin
Suchen Sie einen Ort für die Lagerung Ihrer Geschäftspapiere und Dokumente? Wie bieten Lagerräume in verschiedenen Größen. Nur Sie haben Zugang zu Ihrem Lagerraum, mit Ihrem eigenen PIN-Code. Alle Lagerräume werden mit Kameras überwacht.
mehr …

e   Servicekräfte für die Gastronomie
Arbeitsvermittlung Interim, Leipzig und Umgebung
Für diverse Aufgaben suchen wir ab sofort Servicekräfte mit Berufserfahrung. Abwechslungsreicher Einsatz in Gaststätten, Hotels, auf Messen und Veranstaltungen in Leipzig und außerhalb. Arbeit in Voll- und Teilzeit, Arbeitstage flexibel.
mehr …

f   Mitarbeiter*in Handyladen (m/w/d)
Internetcafé – Wiesbaden
Du hast Spaß, mit Menschen in Kontakt zu kommen und selbstständig Kunden zu beraten? Für unseren Laden suchen wir Servicepersonal in Vollzeit; Arbeitszeiten auch am Samstag.
mehr …

g   Kundenservice Büro
Dörnigheim
Sie haben Spaß, Menschen zu beraten, auf Wünsche und Probleme der Kunden einzugehen und haben eine sympathische Telefonstimme? Wir bieten feste Arbeitszeiten. 38 Stundenwoche, gute Verdienstmöglichkeiten.
mehr …

h   Seminare zur Existenzgründung
VHS Frankfurt
Du willst dein eigener Chef sein, deine eigene Firma gründen? In unserem Seminar erhältst du Basiswissen, wie du deine Geschäftsidee gut präsentieren kannst, einen Geschäftsplan erstellst und welche Finanzierungs- und Fördermöglichkeiten es gibt.
mehr …

1 Prüfungstraining

Lesen Teil 2
(Sich über Weiterbildungsmöglichkeiten informieren)

> **Info:** Sie sollen Informationen in einem längeren Text verstehen. Zu dem Text bekommen Sie vier Aufgaben mit je drei Lösungen a, b oder c. Sie sollen entscheiden, welche Lösung a, b oder c richtig ist.
>
> **Vorgehen:** Lesen Sie zuerst die Aufgaben, danach die Texte. Unterstreichen Sie in den Aufgaben wichtige Wörter und suchen Sie im Text passende Stellen zu den unterstrichenen Wörtern. Vergleichen Sie diese Textstellen mit den unterstrichenen Wörtern in den Aufgaben und markieren Sie die Lösung. Die Aufgaben folgen chronologisch dem Text. Lesen Sie Aufgabe 6 und den ersten Abschnitt, Aufgabe 7 und Abschnitt 2 usw. und markieren Sie die richtige Lösung.
>
> Oft werden die Wörter aus den Aufgaben in den Lesetexten anders ausgedrückt oder sie stehen in einem anderen Kontext. Sie müssen also sehr konzentriert lesen und auf die unterstrichenen Wörter achten.

Lesen Sie den Text. Welche Antwort a, b oder c passt am besten? Markieren Sie.

SPRACHKURSE ENGLISCH FÜR DEN BERUF

Sie haben Englisch bereits in der Schule gelernt, aber inzwischen vieles vergessen? Sie sind vor allem unsicher in der englischen Berufssprache, die wichtig für Geschäftskontakte mit dem Ausland ist? In unseren Kursen trainieren wir das professionelle Sprechen und ebenfalls das situationsgerechte Schreiben der englischen Sprache. Dabei geht es nicht um die spezielle Sprache für bestimmte Berufe und Branchen, sondern um allgemeine Sprachkenntnisse, mit denen Sie alle beruflichen Situationen sicher meistern können. Neu im Programm der Berufssprachkurse ist die Kursreihe Englisch einmal anders lernen – mit Tanz, Musik und Bewegung.

Unser Kursangebot beginnt ab dem Niveau B1. Um den passenden Kurs für Sie zu finden, vereinbaren Sie bitte auf unserer Webseite einen Termin. Hier können wir auch Ihre speziellen Wünsche besprechen, zum Beispiel einen Intensivkurs oder Einzelunterricht. Bitte melden Sie sich schnell an, die Kurse in den kommenden Sommerferien sind bald ausgebucht. Auch Online-Kurse oder gemischte Kurse (Onlineunterricht und Unterricht in den Schulen) sind möglich. Am Ende unserer Kurse können Sie auf Wunsch ein allgemein anerkanntes Zertifikat bekommen, wodurch Ihre Karrieremöglichkeiten im Beruf zunehmen werden.

Die meisten unserer Englischkurse werden von der Bundesagentur für Arbeit gefördert. Ob Sie einen Anspruch auf Förderung haben und welche Förderung Sie bekommen können, wird in einem persönlichen Gespräch bei der Arbeitsagentur mit Ihnen geklärt. Unser komplettes Kursangebot finden Sie zum Download unter www.efs-schulen.example.com.

6 Die Kurse sind
   a für alle Interessierten.
   b für alle mit Vorkenntnissen in Englisch.
   c für alle, die in einem internationalen Betrieb arbeiten.

7 In allen Kursen lernen Sie
   a Fachsprache für Ihren Beruf.
   b mündliche und schriftliche Kommunikation.
   c Geschäftsenglisch mit neuen Methoden.

8 Die Kurse
   a enden mit einer Prüfung.
   b werden in den Ferien nur online gegeben.
   c können sowohl am Computer als auch in der Schule stattfinden.

9 Die Bundesagentur für Arbeit
   a meldet die Kurse an.
   b bezahlt die Kurse.
   c gibt eventuell finanzielle Hilfen.

Lesen Teil 3
(Einweisungen verstehen)

Info: Sie sollen Informationen in zwei kürzeren Texten verstehen. Zu dem Text bekommen Sie zwei Aussagen mit je zwei Lösungen a oder b. Sie sollen entscheiden, welche Lösung a oder b richtig ist.

Vorgehen: Lesen Sie zuerst die Aufgaben, danach die Texte. Unterstreichen Sie in den Aufgaben wichtige Wörter und suchen Sie im Text passende Stellen zu den unterstrichenen Wörtern. Vergleichen Sie diese Textstellen mit den unterstrichenen Wörtern in den Aufgaben und markieren Sie die Lösung. Oft werden die Wörter aus den Aufgaben in den Lesetexten anders ausgedrückt oder sie stehen in einem anderen Kontext. Sie müssen also sehr konzentriert lesen und auf die unterstrichenen Wörter achten.

Lesen Sie die Texte. Welche Antwort a oder b passt am besten? Markieren Sie.

Betriebsveranstaltungen bei der Gerald KG

Auch in diesem Jahr wird im Juni oder Juli unser Betriebsausflug stattfinden. Wir würden uns besonders freuen, wenn die neuen Kolleginnen und Kollegen daran teilnehmen, so können sie alle anderen Mitarbeitenden kennenlernen und sich gegenseitig austauschen. Geplant ist wie im vergangenen Jahr eine Bootsfahrt auf Main und Rhein, von Frankfurt über Mainz und Wiesbaden nach St. Goarshausen und zurück an einem Freitag. Wir haben am Infobrett eine Teilnahmeliste ausgehängt. Wer mitkommen möchte, soll hier bitte eintragen, an welchem Freitag er oder sie kann.

Für unser alljährliches Frühlingsfest, wie immer am Samstag nach Ostern, brauchen wir noch Ideen und Vorschläge. Wir möchten, dass dieses Jahr auch Kundinnen und Kunden und andere Freunde zu unserem Fest kommen, würden dann aber gerne nicht nur feiern, sondern auch unsere Produkte und unser Unternehmen vorstellen. Wer hier Ideen hat, gerne an Frau Dötzmann (Zimmer 013) weitergeben.

---

10 Der Betriebsausflug
   a wird dieses Jahr speziell für die neuen Mitarbeitenden organisiert.
   b soll wieder auf einem Schiff stattfinden.

11 Die Firma wird nach Ostern
   a neue Produkte auf den Markt bringen.
   b Gäste zu einer Veranstaltung einladen.

Firmenparkplatz

Auf unserem Firmengelände gibt es insgesamt 50 Parkplätze, von denen zehn für unsere Kundinnen und Kunden reserviert sind. Dieses Kundenangebot soll bleiben, auch wenn nicht alle immer benutzt werden. Mit der Nutzung der 40 freien Parkplätze gibt es immer wieder Probleme.

So werden die Parkplätze meistens von Angestellten besetzt, die früh zur Arbeit kommen und Mitarbeitende, die später anfangen, haben oft keine Möglichkeit, ihren Wagen auf dem Parkplatz zu lassen. Das führt immer wieder zu Konflikten im Team. Um diese in Zukunft zu vermeiden, gilt ab sofort die folgende Regelung: Auf Antrag werden wir Parkausweise ausstellen. Einen Parkausweis können Mitarbeitende bekommen, die von außerhalb zur Arbeit kommen. Ausnahmen für Mitarbeitende, die im Ort wohnen, sind möglich. Wir bitten alle Mitarbeitenden, nach Möglichkeit auf umweltfreundliche Verkehrsmittel wie Fahrrad oder ÖPNV umzusteigen. Der Betrieb wird sich an den Kosten für eine Monatskarte finanziell beteiligen.

---

12 Viele Mitarbeitende sind unzufrieden,
   a weil nicht alle die gleiche Chance haben, einen Parkplatz zu finden.
   b weil zu viele leere Parkplätze nicht benutzt werden dürfen.

13 In Zukunft
   a gibt es nur noch Parkplätze für Mitarbeitende, die weit entfernt wohnen.
   b sollen andere Verkehrsmittel als das Auto gefördert werden.

Prüfungstraining

Lesen Teil 4
(Aufgaben und Aufgabenverteilung nachvollziehen)

> **Info:** Sie lesen fünf kurze Textnachrichten. Zu jeder Nachricht bekommen Sie eine Aussage. Sie sollen entscheiden, ob die Aussage richtig oder falsch ist.
>
> **Vorgehen:** Lesen Sie zuerst die Aussagen in den Aufgaben 14–18, danach die Texte. Unterstreichen Sie in den Aussagen wichtige Wörter und suchen Sie im Text passende Stellen zu den unterstrichenen Wörtern. Vergleichen Sie diese Textstellen mit den unterstrichenen Wörtern in den Aussagen und markieren Sie die Lösung. Achtung: Oft werden die Wörter aus den Aussagen in den Lesetexten anders ausgedrückt oder sie stehen in einem anderen Kontext. Sie müssen also sehr konzentriert lesen und auf die unterstrichenen Wörter achten.

Lesen Sie die Texte. Zu jedem Text gibt es eine Aufgabe. Ist die Aussage richtig oder falsch? Markieren Sie Ihre Lösungen zu den Aufgaben 14–18.

Hallo Mia,
Frau Sanchez geht doch nächste Woche in Rente und Therese und ich haben gedacht, dass wir ihr ein Abschiedsgeschenk machen sollten. Sie sagt zwar, wir sollen ihr nichts schenken, aber da sie gern ins Theater geht, wollen wir uns morgen um 17 Uhr vor dem Kartenvorverkaufsladen in der Kaiserstraße treffen und mal schauen, ob wir doch etwas für sie finden. Es wäre toll, wenn du dich beteiligst und morgen auch kommst. Ewa

14 Mia soll mit Kolleginnen ein Geschenk kaufen.
richtig/falsch?

Hallo Oliver,
Ich soll doch bei Klose in der Schillerstraße 1. Stock ein Zimmer streichen. Ich habe mir das gerade angeschaut. Wir werden auch tapezieren müssen. Weil der Kunde wünscht, dass wir schnell fertig werden, wäre es gut, wenn mir noch jemand hilft. Hast du nächsten Montag Zeit? Danke, Alex

15 Alex braucht eine Vertretung.
richtig/falsch?

Hallo Robert,
Wir haben doch um 14 Uhr unsere Besprechung, jetzt ist es 13:30 Uhr und ich stehe immer noch im Stau. Fangt doch schon ohne mich an. Falls ihr die Unterlagen zu den Umsatzzahlen braucht, die sind in meiner oberen Schreibtischschublade. Nehmt die bitte. Oder behandelt erst einen anderen Punkt. Ich beeile mich.
P.S. Schreib bitte, ob du die Nachricht gelesen hast. Uwe

16 Uwe kommt später zum Termin.
richtig/falsch?

Guten Tag, Frau Natsvlishvili. Ich wollte Sie informieren, dass das Büromaterial, dass wir letzte Woche bei Ihnen bestellt haben (Bestellnummer XX-CDD77), immer noch nicht angekommen ist. Es ist schon das zweite Mal, dass wir unzufrieden mit Ihrem Service sind. Letzten Monat mussten wir eine fehlerhafte Lieferung reklamieren.
Mit freundlichen Grüßen Kathy Miller

17 Frau Miller beschwert sich zum zweiten Mal über eine falsche Lieferung.
richtig/falsch?

Hallo Edgar,
ich bin leider immer noch krank und kann wahrscheinlich erst übernächste Woche wieder ins Büro kommen. Ihr wollt aber morgen doch die Urlaubsplanung im Team besprechen. Könntest du für mich die ersten drei Wochen im August eintragen? Das wäre für uns wichtig, denn wir müssen in den Schulferien Urlaub machen, Emma ist ja jetzt in der Schule. Danke, LG Tim

18 Tim kann nur im August in den Urlaub fahren.
richtig/falsch?

Lösungen

Lösung Lesen Teil 1

1. g ist richtig. *Kundenservice, Telefonstimme, 38 Stundenwoche* (= Arbeit in Vollzeit). f ist falsch. In der Überschrift geht es zwar um einen *Handy* (=Telefon)*laden*, aber nicht um Telefonieren bei der Arbeit.
2. e ist richtig. Service *Gastronomie, Arbeitstage flexibel* (→ Arbeit am Wochenende), b ist falsch. Es werden Restaurantfachkräfte gesucht, auch für die Arbeit *am Wochenende*, es geht aber um eine Berufs*ausbildung. (Wir bilden aus / Bei uns lernst du …)* Mohammed ist aber schon Restaurantfachkraft.
3. h ist richtig. *Existenzgründung* = Gründung einer eigenen Firma (= sich selbstständig machen). Auch in f ist die Rede von *selbstständig Kunden beraten*, hier geht es aber um die Tätigkeit als Mitarbeitende/Mitarbeitender eines Ladens.
4. d ist richtig. *Raum, um Unterlagen zu lassen* = Ort für die Lagerung, *sicher* = Zugang nur mit PIN-Code. a ist falsch. Hier geht es um Räume, die man für Veranstaltungen mieten kann, nicht um einen Ort, wo man Unterlagen sicher lassen kann.
5. c ist richtig. Arbeit im Außendienst = Arbeit direkt beim Kunden, *Menschen, die sich freuen, wenn Sie ihnen ihre Bestellung liefern*. Auch in Anzeige e geht es um Arbeit in Leipzig und *Umgebung (außerhalb)*, das ist aber keine Arbeit im Außendienst.

Lösung Lesen Teil 2

6. b ist richtig. … *bereits Englisch gelernt* = Vorkenntnisse. Also ist a falsch. Auch c ist falsch. Im Text steht, dass Englisch wichtig für Geschäftskontakte mit dem Ausland ist, nicht aber dass man in einem internationalen Betrieb arbeiten muss, um die Kurse zu besuchen.
7. b ist richtig. a ist falsch, es geht nicht um eine *spezielle Sprache* (= Fachsprache), auch c ist falsch. Kurse mit *Musik und Bewegung* (= neue Methoden) sind ein besonderes Angebot, es gibt das nicht in allen Kursen.
8. c ist richtig. … *auch Online-Kurse oder gemischte Kurse sind möglich.* a ist falsch, man *kann* ein Zertifikat bekommen, b ist falsch. Im Text ist die Rede von Ferien, aber in einem anderen Kontext.
9. c ist richtig. *Ob Sie einen Anspruch bekommen, wird … bei der Arbeitsagentur… geklärt* = es gibt eventuell finanzielle Hilfe.

Lösung Lesen Teil 3

10. b ist richtig. … *eine Bootsfahrt auf Main und Rhein*, a ist falsch. Die Firma freut sich, wenn die neuen Kollegen/Kolleginnen mitmachen, der Ausflug ist aber für alle organisiert.
11. b ist richtig. *Wir möchten, dass dieses Jahr auch Kundinnen und Kunden und andere Freunde zu unserem Fest kommen* = Gäste einladen, a ist falsch. Produkte des Unternehmens sollen vorgestellt werden.
12. a ist richtig. … *Durch die aktuelle Praxis, wer einen Parkplatz bekommen kann, kommt es immer wieder zu Konflikten* → Viele sind unzufrieden, b ist falsch. Im Text ist zwar die Rede von Parkplätzen, die nicht benutzt werden, aber nicht, dass Mitarbeitende deshalb unzufrieden sind.
13. b ist richtig. *Der Betrieb wird sich an den Kosten für eine Monatskarte beteiligen,* = andere Verkehrsmittel als das Auto fördern. a = falsch. *Ausnahmen für Mitarbeitende, die im Ort wohnen, sind möglich.*

Lösung Lesen Teil 4

14. richtig. Auch wenn Frau Sanchez sagt, dass sie man ihr nichts schenken soll, möchte Ewa, dass Mia sich an einem Geschenk beteiligt.
15. falsch. Alex braucht jemanden, der ihm hilft, keine Vertretung.
16. richtig. Uwe steht im Stau, die anderen sollen ohne ihn anfangen, d.h. er kommt später.
17. falsch. Frau Miller beschwert sich, dass das Material noch nicht gekommen ist. Eine falsche = fehlerhafte Lieferung gab es einmal in der Vergangenheit.
18. richtig. Tim kann nur im August fahren, da er in den Schulferien Urlaub machen muss.

4 Arbeit finden

A Rund um die Arbeitssuche

1 Wie kann man Arbeit finden? Sehen Sie die Fotos an und sprechen Sie im Kurs.

> Oft findet man Stellenangebote in Zeitungen.

> Man kann auch direkt in einem Geschäft oder einem Café nach Arbeit fragen.

> Ein andere Möglichkeit ist …

2a Zu welchen Fotos passen die Dialoge? Hören und notieren Sie.

2b Hören Sie die Dialoge noch einmal und kreuzen Sie an: richtig oder falsch und welche Antwort (a oder b) passt am besten?

1. Die Frau sucht Arbeit. ☐ Richtig ☐ Falsch

2. Das Café
   a ☐ braucht jetzt kein Personal.
   b ☐ erwartet von Bewerbenden eine formelle E-Mail.

3. Sie hören ein Vorstellungsgespräch. ☐ Richtig ☐ Falsch

4. Leandro
   a ☐ interessiert sich nicht für die Stelle.
   b ☐ braucht mehr Informationen über die Stelle.

60

Lernziele
- über die Arbeitssuche sprechen
- über die Aufgaben des Berufsinformationszentrums (BiZ) sprechen

3a Das Berufsinformationszentrum (BiZ). Lesen Sie den Informationstext und notieren Sie die Zwischenüberschriften.

Ü2–3

> Was gibt es im BiZ? • Einen Termin im BiZ vereinbaren • Das BiZ

1 ....

Berufsinformationszentren (BiZ) gibt es in allen Agenturen für Arbeit. Dort können sich Jugendliche und Erwachsene kostenlos u. a. über die Themen „Ausbildung und Studium", „Arbeit und Beruf" und „Bewerbung" informieren. Im BiZ gibt es auch Veranstaltungen und Vorträge – z. B. über Umschulungsmöglichkeiten. Sie können auch ohne Termin ins BiZ kommen.

2 ....

In den Leseecken können sich die Besucherinnen und Besucher über Berufe informieren und Zeitungen, Fachzeitschriften und Informationsmappen lesen. Es gibt nicht nur Printmedien, sondern auch Internetarbeitsplätze und Computer mit Farbdruckern, damit Sie im Internet recherchieren und nach Stellen oder Umschulungsangeboten suchen können. An den Computern können Sie Ihre Bewerbung erstellen und bearbeiten. Bei Fragen helfen Ihnen die Mitarbeitenden an den Infotheken.

3 ....

Wenn Sie sich beruflich verändern wollen oder müssen, unterstützen wir Sie. Sie können einen Termin online, telefonisch, per E-Mail oder persönlich vereinbaren. Im Beratungsgespräch sprechen wir mit Ihnen über Ihre Berufswünsche oder helfen Ihnen bei der Stellensuche, bei Bewerbungen und beim Vorstellungsgespräch. Bereiten Sie sich aber bitte auf den ersten Termin gut vor. Überlegen Sie sich:
• Was für eine Stelle möchte ich haben?
• Was für Qualifikationen habe ich und welche Kenntnisse bringe ich mit?
Bitte bringen Sie Ihre Bewerbungsunterlagen, Zeugnisse und andere wichtige Dokumente mit. Ausländische Mitbürgerinnen und Mitbürger sollten z. B. ihre Aufenthaltserlaubnis und Arbeitserlaubnis mitbringen.

3b Lesen Sie den Text noch einmal. Kreuzen Sie an: richtig oder falsch? Korrigieren Sie die falschen Aussagen.

		R	F
1	Die Mitarbeitenden im BiZ helfen vor allem Arbeitslosen.	☐	☐
2	Wenn man ins BiZ gehen möchte, braucht man einen Termin.	☐	☐
3	Man kann im BiZ Computer nutzen und Stellen suchen.	☐	☐
4	Es gibt verschiedene Möglichkeiten, Termine im BiZ zu vereinbaren.	☐	☐
5	Die Mitarbeitenden im BiZ helfen auch, Bewerbungen zu schreiben.	☐	☐

4 Wie und wo haben Sie, Ihre Verwandten oder Bekannten eine Arbeit gesucht? Erzählen Sie im Kurs.

> Ich war schon einmal in einem BiZ. Die Angestellten waren sehr nett, aber ich habe nicht alles verstanden.

> Meine Frau hat in einer Onlinestellenbörse einen Job gefunden.

B Sich über Berufe informieren

1a Berufsporträts. Lesen Sie die Texte und ordnen Sie sie den Berufen zu. Ein Beruf passt nicht.

1 Berufsporträt

Die Ausbildung dauert drei Jahre. Nach der Ausbildung arbeiten Sie in der Verwaltung von Unternehmen. Betriebe aus fast allen Branchen bieten Beschäftigungsmöglichkeiten und die Aufgaben sind sehr verschieden: Wenn Sie im Personalbereich arbeiten, sind Sie zum Beispiel für die Anstellung von Personal verantwortlich. Als Mitarbeiterin/Mitarbeiter im Verkauf berechnen Sie Preise und Angebote und führen Verkaufsgespräche mit Kundinnen und Kunden. Auch im Bereich Marketing können Sie mit dieser Ausbildung arbeiten. Um einen Ausbildungsplatz zu bekommen, braucht man mindestens die Mittlere Reife, viele Betriebe stellen aber auch gerne Auszubildende mit Abitur oder Fachabitur ein.

2 Berufsporträt

Die Ausbildung dauert ein Jahr in Vollzeit und maximal vier Jahre in Teilzeit. In diesem Beruf kümmern Sie sich um Menschen, die nicht mehr für sich selbst sorgen können. Sie sind für die Körperpflege verantwortlich und helfen ihnen beim Essen. Wenn Sie in einem Pflegeheim arbeiten, organisieren Sie mit Ihrem Team zum Beispiel Freizeitprogramme oder Ausflüge für die Bewohnerinnen und Bewohner. Wichtig ist, dass Sie die Probleme oder Beschwerden der älteren Menschen gut verstehen, damit Vertrauen entstehen kann. In der Regel braucht man den Hauptschulabschluss oder einen ähnlichen Schulabschluss, damit man eine Ausbildung beginnen kann.

3 Berufsporträt

Die Ausbildung dauert zwei Jahre. In diesem Beruf nähen und ändern Sie Kleidung, Sie kürzen zum Beispiel Hosen oder Röcke. Außerdem passen Sie Heimtextilien wie Gardinen oder Vorhänge nach den Wünschen der Kundinnen und Kunden an, wenn sie zum Beispiel zu lang oder zu breit sind. Beschäftigungsmöglichkeiten bieten Modehäuser oder auch Änderungs- und Maßschneidereien. Man kann sich mit diesem Beruf auch selbstständig machen. Wenn Sie sich für diesen Beruf interessieren, brauchen Sie mindestens einen Hauptschulabschluss oder einen vergleichbaren Schulabschluss.

Florist

Änderungsschneiderin

Altenpflegehelfer

Industriekauffrau

1b Lesen Sie noch einmal und beantworten Sie die Fragen.

1 Was machen Änderungsschneiderinnen oder -schneider mit Heimtextilien?
2 Wo können sie arbeiten?
3 In welchen Branchen arbeiten Industriekaufleute?
4 Welche Aufgaben haben sie im Verkauf?
5 Wofür ist man in der Altenpflege unter anderem verantwortlich?
6 Was ist wichtig, damit man die Bewohnerinnen und Bewohner in Altenheimen gut versorgen kann?

> Eine Änderungsschneiderin kann Heimtextilien …

Lernziele
- Informationen über Berufe sammeln
- über Berufe berichten
- Wiederholung Finalsätze: *damit* und *um … zu*

4

1c Beantworten Sie die Fragen wie im Beispiel.
Ü6–8

1. Wozu braucht man einen Schulabschluss? – Um eine Ausbildung zu machen.
2. Warum ist eine Ausbildung wichtig? – Damit man …
3. Wozu lernt man Fremdsprachen? – Um …
4. Wozu macht man eine Weiterbildung? – Um …
5. Warum besuchen viele Leute das BiZ? – Damit sie …

> **Regel**
>
> *damit – um … zu*
>
> gleiches Subjekt: *damit* oder *um … zu*
> **Damit man** einen Ausbildungsplatz bekommt, braucht **man** normalerweise die Mittlere Reife.
> **Um** einen Ausbildungsplatz **zu** bekommen, braucht **man** normalerweise die Mittlere Reife.
>
> Verschiedene Subjekte: nur *damit*
> Wichtig ist, dass **Sie** die Probleme oder Beschwerden Ihrer Patienten gut verstehen, **damit Vertrauen** entstehen kann.
>
> ▶ 10.12

2a Welchen Beruf hat Cedric? Hören Sie das Gespräch und notieren Sie.
🔊 19

2b Hören Sie das Gespräch noch einmal und kreuzen Sie an: richtig oder falsch?

	R	F
1 Fatemeh weiß schon, was sie nach der Schule machen will.	☐	☐
2 Als Floristin oder Florist ist Kundenberatung wichtig.	☐	☐
3 Cedric macht es keinen Spaß, seine Wohnung zu dekorieren.	☐	☐
4 Wenn Fatemeh in dem Geschäft hospitieren will, muss sie sehr früh aufstehen.	☐	☐
5 Sie sollte sich bei mehreren Betrieben bewerben.	☐	☐

2c Was sagt Cedric über seine Aufgaben und Ausbildung und was empfiehlt er Fatemeh? Sprechen Sie zu zweit.

3a Die Bundesagentur für Arbeit bietet online ausführliche Informationen über sehr viele Ausbildungsberufe in Deutschland (Berufe A–Z). Wählen Sie einen Beruf aus und sammeln Sie Informationen. Arbeiten Sie zu zweit.

3b Stellen Sie den Beruf im Kurs vor. Gibt es Fragen zu dem Beruf? Antworten Sie.

> **Redemittel**
>
> **einen Beruf vorstellen**
>
> Die Ausbildung/Umschulung/Weiterbildung zur/zum …
> dauert … Jahre/Monate in Vollzeit/Teilzeit.
>
> In dem Beruf muss man / ist man zuständig für …
>
> Zu den Aufgaben gehören …
>
> Um eine Ausbildung zu beginnen, braucht man …
>
> Wer eine Ausbildung zur/zum … machen möchte,
> braucht einen Schulabschluss/…
>
> Eine berufliche Anerkennung von Abschlüssen aus dem
> Ausland ist (nicht) notwendig.
>
> Wer eine Ausbildung zur/zum … machen will, sollte sich
> für … interessieren.

Wir haben den Beruf … gewählt.

C Kompetenzen im Beruf

1a Welche persönlichen Eigenschaften sind wichtig im Beruf? Sammeln Sie.

> Ich glaube, viele Arbeitgeberinnen und Arbeitgeber erwarten Berufserfahrung von ihren Angestellten.

> Für viele Stellen braucht man einen Berufsabschluss.

> Mitarbeitende sollten vor allem professionell sein.

1b Welche Überschrift passt am besten? Lesen Sie den Zeitungstext und kreuzen Sie an.

„Softskills" im Beruf immer wichtiger ☐   Die wichtigsten „Softskills" im Beruf ☐

Erfahrung unwichtig – was Chefs von Mitarbeitenden erwarten ☐

Gute Zeugnisse, Fachwissen, Können und Berufserfahrung braucht man immer, wenn man auf Jobsuche ist. Doch das allein genügt in der Regel nicht, um eine Stelle zu bekommen.
5 So arbeiten die meisten Mitarbeiterinnen und Mitarbeiter in Firmen nicht alleine in einem abgeschlossenen Büro, sondern in Teams, sodass sie auch teamfähig
10 sein müssen. Anstatt also nur auf die fachliche Qualifikation zu setzen, sollten Bewerberinnen und Bewerber auch ihre „Softskills", also die persönlichen Eigenschaften bei Bewerbungen betonen.
15 Neben Teamfähigkeit sind zum Beispiel Kritik- und Kommunikationsfähigkeit weitere wichtige soziale Kompetenzen. Genauso wichtig sind persönliche Stärken wie Fleiß, Motivation und die Fähigkeit, selbstständig zu arbeiten.
Wenn Sie Ihre Bewerbungsunterlagen zusammen- 20
stellen, gilt also: Anstatt nur an Ihre Zeugnisse und Referenzen zu denken, sollten Sie zusätzlich über Ihre persönlichen Eigenschaften nachdenken, zum Beispiel: Bin ich 25
kommunikativ oder eher nicht? Arbeite ich gerne mit anderen zusammen, bin ich teamfähig? Man sollte auch interessante Stellenanzeigen nicht zu schnell und flüchtig lesen, 30
sondern auf jedes Wort achten: Meistens beschreiben die Firmen sehr genau, welche fachlichen und auch welche persönlichen Kompetenzen sie von den Bewerbenden erwarten.

1c Steht das im Zeitungstext? Lesen Sie noch einmal und entscheiden Sie. Kreuzen Sie an.

		Ja	Nein
1	In der Berufswelt sind besonders Fachwissen und Berufserfahrung wichtig.	☐	☐
2	Im Beruf sind persönliche Eigenschaften wichtiger als fachliches Wissen und Können.	☐	☐
3	Softskills ist ein anderes Wort für soziale oder persönliche Kompetenzen.	☐	☐
4	Um seine Kompetenzen besser kennenzulernen, sollte man sich fragen, wie man ist.	☐	☐

| Lernziele | • über Softskills sprechen
• Wiederholung: *nicht …, sondern …* und *anstatt … zu* | **4** |

1d Finden Sie weitere Beispiele im Text und notieren Sie.
Ü11

> **Memo**
>
> *anstatt + zu + Infinitiv und nicht …, sondern …*
>
> **Anstatt** nur auf die fachliche Qualifikation **zu setzen**, sollten Bewerberinnen und Bewerber auch ihre „Softskills" betonen.
>
> Man sollte Stellenanzeigen **nicht** zu schnell und flüchtig lesen, **sondern** auf jedes Wort achten.
>
> ▶ 10.10

M 1e Ihre Partnerin / Ihr Partner war letzte Woche nicht im Kurs. Sie möchten sie/ihn über Kompetenzen im Beruf informieren. Sammeln Sie wichtige Informationen in einer Mindmap. Tauschen Sie die Mindmaps dreimal im Kurs und ergänzen Sie sie.

2a Softskills: Was ist das? Ordnen Sie zu.

a arbeitet sehr genau und macht wenig Fehler.
b kann sich auf neue Situationen einstellen, schnell reagieren und neue Aufgaben übernehmen.

1 Wer belastbar ist,
2 Wer verantwortungsbewusst ist,   c kann auch in schwierigen Situationen z. B. mit viel
3 Wer kritikfähig ist,   Stress gut arbeiten.
4 Wer flexibel ist,   d lässt auch Meinungen zu, die anders als die eigene
5 Wer emphatisch ist   Meinung sind.
6 Wer zuverlässig ist,   e kann gut verstehen, wie andere sich fühlen.
7 Wer konfliktfähig ist,   f kann akzeptieren, dass man auch mal Fehler macht
8 Wer sorgfältig ist,   und davon lernen.
9 Wer kommunikativ ist,   g hat die Fähigkeit, Verantwortung zu übernehmen.
                                           h spricht gerne mit anderen Menschen.
                                           i ist pünktlich und macht seine Arbeit immer gut.

2b Welche Eigenschaften braucht man in diesen Berufen? Diskutieren Sie im Kurs.

Erzieherin Restaurantfachmann Malerin Gebäudeschützer

> Ich glaube, dass eine Erzieherin sehr geduldig sein muss, weil …

> Ja, das finde ich auch. Und sie muss auch … sein, weil …

3 Ich bin … Welche Eigenschaften passen zu Ihnen? Markieren Sie rot (sehr), blau (normal) oder grün
Ü12 (wenig). Ergänzen Sie weitere Eigenschaften. Vergleichen Sie im Kurs.

☐ belastbar   ☐ lernbereit   ☐ empathisch
☐ flexibel   ☐ teamfähig   ☐ hilfsbereit
☐ kritikfähig   ☐ sorgfältig   ☐ verantwortungsbewusst

☐ ....   ☐ ....   ☐ ....

☐ ....   ☐ ....   ☐ ....

4 D Die Jobmesse

- über Jobmessen sprechen
- die eigene Meinung sagen

1 Wer sollte die Jobmesse besuchen und warum? Lesen und notieren Sie.
Ü13-14

17. Jobmesse Unterrode: 21. bis 23.06.2024

Seit 17 Jahren findet sie jedes Jahr mit großem Erfolg statt: Die Jobmesse Unterrode. Hier können Jobsuchende und Arbeitgebende Kontakte knüpfen, Interessenten können erfahren, welche Berufe für sie besonders geeignet sind, Firmen informieren über Karrierechancen sowie Aus- und Weiterbildungsmöglichkeiten.

- Sie wollen sich selbstständig machen? Auf der Jobmesse erfahren Sie, was Sie beachten müssen, wenn Sie eine eigene Firma gründen wollen.
- Sie suchen einen Ausbildungsplatz? Kommen Sie mit Firmen ins Gespräch, die ab dem 1. September 2024 Ausbildungsplätze anbieten.
- Sie wissen nicht genau, welcher Beruf zu Ihnen passt? Um einen Termin für eine Berufsberatung zu vereinbaren, klicken Sie bitte hier.
- Sie kommen aus einem anderen Land und möchten mehr über das Berufsleben in Deutschland erfahren? Auf der Jobmesse finden Sie auch Gesprächspartnerinnen oder -partner aus Bildungseinrichtungen und Informationsveranstaltungen über das deutsche Arbeitsrecht.

2 Vorträge auf der Jobmesse in Unterrode. Welchen Vortrag möchten Sie besuchen?
Ü15 Lesen Sie die Angebote und diskutieren Sie zu zweit.

Veranstaltungen → Vorträge

Die perfekte Vorbereitung auf das Vorstellungsgespräch
21.6. 14.00–15.30 Uhr, Raum 1

Die ersten Schritte in die Selbstständigkeit
21.6. 15.30–16.30 Uhr, Raum 2

Mein Berufsabschluss ist nicht aus Deutschland – Wird er hier anerkannt?
22.6. 11.00–12.00 Uhr Raum 1

Der Arbeitsmarkt – Welche Berufe sind besonders gefragt?
22.6. 13.30–14.30 Uhr Raum 2

Die Firma kündigt – Was ist jetzt wichtig für Sie?
23.6. 10.00–11.00 Uhr Raum 1

Sie wollen kündigen. Was müssen Sie beachten?
23.6. 12.30–13.30 Uhr Raum 2

Redemittel

Vorschläge machen	zustimmen	ablehnen	eine Lösung finden
Mich interessiert der Vortrag mit dem Titel … Deshalb möchte ich … Ich weiß nur wenig über … Interessiert dich das Thema auch?	Ja, das finde ich auch interessant. Über das Thema wollte ich schon immer mehr wissen.	Das Thema ist für mich weniger wichtig. Ich möchte lieber den Vortrag … besuchen.	Dann besuchen wir also den Vortrag … Ja, das machen wir so.

Kurz und bündig

Kommunikation

über die Arbeitssuche sprechen
Viele Leute suchen in Zeitungen. Dort findet man auch viele Stellenangebote.
Man findet Stellenangebote in Zeitungen / im Internet / …
Man kann einen Termin im BiZ vereinbaren.
Man kann auch direkt in einem Geschäft oder einem Café nach Arbeit fragen.
Ein andere Möglichkeit ist, Stellenanzeigen in Zeitungen oder auf Jobportalen im Internet zu suchen.

über Berufe berichten
Die Ausbildung zur Floristin dauert drei Jahre. Man lernt in diesem Beruf, wie man Sträuße und Kränze bindet und Schaufenster dekoriert. Außerdem berät man Kundinnen und Kunden. Arbeitsmöglichkeiten bieten Blumengeschäfte, Gärtnereien oder Gartencenter.

über Softskills sprechen
Erzieherinnen/… müssen geduldig/… sein.
In vielen Berufen arbeitet man mit anderen zusammen. Dann ist Teamfähigkeit wichtig.
Ich denke, dass man in allen Berufen zuverlässig/… sein muss.
Für Verkäuferinnen und Verkäufer ist es ein großer Vorteil, wenn sie kommunikativ sind.

über Vorträge auf einer Jobmesse diskutieren
- Ich finde den Vortrag über Selbstständigkeit interessant. Wollen wir ihn gemeinsam besuchen?
- Ich möchte lieber den Vortrag über Berufsabschlüsse hören.
- Über das Thema will ich auch gerne mehr wissen.

Grammatik

damit und *um … zu*

gleiches Subjekt: *damit* oder *um … zu*
Damit man einen Ausbildungsplatz bekommt, braucht man normalerweise die Mittlere Reife.
Um einen Ausbildungsplatz zu bekommen, braucht man normalerweise die Mittlere Reife.

verschiedene Subjekte: nur *damit*
Wichtig ist, dass Sie die Probleme oder Beschwerden Ihrer Patienten gut verstehen, damit Vertrauen entstehen kann.

(an)statt … zu und *nicht …, sondern*
Mit anstatt … zu und nicht …, sondern kann man sagen, dass man etwas macht und etwas anderes nicht macht.

Anstatt nur auf die fachliche Qualifikation zu setzen, sollten Bewerberinnen und Bewerber auch ihre „Softskills" betonen.

Man sollte Stellenanzeigen nicht zu schnell und flüchtig lesen, sondern auf jedes Wort achten.

4 Übungen

1a Eine Arbeit finden. Welche Wege gibt es? Ordnen Sie zu.

1 in einem Geschäft nach Arbeit
2 sich im BiZ über Jobangebote
3 Stellenanzeigen im Internet oder in der Zeitung
4 durch Freunde oder Bekannte eine neue Arbeit

a bekommen
b lesen
c fragen
d informieren

1b Schreiben Sie Sätze mit den Wortgruppen aus a.

1 Man kann _____.

2 Es gibt die Möglichkeit, _____.

3 Manche Leute _____.

4 Eine andere gute Chance ist, _____.

2 Im Berufsinformationszentrum. Welcher Ausdruck (a, b oder c) passt am besten in die Lücken 1–6? Kreuzen Sie an.

Gestern habe ich zum __1__ Mal das BiZ besucht. Eine Mitarbeiterin hat mir __2__ erklärt, welche Angebote es gibt. __3__ habe ich eine Stunde in einer Leseecke eine Infobroschüre über Umschulungen gelesen. Danach war ich noch __4__ Computer, weil ich mehr über den Beruf Restaurantfachmann erfahren wollte. Ich überlege, __5__ ich in diesem Beruf eine Ausbildung machen __6__.

1 a ☐ einen
   b ☐ ersten
   c ☐ zweite

2 a ☐ genau
   b ☐ genauer
   c ☐ genauere

3 a ☐ Zuerst
   b ☐ Danach
   c ☐ Zuletzt

4 a ☐ am
   b ☐ beim
   c ☐ zum

5 a ☐ wenn
   b ☐ ob
   c ☐ wie lange

6 a ☐ sollte
   b ☐ dürfte
   c ☐ muss

3 Das BiZ. Ordnen Sie den Dialog. Hören Sie den Dialog dann zur Kontrolle.

☐ Das BiZ ist nach Themen eingeteilt: „Arbeit und Beruf", „Ausbildung und Studium" und „Bewerbung". Diese Bereiche nennen wir Themeninseln.

☐ Guten Tag. Mein Name ist Aziz El Khalfi. Ich suche Informationen über Ausbildungen im Bereich IT.

☐ Ich verstehe. Vielen Dank. Kann ich auch die Computer benutzen, um im Internet zu recherchieren?

☐ Themeninsel? Das verstehe ich nicht. Was bedeutet das?

☐ Ich helfe Ihnen gern. Die Themeninsel „Ausbildung und Beruf" ist hier. In den Regalen finden Sie alle Informationen, die Sie brauchen.

☐ Selbstverständlich dürfen Sie das.

☐ Vielen Dank. Wenn ich Fragen habe, komme ich noch einmal zu Ihnen.

☒ 1 Guten Tag, herzlich willkommen im BiZ.

4 Wie heißen die Wörter? Ergänzen Sie die fehlenden Vokale.

1. Für Industriekaufleute gibt es viele B__sch__ft__g__ngsm__gl__chk__ __t__ __.
2. Zu ihren Aufgaben gehören V__rk__ __fsg__spr__ch__ mit Kundinnen und Kunden.
3. Altenpflegerinnen brauchen V__rtr__ __ __n zu ihren Patientinnen und Patienten.
4. Sie kümmern sich unter anderem um die K__rp__rpfl__g__ der Patientinnen und Patienten.
5. M__d__h__ __s__r bieten Arbeitsplätze für Änderungsschneiderinnen.

5 Ein Berufsporträt. Welche Überschrift passt zu welchen Informationen? Notieren Sie.

> Schulabschluss • Ausbildungsbetriebe • Dauer der Ausbildung •
> Tätigkeiten • Verdienst • persönliche Voraussetzungen • Berufsbezeichnung

Ausbildung garantiert Zukunft

....	Fachmann/-frau für Restaurants und Veranstaltungsgastronomie
....	3 Jahre
....	Hotellerie- und Gastronomiebetriebe
....	Tische decken und dekorieren, Gäste empfangen, Reservierungen annehmen, Tipps für Speisen und Getränke geben, Bestellungen annehmen, servieren, Rechnungen ausstellen und kassieren; Organisation von Konferenzen und Festen wie z. B. Hochzeiten
....	Hauptschule, Mittlere Reife, Abitur
....	Kontaktfreudigkeit, gutes Kopfrechnen und Gedächtnis, Organisationstalent, körperliche Fitness
....	1. Ausbildungsjahr: 790 € bis 1000 € 2. Ausbildungsjahr: 875 € bis 1150 € 3. Ausbildungsjahr: 950 € bis 1300 €

6a Schreiben Sie Sätze mit *damit* wie im Beispiel.
▶ 10.12

1. Im BiZ gibt es Leseecken. Die Besucher haben Ruhe.

   Im BiZ gibt es Leseecken, damit die Besucher Ruhe haben.

2. Die Mitarbeitenden im BiZ bieten ihre Hilfe an. Die Besucher können sich schneller orientieren.

3. Viele Firmen bilden aus. Sie bekommen keine Personalprobleme.

4. Schüler kontaktieren Firmen noch vor dem Schulende. Sie finden schneller einen Ausbildungsplatz.

5. Die Unternehmen sollten gute Gehälter bieten. Die Mitarbeitenden sind motiviert und zufrieden.

6. In der Berufsschule lernen Auszubildende Mathematik. Finanzrechnungen werden für sie leichter.

4

6b Welche Sätze aus a sind auch mit *um … zu* möglich? Schreiben Sie.
▶ 10.12

1 ....

2 ....

7 Antworten Sie auf die Fragen mit *um … zu* wie im Beispiel.
▶ 10.12

1 Wozu geht sie ins BiZ? – Sie will sich über eine Ausbildung informieren.

   Sie geht ins BiZ, um sich über eine Ausbildung zu informieren.

2 Wozu lernt man Fremdsprachen? – Man hat mehr internationale Kontakte.

   ....

3 Wozu ist Small Talk gut? – Man kommt besser mit anderen in Kontakt.

   ....

4 Wozu braucht man einen Schulabschluss? – Man bekommt einen Ausbildungsplatz.

   ....

5 Wozu gehen junge Leute zur Berufsberatung? – Sie lernen ihre persönlichen Stärken besser kennen.

   ....

8 Und Sie? Ergänzen Sie die Sätze.

1 Ich habe Sprachkurse besucht, um ....

2 Ich informiere mich über Ausbildungsberufe, damit ....

3 Ich lese Stellenanzeigen, um ....

4 Ich finde eine gute Bezahlung wichtig, damit ....

9a Eigenschaften. Welches Adjektiv gehört zu welchem Nomen? Notieren Sie.

> Belastbarkeit • verantwortungsbewusst • motiviert • Fleiß • flexibel • Empathie • zuverlässig • Konfliktfähigkeit • sorgfältig • ~~Kommunikationsfähigkeit~~

	Adjektiv	Nomen
1	kommunikativ	die *Kommunikationsfähigkeit*
2	....	das Verantwortungsbewusstsein
3	empathisch	die ....
4	belastbar	die ....
5	....	die Flexibilität
6	fleißig	der ....
7	....	die Zuverlässigkeit
8	....	die Sorgfalt
9	konfliktfähig	die ....
10	....	die Motivation

70

9b Ergänzen Sie passende Wörter aus a.

1 Wenn man sich schnell auf neue Situationen einstellen kann, ist man ....
2 Wenn man die Gefühle anderer gut verstehen kann, hat man ....
3 .... zu sein ist wichtig, damit man möglichst wenig Fehler macht.
4 Um gut mit Kundinnen und Kunden zu sprechen, muss man .... sein.
5 Eine Person ist ...., wenn sie auch in stressigen Situationen ruhig bleibt.
6 Damit man Streit und Konflikte gut lösen kann, sollte man .... sein.

10 Softskills. Lesen Sie den Text auf Seite 64 noch einmal und beantworten Sie die Fragen in Ihrem Heft.

1 Warum braucht man im Berufsleben neben guten Zeugnissen oder Fachwissen auch positive persönliche Eigenschaften?
2 Was sollte man neben Zeugnissen und Referenzen auch berücksichtigen, wenn man eine Bewerbung vorbereitet?
3 Was ist wichtig, wenn man eine interessante Stellenanzeige liest?

11a Sihan bei ihrer Arbeit. Schreiben Sie Sätze wie im Beispiel mit *anstatt ... zu*.
▶ 10.12

1 Sie räumt abends ihren Schreibtisch auf, ...*anstatt alles liegen zu lassen.*... (alles liegen lassen)
2 Sie geht gern mit ihren Kollegen in die Kantine, ... (mittags alleine im Büro essen)
3 Sie bereitet Termine immer rechtzeitig vor, ... (alles im letzten Moment machen)
4 Bei schwierigen Aufgaben bleibt sie immer ruhig, ... (nervös werden)
5 Sie macht manchmal Gymnastikübungen, ... (ohne Pause durcharbeiten)
6 Bei Terminen mit Kunden ist sie immer pünktlich, ... (die Kunden warten lassen)
7 Bei Konferenzen arbeitet sie immer aktiv mit, ... (gelangweilt am Tisch sitzen)

11b Schreiben Sie die Sätze aus a mit *nicht ..., sondern* wie im Beispiel.
▶ 10.10

● *Sie lässt nicht alles liegen, sondern räumt abends ihren Schreibtisch auf.*

12 Welcher Beruf gefällt Ihnen? Welche Eigenschaften haben Sie, welche Eigenschaften sind für den Beruf wichtig? Schreiben Sie einen kurzen Text.

Mir gefällt der Beruf ....

13 Was bietet eine Jobmesse? Lesen Sie die Texte auf Seite 66 noch einmal und notieren Sie.

Für Leute,

1 die sich selbständig machen wollen: ....

2 die einen Ausbildungsplatz suchen: ....

3 die Orientierung für die Berufswahl suchen: ....

4 die mehr über das Berufsleben in Deutschland wissen wollen: ....

14a Diese Sätze sind falsch. Was ist richtig? Hören Sie das Gespräch und notieren Sie wie im Beispiel.

1 Johanna und John wollen die Jobmesse an zwei Tagen besuchen.

Sie besuchen die Messe nur am Samstag.

2 Sie besuchen beide noch die Schule.

....

3 John ist nicht sicher, welchen Beruf er lernen soll.

....

4 Sie finden alle Vorträge und Informationsveranstaltungen interessant.

....

5 Sie wollen zwei Vorträge hören.

....

14b Was sagen die Personen? Hören Sie noch einmal und kreuzen Sie an.

1 ☐ Ich weiß nicht genau. ☐ Ich bin nicht ganz sicher.
2 ☐ Du kannst recht haben. ☐ Vielleicht hast du recht.
3 ☐ Das Thema Selbstständigkeit ist für mich weniger wichtig.
   ☐ Das Thema spielt für mich noch keine Rolle.
4 ☐ So kann ich mehr über das Thema erfahren.
   ☐ Über das Thema wollte ich schon immer mehr wissen.
5 ☐ Das interessiert mich auch. ☐ Das finde ich auch interessant.

15 Wörterschlange. Schreiben Sie Sätze und fügen Sie passende Satzzeichen ein.
Achten Sie auf Groß- und Kleinschreibung.

Annagehtzurjobbörseweilsieeinenausbildungsplatzsuchtaußerdemgibtesvieleinteressanteinformationsveranstaltungenüberbewerbungengefragteberufesowiezuarbeitsverträgenundausbildungsverträgen

Anna geht zur Jobbörse, weil ....

....

....

Wichtige Wörter

A Rund um die Arbeitssuche

- das Stellenangebot, -e
- die Zeitung, -en
- das Café, -s
- das Vorstellungsgespräch, -e
- die Information, -en
- die Bewerbung, -en
- die Veranstaltung, -en
- der Vortrag, -ä-e
- der Termin, -e
- sich (beruflich) verändern
- unterstützen
- die Unterlagen (Pl.)

B Sich über Berufe informieren

- (sich) etw. vorstellen
- berechnen
- das Angebot, -e
- sorgen
- verantwortlich (für)
- organisieren
- das Problem, -e
- verstehen
- das Vertrauen (Sg.)
- nähen
- ändern
- die Kleidung (Sg.)
- dekorieren
- sich bewerben

C Kompetenzen im Beruf

- zuverlässig
- fleißig
- die Erfahrung, -en
- das Team, -s
- sozial
- achten (auf)
- beschreiben
- persönlich
- erwarten

- der Fehler, -
- reagieren
- übernehmen
- die Meinung, -en
- anders
- akzeptieren
- pünktlich

D Die Jobmesse

- der Kontakt, -e
- der Erfolg, -e
- geeignet
- selbstständig
- beachten
- passen (zu)
- der Titel, -
- das Thema, Themen

Meine Wörter

 Wollen Sie mehr üben? Wiederholen und üben Sie in der App.

5 Berufsorientierung

A Wie bewerbe ich mich?

1a Von der Jobsuche bis zur Bewerbung. Ordnen Sie die Fotos den Aussagen zu.

1. ☐ Der Lebenslauf ist das wichtigste Dokument in einer Bewerbung.
2. ☐ Ein Bewerbungstraining kann wichtiges Wissen vermitteln.
3. ☐ Ein Bewerbungsfoto kann man von einem Fotografen machen lassen.
4. ☐ Viele Unternehmen wünschen sich heute Onlinebewerbungen.
5. ☐ Es gibt viele Stellenangebote auf Firmenwebseiten und auf Onlinejobbörsen.
6. ☐ In einer Bewerbung dürfen Zeugnisse nicht fehlen.

1b Über welche Themen sprechen Elham Sarif und Pari Alavi?
Hören Sie das Gespräch und sammeln Sie im Kurs.

1c Hören Sie das Gespräch noch einmal. Welche Unterlagen gehören zu einer Bewerbung? Kreuzen Sie an.

1. ☐ ein Lebenslauf
2. ☐ eine Kopie vom Pass
3. ☐ Kopien von Schulzeugnissen
4. ☐ ein Motivationsschreiben
5. ☐ eine Kopie vom Mietvertrag
6. ☐ eine Kopie vom Meldeschein
7. ☐ Kopien von Arbeitszeugnissen
8. ☐ Empfehlungsschreiben von Lehrkräften oder Freunden
9. ☐ Kopien von Praktikumsbescheinigungen
10. ☐ Kopien von Weiterbildungszeugnissen

1d Welche Wörter oder Wortteile aus c sind in Ihrer oder einer anderen Sprache ähnlich?

> Auf Polnisch heißt „Pass" „paszport".

Lernziele
- über Unterlagen für eine Bewerbung sprechen
- über Erfahrungen mit Bewerbungen sprechen

2 Welche Erfahrungen haben Sie mit Bewerbungen in Ihrer Heimat und in Deutschland gemacht? Was war gleich, was war anders? Berichten Sie im Kurs.

> Ich habe mich noch nicht oft beworben. Es war für mich nicht leicht, das Motivationsschreiben zu schreiben.

> Bei uns bewirbt man sich ohne Passfoto. Das finde ich besser.

3a Welche Überschrift passt? Überfliegen Sie den Zeitungsartikel und kreuzen Sie an.
Ü4

☐ Tipps für den neuen Job   ☐ Keine Angst vor der Bewerbung!
☐ Bewerbungsangst: Was ist das?

Viele Menschen fürchten sich vor dem Bewerbungsprozess. Was kann man tun?
Wir haben mit dem Bewerbungscoach Josef Richter gesprochen.

Herr Richter, woher kommt die Angst vor der Jobsuche?
Die Stellensuche ist für viele Menschen stressig. Sie fragen sich: Wie lange dauert es, bis ich einen Job gefunden habe? Werde ich mich im neuen Job wohl
5 fühlen? Werde ich meine Aufgaben erledigen können? Es ist also normal, nervös und aufgeregt zu sein.
Bei manchen Menschen ist es aber mehr als nur „normale" Nervosität.
10 *Sie schicken ihre Bewerbung nicht ab, weil sie große Angst vor einer Absage haben. Welche Tipps haben Sie, um diese Angst zu reduzieren?*
Es ist ganz normal, eine Absage zu erhalten, wenn
15 man sich um eine Stelle bewirbt. Man bekommt selten gleich die erste Stelle. Absagen von Unternehmen sind nicht persönlich gemeint.

Wichtig ist, dass man sich gut auf den Bewerbungsprozess vorbereitet: Bevor man sich bewirbt, sollte man sich fragen, ob die eigenen Qualifikationen 20 zur Stelle passen. Wenn man diese Frage mit „Ja" beantworten kann, sollte man Informationen über das Unternehmen sammeln. Eine gute Vorbereitung ist sehr wichtig. Wird man dann zu 25 einem Vorstellungsgespräch eingeladen, ist man schon gut vorbereitet. Gegen die Bewerbungsangst hilft auch, mit Bekannten oder Familienmitgliedern zu sprechen. Natürlich kann auch ein 30 Bewerbungstraining sehr hilfreich sein, um die Angst zu reduzieren.
Vielen Dank für das Gespräch.

P 3b Welche Antwort passt am besten? Lesen Sie den Zeitungsartikel noch einmal und kreuzen Sie an.

1 Viele Bewerberinnen und Bewerber
 a ☐ erleben die Stellensuche als anstrengend.
 b ☐ wissen nicht, ob ihre Qualifikationen passen.

2 Eine Ursache für die Angst vor Bewerbungen
 a ☐ ist die Furcht vor Absagen.
 b ☐ ist, dass man sich nicht qualifiziert genug fühlt.

M 3c Berichten Sie einer Freundin / einem Freund in Ihrer Sprache oder auf Deutsch, was man gegen Bewerbungsangst tun kann.

> Ich übe die Bewerbung vorher mit einem Freund.

> Ich informiere mich vorher …

4 Stresst Sie die Stellensuche? Warum (nicht)? Berichten Sie im Kurs.

B Stellenanzeigen

1a Lesen Sie die Stellenanzeigen und notieren Sie Informationen. Arbeiten Sie zu zweit.
Ü5–8

- Unternehmen: Wo? Was? ...
- Qualifikationen/Kenntnisse: ...
- Aufgaben: ...
- Leistungen der Firma: ...

Info
Die Abkürzung m/w/d in Stellenanzeigen bedeutet *männlich, weiblich, divers*. Die Angabe *divers* bedeutet ein anderes Geschlecht.

1

Die **Huber Gartenbau GmbH** ist ein Familienunternehmen in München. Wir suchen ab sofort eine/n **Gärtner*in** (m/w/d) in Vollzeit.

Wie du uns unterstützen kannst:
- Gärten und Grünanlagen pflegen
- Rasen mähen

Was du mitbringen solltest:
- abgeschlossene Ausbildung im Gartenbau
- Eigeninitiative und Teamgeist
- idealerweise erste Berufserfahrung

Was wir dir bieten können:
- sicherer Arbeitsplatz
- gutes Betriebsklima und nettes Team
- Zuschuss zum Jobticket

Interessiert? Die Geschäftsführerin Doris Deutz 0162/2090503 freut sich über deine Onlinebewerbung: bewerbung@huber-gaertnerei.beispiel.de

3

Zur Verstärkung des Teams sucht die **Medi Klinik** eine/n **Altenpflegehelfer/in** (m/w/d) mit Herz. Die Medi Klinik ist eine große Fachklinik im Süden von Leipzig.

Ihre Aufgaben:
- Durchführung der Grundpflege
- Reichen von Speisen und Getränken
- Dokumentation der Leistungen

Ihr Profil:
- abgeschlossene Berufsausbildung
- Freude an der Arbeit mit Senior/innen
- gute Deutschkenntnisse
- Freundlichkeit, Zuverlässigkeit, Flexibilität

Wir bieten Ihnen:
- 30 Tage Urlaub und eine Fünftagewoche
- freundliches Team

Haben wir Ihr Interesse geweckt? Einfach online bewerben: bewerbung@medi-klinik.beispiel.de mit Anschreiben, Lebenslauf und Gehaltsvorstellung.

2

Unterrode wächst. Auch unser Verkehrsbetrieb. **Busfahrer** (m/w/d) in Voll- oder Teilzeit gesucht

Deine Aufgaben:
- Fahren von Bussen im Schichtdienst
- sichere Beförderung unserer Fahrgäste

Deine Qualifikationen:
- gültiger Führerschein der Klasse D/DE
- gute Deutschkenntnisse in Wort und Schrift
- Verantwortungs- und Pflichtbewusstsein

Unser Angebot:
- krisenfester Job
- deine Kinder können kostenlos mitfahren

Wir freuen uns auf deine Bewerbung!
Kontakt: Tine Bunk (0162/2081430):
bunk@uvb-unterrode.beispiel.de
Marktplatz 1, 30111 Unterrode

4

Schober Dienstleistungen mit Sitz in Berlin Zur Verstärkung unseres Teams suchen wir dich ab sofort als **Reinigungskraft** (m/w/d) in Voll- oder Teilzeit.

Aufgaben:
- Reinigung von Büros, Sanitärbereichen und Treppenhäusern

Qualifikationen:
- Erfahrung in der Gebäudereinigung vorteilhaft
- Zuverlässigkeit, Pünktlichkeit und Flexibilität
- Deutschkenntnisse (Niveau B1)

Vorteile:
- übertarifliche Bezahlung und Weihnachtsgeld
- eine abwechslungsreiche Tätigkeit in einem kollegialen Team

Sende uns deine Bewerbung inklusive Lebenslauf und Eintrittstermin hier. Wir schätzen Vielfalt und begrüßen alle Bewerbungen.

Lernziele
- Stellenanzeigen lesen und verstehen und über Stellenangebote sprechen
- sich telefonisch über eine Stelle informieren
- Wiederholung: Adjektivdeklination ohne Artikel

5

1b Sprechen Sie über die Stellenanzeigen. Die Notizen aus a helfen.

> Das Unternehmen … sucht …

> Zu den Aufgaben gehören …

> Für die Stelle braucht man …

> … erwartet von den Bewerberinnen und Bewerbern, dass …

1c Welche Leistungen der Firmen in a finden Sie interessant? Welche vermissen Sie? Sprechen Sie im Kurs.

2 Adjektivdeklination ohne Artikel. Arbeiten Sie zu zweit und schreiben Sie drei Stellenanzeigen wie im Beispiel. Achten Sie auf die Adjektivendungen. Vergleichen Sie im Kurs.
Ü9
▶ 7.2

Familiengeführtes Restaurant sucht engagierte Mitarbeitende mit guten Deutschkenntnissen.

Redemittel

klein groß familiengeführt international	Firma Unternehmen Betrieb Hotel Altenheim Restaurant	sucht	jung engagiert erfahren belastbar teamfähig	Koch Köchin Tischler Tischlerin Mitarbeitende Pflegekraft	mit	abgeschlossen gut erste	Berufsausbildung Deutschkenntnissen Berufserfahrung Teamfähigkeit Flexibilität

🔊 **3a** Elham Sarif ruft Frau Deutz von der Huber Gartenbau GmbH an und informiert sich über die offene Stelle. Hören Sie das Gespräch und beantworten Sie die Fragen.
23

1 Warum ruft Elham Sarif Frau Deutz an? 2 Was hat sie vor der Umschulung gemacht?

3b Lesen Sie den Ratgebertext und kreuzen Sie an: richtig oder falsch?
Ü10+11

Anrufen vor der Bewerbung? Die richtigen Fragen stellen!

Nur wenige Bewerberinnen und Bewerber rufen vor der Bewerbung bei einem Unternehmen an. Aber es kann sinnvoll sein, vor der Bewerbung mit der Personalabteilung zu telefonieren. Sie zeigen durch
5 einen Anruf, dass Sie sich für die Stelle und die Firma interessieren. Aber es ist wichtig, sich auf ein Telefongespräch gut vorzubereiten. Wenn Sie anrufen, fragen Sie gleich, ob Ihr Gesprächspartner bzw. Ihre Gesprächspartnerin Zeit hat. Wenn ja,
10 stellen Sie sich zuerst kurz vor und stellen dann zwei oder drei konkrete Fragen, wie zum Beispiel: Ist die Stelle noch frei? Oder: Welche Qualifikationen sind für die Stelle besonders wichtig?

		R	F
1	Bevor man anruft, sollte man überlegen, was man fragen möchte.	☐	☐
2	Man hinterlässt einen guten Eindruck, wenn man viele Fragen hat.	☐	☐

4 Rollenspiel: Anrufen vor der Bewerbung. Stellen Sie Fragen zu den Anzeigen in 1a und spielen Sie Dialoge wie in 3a.
Ü12

Redemittel

Fragen vor einer Bewerbung

Ist die Stelle noch frei?
Welche Qualifikationen sind wichtig?
Muss man auch an Wochenenden / nachts arbeiten?
Wie sind die Arbeitszeiten?

Ich habe keine Berufserfahrung/Berufsausbildung.
Kann ich mich trotzdem bewerben?
Kann ich auch in Teilzeit / von zu Hause / … arbeiten?

5 C Im Bewerbungsprozess

1a Welche Überschriften passen zu 1–6? Lesen Sie den Lebenslauf und notieren Sie.

> Schulbildung • Engagement und Interessen • Aus- und Weiterbildung • Persönliche Daten • Berufserfahrung • Kenntnisse und Fähigkeiten

LEBENSLAUF

1 ....

Name: Elham Sarif
Anschrift: Rudolf-Zorn-Straße 44
81739 München
E-Mail: elham.sarif@gtz.beispiel.de
Telefon: 0171 773 55 61
Geburtsdatum/-ort: 05.08.1998 in Arak, Iran

2 ....

2004–2010	Grundschule in Arak
2010–2016	Sekundarausbildung mit Abschlusszertifikat (Diplom) in Arak

3 ....

2020–2022	Deutschkurse mit Abschluss DTZ
2022–2024	Umschulung zur Gärtnerin mit Zertifikat beim Berufsbildungswerk

4 ....

01–03/2022	Praktikum in der Kita Sonnenschein, München

5 ....

Persisch	Muttersprache
Deutsch	B1 (Deutschtest für Zuwanderer)
Computer	Word, Powerpoint, Excel
Führerschein	Klasse B

6 ....

Ehrenamtliches Engagement als Flüchtlingshelferin
Joggen, persische Musik
München, 19. August 2024

Elham Sarif

Checkliste Lebenslauf

- ☐ Überschriften und Themenblöcke
- ☐ Persönliche Daten
- ☐ Angaben zur Schulbildung (Wo? Von wann bis wann? Abschlüsse?)
- ☐ Angaben zu Umschulungen und Praktika (Was? Wo? Von wann bis wann? Zertifikate?)
- ☐ Angaben zu Kenntnissen
- ☐ Angaben zu Engagement und Hobbys
- ☐ Unterschrift und meistens ein Foto

1b Schreiben Sie W-Fragen zu Elham Sarifs Lebenslauf. Fragen und antworten Sie.

2 Schreiben Sie Ihren Lebenslauf. Fragen und antworten Sie zu zweit.
Ü13

Wo und wie lange sind Sie zur Schule gegangen?
Haben Sie einen Berufsabschluss?
Haben Sie eine Weiterbildung gemacht?
Welche PC-Kenntnisse haben Sie?

Haben Sie Berufserfahrung?
Wo und als was haben Sie gearbeitet?
Haben Sie Hobbys?
Was ist Ihre Muttersprache und welche Fremdsprachen können Sie?

5

3a Lesen Sie Elham Sarifs Bewerbungsschreiben und ordnen Sie A–I den Briefteilen zu.

> **A** die Einleitung • **B** der Hauptteil (Warum bewerbe ich mich? Welche Qualifikationen habe ich?) •
> **C** die Anlagen • **D** die Grußformel • **E** der Schlussteil • **F** die Anschrift der Firma •
> **G** die Anrede • **H** die/der Absenderin/Absender • **I** die Betreffzeile (immer fett gedruckt)

☐ Elham Sarif
Rudolf-Zorn-Straße 44
81739 München
elham.sarif@gtz.beispiel.de

Info
Das Anschreiben ist die 1. Seite Ihrer Bewerbung.
Danach kommen Ihr Lebenslauf und Ihre Zeugnisse.

☐ Max Huber GmbH
Frau Deutz
Reisingerstr. 27
80995 München

München, den 19. August 2024

☐ **Bewerbung als Gartenarbeiterin**

☐ Sehr geehrte Frau Deutz,

☐ vielen Dank für das interessante Telefongespräch gestern. Wie besprochen sende ich Ihnen meine Bewerbung für die ausgeschriebene Stelle als Gartenarbeiterin.

☐ Ich bin anerkannte Asylbewerberin. Nach der Flucht nach Deutschland 2019 habe ich zuerst an der VHS München zwei Jahre lang Deutsch gelernt und den Deutschtest für Zuwanderer bestanden. Da ich mich schon immer für Pflanzen und Gartenanlagen interessiert habe und im Freien arbeiten wollte, habe ich am Berufsfortbildungswerk in München vor einem Monat eine Umschulung zur Gärtnerin mit gutem Erfolg abgeschlossen. Während der zweijährigen Umschulung habe ich alle Aspekte des Berufs kennengelernt.

☐ Ich arbeite sehr gern im Team. Zu meinen Stärken gehören Flexibilität, Belastbarkeit und Freundlichkeit.
Ich bin lernbereit und kann mich schnell in neue Arbeitsbereiche einarbeiten.

Über eine Einladung zu einem persönlichen Gespräch freue ich mich sehr.

☐ Mit freundlichen Grüßen

Elham Sarif

☐ Lebenslauf, Zeugniskopien, Praktikumsbescheinigung

3b Wie zeigt Elham Sarif, dass sie die richtige Person für die ausgeschriebene Stelle ist? Lesen Sie die Stellenanzeigen auf Seite 76 und das Bewerbungsschreiben noch einmal. Markieren Sie die entsprechenden Stellen in der Anzeige und im Bewerbungsschreiben.

3c Vergleichen Sie Ihre Ergebnisse aus b im Kurs.

D Das Anschreiben

· ein Bewerbungsschreiben verfassen

1 Checkliste Anschreiben. Was passt zusammen? Verbinden Sie.

1 Das Bewerbungsschreiben sollte
2 Achten Sie darauf,
3 Vergessen Sie
4 In die Betreffzeile schreiben Sie
5 Die Anrede sollte
6 Beantworten Sie im Hauptteil die Frage,
7 Machen Sie klar,
8 Im Schlussteil bitten Sie
9 Die Unterschrift
10 Kontrollieren Sie zum Schluss

a um eine Einladung zu einem Vorstellungsgespräch.
b sollte aus Vor- und Nachnamen bestehen.
c warum Sie sich für die Stelle interessieren.
d welche Qualifikationen und Kompetenzen Sie haben.
e das aktuelle Datum nicht.
f Rechtschreibung und Grammatik.
g formal und höflich sein. Benutzen Sie z. B. nicht „Hallo" oder „Guten Tag".
h nicht länger als eine Seite sein.
i dass die Adresse der Firma und der Name der Kontaktperson stimmen.
j „Bewerbung" und auf welche Stelle Sie sich bewerben.

2a (Ü15+16) Suchen Sie im Internet oder in der Zeitung eine Stellenanzeige, die Sie interessiert, und schreiben Sie ein Bewerbungsschreiben. Die Redemittel helfen.

> **Redemittel**
>
> **Bewerbungsschreiben**
>
> **Betreffzeile**
> Bewerbung um die Stelle als …
>
> **Anrede**
> Sehr geehrte Frau …, / Sehr geehrter Herr …, / Sehr geehrte Damen und Herren,
>
> **Einleitung**
> mit großem Interesse habe ich Ihre Anzeige für die Stelle als … in der … gelesen.
> in Ihrer Anzeige vom … in … suchen Sie … .
> Wie telefonisch mit Herrn/Frau … besprochen, bewerbe ich mich um die Stelle als …
>
> **Hauptteil: Qualifikationen und Kompetenzen**
> Ich habe eine Umschulung zur/zum … gemacht.
> Ich habe bereits zwei/… Jahre im Bereich … gearbeitet.
> Bei der Firma … konnte ich bereits Erfahrungen in … sammeln. Ich bin flexibel und belastbar.
> Arabisch ist meine Muttersprache und ich spreche Deutsch auf der Niveaustufe …
> Ich bin handwerklich sehr geschickt.
>
> **Schlusssatz**
> Über eine Einladung zu einem persönlichen Gespräch freue ich mich sehr.
>
> **Grußformel**
> Mit freundlichen Grüßen

2b Tauschen Sie Ihr Bewerbungsschreiben mit Ihrer Partnerin / Ihrem Partner und kommentieren Sie, was Ihnen gefällt und was Sie verbessern würden.

3a Fassen Sie die Informationen über den Bewerbungsprozess auf Deutsch oder in Ihrer Sprache für eine Freundin / einen Freund zusammen. Arbeiten Sie zu zweit.

Partnerin/Partner A
Bewerbungsunterlagen: Welche braucht man?
Angst vor der Bewerbung: Was tun?
Anruf vor der Bewerbung: Warum wichtig?

Partnerin/Partner B
Stellenanzeigen: Was bedeutet die Abkürzung m/w/d?
Lebenslauf: Wichtige Informationen?
Bewerbungsschreiben: Tipps

3b Sich erfolgreich bewerben in Ihrem Land und in Deutschland. Was ist gleich, was ist anders? Diskutieren Sie im Kurs.

> Bei uns ist es nicht üblich, dass …

> Ich glaube, dass …

Kurz und bündig

Kommunikation

über Bewerbungsunterlagen sprechen
Schicken Sie bitte Ihre vollständigen Bewerbungsunterlagen.
Zu einer vollständigen Bewerbung gehören ein Anschreiben, ein Lebenslauf und Anlagen in Form von Zeugnissen und Zertifikaten.

über Stellenanzeigen sprechen
Die Firma / Das Unternehmen sucht …
Das Unternehmen erwartet von den Bewerberinnen und Bewerbern, dass …
Für die Stelle braucht man …
Zu den Aufgaben gehören …

sich am Telefon über eine offene Stelle informieren
Ist die Stelle noch frei?
Ich habe keine Berufserfahrung / abgeschlossene Berufsausbildung. Kann ich mich trotzdem bewerben?
Wie sind die Arbeitszeiten?
Kann ich auch in Teilzeit / von zu Hause / … arbeiten?
Wie viel kann ich verdienen?

über seinen Lebenslauf sprechen
Ich bin von … bis … in … zur Schule gegangen.
… habe ich meinen Schulabschluss / ein Praktikum bei … gemacht.
… bin ich nach Deutschland gekommen.
Ich habe eine Ausbildung zur/zum … gemacht.
Ich spreche Arabisch, Deutsch und ein bisschen Englisch.

Grammatik

Adjektivdeklination ohne Artikel

Singular				Plural
	maskulin	neutral	feminin	m/n/f
Nominativ	guter Job	gutes Gehalt	gute Bezahlung	gute Jobs/Gehälter/Bezahlungen
Akkusativ	guten Job	gutes Gehalt	gute Bezahlung	gute Jobs/Gehälter/Bezahlungen
Dativ	gutem Job	gutem Gehalt	guter Bezahlung	guten Jobs/Gehälter/Bezahlungen

Familiengeführtes Unternehmen sucht engagierte Mitarbeitende mit abgeschlossener Berufsausbildung.
Abwechslungsreicher Job mit gutem Gehalt.
Die Firma bietet engagierten Praktikantinnen und Praktikanten im Sommer interessante Tätigkeiten.

5 Übungen

1 Nomen und Verben. Welches Verb passt nicht? Streichen Sie durch.

1 eine Stellenanzeige hören • lesen • suchen • aufgeben
2 einen Lebenslauf schreiben • lesen • korrigieren • machen
3 ein Bewerbungstraining beginnen • schreiben • absolvieren • leiten
4 Zeugnisse aufbauen • bekommen • übersetzen • scannen
5 ein Foto machen • posten • unternehmen • hochladen
6 ein Stellenangebot erhalten • kommen • veröffentlichen • annehmen

2a 🔊 22 Hören Sie das Gespräch auf Seite 74 noch einmal und kreuzen Sie an: richtig oder falsch?

	R	F
1 Elham und Pari sehen sich oft.	☐	☒
2 Elhams Weiterbildung hat zwei Jahre gedauert.	☐	☐
3 Sie möchte sich bei einer Firma bewerben, die weit weg ist.	☐	☐
4 Sie hat an einer Schule in München ein Praktikum gemacht.	☐	☐
5 Sie soll ihre Bewerbungsunterlagen per Post schicken.	☐	☐
6 Pari hat ein Bewerbungstraining beim Arbeitsamt gemacht.	☐	☐

2b Korrigieren Sie die falschen Aussagen in a.

1 Elham und Pari haben sich lange nicht gesehen.

3 Der Bewerbungsprozess. Ergänzen Sie den Text.

> ~~Job~~ • Anschreiben • Jobbörse • Lebenslauf • Stellenanzeige • Bewerbungsunterlagen • Fähigkeiten • Foto • Zeugnisse •

Schritte zum *Job*.

Suchen Sie in Zeitungen oder auf einer ....¹ nach einer für Sie passenden ....². Informieren Sie sich dann über die Firma. Schreiben Sie danach einen ....³, in dem Sie die wichtigsten Informationen über Ihre Ausbildung und berufliche Erfahrung sowie Kenntnisse und ....⁴ zusammenfassen. Ein ....⁵ in der Bewerbung kann hilfreich sein, ist aber kein Muss. Zu den ....⁶ gehören natürlich auch Kopien Ihrer ....⁷. Schließlich müssen Sie auch noch auf einer Seite ein ....⁸ verfassen, in dem Sie schreiben, warum Sie für die Stelle geeignet sind.

4 ▶ 9.1 Komposita. Finden Sie die Wörter in den Komposita und notieren Sie sie.

> **Regel**
> **Komposita**
> Das Fugen-s steht oft zwischen den Nomen:
> die Arbeit + der Vertrag → der Arbeit**s**vertrag

1 die Bewerbungsunterlagen: ....
2 das Vorstellungsgespräch: ....
3 die Gesprächseinladung: ....
4 die Praktikumsbescheinigung: ....

5 Aus Nomen Verben machen. Ergänzen Sie die Verben.

1 die Ausbildung – *ausbilden*
2 die Beförderung – ....
3 die Verstärkung – ....
4 die Durchführung – ....
5 die Reinigung – ....
6 die Erfahrung – ....
7 die Bezahlung – ....
8 die Bewerbung – ....

6 Ich suche einen Job. Lesen Sie die Informationen zu den Personen 1–3 und die Anzeigen a–f. Welche Anzeige passt zu welcher Person? Ordnen Sie zu.

1 ☐ Alessandra Linari sucht eine Teilzeittätigkeit in der Hotellerie, kein Putzen.
2 ☐ Jaroslav Koller sucht eine qualifizierte Stelle im Bereich Pflege.
3 ☐ Mareike Mandl möchte einige Stunden pro Woche in einem Haushalt arbeiten.

a

Zimmer-Reinigungskraft (m/w/d)

Motel 66, Hamburg
Der Job in Voll- oder Teilzeit: Reinigung der Hotelzimmer und der öffentlichen Bereiche in unserem Luxushotel. Sie arbeiten schnell, gewissenhaft und sind freundlich? Dann bewerben Sie sich! Wir bieten Ihnen faire Bezahlung und kostenfreies Essen (Frühstück, Mittag- oder Abendessen).
mehr

b

Mitarbeiter*in Nachtdienst (m/w/d)

Hotel Drei Könige, Frankfurt
Der ideale Nebenjob, wenn Sie gern freitags und samstags nachts von 22.00 bis 6.00 Uhr arbeiten wollen. Sie arbeiten am Empfang, Check-in / Check-out der Gäste. Wenn Sie Deutsch- und Englischkenntnisse mitbringen und selbstständig arbeiten, freuen wir uns auf Ihre Bewerbung. Wir bieten: 30 Tage Urlaub.
mehr

c

Pflegedienstleitung (w/m/d)

Haus der Pflege, Chemnitz
Wir suchen in Vollzeit für unser Pflegeheim eine/n dynamische/n Mitarbeiter/in mit hoher fachlicher Kompetenz. Mind. 3 Jahre Berufserfahrung in leitender Position, sehr gute kommunikative Fähigkeiten und Organisationstalent. Freiräume für Ihre eigenen Ideen und Vorstellungen. Sehr gutes Gehalt.
mehr

d

Pflegehelfer/in oder Pflegeassistent/ Pflegeassistentin (m/w/d)

Seniorenheim am Waldsee, Freiburg
Werden Sie Pflegeassistent/in bei uns! Sie begleiten unsere Bewohnerinnen und Bewohner und unterstützen sie bei ihrer Lebensführung. Wir wünschen uns Eigeninitiative und Freude am Beruf. Gutes Gehalt und bezahlte Überstunden.
mehr

e

Zuverlässige Person für Unterstützung zu Hause (m/w/d)

Älteres Ehepaar, Saarbrücken
Wir suchen eine Haushaltshilfe zur Unterstützung an drei bis vier Vormittagen pro Woche für folgenden Tätigkeiten: Reinigung der Wohnung, einkaufen, waschen und bügeln, Zubereitung von Mahlzeiten, Arztbesuche. Flexibilität und Freundlichkeit sind Voraussetzung.
mehr

f

Fachkraft für Seniorenwohngemeinschaft (m/w/d)

Seniorenwohngemeinschaft, Wiesbaden
Sie arbeiten bei uns in einer Großfamilie. Sie helfen anderen Menschen gerne und sind kommunikativ? Dann kommen Sie zu uns. Sie unterstützen die Senior*innen in ihrem Alltag, helfen bei der Zubereitung von Mahlzeiten und übernehmen hauswirtschaftliche Aufgaben in Vollzeit. Unbefristeter Arbeitsvertrag.
mehr

7 Nomen und Verben. Was gehört zusammen? Verbinden Sie.

1 Patientinnen und Patienten   a befördern
2 Leistungen   b dokumentieren
3 Fahrgäste   c lesen
4 eine Stellenanzeige   d erhalten
5 Informationen   e pflegen
6 eine Absage   f sammeln

8 Stellenanzeigen verstehen. Ordnen Sie die Überschriften in Stellenanzeigen ihren Bedeutungen zu.

1 Unser Angebot – Wir bieten Ihnen   a Kurzbeschreibung der Firma
2 Wer wir sind   b Beschreibung der Aufgaben
3 Das erwartet Sie – Deine/Ihre Aufgaben – Was Sie bei uns tun   c was die Firma erwartet
4 Dein Profil – Was du mitbringen solltest – Das zeichnet Sie aus – Wir erwarten – Anforderungen – Deine Fähigkeiten   d was die Firma bietet

9 Adjektivdeklination ohne Artikel. Ergänzen Sie die Adjektivendungen in den Anzeigen.
▶ 7.2

1 Familiengeführt___ Hotel sucht zuverlässig___ Person als Aushilfe in der Küche.

2 Erfahren____ Handwerker mit abgeschlossen____ Ausbildung sucht Minijob.

3 Klein___ Werbeagentur bietet interessant___ Ausbildungsplatz als Kauffrau/-mann.

4 Jung___ Lehrer aus Syrien bietet Arabischunterricht in klein___ Lerngruppen.

5 Verkaufe fast neu___ Fahrrad mit praktisch___ Anhänger für Kinder und Hunde sehr günstig.

6 Wir suchen zuverlässig___ Verkäuferinnen für Backwaren und bieten gut___ Gehalt.

7 Nett___ Familie mit sicher___ Arbeit sucht schön___ Wohnung mit sonnig___ Balkon.

8 Heute im Angebot: Frisch___ Obst, holländisch___ Tomaten, französisch___ Käse.

10a Verben mit Präpositionen.
▶ 8.7   Ergänzen Sie die passenden Präposition.

an • auf • für • mit • über • um • vor • zu

● Hast du gesehen? Das Warenhaus König sucht einen Lageristen. Du interessierst dich doch ....¹ eine solche Tätigkeit, oder?

▶ Ja, auf jeden Fall. Ich habe die Stellenanzeige schon letzte Woche gesehen. Nachdem ich mich ....² das Warenhaus informiert habe, habe ich mich gleich ....³ die Stelle beworben. Und gestern habe ich ....⁴ dem Personalchef gesprochen. Er hat mich ....⁵ einem Vorstellungsgespräch nächste Woche eingeladen.

● Das ist doch toll!

▶ Ja, aber ich fürchte mich ein bisschen ....⁶ dem Gespräch.

● Wenn du dich gut ....⁷ das Gespräch vorbereitest, musst du keine Angst haben.

▶ Ja, deshalb werde ich morgen ....⁸ einem Training mit einem Bewerbungscoach teilnehmen.

10b Ergänzen Sie die Verben in der passenden Form.

freuen • erzählen • entscheiden • sprechen • fragen

- Wie war das Gespräch?
- Ich habe ein gutes Gefühl. Der Personalchef hat mich zuerst nach meiner Berufserfahrung .... und ich habe von meinen früheren Jobs ....
- Habt ihr auch über das Gehalt .... ?
- Ja, das war auch ein Thema und über die Bezahlung .... ich mich wirklich.
- Ich drücke dir die Daumen und wünsche dir, dass sich die Firma für dich ....

11 Tipps für ein Telefongespräch mit der Personalabteilung vor der Bewerbung. Verbinden Sie.

1. Legen Sie vor dem Gespräch
2. Schreiben Sie in Stichpunkten auf,
3. Wenn Sie in der Firma angerufen haben,
4. Sprechen Sie
5. Sagen Sie kurz,
6. Stellen Sie
7. Fragen Sie nach,
8. Beenden Sie das Telefonat positiv und
9. Bedanken Sie sich zum Schluss

a was Sie fragen möchten.
b sagen zum Beispiel: „Ich schicke Ihnen meine Bewerbung."
c wenn Sie etwas nicht verstanden haben.
d für das Gespräch.
e nennen Sie deutlich Ihren Namen.
f die Stellenanzeige und ein Blatt Papier bereit.
g Ihre Fragen.
h warum Sie anrufen.
i langsam und deutlich mit freundlicher Stimme.

12 Lesen Sie den Dialog zwischen Frau Sarif und Frau Deutz und ergänzen Sie. Hören Sie dann noch einmal zur Kontrolle.

~~Sie sprechen mit Frau Deutz.~~ • Kann ich mich trotzdem bei Ihnen bewerben? • Wir suchen noch eine Gärtnerin oder einen Gärtner für unser Team. • Ist die Stelle noch frei? • Ich schicke Ihnen dann sehr bald meine Bewerbungsunterlagen. • Auf Wiederhören. • Haben Sie ein paar Minuten Zeit für mich? • kann ich Ihnen helfen?

- Max Huber GmbH, *Sie sprechen mit Frau Deutz.*
- Guten Tag. Mein Name ist Elham Sarif. Ich rufe an, weil ich eine Frage zu Ihrem Stellenangebot für eine Gärtnerin habe. ....
- Ja, wie ....
- Ich habe Ihre Anzeige erst jetzt gesehen. In der Anzeige steht, ab sofort zu besetzen: ....
- Ja, wir haben sie noch nicht besetzt. ....
- Ich komme aus dem Iran und bin 26 Jahre alt. Nach dem B1-Deutschkurs habe ich meine zweijährige Umschulung zur Gärtnerin vor einem Monat erfolgreich abgeschlossen. Aber ich habe noch keine Berufserfahrung. ....
- Natürlich, gern. Wir würden Sie in alle Aufgabengebiete einarbeiten.
- Vielen Dank für die Informationen. .... Auf Wiederhören, Frau Deutz.
- ....

5

13 Zu welchen Teilen im Lebenslauf gehören die Informationen? Verbinden Sie.

1 persönliche Daten
2 Schulbildung
3 Aus- und Weiterbildung
4 Berufserfahrung
5 Kenntnisse und Fähigkeiten
6 Engagement und Interessen

a Gymnasium Barkenhof, Achim
b Ausbildung zur Köchin im Hotel Adloss, Berlin
c Mitglied der Freiwilligen Feuerwehr Unterrode
d Geburtsdatum und -ort
e Küchenchefin in der Helikosklinik Unterrode
f Französisch B2, Deutsch B1

14 Schreibtraining. Elham Sarif berichtet. Verbinden Sie die Sätze wie im Beispiel und schreiben Sie den Text in Ihr Heft.

1 Ich musste Geld verdienen. Ich habe nach der Schule bei meinem Onkel gearbeitet. (*weil*)
2 Ich war nach Deutschland gekommen. Ich habe Deutsch gelernt. (*nachdem*)
3 Ich wollte immer draußen arbeiten. Ich habe eine Weiterbildung zur Gärtnerin gemacht. (*deshalb*)
4 Ich war überrascht. Das Arbeitsamt übernimmt die Kosten für die Weiterbildung. (*dass*)
5 Ich habe eine Einladung zu einem Vorstellungsgespräch bekommen. Ich bin ziemlich nervös. (*seit*)

1 Weil ich Geld verdienen musste, habe ich nach der Schule bei meinem Onkel gearbeitet.

15a Das Bewerbungsschreiben. Lesen Sie den Text und ergänzen Sie die passenden Wörter.

Job • Firma • Erfahrungen • Anschreiben • Stelle • Stärken

Ein Gutes _____¹ ist der erste Schritt zu einem neuen _____². Zeigen Sie, dass Sie gut auf die ausgeschriebene _____³ passen. Schreiben Sie, welche beruflichen _____⁴ und Qualifikationen Sie mitbringen, was Ihre _____⁵ sind, und warum Sie sich für die Stelle in dieser _____⁶ interessieren.

15b Sätze in Bewerbungsschreiben. Verbinden Sie.

1 Ich möchte mich um die Stelle
2 Im Juni habe ich meine Weiterbildung
3 Erste berufliche Erfahrungen konnte ich
4 Dort habe ich gelernt,
5 Zu meinen Aufgaben gehörte
6 Ich bin motiviert und
7 Ich freue mich

a über eine Einladung zu einem persönlichen Gespräch.
b die Pflege der Bewohnerinnen und Bewohner.
c zum Altenpfleger erfolgreich abgeschlossen.
d wie man alte Menschen pflegt.
e während eines Praktikums im Seniorenheim sammeln.
f als Altenpfleger in Ihrem Seniorenheim bewerben.
g belastbar.

16 Issam Sassi bewirbt sich. Bringen Sie die Sätze in die richtige Reihenfolge.

☐ Ich bin anerkannter Asylbewerber und habe eine Aufenthaltserlaubnis.
[1] Mit großem Interesse habe ich Ihre Anzeige gelesen und bewerbe mich um die Stelle als Fliesenleger.
☐ Mit freundlichen Grüßen
☐ In meiner Heimat in Tunis habe ich nach meinem Schulabschluss zwei Jahre lang als Hilfsarbeiter auf dem Bau gearbeitet.
☐ Während eines sechsmonatigen Praktikums bei der Mayr Bau GmbH habe ich gelernt, wie man Fliesen verlegt und Baustellen einrichtet.
☐ Über eine Einladung zu einem Vorstellungsgespräch würde ich mich sehr freuen.
☐ Ich habe gerade meine zweijährige Umschulung zum Fliesenleger erfolgreich abgeschlossen.
☐ Zu meinen Stärken gehören Pünktlichkeit, Zuverlässigkeit und sehr sauberes Arbeiten.

Wichtige Wörter

A Wie bewerbe ich mich?

die Jobsuche, -n
der Lebenslauf, -ä-e
das Wissen (Sg.)
der Fotograf, -en
die Fotografin, -nen
fehlen
die Kopie, -n
der Pass, -ä-e
das Anschreiben, -
das Arbeitszeugnis, -se
der Tipp, -s
die Angst, Ä-e
fürchten (sich)
der Bewerbungsprozess, -se
tun (gegen)
dauern
erledigen
nervös
aufgeregt
die Absage, -n
reduzieren
selten
meinen
beantworten
sammeln
die Vorbereitung, -en
der Bekannte, -n
die Bekannte, -n
erleben
anstrengend
die Ursache, -n

B Stellenanzeigen

männlich
weiblich
divers
das Geschlecht, -er
pflegen
das Betriebsklima (Sg.)
der Zuschuss, -ü-e
der Schichtdienst, -e
die Gehaltsvorstellung, -en
die Reinigung, -en
inklusive
schätzen
gehören (zu)
der Betrieb, -e
belastbar
sinnvoll
gleich
besonders
überlegen
hinterlassen
der Eindruck, -ü-e

C Im Bewerbungsprozess

die Einleitung, -en
die Anlage, -n
die Anrede, -n
die Flucht, -en
bestehen
die Umschulung, -en
der Arbeitsbereich, -e
die Einladung, -en

D Das Anschreiben

vergessen
die Kompetenz, -en
aktuell
die Anzeige, -n

Meine Wörter

 Wollen Sie mehr üben? Wiederholen und üben Sie in der App.

6 Das Vorstellungsgespräch

A Gefühle rund um das Vorstellungsgespräch

1a Gefühle. Arbeiten Sie zu zweit. Welche Adjektive drücken eher positive (+), eher neutrale (0) oder eher negative (-) Gefühle aus? Notieren Sie und vergleichen Sie im Kurs.

- ängstlich
- angespannt
- aufgeregt
- engagiert
- freundlich
- gestresst
- glücklich
- höflich
- interessiert
- nervös
- neugierig
- offen
- ordentlich
- ruhig
- selbstsicher
- sympathisch
- unsicher
- wütend

1b Gefühle vor, während und nach dem Vorstellungsgespräch. Was passiert auf den Fotos? Wie fühlen sich die Personen? Welche wirken positiv, welche eher negativ? Sprechen Sie im Kurs.

> Die Frau auf Foto C begrüßt vielleicht den Personalchef. Sie wirkt sehr sympathisch und selbstsicher.

> Der Mann auf Foto B sieht angespannt aus.

2 Welche Erfahrungen haben Sie mit Vorstellungsgesprächen gemacht? Wie haben Sie sich vor dem Gespräch, während des Gesprächs und danach gefühlt? Berichten Sie.

> Ich hatte vor einem Jahr ein Vorstellungsgespräch in einem Hotel. Vor dem Gespräch war ich ziemlich nervös. Aber im Gespräch war ich dann …

Lernziele
- über Gefühle rund um das Vorstellungsgespräch sprechen
- eine Einladung zu einem Vorstellungsgespräch verstehen und den Termin bestätigen

3 Lesen Sie die E-Mail und beantworten Sie die Fragen.

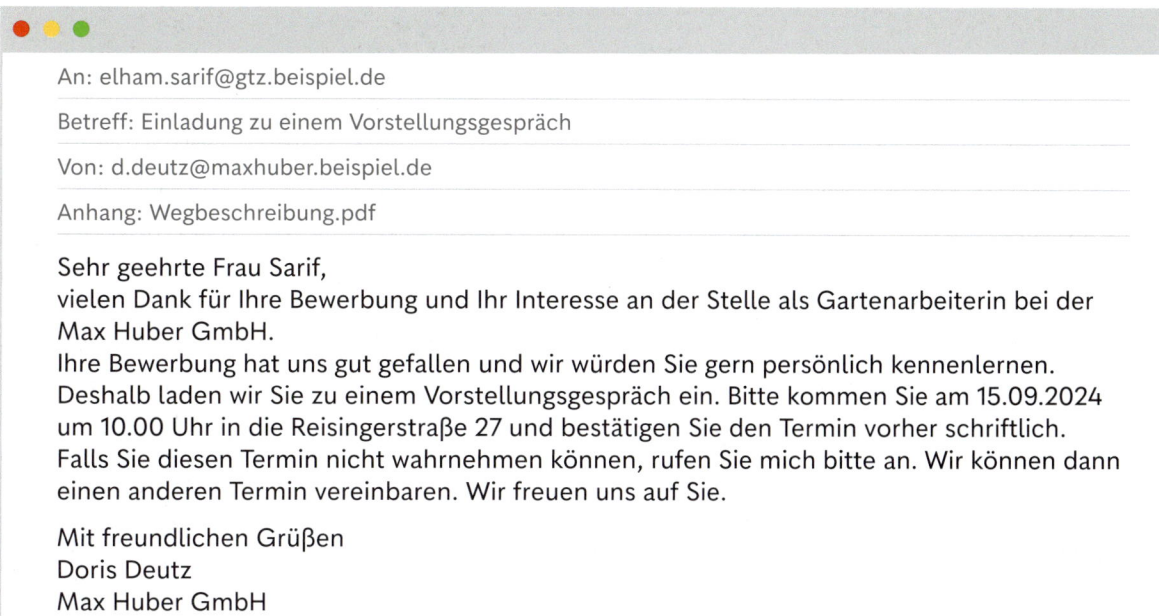

An: elham.sarif@gtz.beispiel.de
Betreff: Einladung zu einem Vorstellungsgespräch
Von: d.deutz@maxhuber.beispiel.de
Anhang: Wegbeschreibung.pdf

Sehr geehrte Frau Sarif,
vielen Dank für Ihre Bewerbung und Ihr Interesse an der Stelle als Gartenarbeiterin bei der Max Huber GmbH.
Ihre Bewerbung hat uns gut gefallen und wir würden Sie gern persönlich kennenlernen. Deshalb laden wir Sie zu einem Vorstellungsgespräch ein. Bitte kommen Sie am 15.09.2024 um 10.00 Uhr in die Reisingerstraße 27 und bestätigen Sie den Termin vorher schriftlich.
Falls Sie diesen Termin nicht wahrnehmen können, rufen Sie mich bitte an. Wir können dann einen anderen Termin vereinbaren. Wir freuen uns auf Sie.

Mit freundlichen Grüßen
Doris Deutz
Max Huber GmbH

1 Wer bekommt die E-Mail?
2 Wo hat die Empfängerin ein E-Mail-Konto?
3 Wer hat die E-Mail gesendet?
4 Wozu wird die Empfängerin eingeladen?
5 Was soll die Person tun?
6 Was ist im Anhang?

4a Sie hören ein Gespräch. Zu dem Gespräch gibt es zwei Aufgaben. Ist die Aussage richtig oder falsch und welche Antwort (a oder b) passt am besten? Kreuzen Sie an.

1 Elham Sarif möchte mit ihrem Bruder über ihre Bewerbung sprechen.   ☐ Richtig   ☐ Falsch
2 Elham Sarifs Bruder soll
   a ☐ den Termin für das Vorstellungsgespräch bestätigen.
   b ☐ Elham bei der Vorbereitung auf das Vorstellungsgespräch helfen.

4b Lesen Sie Elham Sarifs Terminbestätigung und ergänzen Sie die fehlenden Wörter.

Dank • Vorstellungsgespräch • Grüßen • Betreff • Termin • geehrte

..................: Einladung zum Vorstellungsgespräch

Sehr .... Frau Deutz,
vielen .... für die Einladung zum .... Gerne bestätige ich den .... am 15.09.2024 um 10.00 Uhr. Ich freue mich auf das Gespräch.
Mit freundlichen ....
Elham Sarif

6 B Vor dem Vorstellungsgespräch

1a Welche Überschrift passt? Überfliegen Sie den Ratgebertext und kreuzen Sie an.

☐ Tipps für ein perfektes Vorstellungsgespräch   ☐ Das Vorstellungsgespräch üben

> **Man hat Sie zu einem Vorstellungsgespräch eingeladen? Sie sind jetzt nervös und aufgeregt? Das ist normal. Mit unseren Tipps können Sie sich gut auf das Gespräch vorbereiten.**
>
> 1 Informieren Sie sich vor dem Gespräch über das Unternehmen – z. B. im Internet.
>
> 2 Sie müssen in einem Vorstellungsgespräch etwas über sich erzählen. Bereiten Sie Ihre Selbstpräsentation vor und üben Sie sie mit einem Freund oder einer Freundin.
>
> 3 Finden Sie heraus, wie lange die Fahrt zur Firma dauert, damit Sie pünktlich zum Termin kommen.
>
> 4 Ziehen Sie ein Outfit an, das zur Stelle passt.
>
> 5 Bereiten Sie sich auch auf mögliche Fragen vor – z. B.: Warum haben Sie sich bei uns beworben? Oder: Wo sehen Sie Ihre Stärken und Schwächen?
>
> 6 Zu einem erfolgreichen Vorstellungsgespräch gehören auch die richtige Begrüßung und Verabschiedung. Wichtig sind: ein kurzer, fester Händedruck, der Gesprächspartnerin oder dem Gesprächspartner in die Augen schauen und dabei freundlich lächeln.
>
> 7 Sitzen Sie im Gespräch gerade auf dem Stuhl und legen Sie Ihre Hände offen auf den Tisch.

1b Was machen die Personen falsch? Sehen Sie die Bilder an. Ordnen Sie die Abschnitte aus dem Ratgebertext zu und diskutieren Sie.

1c Berichten Sie einer Freundin / einem Freund in Ihrer Sprache oder auf Deutsch von den wichtigsten Tipps.

> Bei einem Vorstellungsgespräch ist es wichtig, dass …

1d Arbeiten Sie zu dritt. Lesen Sie den Text noch einmal und schreiben Sie drei W-Fragen. Tauschen Sie mit einer anderen Gruppe und antworten Sie.

> *Worüber sollte man sich vor dem Vorstellungsgespräch informieren?*
> *Worauf sollte man sich vorbereiten?*
> *…*

Lernziele
- einen Ratgebertext verstehen
- sich auf ein Vorstellungsgespräch vorbereiten
- Wiederholung: Präpositionalpronomen bei Sachen: wo(r)-, da(r)-

6

2a Suchen Sie in 1a Verben mit Präpositionen und ergänzen Sie die Präpositionen.

einladen ....zu.... (+ DAT)   vorbereiten .... (+ Akk)

informieren .... (+ Akk)   erzählen .... (+ Akk)

2b Worauf …? Auf wen …? Stellen Sie Ihrer Partnerin / Ihrem Partner fünf Fragen und reagieren Sie wie im Beispiel. Berichten Sie dann über drei interessante Aussagen im Kurs.

Womit fängst du nach dem Kurs an?

Mit einer Weiterbildung.

Tatsächlich? Das ist ja interessant.

Regel

Fragen mit Präpositionen

Nach Sachen fragen: wo(r) + Präposition (Woran? Worauf? Wofür? Womit? Worüber? Wovor? …)

Nach Personen fragen: Präposition + Fragewort (An wen? Auf wen? Für wen? Mit wem? Über wen? Vor wem? …)

▶ 8.8

Redemittel

Fragen	Antworten	Reaktionen
Wofür interessierst du dich?	Für Fußball/…	Ach so?
Woran denkst du oft?	An meine Zukunft/…	Tatsächlich?
An wen denkst du oft?	An meine Schulfreunde/…	Das ist ja interessant.
Worüber ärgerst du dich manchmal?	Über das schlechte Wetter/…	Das hätte ich nicht gedacht.
Über wen ärgerst du dich manchmal?	Über meinen Nachbarn/…	
Worauf freust du dich?	Auf den Sommer/…	
Mit wem fährst du in den Urlaub?	Mit meiner Frau/…	
Worüber redest du nicht gern?	Über Politik/…	
Worauf kannst du nicht verzichten?	Auf Schokolade/…	

3a Die typischen Phasen in einem Vorstellungsgespräch. Bringen Sie die Phasen in die richtige Reihenfolge. Hören Sie das Interview mit dem Personalmanager zur Kontrolle.

☐ Vorstellung des Unternehmens und der Stelle
☐ Verabschiedung
☐ Begrüßung und Small Talk
☐ Fragen der Bewerberin / des Bewerbers (Arbeitszeiten, Weiterbildung, …)
☐ Kennenlernen und Selbstvorstellung (Fragen zur Person und zu den Qualifikationen)

3b Was passt zusammen? Hören Sie das Interview noch einmal und verbinden Sie.

1 Ein Vorstellungsgespräch dauert in der Regel
2 Vorstellungsgespräche beginnen
3 Die Small-Talk-Fragen sollte man
4 Nach der Begrüßung beginnt
5 Die Selbstpräsentation dauert nicht länger
6 Die Personalchefinnen und -chefs möchten oft wissen,
7 Nach der Selbstpräsentation
8 Bewerberinnen/Bewerber fragen oft,
9 Nach dem Vorstellungsgespräch sollten

a wie groß das Team ist, in dem sie arbeiten werden.
b als zwei bis drei Minuten.
c welche Kenntnisse man für die Stelle mitbringt.
d zwischen 30 und 60 Minuten.
e sich die Bewerberinnen/Bewerber in einer E-Mail für das Gespräch bedanken.
f freundlich beantworten und ein bisschen erzählen.
g mit einer Begrüßung. Man gibt sich die Hand.
h die Selbstpräsentation.
i stellt sich das Unternehmen kurz vor.

3c Vorstellungsgespräche in Ihrem Land. Was ist ähnlich, was ist anders? Sprechen Sie im Kurs.

Bei uns ist es üblich, dass …   In meiner Heimat muss man nicht …   Anders als in Deutschland kann man in …

6 C Im Vorstellungsgespräch

1a Hatten Sie schon einmal ein Vorstellungsgespräch hier oder in Ihrem Heimatland? Wie lief das Gespräch ab? Berichten Sie im Kurs. Die Redemittel helfen.

Redemittel

über ein Vorstellungsgespräch sprechen

Bei welchem Unternehmen war das Gespräch?	Ich wurde vor … zu einem Vorstellungsgespräch bei der Firma … eingeladen.
Wo fand das Gespräch statt?	Das Gespräch fand in einem Besprechungsraum / im Büro von der Chefin / vom Chef … statt.
Wer hat an dem Gespräch teilgenommen?	Bei dem Gespräch war die/der Personalchefin/-chef / eine/ein Abteilungsleiterin/Abteilungsleiter / … dabei.
Wie lange hat es gedauert?	Das Gespräch hat (nicht/ziemlich) lange gedauert.
Wie war die Atmosphäre im Gespräch?	Es war eine tolle/entspannte/freundliche Atmosphäre.

1b Typische Fragen und Aufforderungen im Vorstellungsgespräch. Ordnen Sie die Fragen den Phasen zu und vergleichen Sie zu zweit.

1 ~~Wie geht es Ihnen?~~ • 2 Was haben Sie in Ihrem letzten Job/Praktikum gemacht? • 3 Welche Kenntnisse bringen Sie für den Job mit? • 4 Stellen Sie sich doch bitte kurz vor. • 5 Wie sieht die Einarbeitung aus? • 6 Haben Sie noch Fragen an uns? • 7 Warum ist die Stelle frei? • 8 Möchten Sie etwas trinken? • 9 Gibt es ein Jobticket für die Mitarbeitenden? • 10 Warum suchen Sie einen neuen Arbeitsplatz? • 11 Haben Sie den Weg zu uns gut gefunden? • 12 Warum haben Sie sich bei uns beworben? • 13 Was machen Sie in Ihrer Freizeit? • 14 Erzählen Sie doch bitte mal etwas über sich. • 15 Wie würden Sie sich beschreiben? • 16 Was wissen Sie über unser Unternehmen? • 17 Wie groß ist das Team, in dem ich arbeiten würde? • 18 Was sind Ihre Stärken und Schwächen?

Begrüßung und Small Talk: 1,............

Kennenlernen und Selbstpräsentation: ....

Fragen des Unternehmens: ....

Fragen der Bewerberin / des Bewerbers: ....

Info

Es gibt Fragen, die in einem Bewerbungsgespräch verboten sind wie z. B.:
Sind Sie häufig krank?
Sind Sie schwanger?
Möchten Sie Kinder bekommen?
Sind Sie in einer politischen Partei?

2a Bevor, während, nachdem. Was hat Frau Sarif gemacht? Ordnen Sie die Sätze den Bildern zu.

A☐   B☐   C☐

1 Während sie ihren Lebenslauf schreibt, gibt ihr Bruder ihr Tipps.
2 Nachdem sie eine Einladung zu einem Gespräch bekommen hat, übt sie mit ihrem Bruder die Selbstpräsentation.
3 Bevor Elham Ihre Bewerbung schreibt, denkt sie über ihre Stärken nach.

Lernziele

- über berufliche Erfahrungen und Qualifikationen in einem Vorstellungsgespräch berichten
- typische Fragen im Vorstellungsgespräch beantworten
- Wiederholung: temporale Nebensätze mit *bevor*, *während* und *nachdem*

6

2b Schreiben Sie fünf Nebensätze mit *bevor*, *während* und *nachdem*. Ihre Partnerin / Ihr Partner ergänzt die Sätze. Tauschen Sie dann die Rollen.

Bevor ich frühstücke, ...
Während ich ..., ...
Nachdem ich ...,

Memo

Nebensätze mit *nachdem*

Achtung: In einem Nebensatz mit *nachdem* kann das Verb nicht im Präsens stehen.
▶ 10.13

3a Elham Sarifs Vorstellungsgespräch bei der Firma Max Huber. Über welche Themen sprechen Frau Sarif und Frau Deutz? Hören Sie und kreuzen Sie an.

1 ☐ Arbeitszeiten
2 ☐ Arbeitsaufgaben
3 ☐ Gehalt
4 ☐ Arbeitspausen
5 ☐ Überstunden
6 ☐ Arbeitskleidung
7 ☐ Freizeitaktivitäten von Elham Sarif
8 ☐ Deutschkenntnisse
9 ☐ die Firma Max Huber
10 ☐ Umschulung

3b Hören Sie das Vorstellungsgespräch noch einmal. Notieren Sie Informationen über Elham Sarif und über die Firma Max Huber. Vergleichen Sie im Kurs.

Elham Sarif:

Geburtsort und Herkunftsland? Wo? ....

Schule: Welche? Bis wann? ....

Deutsch gelernt: Wo? ....

Umschulung: Was? ....

Stärken: Welche? ....

Max Huber GmbH:

Wie lange gibt es die Firma? ....

Leistungen der Firma: ....

Arbeitszeiten: ....

Gehalt: ....

4 Arbeitgeberfragen im Vorstellungsgespräch. Überlegen Sie sich, in welcher Branche Sie arbeiten möchten und notieren Sie passende Antworten.

1 Was haben Sie bisher beruflich gemacht?
2 Warum wollen Sie in dem Beruf ... arbeiten?
3 Welche Qualifikationen haben Sie?
4 Wo sehen Sie Ihre Stärken?
5 Was machen Sie gern in Ihrer Freizeit?
6 Welche Fragen haben Sie an uns? Was möchten Sie wissen?

1 Ich habe von ... bis ... als ... gearbeitet.

5 Kursspaziergang. Überlegen Sie, in welcher Branche Sie arbeiten möchten und notieren Sie Antworten auf die typischen Fragen von Arbeitgebern. Gehen Sie durch den Kursraum. Fragen und antworten Sie.

6 D Stellenanzeigen

• ein Vorstellungsgespräch üben

1 Arbeiten Sie zu zweit. Wählen Sie eine Stellenanzeige und schreiben Sie einen Dialog. Spielen Sie dann
Ü10+11 im Kurs. Achten Sie auf Ihre Körperhaltung, Mimik und Gestik. Die anderen bewerten das Gespräch.

Reinigungskraft (m/w/d)

Starte deine Laufbahn bei der Gebäudereinigung Rug. Wir stellen dich in Vollzeit (39h/Woche) ein.

Das sind deine Aufgaben
Du sorgst dafür, dass alle Bürobereiche inklusive der Küchen und Toiletten sauber sind. Für unsere Kundinnen und Kunden bist du Ansprechpartner/in vor Ort.

Das bringst du mit
- Du bist ein Teamplayer.
- Du bist körperlich belastbar.
- Du kannst schnell arbeiten.

Unsere Leistungen
- unbefristeter Arbeitsvertrag
- Weiterbildungsmaßnahmen
- familienfreundliche Arbeitszeiten (Montag bis Freitag; 39 Stunden/Woche)

Wir freuen uns darauf, dich kennenzulernen!
Kerem Ünal, Tel.: (089) 21586800

Busfahrer (m/w/d)

Wir sind ein großes Busunternehmen in Hessen und suchen Kolleg*innen, die Freude am Fahren haben.

Ihre Aufgaben
- sichere Beförderung unserer Fahrgäste
- Einsatz nach Dienstplan im Schichtdienst, auch am Wochenende und an Feiertagen
- Fahrscheinverkauf und -kontrolle

Ihr Profil
- Führerschein der Klasse D
- gute Deutschkenntnisse
- Freude am Fahren, auch im Stadtverkehr
- Pünktlichkeit und Zuverlässigkeit

Unser Angebot
- intensive Einarbeitung
- unbefristete Festanstellung
- Fitnessstudio-Rabatte

Wir freuen uns auf Ihre Bewerbung an
Mark Musterer
E-Mail: musterer@bus-hessen.beispiel.de

Redemittel

Arbeitgebende – Personalchefs

Begrüßung
Guten Tag, Frau/Herr …

Small Talk
Wie war die Anfahrt?
Möchten Sie etwas trinken?

Kennenlernen und Selbstvorstellung
Warum möchten Sie als … bei uns arbeiten? Erzählen Sie etwas über sich.

Fragen des Unternehmens
Welche Erfahrungen und Kenntnisse bringen Sie mit?
Was sind Ihre Stärken? Haben Sie noch Fragen?

Verabschiedung
Sie hören aber von uns in einer Woche / … Vielen Dank, dass Sie gekommen sind.

Arbeitnehmende

Begrüßung
Guten Tag, Frau/Herr …

Small Talk
Die Anfahrt war kein Problem.
Ja, gern. Ein Glas Wasser / … bitte.

Kennenlernen und Selbstvorstellung
Ich interessiere mich für die Stelle …, weil … Ich habe eine abgeschlossene Ausbildung als …

Antworten
Ich habe schon als … gearbeitet.
Ich bin belastbar/teamfähig/…
Wie würde meine Einarbeitung aussehen?
Wie groß ist das Team?

Verabschiedung
Vielen Dank für das Gespräch / die Einladung.

	sehr gut	gut	nicht so gut
Begrüßung und Small Talk	☐	☐	☐
Selbstvorstellung (fachliche Kenntnisse)	☐	☐	☐
Körpersprache (Mimik, Gestik, Blickkontakt)	☐	☐	☐

Kurz und bündig

Kommunikation

über Gefühle rund um das Vorstellungsgespräch sprechen
Vor dem Gespräch war ich (ziemlich/sehr) nervös/aufgeregt/…
Während des Gesprächs war ich gestresst/ruhig/sicher/…
Nach dem Gespräch war ich glücklich/zufrieden/…

den Termin für ein Vorstellungsgespräch bestätigen
Einleitung: Vielen Dank für die Einladung zum Vorstellungsgespräch am …
Terminbestätigung: Gerne bestätige ich den Termin am … um … Uhr.
Schluss: Ich freue mich auf das Gespräch.

typische Fragen im Vorstellungsgespräch verstehen
Erzählen Sie doch bitte etwas über sich.
Welche Kenntnisse bringen Sie für den Job mit?
Was sind Ihre Stärken und Schwächen?
Was haben Sie in Ihrem letzten Job / im Praktikum gemacht?
Warum haben Sie sich bei uns beworben?

Fragen im Vorstellungsgespräch stellen
Wie groß ist das Team, in dem ich arbeiten würde?
Wie sieht die Einarbeitung aus?

Grammatik

Fragen mit Präpositionen
nach Sachen fragen
wo(r) + Präposition (Woran? Worauf? Wofür? Womit? Worüber? Wovor? …)

nach Personen fragen
Präposition + Fragewort (An wen? Auf wen? Für wen? Mit wem? Über wen? Vor wem? …)

Woran denkst du? – An die Betriebsfeier morgen.	**An wen** denkst du? – An meine Tochter.
Worauf wartest du? – Auf den Feierabend.	**Auf wen** wartest du? – Auf meinen Chef.
Worüber hast du dich geärgert? – Über die viele Arbeit.	**Über wen** hat sie sich geärgert? – Über ihre Kollegin.

Temporale Nebensätze mit bevor, *während* und *nachdem*

A passiert zuerst, dann passiert **B**:	**A** Sie schrieb noch eine E-Mail, **B** bevor sie nach Hause ging.
A passiert zur gleichen Zeit wie **B**:	**A** Während sie arbeitet, **B** hört sie gern Musik.
A passiert zuerst, dann passiert **B**:	**A** Nachdem sie eine Umschulung gemacht hat, **A** hat sie gleich eine Stelle gefunden.

In den temporalen Nebensätzen mit *bevor, während* und *nachdem* steht das Verb am Ende.
Die Nebensätze können vor und nach dem Hauptsatz stehen:
Bevor ich zur Arbeit fahre, frühstücke ich. / Ich frühstücke, bevor ich zur Arbeit fahre.

6 Übungen

1a Wie heißen die Adjektive zu diesen Nomen? Notieren Sie.

1 die Freundlichkeit: .... 5 die Nervosität: ....
2 das Engagement: .... 6 die Angst: ....
3 die Ruhe: .... 7 die Offenheit: ....
4 die Wut: .... 8 das Glück: ....

1b Ergänzen Sie die Gegenteile.

> mutig • gestresst • positiv • ~~engagiert~~ • ruhig • selbstbewusst • interessiert • intelligent

1 zurückhaltend – *engagiert* .... 5 gelangweilt – ....
2 nervös – .... 6 ängstlich – ....
3 ausgeglichen – .... 7 schüchtern – ....
4 dumm – .... 8 negativ – ....

1c Adjektivendungen. Ergänzen Sie die Endungen und notieren Sie
▶ 7.1 + 7.2 N (= Nominativ), A (= Akkusativ) oder D (= Dativ).

Liebe Mata,

ich habe vor einer Woche eine interessant**e** (A) Stellenanzeige gelesen. Die Max Huber GmbH sucht eine Gärtnerin mit abgeschlossen____ .... Berufsausbildung. Die Max Huber GmbH ist ein klein____ .... Unternehmen in München. Sie hat einen sehr gut____ .... Ruf und bietet ihren Mitarbeitenden ein gut____ .... Gehalt. Vor ein paar Tagen habe ich meine vollständig____ .... Bewerbungsunterlagen als PDF-Datei per E-Mail geschickt. Jetzt hoffe ich, dass ich zu einem Vorstellungsgespräch eingeladen werde. Wenn ich die Stelle bekommen sollte, würde ich mir eine neu____ .... Wohnung mit einem groß____ .... Balkon in der Nähe der Firma suchen. Und ich könnte endlich neu____ .... Möbel für mein Wohnzimmer kaufen. Treffen wir uns am Samstag im neu____ .... Café in der Adamstraße?

Viele Grüße und bis bald
Elham

2a Frau Deutz hat Frau Sarif angerufen. Notieren Sie Datum und Uhrzeit für den neuen Termin für das
27 Vorstellungsgespräch.

Datum .... Uhrzeit ....

2b Hören Sie noch einmal und schreiben Sie eine E-Mail an Frau Deutz, in der Sie den neuen Termin bestätigen. Denken Sie an Betreff, Anrede und Gruß.

Sehr geehrte Frau Deutz, ...

3 Schreibtraining. Einen Termin absagen. In der E-Mail sind alle Wörter klein geschrieben und es fehlen die Satzzeichen (. , ?). Korrigieren Sie die E-Mail in Ihrem Heft.

sehr geehrte frau deutz

vielen dank für die einladung zu einem vorstellungsgespräch ich habe mich sehr über ihre nachricht gefreut leider bin ich kurzfristig krank geworden daher kann ich nicht zu dem vereinbarten termin kommen

ich bin weiterhin sehr an der stelle interessiert und würde gerne einen neuen termin vereinbaren bis zum 10 oktober sollte ich wieder gesund sein und könnte danach zu einem gespräch kommen

mit freundlichen grüßen
anton ovchinnikov

Sehr geehrte Frau Deutz,
vielen …

4 Bashir interessiert sich für … Lesen und ergänzen Sie die Verben mit Präpositionen in der richtigen Form.
▶ 8.7

(sich) interessieren für • (sich) engagieren für • (sich) freuen über • teilnehmen an • reden über • (sich) vorbereiten auf • passen zu • (sich) treffen mit • (sich) bewerben um • warten auf

1 Bashir *interessiert* sich *für* eine Stelle als Servicetechniker.

2 Deshalb hat er sich .... eine Stelle im Bereich Windenergie ....

3 Denn seine Fähigkeiten .... sehr gut .... der Stelle.

4 Bevor er sich beworben hat, hat er .... einer Weiterbildung ....

5 Zurzeit .... er .... eine Einladung zu einem Vorstellungsgespräch.

6 Er hat sich mit einem Coach sehr gut .... das Vorstellungsgespräch ....

7 In seiner Freizeit .... er sich in einem Fußballverein .... Jugendliche.

8 An den Wochenenden .... er sich oft .... seinen Brüdern. Sie .... gern .... Fußball und .... sich .... jeden Sieg ihrer Mannschaft.

5a Fragewörter mit Präpositionen. Wo fehlt ein *r* und wo nicht? Ergänzen Sie, wenn nötig.

1 wo__an
2 wo__auf
3 wo__aus
4 wo__durch
5 wo__für
6 wo__gegen
7 wo__mit
8 wo__nach
9 wo__über
10 wo__um
11 wo__von
12 wo__zu

5b Person oder Sache? Verbinden Sie die Fragen und Antworten.
▶ 8.8

1 Worauf wartest du?
2 Womit rechnest du?
3 Auf wen kannst du dich verlassen?
4 Worum musst du dich am Wochenende kümmern?
5 Über wen habt ihr gesprochen?
6 Wovor fürchtest du dich?
7 Mit wem hast du eben telefoniert?
8 Wogegen habt ihr beim Chef protestiert?

a Auf meine Kollegen.
b Mit höheren Preisen.
c Um den Einkauf.
d Vor meinem nächsten Zahnarztbesuch.
e Mit einem neuen Kunden.
f Auf ein Paket von meiner Firma.
g Über den neuen Chef.
h Gegen die vielen Überstunden.

5c Und Sie? Beantworten Sie die Fragen.

1 Worüber haben Sie sich in der letzten Zeit geärgert? *Über die vielen Wochenendddienste.*
2 Über wen ärgern Sie sich manchmal? ....
3 Woran denken Sie gern? ....
4 Worauf möchten Sie nicht verzichten? ....
5 Wofür interessieren Sie sich? ....
6 Mit wem möchten Sie in den Urlaub fahren? ....
7 Wovon träumen Sie? ....
8 Worauf freuen Sie sich nach dem Kurs? ....
9 An wen denken Sie oft? ....

6 Hören Sie das Interview mit Dr. Fritz noch einmal und korrigieren Sie die Aussagen.
🔊 25

1 Dr. Fritz ist in einer kleinen Firma angestellt.
2 Alle Vorstellungsgespräche sind sehr ähnlich.
3 In Vorstellungsgesprächen gibt es meistens nichts zum Trinken.
4 Eine gute Vorbereitung auf das Gespräch ist nicht so wichtig.
5 Man sollte im Vorstellungsgespräch keine Fragen stellen.
6 Nach dem Vorstellungsgespräch sollte man warten, bis sich die Firma meldet.

> *1 Er arbeitet in einem großen Unternehmen.*

7 Im Vorstellungsgespräch. Ordnen Sie die Antworten den Fragen und Aussagen des Personalverantwortlichen zu.

1 Nehmen Sie bitte Platz.
2 Haben Sie gut hergefunden?
3 Wie geht es Ihnen?
4 Möchten Sie etwas trinken?
5 Erzählen Sie etwas über sich.
6 Welche Kenntnisse bringen Sie für den Job mit?
7 Was sind Ihre Stärken?
8 Haben Sie noch Fragen an uns?

a Wie sieht die Einarbeitung aus?
b Ich bin sehr verlässlich und lerne schnell.
c In meiner Ausbildung habe ich gelernt, wie man warme und kalte Speisen zubereitet.
d Vielen Dank.
e Ja, danke schön. Die Wegbeschreibung war sehr hilfreich.
f Danke, mir geht es gut. Ich bin nur ein bisschen aufgeregt.
g Ja, bitte ein Glas Wasser.
h Ich bin vor drei Jahren nach Deutschland gekommen. Nachdem ich Deutsch gelernt hatte, habe ich eine Ausbildung zum Koch gemacht.

8a Was macht Silvio? Sehen Sie die Bilder an und ergänzen Sie die Sätze.
▶ 10.13

1 Bevor Silvio zur Arbeit fährt, ...
2 Während er arbeitet, ...
3 Nachdem er an einer Dienstbesprechung teilgenommen hat, ...
4 Während er Mittagspause macht, ...
5 Bevor er nach der Arbeit nach Hause fährt, ...
6 Nachdem er mit seiner Familie gegessen hat, ...

8b Was macht Yasmin wann? Verbinden Sie die Sätze mit *bevor, während* oder *nachdem*.
▶ 10.13

1 Yasmin ist nach Deutschland gekommen. Danach hat sie eine Wohnung gesucht.

   Nachdem Yasmin ....

2 Sie hat eine Weiterbildung gemacht. Vorher hat sie Deutsch gelernt.

   ....

3 Sie hat an der VHS Deutsch gelernt. Gleichzeitig hatte sie einen Teilzeitjob in einem Hotel.

   ....

4 Sie hat die Weiterbildung abgeschlossen. Danach hat sie einen Job gesucht.

   ....

5 Sie hat sich bei mehreren Firmen beworben. Gleichzeitig hat sie ein Bewerbungstraining gemacht.

   ....

6 Sie ist zu einem Vorstellungsgespräch gefahren. Vorher hat sie sich ein neues Outfit gekauft.

   ....

7 Sie hat den Job bekommen. Danach hat sie mit ihren Freundinnen gefeiert.

   ....

8c Und Sie? Schreiben Sie sechs Sätze über Stationen in Ihrem Leben.

● Bevor ich …   Während ich …   Nachdem ich …

6

9 Ergänzen Sie die Sätze.

> Arbeitspausen • Gleitzeit • Arbeitszeit • Betriebsklima •
> Gehalt • Umschulung • Überstunden • Arbeitskleidung

1 Das .... beträgt 2500 Euro im Monat.

2 In diesem Job muss man auch .... machen. Man muss manchmal länger arbeiten.

3 Die wöchentliche .... beträgt 40 Stunden.

4 Die Beschäftigten müssen während der Arbeitszeit .... tragen.

5 Damit sich die Beschäftigten während der Arbeitszeit erholen können, gibt es ....

6 Zwischen 7:00 und 9:00 Uhr sowie zwischen 15:00 und 18:00 ist .... Hier können die Beschäftigten wählen, wann sie morgens anfangen und wann sie abends aufhören möchten.

7 Die Beschäftigten fühlen sich wohl in dem Unternehmen. Das .... ist sehr gut.

8 Ich habe mich beruflich neu orientiert und eine .... zur Gartenarbeiterin gemacht.

10 Fragen im Vorstellungsgespräch. Welche Antworten passen am besten? Kreuzen Sie an.

1 Möchten Sie etwas trinken?
  a ☐ Ja, ich hätte gern einen doppelten Espresso.
  b ☐ Ja, gern. Ein Glas Wasser bitte.
  c ☐ Ja, bitte eine Cola mit viel Eis.

2 Warum haben Sie sich bei uns beworben?
  a ☐ Ich habe Ihre Anzeige zufällig gesehen.
  b ☐ Sie bieten einen interessanten Job an.
  c ☐ Weiß ich nicht genau.

3 Würden Sie sich bitte einmal kurz vorstellen?
  a ☐ Natürlich. Ich habe eine Ausbildung zum Maler gemacht. Davor habe ich … .
  b ☐ Da gibt es nicht viel zu erzählen. Es steht ja alles in meinem Lebenslauf.
  c ☐ Also, ich bin ein großer Fußballfan.

4 Was sind Ihre Stärken?
  a ☐ Ich arbeite gern im Team und ich bin sehr flexibel.
  b ☐ Ich kann eigentlich alles gut.
  c ☐ Da muss ich erst einmal überlegen.

5 Warum sollten wir Sie einstellen?
  a ☐ Weil ich den Job brauche.
  b ☐ Weil ich der Beste für den Job bin.
  c ☐ Weil ich sehr zuverlässig bin.

6 Haben Sie noch Fragen an uns?
  a ☐ Nein. Sie haben ja schon alles gesagt.
  b ☐ Wann kann ich das erste Mal Urlaub nehmen?
  c ☐ Wie groß ist das Team?

11a Körpersprache – Kommunikation ohne Worte. Verbinden Sie.

1 ☐ die Gestik   a die Position des Körpers beim Gehen, Stehen oder Sitzen
2 ☐ die Mimik   b die Bewegung mit Armen, Händen und Kopf während man spricht
3 ☐ die Körperhaltung   c der Gesichtsausdruck

11b Ordnen Sie die Fotos den Begriffen in a zu.

100

Wichtige Wörter

A Gefühle rund um das Vorstellungsgespräch

- das Gefühl, -e ....
- ängstlich ....
- angespannt ....
- freundlich ....
- gestresst ....
- glücklich ....
- interessiert ....
- neugierig ....
- ordentlich ....
- ruhig ....
- sympathisch ....
- wütend ....
- positiv ....
- negativ ....
- kennenlernen ....
- bestätigen ....
- vereinbaren ....
- senden ....
- einladen ....
- der Bruder, -ü- ....

B Vor dem Vorstellungsgespräch

- (sich) vorbereiten (auf) ....
- erzählen ....
- üben ....
- die Stärke, -n ....
- die Schwäche, -n ....
- denken (an) ....
- warten (auf) ....
- reden (über) ....
- beginnen ....
- sich bedanken ....

C Im Vorstellungsgespräch

- die Atmosphäre (Sg.) ....
- die Einarbeitung (hier Sg.) ....
- krank ....
- schwanger ....
- politisch ....
- die Partei, -en ....
- bevor ....
- nachdem ....
- der Geburtsort ....
- das Herkunftsland ....
- das Tempo, Tempi ....

D Stellenanzeigen

- die Küche, -n ....
- die Toilette, -n ....
- der Dienstplan, -ä-e ....
- unbefristet ....
- teamfähig ....

Meine Wörter

....
....
....
....
....
....
....
....

Wollen Sie mehr üben? Wiederholen und üben Sie in der App.

Ein neuer Arbeitsplatz

A Der erste Arbeitstag

1 Was passiert am ersten Arbeitstag? Sehen Sie die Fotos an und sprechen Sie.

> Büroschlüssel bekommen • sich beim Empfang anmelden • Arbeitskleidung und einen Spind bekommen • Unterlagen in der Personalabteilung abgeben • dem Team vorgestellt werden • den Betrieb besichtigen • einen Mitarbeiterausweis bekommen • mit anderen sprechen

> Auf Foto F sind vielleicht neue Azubis und der Chef zeigt ihnen den Betrieb.

> Die Frau auf Foto D arbeitet in der Personalabteilung. Ein neuer Mitarbeiter bringt ...

2a Eine Personalberaterin spricht über den ersten Arbeitstag. Welcher Satz ist richtig? Hören Sie und kreuzen Sie an.

1 ☐ In Deutschland gibt es allgemeine Regeln für den ersten Arbeitstag von neuen Mitarbeiterinnen und Mitarbeitern in einem Unternehmen.
2 ☐ Es hängt von der Firma und der Arbeitsstelle ab, was am ersten Arbeitstag passiert.

2b Über welche Themen spricht Frau Sohr? Hören Sie noch einmal und kreuzen Sie an.

CHECKLISTE FÜR NEUE ANGESTELLTE

☐ neue Mitarbeitende empfangen und begrüßen
☐ Arbeitsplatz zeigen und das Team vorstellen
☐ Ansprechpartnerin/Ansprechpartner für die Einarbeitung nennen
☐ Unterlagen in der Personalabteilung abgeben
☐ Unterweisung im Arbeitsschutz
☐ über Hausordnung und Dienstvorschriften informieren

☐ Schlüssel für den Spind, Mitarbeiterausweis und Arbeitskleidung bereitstellen
☐ neuen Arbeitsplatz zeigen
☐ über Arbeitszeiten informieren
☐ Teeküche und Kantine zeigen
☐ Pausenregelung erklären
☐ Urlaubsplanung besprechen

Lernziele
- über den ersten Arbeitstag sprechen und Informationen darüber verstehen
- Einweisungen am ersten Arbeitstag erhalten und verstehen
- ein Begrüßungsschreiben für neue Mitarbeiterinnen und Mitarbeiter verstehen

2c Welche Informationen von der Checkliste finden Sie besonders wichtig? Diskutieren Sie.

> Ich finde es wichtig, dass ich den neuen Kolleginnen und Kollegen vorgestellt werde.

> Ich glaube, neue Mitarbeitende möchten wissen, wann und wie lange sie Pause machen können.

P 3 Lesen Sie das Begrüßungsschreiben. Welche Antwort a, b oder c passt am besten? Kreuzen Sie an.

Matzon GmbH Wald und Wiesen

27.08.2024

Sehr geehrte Frau Marin,

als Leiter des Personalbüros möchte ich Sie im Namen der Geschäftsleitung und des Betriebsrates ganz herzlich in unserer Firma begrüßen.
Ihr Einsatzort ist die Marketingabteilung. Ihr direkter Vorgesetzter ist der Abteilungsleiter Herr Hanselhaus, den Sie bereits beim Vorstellungsgespräch am 12. Juli und bei Ihrem Besuch unseres Unternehmens am 12. August kennengelernt haben.
Bitte melden Sie sich am 01.09.24 um 8.00 Uhr am Empfang in Gebäude A. Herr Hanselhaus wird Sie dort abholen. Nach einem Rundgang durch die Firma mit Herrn Hanselhaus lernen Sie dann alle Kolleginnen und Kollegen der Marketingabteilung kennen.
Bitte geben Sie im Laufe des Tages auch Ihre Unterlagen (Steueridentifikationsnummer, Sozialversicherungsausweis, Mitgliedsbescheinigung Ihrer Krankenkasse) im Personalbüro ab. Bei uns erhalten Sie dann auch Ihren Mitarbeiterausweis und unsere Willkommensmappe mit allen wichtigen Informationen über das Unternehmen Matzon.

Mit freundlichen Grüßen

Sven Lutta
Leiter Personalbüro

Matzon GmbH Wald und Wiesen | Materassoweg 6–9 | 12331 Schlummersdorf

---

1 Frau Marin ist eine neue Mitarbeiterin
  a ☐ in der Direktion.
  b ☐ im Bereich Marketing.
  c ☐ im Personalbüro.

2 Herr Hanselhaus
  a ☐ zeigt Frau Marin die Firma.
  b ☐ gibt Frau Marin wichtige Unterlagen.
  c ☐ bringt Frau Marin ins Personalbüro.

3 Herr Lutta
  a ☐ braucht von Frau Marin Unterlagen.
  b ☐ erwartet Frau Marin um 8.00 Uhr am Empfang.
  c ☐ ist Mitglied im Betriebsrat.

4 Die Willkommensmappe bekommt Frau Marin
  a ☐ zusammen mit dem Begrüßungsschreiben.
  b ☐ vom Betriebsrat.
  c ☐ am ersten Arbeitstag.

4 Der erste Arbeitstag. Üben Sie die Begrüßungen im Kurs.
Ü3

> Guten Morgen. Ich bin der neue Mitarbeiter. Ich heiße …

> Hallo. Ich bin … Schön, dass Sie da sind.

> Freut mich, Sie kennenzulernen.

7 B Fragen in der ersten Arbeitswoche

1a Hören Sie das Gespräch. Was ist richtig? Kreuzen Sie an.

1 ☐ Die Starttaste reagiert nicht, wenn sie gedrückt wird.
2 ☐ Herr Yeboah weiß nicht genau, wie man den Kopierer bedient.

- Frau Neumann. Können Sie mir kurz helfen?
- Ja, gerne, was gibt es?
- Dieser Kopierer ist neu für mich. Können Sie mir erklären, wie er funktioniert?
- Natürlich. Ich zeige Ihnen gerne, wie er bedient wird. Sehen Sie, hier ist der Startknopf, wenn er gedrückt wird, leuchtet das Display auf. Jetzt geben Sie Ihre Codenummer ein.
- Schon gemacht!
- So, und nun können Sie alle weiteren Informationen auf dem Display lesen.
- Dann ist ja alles ganz einfach!
- Ja, es ist nicht kompliziert. Allerdings kopiert das Gerät nur sehr langsam und manchmal gibt es Papierstau. Wenn das passiert, rufen Sie mich einfach.
- Das mache ich. Vielen Dank, Frau Neumann … Frau Neumann, jetzt brauche ich noch einmal Ihre Hilfe.
- Einen Moment, ich muss hier noch etwas fertig machen. … So, wo ist das Problem?
- Der Drucker hat jetzt einen Papierstau.
- OK, hier auf dem Display wird angezeigt, wo der Papierstau ist. Jetzt öffnen Sie diese Klappe und entfernen das Papier.

1b Finden Sie im Text weitere Beispiele für das Passiv Präsens und markieren Sie sie.

Memo

Herr Yeboah entfernt das Papier. — Das Papier wird (von Herrn Yeboah) entfernt. ▶ 1.12

1c Lesen Sie das Gespräch noch einmal. Welche Redemittel aus dem Redemittelkasten kommen vor? Markieren Sie.

Redemittel	
um Hilfe bitten	**auf Bitten reagieren**
Könnten Sie mir mal/kurz helfen?	Ja, gerne!
Können Sie mir erklären/sagen, …?	Natürlich!
Ich brauche Ihre Hilfe, ich …	Kein Problem! Was gibt es?
Wissen Sie, wie … funktioniert?	Ja, das zeige ich Ihnen gern. / Das weiß ich leider auch nicht.
Ich weiß nicht, wie … funktioniert.	Einen Moment, bitte. Ich helfe Ihnen sofort.

2 Schreiben und spielen Sie Dialoge. Die Rollenkarten für Partnerin/Partner B finden Sie auf Seite 248.

Partnerin/Partner A
Druckerpatrone wechseln:
Sie wissen nicht, wie Sie am Drucker die Patrone wechseln können und bitten eine Kollegin / einen Kollegen um Hilfe.

Partnerin/Partner A
Ein Dokument im Computer suchen:
Sie können das Formular für die Rechnungen nicht finden und fragen eine Kollegin / einen Kollegen.

Lernziele
· um Erklärung bitten, wie man ein Gerät bedient; die Bedienung eines Gerätes erklären
· in einer Firma nach dem Weg fragen; den Weg zu einem Büro / einer Abteilung erklären
· Wiederholung: Passiv Präsens

7

3a Was machen die Personen in den Abteilungen?
Sehen Sie das Bild an und sprechen Sie.

> Die Leute in der Marketingabteilung planen …

🔊 **3b** Wo finde ich …? Hören Sie und zeichnen Sie den Weg in den Plan.
30

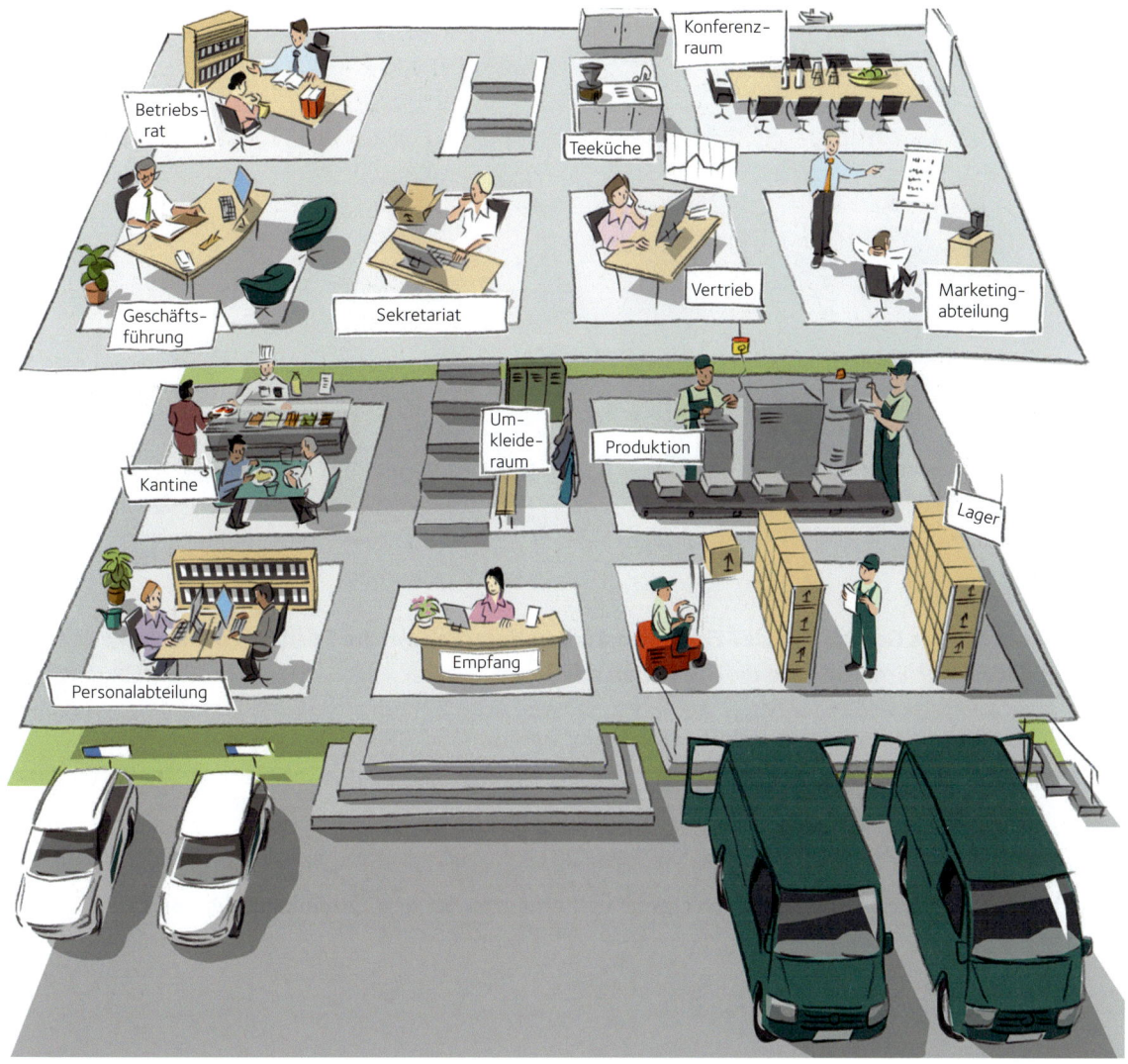

3c Fragen und antworten Sie. Ausgangspunkt ist immer der Empfang.
Ü9

Redemittel

nach dem Weg fragen

Wo finde ich …?	Das ist ganz einfach. Gehen Sie links/rechts …
Entschuldigen Sie, wo ist …?	Im Erdgeschoss. / Im ersten Stock.
Wie komme ich zum/zur …?	Nehmen Sie den Aufzug.
In welcher Etage ist …?	In der 1. Etage.
Können Sie mir sagen, wo …?	Der/Die/Das … ist neben dem/der …

> Wo finde ich den Konferenzraum?

> Gehen Sie …

4 Welche Abteilungen und Bereiche kann es noch in einer Firma geben? Sammeln Sie im Kurs.

> In großen Firmen gibt es oft eine Abteilung für Forschung und Entwicklung.

> Viele Firmen haben auch eine Abteilung für …

105

7 C Eine Arbeitsbesprechung

1 Arbeitsbesprechung in der Firma Fensterbau Heincke. Sehen Sie das Bild an. Worüber sprechen die Mitarbeitenden vielleicht? Sammeln Sie im Kurs.

Mustafa Aziz   Rolf Tinker   Tamara Netrokawa   Hans Moser   Susanne Kreise   Detlev Heincke   Marion Heincke

2a Hören Sie das Gespräch in der Firma Fensterbau Heincke. Welche Positionen haben die Mitarbeitenden in der Firma? Ergänzen Sie die Vornamen aus 1.

Sekretärin ....   Auszubildende: ....

Chef: ....   Glaser: ....

Chefin: ....

2b Wer erledigt was? Hören Sie noch einmal und ergänzen Sie den Terminkalender von Fensterbau Heincke.

Uhrzeit	Donnerstag, 5. Juli
7.00	Arbeitsbesprechung: alle Mitarbeitenden
8.00	Telefonat mit Firma Steinbrink wegen eines Angebots: Marion
8.00	Termin in Siegburg:
8.15	Fenster bei Frau Sendlinger einbauen:
12:00	im Baumarkt Silikon holen:
13.00	Mittagspause
13.30	Fenster in der Stadtverwaltung reparieren:

2c Olaf Müller konnte nicht an der Teamsitzung teilnehmen. Informieren Sie ihn über die Besprechung.

- einen Einsatzplan und ein Arbeitsprotokoll verstehen
- eine Arbeitsbesprechung verstehen und daran teilnehmen
- Wiederholung: Passiv Perfekt und Passiv Präteritum

2d Hören Sie noch einmal. Welche Redemittel hören Sie? Markieren Sie.

Redemittel

einen Vorschlag machen	Zustimmung äußern	Ablehnung/Zweifel äußern
Wir haben heute … Termine.	Das ist eine gute Idee.	Das geht nicht. / Das schaffe(n) ich/wir wirklich nicht.
Wir müssen …	Einverstanden.	Also, ich habe meine Zweifel, dass …
Es ist wichtig, dass …	Ja, das klappt.	Bis … Uhr können wir / kann ich das nicht machen/schaffen.
Das sollte(n) … machen.	Ja, in Ordnung.	Nein, das ist leider zu früh/spät.
Ich schlage vor, dass …	Kein Problem, das können wir machen.	
Was haltet ihr davon, wenn ich/wir …?	Sicher, das schaffen wir.	
	Das schaffe ich bis … Uhr.	

3 Haben Sie schon einmal an einer Arbeitsbesprechung teilgenommen? Was sind Ihre Erfahrungen? Sprechen Sie im Kurs.

> Unsere Arbeitsbesprechungen waren immer kurz. Der Chef teilte die Arbeit schnell ein.

> Ich habe noch nie an einer Arbeitsbesprechung teilgenommen.

4 Was wurde in der Stadtverwaltung gemacht? Sprechen Sie im Kurs.
Ü12–14

Arbeitsprotokoll vom 11.10.2024
Baustelle Stadtverwaltung Fenstereinbau

erledigte Aufgaben:
1. alte Fensterflügel ausgehängt
2. alte Fensterrahmen ausgebaut
3. neue Fensterrahmen eingebaut und mit Mauerwerk verschraubt
4. neue Fensterflügel eingehängt
5. Fugen mit Fensterschaum abgedichtet
6. alte Fenster entsorgt

> Die alten Fenster wurden ausgebaut.

> Die Fensterflügel sind eingehängt worden.

Memo

Passiv Präteritum und Passiv Perfekt

Passiv Präsens:	Die alten Fenster	werden	ausgebaut.
Passiv Präteritum:	Die alten Fenster	wurden	ausgebaut.
Passiv Perfekt:	Die alten Fenster	sind	ausgebaut worden.

▶ 1.12 + 2.8

5 Eine Arbeitsbesprechung in der Firma Bodenleger Nietlach. Arbeiten Sie in Dreiergruppen. Die Rollenkarten für Mitarbeiterin/Mitarbeiter A und B finden Sie auf Seite 249.

Chefin/Chef

Erklären Sie die Aufträge für den Arbeitstag. Sie haben drei Kundentermine: Frau Schmitz (8 bis 11 Uhr: Fliesen verlegen), Supermarkt ELEK (8 bis 15 Uhr: Laminat verlegen), Arztpraxis Bornbauer (14.30 bis 17.00 Uhr: Parkett reparieren).

107

D Erfahrungen

- Erfahrungsberichte über den ersten Arbeitstag verstehen
- über eigene Erfahrungen am ersten Arbeitstag berichten

1a Lesen Sie die Erfahrungsberichte über den ersten Arbeitstag. Wer hatte am ersten Tag eher positive Erfahrungen, wer eher negative? Sprechen Sie im Kurs.

Mustafa Aziz

Seit einem Jahr arbeite ich bei der Firma Fensterbau Heincke. Die Firma ist klein, wir sind inklusive Chef und Chefin nur acht Personen. Mein erster Arbeitstag war ziemlich chaotisch. Ich kam um 7.00 Uhr in der Firma an, aber alle waren über‑
5 rascht. Sie dachten, ich würde einen Tag später kommen. Meine Chefin hat mir dann nur kurz gezeigt, wo ich meine Arbeitskleidung finde, und dann bin ich mit dem Chef und anderen Mitarbeitern zu einer Baustelle gefahren. Während der Fahrt wurde nicht viel geredet, die Stimmung war ziem‑
10 lich angespannt, denn es hatte auf der Baustelle wohl einige Probleme gegeben. An diesem ersten Tag konnte ich noch nicht viel machen, obwohl es eigentlich viel Arbeit gab. Niemand hatte Zeit, mir die Aufgaben zu erklären. Erst in den nächsten Tagen wurde ich richtig eingearbeitet. Jetzt fühle ich mich in dem kleinen Team richtig wohl, denn wir verstehen uns alle gut.

Vor einem Jahr habe ich am 2. Mai in einer Elektrofirma als Produktionshelferin angefangen. Ich war nicht die einzige neue Mitarbeiterin an diesem Tag. Außer mir warteten am Morgen noch 19 andere Kolleginnen und Kollegen am Werks‑
5 tor, dann holte uns der Schichtmeister ab. Zuerst waren wir in der Personalabteilung, um unsere Unterlagen abzugeben, außerdem wurden Fotos für die Mitarbeiterausweise gemacht und wir haben Schlüssel für unsere Spinde erhalten. In den Umkleideräumen haben wir dann unsere Arbeitskleidung
10 bekommen und danach zeigte uns der Schichtmeister unsere Arbeitsplätze und hat uns die wichtigsten Arbeitsprozesse erklärt. Damit begann die Einarbeitung. In den ersten Wochen haben uns langjährige Angestellte erklärt, was wir machen müssen und wie die Maschinen bedient werden. Außerdem hatten wir an zwei Tagen einen Kurs über Sicherheit am Arbeitsplatz.

Maryam Akbar

1b Lesen Sie noch einmal und beantworten Sie die Fragen.

1 Warum waren alle überrascht, als Mustafa Aziz am ersten Arbeitstag in die Firma kam?
2 Wohin ist er mit den Kollegen am ersten Arbeitstag gefahren?
3 Was hat er am ersten Arbeitstag gemacht?
4 Wie gefällt ihm die Firma heute?
5 Wie viele Mitarbeitende wurden zusammen mit Frau Akbar am 2. Mai eingestellt?
6 Was hat der Schichtmeister erklärt?
7 Wer hat die neuen Mitarbeitenden eingearbeitet?
8 Was war das Thema des zweitägigen Kurses?

1c Wählen Sie Mustafa oder Maryam und fassen Sie seine/ihre Erfahrungen am neuen Arbeitsplatz zusammen. Sprechen Sie im Kurs.

2 Haben Sie schon einmal in einer Firma neu angefangen? Wie war der erste Arbeitstag? Berichten Sie im Kurs.

> Ich habe einmal in einer Metallbaufirma angefangen. Die Begrüßung in der Firma war ziemlich freundlich.

Kurz und bündig

Kommunikation

über den ersten Arbeitstag sprechen
Neue Mitarbeiterinnen und Mitarbeiter geben in der Personalabteilung ihre Unterlagen ab.
Neue Mitarbeitende werden am Firmeneingang abgeholt … / melden sich am ersten Arbeitstag an der Rezeption.
Ich habe einmal in einer Metallbaufirma neu angefangen.
Die Begrüßung war freundlich/chaotisch …
Der Empfang war gut/schlecht organisiert.

Begrüßung/Vorstellung am ersten Arbeitstag
- Guten Morgen. Ich bin der neue Mitarbeiter. Ich heiße …
- Hallo. Ich bin … Schön, dass Sie da sind.
- Darf ich mich vorstellen, ich bin …
- Sehr erfreut. Mein Name ist …

um Hilfe bitten und auf Bitten reagieren
- Können Sie mir mal/kurz helfen?
- Können Sie mir sagen, wie …
- Wissen Sie, wie … funktioniert?
- Ja, gerne!
- Natürlich! Was gibt es?
- Ja, das zeige ich Ihnen gerne. / Das weiß ich leider auch nicht.

nach dem Weg fragen und Wege erklären
- Wie komme ich zum Sekretariat?
- Nehmen Sie den Aufzug. Gehen Sie dann links.
- Und wo finde ich die Marketingabteilung?
- Im zweiten Stock.

einen Vorschlag machen und darauf reagieren
Ich schlage vor, dass …   Das ist eine gute Idee.   Das geht nicht.
Wir müssen …   Ja, das klappt.   Also, da habe ich Zweifel.
Was haltet ihr davon, wenn wir …   Sicher. Dass schaffen wir. Das schaffen wir nicht.

Grammatik

Passiv

Das Passiv bildet man mit *werden* + Partizip Perfekt.
Beim Passiv ist die Aktion wichtiger als die Person.
Das Akkusativ-Objekt aus dem Aktivsatz wird zum Subjekt im Passivsatz. Das Subjekt aus dem Aktivsatz wird meist nicht genannt. Es kann mit *von* + Dativ ergänzt werden.

Herr Yeboah **entfernt** das Papier.

Passiv Präsens	Das Papier	**wird**	(von Herrn Yeboah)	**entfernt.**
Passiv Präteritum	Das Papier	**wurde**	(von Herrn Yeboah)	**entfernt**
Passiv Perfekt	Das Papier	**ist**	(von Herrn Yeboah)	**entfernt worden.**

7 Übungen

1a Der erste Arbeitstag. Hören Sie die Dialoge und ordnen Sie zu. Zu welchen Fotos auf Seite 102 passen sie?

Dialog 1: Foto ....   Dialog 2: Foto ....   Dialog 3: Foto ....

1b Hören Sie noch einmal und beantworten Sie die Fragen.

1 Wo meldet sich Her Smirnow? ....
2 In welcher Abteilung arbeitet er? ....
3 Was bekommt der neue Mitarbeiter? ....
4 Wann kann er den Büroschlüssel abholen? ....
5 Wie lange arbeitet Frau Marini in dem Team mit? ....
6 Was macht sie in der Firma? ....

2 Was passiert am ersten Arbeitstag? Ergänzen Sie die Wörter.

1 Neue Mitarbeitende geben ihre __nt__rl__g__n in der Personalabteilung ab.
2 Sie bekommen eine __nt__rw__ __s__ng im __rb__ __tssch__tz.
3 Man informiert sie über die H__ __s__rdn__ng und D__ __nstv__rschr__ft__n.
4 Man erklärt ihnen die P__ __s__nr__g__l__ng.
5 Sie bekommen einen festen Ansprechpartner, der sich um die __ __n__rb__ __t__ng der neuen Mitarbeitenden kümmert.
6 Die Firma stellt __rb__ __tskl__ __d__ng zur Verfügung.
7 Sie bekommen einen Schlüssel für den Sp__nd.
8 Man zeigt ihnen die T__ __k__ch__ und die K__nt__n__.

3 Begrüßungen am ersten Arbeitstag. Ergänzen Sie die Dialoge.

1 | Guten • stören • gibt • Vorname |

● Frau Baboglo, darf ich Sie kurz ....?
▶ Ja, natürlich. Was .... es?
● Das ist unser neuer Mitarbeiter Herr Jardan.
▶ .... Tag, Herr Jardan. Ich bin Raisa Baboglo.
✱ Mein .... ist Petru. Ich bin also Petru Jardan.

2 | heiße • gefallen • Herzlich • mein Name • Kollege |

● Guten Tag, ... ist Rasputin Merz. Ich bin der neue ....
▶ .... willkommen, Herr Merz. Ich .... Tusnelda Schmohr. Ich bin sicher, dass es Ihnen bei uns .... wird.

3 | Freut • freundlich • vorstellen • kommen • Fragen • zuständig • Vielen |

● Darf ich mich ....? Ich bin Isabella Guidi.
▶ .... mich sehr. Ich bin Ercan Özdemir und für die Buchhaltung .... Wenn Sie .... haben, können Sie gerne zu mir ....
● .... Dank. Das ist sehr .... von Ihnen.

4 Am Kopierer. Ordnen Sie den Dialog. Hören Sie dann und kontrollieren Sie.

- ☐ Das habe ich gemacht.
- ☐ Stimmt. Die darf ja nicht in den normalen Müll. Ich danke Ihnen für die Hilfe.
- ☐ Der Kopierer zeigt „Patrone wechseln" an. Wie mache ich das?
- [1] Können Sie mir bitte kurz helfen?
- ☐ Das ist ja einfach. Und was mache ich jetzt mit der alten Patrone?
- ▸ ☐ Die bringen wir zum Recyclinghof.
- ▸ ☐ Einen Moment, bitte. Ich komme gleich… So, was gibt es denn?
- ▸ ☐ Gern geschehen.
- ▸ ☐ Jetzt können Sie die alte Patrone herausnehmen und die neue einsetzen.
- ▸ ☐ Öffnen Sie die Klappe vorne am Drucker.

5 Konjugieren Sie *werden* und ergänzen Sie die Passivsätze.

ich ....
du ....
er/es/sie/man ....
wir ....
ihr ....
sie/Sie ....

1 .... du oft von den Kollegen oft um Hilfe gebeten?
2 Ich .... manchmal von meinem Chef angerufen.
3 Das Fahrrad .... bald verkauft.
4 Warum .... ihr nicht zu der Besprechung eingeladen?
5 .... Sie von Ihren Kollegen gut unterstützt?
6 Wann .... wir abgeholt?

6 Wie wird eine E-Mail geschrieben? Schreiben Sie die Sätze im Passiv.

1 Öffnen Sie zuerst das E-Mail-Programm.
....

2 Wählen Sie dann die Empfängerin oder den Empfänger aus.
....

3 Füllen Sie danach die Betreffzeile aus.
....

4 Schreiben Sie nun den Text.
....

5 Lesen und korrigieren Sie danach den Text.
....

6 Anschließend schicken Sie die E-Mail mit dem Button „Senden" ab.
....

7 Zum Schluss schließen Sie das E-Mail-Programm.
....

7 Was wird in diesen Abteilungen gemacht? Ergänzen Sie die Sätze im Passiv.

> Waren lagern • Marketingkampagnen planen • Produkte herstellen • Kundinnen und Kunden kontaktieren • Personalakten verwalten

1 Im Vertrieb *werden* ....
2 In der Marketingabteilung ....
3 In der Personalabteilung ....
4 Im Lager ....
5 In der Produktion ....

8 Fahrradreparatur. Formen Sie die Sätze ins Aktiv um.

1 Das Fahrrad wird von mir am Morgen in die Werkstatt gebracht.
Ich bringe das Fahrrad am Morgen in die Werkstatt.

2 Die Bremsen werden vom Fahrradmechaniker ausgetauscht.
....

3 Auch das Licht wird von ihm erneuert.
....

4 Außerdem werden von ihm neue Reifen montiert.
....

5 Am Nachmittag wird das Fahrrad dann von mir abgeholt.
....

9a Den Weg beschreiben. Sehen Sie noch einmal das Bild auf Seite 105 an. Ausgangspunkt ist der Empfang. Sortieren Sie zuerst die Fragen und bringen Sie die Wörter in die richtige Reihenfolge.

1 bitte, – Sie – Entschuldigen – wie – zur Kantine – ich – komme
....

2 sagen, – Können – mir – Sie – ist – der Vertrieb – wo
....

3 die Marketingabteilung – ich – Wo – finde
....

4 zum Betriebsrat – geht – Wo – es – bitte
....

5 die Teeküche – ist – Wo – denn
....

6 zum Lager – den Weg – beschreiben – bitte – mir – Sie – Könnten
....

112

9b Beantworten Sie dann die Fragen und beschreiben Sie die Wege.

1 Zuerst gehen Sie ...

10a Terminplanung. Ergänzen Sie den Dialog. Hören Sie dann und kontrollieren Sie.

> OK, dann rufe ich in der Heidestraße an und sage, dass ihr gegen 13.00 kommt. • Ihr solltet bis 11.00 Uhr fertig sein. • Kannst du heute in der Heidestraße Nummer 5 zwei Fenster austauschen? • Ach ja, richtig, das habe ich vergessen. Könnt ihr es bis 13.00 Uhr schaffen?

• ....

▸ Ich denke, das klappt. Ich nehme Jessica mit.

• ....

▸ Ich glaube, das schaffen wir nicht. Wir haben doch um 9.00 Uhr einen Termin am Rennplatz.

• ....

▸ Ja, das kann klappen.

• ....

▸ Ja, in Ordnung. Dann machen wir vorher Mittagspause.

10b Hören Sie den Dialog noch einmal und sprechen Sie mit.

11 Einen Arbeitstag planen. Schreiben Sie einen Dialog.

- • 2 Kundentermine:
  Großmarkt Kern, 9.00 Uhr: Grundreinigung
  Arztpraxis Kahn, 14.00 Uhr: Teppich reinigen
- ▸ Grundreinigung dauert ca. 4 Stunden.
  Arztpraxis: schwierig, 1 Stunde zwischen den Terminen ist zu knapp
- • Vorschlag: nach dem Termin im Großmarkt nicht Arztpraxis, sondern Arbeitsmaterial kaufen
- ▸ OK, Arztpraxis wann?
- • zur Arztpraxis fahre ich
- ▸ gute Lösung

• Wir haben heute 2 Kundentermine. Ab 9.00 Uhr müssen wir im Großmarkt Kern ...

12 *Worden* oder *geworden*? Ergänzen Sie.
▶ 2.8

1 In der Nacht ist es kälter ....

2 Die Waren sind an den Kunden geliefert ....

3 Ich bin letzte Woche 53 Jahre alt ....

4 Ist der Bericht schon geschrieben .... ?

5 Wann ist in dem Kopierer zuletzt die Patrone gewechselt .... ?

6 Dein Deutsch ist viel besser ....

> **Memo**
>
> **worden**: Passiv Perfekt
> Die Fenster **sind** geputzt **worden**.
>
> **geworden**: Aktiv Perfekt von *werden*
> Das Wetter **ist** schlecht **geworden**.
> ▶ 2.8

13 Putztag im Büro. Was wurde gemacht? Schreiben Sie Sätze im Passiv Präteritum in Ihr Heft.

▶ 2.8

> Papierkorb leeren • Dokumente sortieren • Ordner ins Regal stellen • Schreibtisch aufräumen • Blumen gießen • alte Papiere aussortieren

Der Papierkorb wurde

14 Ein Firmenbesuch. Schreiben Sie die Sätze im Passiv Perfekt.

▶ 2.8

1 Die Firma hat einige gute Kunden zu einer Betriebsbesichtigung eingeladen.

   Einige gute Kunden sind

2 Der Geschäftsführer hat sie im Konferenzraum begrüßt.

3 Er hat sie über die Firma und ihre Geschichte informiert.

4 Eine Mitarbeiterin der Marketingabteilung hat ihnen die Produktionshalle gezeigt.

5 Man hat ihnen am Mittag in der Kantine ein gutes Mittagessen serviert.

6 Danach hat der Geschäftsführer die Kunden am Werkseingang verabschiedet.

15 Der erste Arbeitstag. Verbinden Sie die Sätze und schreiben Sie den Text in Ihr Heft.

▶ 10.8
▶ 10.9
▶ 10.16
▶ 10.17

1 Mein Name ist Maria Kuhn. Seit vier Wochen bin ich Mitarbeiterin der Firma HCD. (*und*)
2 Die Firma hat mir von Beginn an gefallen. Der Empfang war schon am ersten Arbeitstag sehr freundlich. (*denn*)
3 Der Personalchef holte mich am Empfang ab. Ich kannte den Personalchef schon vom Vorstellungsgespräch. (*Relativsatz*)
4 Er brachte mich in meine Abteilung. In der Abteilung hat er mich den Kollegen vorgestellt. (*Relativsatz*)
5 Zwei Kolleginnen haben mir alles in der Abteilung genau gezeigt und erklärt. (*danach*)
6 Sie haben mich in den nächsten Tagen auch sehr gut eingearbeitet. Ich habe nicht immer alles sofort verstanden. (*aber*)
7 Ich habe die Kollegen manchmal um weitere Hilfe gebeten. (*deshalb*)

1 Mein Name ist Maria Kuhn und seit vier Wochen bin ich Mitarbeiterin der Firma HCD.

Wichtige Wörter 7

A Der erste Arbeitstag

der Arbeitstag, -e
der Schlüssel, -
der Empfang, -ä-e
anmelden
die Arbeitskleidung (Sg.)
der Spind, -e
bekommen
besichtigen
der Mitarbeiterausweis, -e
allgemeine
abhängen (von)
empfangen
begrüßen
die Einarbeitung, -en
abgeben
der Leiter, -
die Leiterin, -nen
der Vorgesetzte, -n
die Vorgesetzte, -n
der Rundgang, -ä-e
kennenlernen
erhalten
der Betriebsrat, -ä-e

B Fragen in der ersten Arbeitswoche

drücken
wissen
erklären
funktionieren
kompliziert
kopieren
langsam
passieren
rufen
die Hilfe, -n
(etw.) anzeigen
öffnen
entfernen
der Moment, -e
wechseln

die Seiten, -n
sauber
das Formular, -e
finden
die Etage, -n
die Forschung, -en
die Entwicklung, -en

C Eine Arbeitsbesprechung

die Besprechung, -en
vorschlagen
schaffen
der Zweifel, -
das Protokoll, -e
reparieren

D Erfahrungen

überrascht sein
der Kurs, -e

Meine Wörter

 Wollen Sie mehr üben? Wiederholen und üben Sie in der App.

Station 2: Wortschatz und Grammatik

1 Schreiben Sie die Sätze mit *um ... zu*.

1. Sie macht eine Fortbildung, damit sie mehr Chancen im Beruf hat.
   ....

2. Er ruft bei der Firma an, damit er mehr Informationen über das Stellenangebot bekommt.
   ....

3. Small Talk ist gut, damit man unbekannte Gesprächspartner besser kennenlernt.
   ....

4. Viele Leute besuchen das BiZ, damit sie Hilfe bei der Jobsuche bekommen.
   ....

2 Schreiben Sie die Sätze mit *anstatt ... zu*.

1. Der neue Mitarbeiter fragt bei Problemen nicht seine Kollegen, sondern löst alle Probleme alleine.
   Anstatt ....

2. Bei Vorstellungsgesprächen sollte man nicht zu spät sein, sondern einige Minuten früher kommen.
   ....

3. Neue Mitarbeitende sollten zu Kollegen nicht sofort du sagen, sondern nach den Regeln in der Firma fragen.
   ....

4. Manchmal bin ich bei meiner Arbeit nicht sorgfältig, sondern arbeite zu schnell und ungenau.
   ....

3a Notieren Sie neun Nomen zum Thema Bewerbung mit Artikel.

stellenanzeigekäbewerbungstrainingporlebenslaufztrakopiearzwanschreiben

öxsajobsucheklbearbeitszeugnisuorwjobbörseukwmwvorstellungsgespräch

1	4	7 ....
2	5	8 ....
3	6	9 ....

3b Welche Wörter aus a passen? Notieren Sie.

1. ....: Dieses Dokument informiert über die Leistungen in früheren Jobs.
2. ....: Man findet sie in Zeitungen und im Internet.
3. ....: Man lernt z. B., wie man sich gut auf bestimmte Situationen vorbereiten kann.
4. ....: Das ist ein wichtiges Dokument, in dem man sich persönlich vorstellt.

4a Adjektivdeklination: Bestimmter und unbestimmter Artikel. Ergänzen Sie die Endungen.

1. Er hat ein sehr gut........... Angebot bekommen.
2. Ich arbeite lieber in einer klein........... Firma als in einem groß........... Betrieb.
3. Wir können bald in das neu........... Gebäude umziehen.
4. Ein neu........... Firmenwagen kostet ungefähr 40.000 Euro.
5. Ich arbeite mit einem sehr alt........... Computer. Ich habe einen neu........... Computer bestellt, aber mein neu........... Computer ist noch nicht angekommen.
6. Die teuerst........... Bürostühle sind nicht immer die bequemst........... Bürostühle.
7. Ich mag es, wenn ich eine kompliziert........... Aufgabe bekomme, für die ich eine einfach........... Lösung finden muss.

4b Adjektivdeklination ohne Artikel. Ergänzen Sie die Endungen.

1. **Café Sonnenschein**
Gemütlich........... Café mit lecker........... Kuchen und groß........... Auswahl an verschieden........... Kaffee- und Teesorten. Bei gut........... Wetter servieren wir auf der Terrasse.

2. Klein........... Reinigungsbetrieb sucht engagiert........... Putzkräfte. Voraussetzung: gut........... Deutschkenntnisse.

3. Verkaufe gebraucht........... Staubsauger und fast neu........... Kühlschrank. Die Geräte passen ohne größer........... Probleme auch in klein........... Autos.

4. Sehr bekannt........... Großunternehmen sucht hoch qualifiziert........... Fachpersonal für interessant........... Aufgaben.

5a Welche Präposition passt? Ergänzen Sie die Präpositionen mit Kasus wie im Beispiel.

~~auf~~ • auf • auf • mit • an • mit • an • um • zu

1. sich freuen _auf + Akk._
2. sich bewerben ....
3. teilnehmen ....
4. warten ....
5. passen ....
6. sich treffen ....
7. denken ....
8. sich vorbereiten ....
9. anfangen ....

5b Ergänzen Sie die Dialoge wie im Beispiel.

1. • _Worauf_ freust du dich?
   ▸ _Auf_ das Fußballspiel.
   • _Darauf_ freue ich mich auch.

2. • .... wartest du?
   ▸ .... die Mail aus Brasilien.
   • .... warten wir alle.

3. • Nimmst du auch .... der Fortbildung teil?
   ▸ Ich kann nicht .... teilnehmen. Ich habe keine Zeit.
   • Dann erzähle ich dir alles.

4. • .... denkst du?
   ▸ .... die Mittagspause. Ich habe Hunger.
   • .... denke ich auch, ich habe auch Hunger.

Wortschatz und Grammatik

6 Verbinden Sie die Sätze mit den Wörtern in Klammern.

1 Er hat die Arbeit beendet. Er verabschiedet sich. (*nachdem*)

....

2 Wir hören Radio. Wir fahren mit dem Auto. (*während*)

....

3 Ich gehe noch schnell zum Supermarkt. Ich gehe nach Hause. (*bevor*)

....

4 Normalerweise schaltet er sein Smartphone aus. Er geht ins Konferenzzimmer. (*bevor*)

....

5 Jemand ruft ihn an. Er sitzt in der Konferenz. (*während*)

....

7 Der erste Tag im neuen Betrieb. Welches Nomen passt? Ergänzen Sie.

> Betriebsrat • Lager • Mitarbeiterausweis • Betrieb •
> Büroschlüssel • Personalabteilung • Produktion

1 In der .... geben die neuen Mitarbeiterinnen und Mitarbeiter ihre Unterlagen ab.

   Hier bekommen sie auch ihren ....

2 Die .... bekommen sie vom Hausmeister.

3 Mit einem langjährigen Mitarbeiter besichtigen sie den .... Er zeigt ihnen auch

   das .... und die ....

4 Zum Schluss lernen die neuen Mitarbeiter einige Kollegen aus dem .... kennen.

8 Wählen Sie die richtige Form von *werden* aus und ergänzen Sie die Sätze. Zwei Formen passen nicht.

> geworden • wirst • werden • worden • wurdet • wird

1 Ich will in meinem Beruf immer besser ....

2 Morgen .... es nicht so warm wie heute.

3 Wann .... du Abteilungsleiter?

4 Sie ist vor zwei Tagen 24 ....

9 Schreiben Sie die Sätze im Passiv. Achten Sie auf die Zeit.

1 Die Firma plante das Projekt schon lange.

....

2 Die Geschäftsleitung hat viele Experten dazu befragt.

....

3 Die Experten beantworten alle Fragen sehr genau.

....

Berufe im Fokus

1a Um welche Themen geht es? Sehen Sie das Video und kreuzen Sie an.

1. ☐ Arbeitszeiten
2. ☐ Sicherheit bei der Arbeit
3. ☐ Einkommen
4. ☐ Dosierung von Chemikalien
5. ☐ Vorteile des Berufs
6. ☐ Freundlichkeit gegenüber der Kundschaft
7. ☐ Weg zur Arbeit
8. ☐ Karrieremöglichkeiten
9. ☐ Lösungen für die Kundschaft
10. ☐ Einsatzorte
11. ☐ Ausbildung

1b Was sagen die Gebäudereiniger? Sehen Sie das Video und ergänzen Sie.

Erfahrung • Neues • rumzukommen • hart • Kollegen • monoton • gelernt

Jannik Buchhorst gefällt es, viel _____¹, er arbeitet gerne mit den _____² zusammen und er lernt immer etwas _____³. Er findet seine Arbeit nicht _____⁴.

Elkad Abdenalek hat den Beruf nicht _____⁵. Er ist seit 20 Jahren Gebäudereiniger und hat _____⁶ gearbeitet und _____⁷ gesammelt.

Jannik Buchhorst, Gebäudereiniger

Elkad Abdenalek, Gebäudereiniger

1c Was berichtet die Bereichsleiterin? Sehen Sie das Video und ergänzen Sie.

Einweisung • Erfahrung • Aufstiegsmöglichkeiten • Weiterbildung • angelernt • Meister • Bereichsleiter • Ausbildungsplätze

In der Firma arbeiten auch Mitarbeiter ohne _____¹. Diese Mitarbeiter bekommen von der Firma eine _____² in den Job und sie werden _____³. Aber die Firma bietet auch _____⁴, und wenn man die Prüfung gemacht hat, gibt es auch _____⁵. Man kann zum Beispiel _____⁶ werden.

Außerdem hat man die Möglichkeit, eine _____⁷ zu machen und so _____⁸ zu werden.

Ingrid Buchholz, Bereichsleiterin

1d Was erzählt Frau Buchholz über die Angestellten in der Firma und die Ausbildung? Berichten Sie.

Sie sagt, dass in der Firma auch Mitarbeiter ohne Ausbildung arbeiten.

Redemittel
Sie erzählt, dass …
Außerdem erwähnt sie, dass …
Wir erfahren, dass …

1e Was möchten Sie noch über die Firma wissen? Sammeln Sie im Kurs.

Die Serie „Deutsch im Job – Profis gesucht" in voller Länge mit interaktiven Übungen und zahlreichen weiteren Materialien gibt es kostenlos bei der DW: **dw.com/profis**

② Zwischentest Einheit 1–7

Wortschatz und Kommunikation

1a Schreiben Sie die Sätze formell wie im Beispiel. /2

1. Gibst du mir mal den Schlüssel? _Könnten Sie mir bitte den Schlüssel geben?_
2. Kannst du mal kommen? ....?
3. Druck die Rechnung aus! ....!

1b Schreiben Sie die Sätze informell wie im Beispiel. /2

1. Können Sie das bitte machen? _Machst du das mal?_
2. Könnten Sie bitte Frau Erb Bescheid sagen? ....?
3. Bitte nehmen Sie doch Platz. ....

2a Im Beratungsgespräch. Schreiben Sie passende Antworten. /2

1. Haben Sie eine Ausbildung gemacht?
   ....
2. Welche beruflichen Pläne haben Sie?
   ....

2b Im Beratungsgespräch. Schreiben Sie passende Fragen. /2

1. ....?
   Ich möchte in meinem alten Beruf arbeiten. Aber mir fehlt noch die Anerkennung meiner Ausbildung.
2. ....?
   Im Moment bin ich Taxifahrer.

3 Wie heißen die Branchen? Ergänzen Sie die Wörter im Schüttelkasten. /4

> in der Verkehrsbranche • in der IT-Branche • in der Gastronomie • im Handwerk

1. Ein Glaser arbeitet ....
2. Eine Berufskraftfahrerin arbeitet ....
3. Ein Programmierer arbeitet ....
4. Eine Köchin arbeitet ....

4 Softskills. Was passt zusammen? Verbinden Sie. /4

1. belastbar   a. Man kann sich gut auf neue Situationen einstellen.
2. flexibel   b. Man arbeitet genau und macht wenig Fehler.
3. sorgfältig   c. Man lässt auch andere Meinungen zu.
4. kritikfähig   d. Man kann auch bei viel Stress gut arbeiten.

5 Telefonische Informationen über ein Stellenangebot. Ergänzen Sie den Dialog. /7

> besetzt • kurz Zeit • frei • Berufserfahrung • Aufgabengebiete • bewerben • helfen

- Haben Sie _____ für mich?
- Wie kann ich Ihnen _____?
- Ist die Stelle noch _____?
- Ja, sie ist noch nicht _____.
- Ich habe noch keine _____. Kann ich mich trotzdem bei Ihnen _____?
- Natürlich ist das möglich. Wir arbeiten Sie in alle _____ ein.

6 Ergänzen Sie die Informationen aus dem Schüttelkasten in dem Lebenslauf. /5

> 2014–2017 • Schulbildung • 27.07.1998 • Realschule • seit 2017

Persönliche Daten:
Name: Nicolas Hartmann
Geburtsort: Radolfzell
Geburtsdatum: _____ ¹

_____ ²
2004–2010 Grundschule in Berlin
2010–2014 _____ ³ mit Realschulabschluss in Lahr
Ausbildung
_____ ⁴ Krankenpflegeausbildung am Klinikum West in Unterrode
Berufserfahrung:
_____ ⁵ Krankenpfleger in der Allgemeinchirurgie im Klinikum Ulm

7 Eine Patrone wechseln. Ordnen Sie den Dialog. /7

- ☐ • Dann öffnen Sie jetzt die Klappe vorne am Drucker.
- ☐ • Na klar, haben Sie schon eine neue Patrone?
- ☐ • Ja, das ist eigentlich ziemlich einfach.
- ☐ • Natürlich! Brauchen Sie Hilfe?
- ☐ ▸ Frau Martinez, haben Sie kurz Zeit?
- ☐ ▸ Die habe ich.
- ☐ ▸ Ja, jetzt sehe ich das! Ich kann jetzt also einfach Patronen austauschen?
- ☐ ▸ Ja, können Sie mir erklären, wie ich hier am Drucker die Patrone wechseln kann?

8 Ergänzen Sie die Sätze mit den Wörtern im Schüttelkasten. /5

> Vollzeit • Schichtdienst • Arbeitszeiten • Teilzeit • Überstunden

1 Wenn Arbeitnehmer zum Beispiel 48 Stunden pro Woche arbeiten, machen sie _____.
2 Personen, die 20 Stunden pro Woche arbeiten, arbeiten in _____.
3 Wenn man _____ hat, arbeitet man am Vormittag, nachmittags bis abends oder nachts.
4 Ich habe sehr regelmäßige _____ immer montags bis freitags von 8.00 bis 16.30 Uhr.
5 In dieser Firma arbeiten die meisten wöchentlich 38 Stunden, also in _____.

Wortschatz und Kommunikation gesamt: /40 Punkte

②  Zwischentest Einheit 1–7

Grammatik

9 Schreiben Sie Sätze mit *trotzdem* und *obwohl*. /8

1 Er hatte wenig Berufserfahrung. Er hat sofort Arbeit gefunden.

Obwohl ....

.... *Trotzdem* ....

2 Sie arbeiten nicht in Vollzeit. Sie bekommen ein gutes Gehalt.

.... *Trotzdem* ....

.... *, obwohl* ....

10 Ergänzen Sie die Präteritumendungen. /2

1 Der Kurs dauer............ drei Monate.
2 Wir besuch............ einen Abendkurs.
3 Muss............ du viele Unterlagen abgeben?
4 Früher verdien............ ich weniger als heute.

11 Ergänzen Sie das Verb *lassen* in der richtigen Form. /2

1 Wann .... du dir die Haare schneiden?
2 Wir .... die Dokumente übersetzen.

12 *Würde* oder *hätte*? Ergänzen Sie das Verb in der passenden Form. /4

1 Er .... gern Medizin studieren.
2 Ich .... gern ein großes Büro.
3 Wir .... gern mehr verdienen.
4 Viele Kollegen .... gern mehr Freizeit.

13 Schreiben Sie Sätze mit *zu* + Infinitiv. /4

1 ich – die Chance – haben / machen – Karriere

....

2 wichtig – sein – es / sein – mit der Arbeit – zufrieden

....

14a Verbinden Sie die Sätze mit *damit* wie im Beispiel. /4

1 Er macht eine Umschulung. Er will eine neue Arbeit finden.

Er macht eine Umschulung, damit er eine neue Arbeit findet.

2 Sie ruft bei der Firma an. Sie will mehr über das Stellenangebot erfahren.

....

3 Er macht eine Weiterbildung. Er will für seine Arbeit neue Kenntnisse bekommen.

....

14b Schreiben Sie nun die Sätze mit *um … zu*. /6

1 ....
2 ....
3 ....

15 Verbinden Sie die Sätze mit *anstatt … zu* und *nicht …, sondern*. /8

Ich arbeite nicht allein. Ich arbeite mit vielen Kollegen zusammen.

1 *Anstatt* .... arbeite ich mit vielen Kollegen zusammen.

2 Ich arbeite *nicht* allein, ... mit vielen Kollegen zusammen.

Er hat nach dem Abitur nicht studiert. Er hat eine Ausbildung gemacht.

3 ....

4 ....

16 Adjektivdeklination. Ergänzen Sie die Endungen. /6

1 Wir arbeiten in einem klein............ Betrieb.

2 Er hat eine sehr interessant............ Arbeit.

3 Ich habe die Anzeige mit groß............ Interesse gelesen.

4 Ich suche gut............ Tipps für eine erfolgreich............ Bewerbung.

5 Es ist wichtig, dass sie passend............ Kleidung tragen.

17 Verbinden Sie die Sätze mit den Wörtern in Klammern wie im Beispiel. /8

1 Er telefoniert mit dem Kunden. Er spricht mit seiner Kollegin. (*bevor*)

Bevor er mit dem Kunden telefoniert, spricht er mit seiner Kollegin.

2 Er geht in die Kantine. Er schreibt noch schnell eine E-Mail. (*bevor*)

....

3 Sie trinkt Kaffee. Sie denkt über ihre Karriere nach. (*während*)

....

4 Frau Mörike macht die Fortbildung. Sie muss nicht in der Firma arbeiten. (*während*)

....

5 Frau Alvarez arbeitete in einem Altenheim. Sie hat im Krankenhaus angefangen. (*bevor*)

....

18 Ergänzen Sie die Verben in Klammern in der richtigen Zeitform. /4

1 Nachdem ich in Deutschland .... (*ankommen*), habe ich sofort Arbeit gesucht.

2 Er schreibt eine Bewerbung, nachdem er eine interessante Stellenanzeige .... (*finden*).

3 Ich habe eine Realschule besucht, bevor ich die Ausbildung .... (*anfangen*).

4 Meine Frau .... (*arbeiten*) halbtags, während die Kinder in die Schule gehen.

19 Schreiben Sie die Sätze im Passiv. /4

1 Herr Müller holt die neuen Mitarbeiter am Eingang ab.

Die neuen Mitarbeiter ....

2 Die Chefin verteilte die Arbeit.

....

Grammatik gesamt: /60 Punkte

② Prüfungstraining

Lesen und Schreiben Teil 1 und 2
(E-Mails von Kunden verstehen und darauf reagieren)

Info: In diesem Teil der Prüfung sollen Sie eine E-Mail von einem Kunden oder einer Kundin verstehen (Lesen), zwei Aufgaben dazu lösen und auf diese E-Mail reagieren (Schreiben).

Situation: Ihre Firma erhält eine E-Mail von einer Kundin oder einem Kunden. Oft handelt es sich um eine Beschwerde.

Vorgehen: Lesen Sie zuerst die E-Mail und den Kundenwunsch. (Teil 1) Unterstreichen Sie wichtige Wörter: Was ist das Problem? Was sollen Sie machen? Lesen Sie dann die Aufgaben 19 und 20 und markieren Sie, welche Lösung a oder b richtig ist. Danach schreiben Sie die Antwort-E-Mail. (Teil 2)

> **Generelle Info zum Prüfungsteil *Lesen und Schreiben*:**
> Sie haben für beide Teile 20 Minuten Zeit. Sie können die Zeit frei einteilen.

Ihre Firma erhält eine Nachricht von einem Kunden.

Gesendet: gestern 18:40 Uhr

Von: Jan Hoger, Hoger KG

An: service@fensterbau-kg.beispiel.de

Betreff: Probleme mit Fenstern

Sehr geehrte Damen und Herren,
am 1. Juni haben Sie bei uns drei Fenster ausgetauscht und durch neue Kunststofffenster (Elite XX2020 1.450 x 1.150 mm) ersetzt.
Wir haben bei Ihnen jedoch vier Fenster bestellt und verstehen nicht, wie es passieren konnte, dass ein Fenster vergessen wurde. In dieser Angelegenheit haben wir uns letzten Freitag telefonisch mit Ihnen in Verbindung gesetzt. Ihr Mitarbeiter Herr Roland sagte, dass ein Kollege am Montag bei uns vorbeikommen würde, um das vierte Fenster einzubauen. Allerdings ist das nicht geschehen, was uns sehr verärgert hat. Es ist wirklich dringend. Das vierte, noch nicht ausgetauschte Fenster ist kaputt, es schließt überhaupt nicht mehr.
Bitte nennen Sie uns einen neuen Termin, an dem Sie mit Sicherheit kommen.
In der Vergangenheit waren wir mit Ihrem Service immer sehr zufrieden, wir hoffen, dass das auch in Zukunft der Fall sein wird.

Mit freundlichen Grüßen
Jan Hoger / Hoger KG

Welche Lösung (a oder b) passt am besten? Markieren Sie.

19 Die neuen Fenster
   a lassen sich nicht richtig schließen
   b wurden noch nicht alle eingebaut.

20 Herr Hoger
   a möchte andere Fenster bestellen.
   b beschwert sich über verschiedene Sachen.

21 Schreiben Sie eine E-Mail an den Kunden. Schreiben Sie etwas zu den beiden Punkten auf dem Notizzettel. Zeigen Sie, was Sie können. Schreiben Sie möglichst viel. Schreiben Sie zu jedem Punkt mindestens zwei Sätze. Vergessen Sie nicht die Anrede und den Gruß.

> – Gründe für die Probleme
> – Problemlösung

Hilfreiche Redemittel für die Beantwortung der E-Mail

Anrede:	Sehr geehrte Frau …, / Sehr geehrter Herr…, / Sehr geehrte Damen und Herren,
Anfangssatz:	Danke für Ihre E-Mail vom … / Ihre E-Mail vom … haben wir erhalten. Vielen Dank dafür.
sich entschuldigen:	Bitte entschuldigen Sie, dass … Es tut uns leid, dass …
Verständnis für ein Problem zeigen:	Wir können Ihren Ärger / Ihre Beschwerde gut verstehen.
Gründe für das Problem nennen:	Es gab die folgenden Gründe für das Problem. In unserer Firma hatten wir das Problem, dass …
etwas vorschlagen:	Wir können Ihnen den folgenden Vorschlag machen. Wir schlagen vor, dass … Sind Sie damit einverstanden, dass … Eine Lösung könnte auch sein, dass … Wir werden uns sofort darum kümmern, dass …
Schlusssatz:	Vielen Dank für Ihr Verständnis. Wir werden in Zukunft darauf achten, dass … So etwas wird in Zukunft nicht mehr geschehen.
Gruß:	Mit freundlichen Grüßen

Lösung Lesen und Schreiben

19 b ist richtig. Ein Fenster wurde noch nicht eingebaut (*wie es passieren konnte, dass ein Fenster vergessen wurde*). a ist falsch. Von den alten Fenstern lässt sich eines nicht schließen.

20 b ist richtig. Der Kunde beschwert sich. Zufrieden war er in der Vergangenheit. Er beschwert sich über verschiedene Sachen:
1. Die Firma hat vergessen, ein Fenster einzubauen.
2. Die Firma hat sich nicht an einen Termin gehalten.
a ist falsch. Der Kunde möchte keine anderen Fenster bestellen, er hat bereits Fenster bestellt und möchte, dass alle eingebaut werden.

21 1. Lesen Sie noch einmal genau, was der Kunde möchte. In unserem Beispiel beschwert sich der Kunde über ein Fenster, das noch nicht eingebaut wurde und über den Service der Firma. Obwohl er einen Termin mit der Firma vereinbart hatte, ist niemand gekommen.
2. Lesen Sie den Notizzettel. Zu diesen beiden Punkten müssen Sie in Ihrer Antwort-E-Mail etwas schreiben.
Beispiel:
Gründe für Probleme: viele Mitarbeiterinnen/Mitarbeiter krank; und/oder: Problem im Lager, Probleme mit neuer Lagersoftware, ein Fenster wurde deshalb nicht geliefert; oder: Probleme mit Zulieferer
Problemlösung: Service wird so schnell wie möglich kommen, das fehlende Fenster wird so schnell wie möglich eingebaut.

Prüfungstraining

Sprachbausteine und Schreiben Teil 1
(Auf Anfragen und Vorschläge reagieren)

Info: Im Teil Sprachbausteine müssen Sie einen Lückentext ergänzen. Es werden Textverständnis und Wortschatz geprüft.

Vorgehen: Sie lesen eine E-Mail mit Lücken. Zu jeder Lücke gibt es eine Multiple-Choice-Aufgabe. Es ist immer nur eine Lösung (a, b oder c) richtig. Die Überschrift (Betreff) der E-Mail zeigt bereits, worum es in dieser E-Mail geht. Wenn Sie sich bei einer Lösung unsicher sind, denken Sie nicht lange nach und gehen Sie zur nächsten Lücke weiter. Beim zweiten Lesen ergänzen Sie die Lösungen, bei denen Sie zuerst keine Antwort wussten.

Da Sie für den Prüfungsteil Sprachbausteine und Schreiben insgesamt nur zehn Minuten Zeit haben, sollten Sie versuchen, jeden Teil in fünf Minuten zu lösen.

Generelle Info zum Prüfungsteil *Sprachbausteine und Schreiben*:

Sie haben für beide Teile nur 10 Minuten Zeit. Sie können die Zeit frei einteilen.

Lesen Sie den folgenden Text. Welcher Ausdruck (a, b oder c) passt am besten in die Lücken 46–51? Markieren Sie.

Betreff: Rücksendung – Geld noch nicht erhalten

Sehr geehrte Damen und Herren,
am 1. Februar habe ich bei Ihnen eine Jeans der Marke Nashville für 39,90 € bestellt und diesen Betrag auch sofort auf Ihr Konto ___46___ . Da die Jeans zu klein war, habe ich sie am 5.2. an Sie zurückgeschickt und dafür Ihren Aufkleber für Rücksendungen verwendet.
Dass Sie die Rücksendung erhalten haben, haben Sie mir am 7.2. per E-Mail ___47___ . ___48___ habe ich bis heute, dem 1.3., die bezahlten 39,90 € noch nicht zurückbekommen, ___49___ ich Sie am 25.2. bereits deswegen telefonisch kontaktiert habe. Sie sagten, dass die 39,90 € spätestens in einer Woche auf meinem ___50___ wären.
Bitte kümmern Sie sich ___51___ um die Erstattung.

Mit freundlichen Grüßen
Ewa Gross

46 a abgegeben
b mitgeteilt
c überwiesen

47 a benutzt
b bestätigt
c geschickt

48 a Allerdings
b Ärgerlich
c Schade

49 a deshalb
b obwohl
c weil

50 a Betrag
b Geld
c Konto

51 a früh
b sofort
c spätestens

Sprachbausteine und Schreiben Teil 2
(Meinungen begründen)

52 Ein befreundeter Kollege schreibt Ihnen folgende Kurznachricht. Antworten Sie Ihrem Kollegen.

> Kommst du auch zum Betriebsausflug am nächsten Mittwoch?

> Warum nicht? Es wird bestimmt toll!

> Nein, ich kann leider nicht.

Lösung Sprachbausteine und Schreiben

Die Überschrift hilft. Kontext: Es geht in der E-Mail um die Rücksendung einer Jeans an ein Modehaus und darum, dass die Kundin das Geld, das sie für die Jeans bereits bezahlt hat, noch nicht wieder bekommen hat.

46 c ist richtig. Es passt nur *überwiesen*. b ist falsch. Die Kundin teilt zwar mit, dass sie das Geld noch nicht bekommen hat, aber *mitgeteilt* und *Konto* passen nicht. a passt auch nicht zum Kontext.

47 b ist richtig. Kontext: Das Modehaus hat *bestätigt*, dass die Rücksendung erhalten hat. c ist falsch, Das Modehaus hat diese Bestätigung zwar geschickt, aber in die Lücke 47 passt *geschickt* nicht. Der Satz müsste dann lauten: *Sie haben mir eine E-Mail geschickt, dass Sie die Rücksendung erhalten haben*. a *benutzt* passt gar nicht.

48 a ist richtig. b ist falsch: Dann bräuchte man einen anderen Satzanfang, z. B. Ich finde es ärgerlich, dass … Auch c passt nicht.

49 b ist richtig. Hier passt nur der Konnektor *obwohl*. Auf den Kontext bezogen muss hier ein Gegensatz ausgedrückt werden. Die Firma hat die Rücksendung bestätigt, sie hat aber das Geld noch nicht zurückgezahlt.

50 c ist richtig. Es geht zwar im Satz auch um *Geld* (b) und *Betrag* (a), aber im Kontext passt nur *Konto*: Die 39,90 € (das ist der Betrag oder das Geld) sollten spätestens in einer Woche auf dem Konto sein.

51 b ist richtig. *sofort* = schnell. Die anderen Adverbien passen nicht. Bei c (*spätestens*) müsste ein konkreter Termin genannt werden, z. B. *spätestens zum 1. April*.

52 *Beispiele für Antwortnachrichten*:
- Ich habe nächsten Mittwoch einen wichtigen Kundenbesuch, den ich nicht verschieben kann. Ich finde es sehr schade, dass ich nicht kommen kann. Aber das nächste Mal bin ich dabei.
- Tut mir leid. Ich kann nicht, weil ich seit gestern krank bin. Ich muss auch nächste Woche im Bett bleiben. Gruß an die anderen.
- Stimmt. Aber ich habe keine Zeit. Ich habe so viel Arbeit und ich weiß nicht, wann ich das schaffen soll. Hoffentlich kannst du das verstehen.
- Ich würde mitkommen, aber ich habe doch ab morgen Urlaub. Aber ich wünsche euch allen viel Spaß.

8 Kommunikation

A Gespräche am Arbeitsplatz

1a Wo arbeiten die Personen? Worüber sprechen sie vielleicht? Sehen Sie die Bilder an. Arbeiten Sie zu zweit und vergleichen Sie.

> In Foto A sprechen zwei Altenpflegerinnen miteinander. Vielleicht sprechen Sie über den Dienstplan.

> In Foto F streiten sich eine Kollegin und ein Kollege. Vielleicht ist der Mann zu spät zur Arbeit gekommen.

1b Worum geht es in den Gesprächen? Hören Sie und ordnen Sie die Dialoge zu.

A ☐ Kundengespräch
B ☐ Pausengespräch
C ☐ Jemanden um einen Gefallen bitten
D ☐ Konfliktgespräch
E ☐ Schichten tauschen
F ☐ Aufgabenverteilung im Team

1c Was sagt man wann? Lesen und notieren Sie.

> A ~~Könntest du mir einen Gefallen tun und …?~~ • B Wie läuft deine Schicht? • C Es wäre toll, wenn du das für mich machen könntest. • D Guten Tag, was kann ich für Sie tun? • E Frau …, könnte ich mit Frau … am Sonntag die Schicht tauschen? Ich bekomme Besuch. • F Ihr übernehmt/macht/… • G Wenn du das gemacht/erledigt hast, musst du … • H Könntest du am … meinen Frühdienst übernehmen? • I Wie war dein Wochenende? • J Ich bin (echt/richtig) ärgerlich/wütend/sauer, weil … • K Zahlen Sie bar oder mit Karte? • L Reg dich doch nicht so auf.

1 Schichten tauschen: ....
2 Kundengespräche: ....
3 Pausengespräche: ....
4 Konfliktgespräche: ....
5 Aufgabenverteilung im Team: ....
6 Jemanden um einen Gefallen bitten: A

Lernziele
- einen Dienstplan verstehen und darüber sprechen
- mündliche Arbeitsaufträge verstehen und annehmen
- Bitten annehmen oder ablehnen

2 Was für berufliche Gespräche haben Sie schon geführt? Welche Erfahrungen haben Sie gemacht? Sprechen Sie im Kurs.

> Ich habe in einem Hotel als Reinigungskraft gearbeitet. Wenn mein Kind krank war, musste ich manchmal meine Arbeitszeiten mit einer Kollegin tauschen.

> Als ich in einer Fabrik gearbeitet habe, haben wir in der Pause meistens über Sport gesprochen.

3a Was bedeuten die Abkürzungen? Überfliegen Sie den Dienstplan und notieren Sie.

Dienstplan Seniorenresidenz Haus Sonne, Wohnbereich A – KW 23 (03.– 09.06.)

	Mo	Di	Mi	Do	Fr	Sa	So
Andrea Dunkel	ND	ND	–	–	–	SD	SD
Magdalena Kopinski	FD	FD	SD	SD	SD	–	–
Sarina Long	–	–	ND	ND	ND	ND	ND
Claudia Menne	SD	SD	–	–	FD	FD	FD
Yan Wang	FD	FD	FD	FD	FD	–	–
Jakub Zalewski	U	U	U	U	U		

FD: Frühdienst (5.30 – 14.00)   **SD:** Spätdienst (13.30 – 22.00)   **ND:** Nachtdienst (21.30 – 6.00)   **U:** Urlaub

1 Frühdienst: ....
2 Spätdienst: ....
3 Nachtdienst: ....
4 Kalenderwoche: KW
5 Urlaub: ....
6 Montag: ....
7 Dienstag: ....
8 Mittwoch: ....
9 Donnerstag: ....
10 Freitag: ....
11 Samstag: ....
12 Sonntag: ....

3b Lesen Sie den Dienstplan noch einmal und beantworten Sie die Fragen.
Ü3 + 4

1 Wer arbeitet in der 23. KW nicht am Wochenende?
2 Wer hat in der 23. KW keinen Dienst?
3 Wann arbeitet Frau Dunkel nicht?
4 Wer hat von Mittwoch bis Freitag frei?
5 Wer muss am Wochenende nachts arbeiten?
6 Wer arbeitet am Wochenende morgens?

4a Die Dienstbesprechung. In welcher Reihenfolge spricht die Heimleiterin Frau Seiwald mit ihren Mitarbeitenden in Wohnbereich A über diese Themen? Hören und nummerieren Sie.

☐ neue Kolleginnen   ☐ Dienstplanänderungen
☐ Urlaubsplanung   ☐ neuer Bewohner

4b Hören Sie noch einmal. Arbeiten Sie zu viert. Jede/Jeder wählt in a ein Thema, über das Frau Seiwald berichtet hat, und macht Notizen dazu. Informieren Sie sich dann gegenseitig. Stellen Sie Fragen, wenn Sie etwas nicht verstanden haben.

5 Rollenspiel. Den Dienst mit einer Kollegin / einem Kollegen tauschen. Arbeiten Sie zu zweit. Schreiben Sie einen Dialog und spielen Sie ihn im Kurs. Die Rollenkarten finden Sie auf Seite 249.

B Bitten und Aufforderungen

1a Wer spricht mit wem? Sehen Sie die Bilder an und ordnen Sie zu.

a Mitarbeiterin mit Chefin
c Mitarbeiter mit Lieferant
b Mitarbeiterin mit Kunde
d Mitarbeiter mit Mitarbeiter

1 2 3 4

1b Hören Sie die Dialoge und ordnen Sie sie den Bildern in a zu.

1c Welche Redemittel hören Sie? Hören Sie noch einmal und unterstreichen Sie. Formulieren Sie dann eine formelle und eine informelle Bitte. Ihre Partnerin / Ihr Partner antwortet.

Redemittel

Aufforderungen und Bitten

formell	informell
Könnten Sie bitte …?	Kannst du bitte/mal …?
Würden Sie bitte …?	Sag mal … Bescheid …
Machen Sie bitte …?	Bring/Gib mir mal …
Nehmen Sie bitte …	Dann ist es am besten, du …
Wäre es möglich, dass …?	Hast du Zeit, …?
Sie müssen …	Du musst …

> Könnte ich Sie mal kurz stören?

> Gibst du mir mal bitte deinen Stift?

2a Lesen Sie die Textnachrichten und ordnen Sie die Antworten zu.

1 ☐ Hallo Herr Kurz, heute kommt um 11:00 Uhr ein Mitarbeiter der Firma Enderle, um den Kopierer in der Personalabteilung zu reparieren. Könnten Sie ihn empfangen und ihm den Kopierer zeigen? Ich stehe im Stau und komme leider zu spät von meinem Termin zurück. Grüße Walter Schmidt

2 ☐ Lieber Herr Balan, Frau Ivanova ist plötzlich krank geworden. Sie müssten also morgen und übermorgen ihre Schicht übernehmen und die Mittagessen an ihre Kunden liefern. Freundliche Grüße Yana Podolska

3 ☐ Guten Morgen, Frau Kanzian, mein Sohn ist krank und ich muss mit ihm zum Arzt gehen. Deshalb kann ich die Unterlagen für die Konferenz heute Nachmittag nicht kopieren. Wäre es möglich, dass Sie das für mich machen? MfG Carlos Morales

4 ☐ Guten Abend, Herr Kruse, wir haben nicht genug Wandfliesen in Weiß für die Baustelle in Seefeld. Würden Sie bitte gleich morgen früh im Lager 4 Paletten abholen und bringen?

a Ja, mache ich. Fehlt sonst noch etwas?

b Tut mir leid, das geht leider nicht. Ich arbeite heute im Homeoffice. Aber ich habe Frau Pustola im Büro angerufen und ihr Bescheid gesagt.

c OK. Ich hatte mich zwar auf die zwei freien Tage gefreut, aber geht klar. Bis morgen früh dann.

d Klar, mache ich. Wie viele Kopien soll ich denn machen? Und sollen die Dokumente doppelseitig kopiert werden?

Lernziele
- Arbeitsaufträge und Arbeitsanweisungen verstehen und darauf reagieren
- Textnachrichten schreiben
- Wiederholung: Höfliche Aufforderungen und Bitten mit dem Konjunktiv II

8

2b Eine Textnachricht schreiben und beantworten. Wählen Sie eine Situation und arbeiten Sie zu zweit. Vergleichen Sie im Kurs.

Situation 1
Sie sind um 13.00 Uhr mit einer Kollegin / einem Kollegen zum Essen in der Kantine verabredet. Sie können nicht kommen, weil sie einen wichtigen Anruf erwarten.

Situation 2
Sie sollen am Bahnhof einen Geschäftspartner abholen. Sie stehen im Stau und bitten deshalb eine Kollegin / einen Kollegen, die Person abzuholen.

3a Formell oder informell? Lesen Sie die Aufforderungen und Bitten und kreuzen Sie an.

		formell	informell
1	Könntest du das bitte in den Geräteraum bringen?	☐	☐
2	Gib mir mal den Schlüssel.	☐	☐
3	Könnten Sie bitte später Frau Deutz zurückrufen?	☐	☐
4	Sag dem Chef, dass wir noch Fliesen brauchen.	☐	☐
5	Würden Sie bitte Platz nehmen?	☐	☐
6	Kannst du das bis morgen machen?	☐	☐

3b Höflich oder unhöflich? Hören Sie drei Aufforderungen und Bitten aus a in zwei Varianten. Welche Variante ist höflich, welche ist weniger höflich? Notieren Sie.

Aufforderung 1: höflich: Variante .... weniger höflich: Variante ....

Aufforderung 2: höflich: Variante .... weniger höflich: Variante ....

Aufforderung 3: höflich: Variante .... weniger höflich: Variante ....

4a Spielen Sie höfliche Dialoge zu zweit. Die Redemittel helfen.

das Lager aufräumen • die Maschine abschalten • Kopien für die Besprechung machen • die Post verteilen • die Rechnung ausdrucken • die Adresslisten aktualisieren • den Kunden zurückrufen • die Reise buchen

Redemittel

auf Bitten und Aufforderungen reagieren

Das mache ich (gern).
Das mache ich sofort/gleich/später/…
Einen Moment noch, ich muss zuerst das hier fertig machen.
Ich habe jetzt (leider) keine Zeit. Kann das nicht bis morgen/… warten?

Memo

Höflichkeit

Man kann mit dem Konjunktiv II Aufforderungen und Bitten höflicher formulieren:
Könnten Sie bitte …? Würden Sie bitte …?

Um höflich zu sein, ist beim Sprechen die Intonation wichtiger als die grammatische Form.

▶ 1.11

Kannst du mal die Reise buchen?   Könntest du bitte die Reise buchen?

4b Höfliches Sprechen interkulturell. Wie geht das in Ihrer Sprache? Sprechen Sie im Kurs.

Bei uns ist es höflich, wenn …   Im Englischen gibt es nur „you" als Anrede.

C Telefonieren am Arbeitsplatz

1 Was machen Sie im Beruf lieber: telefonieren oder Textnachrichten beziehungsweise E-Mails schreiben? Warum? Sprechen Sie im Kurs.

> Ich schreibe lieber Textnachrichten. Da kann ich zuerst überlegen, was ich sagen möchte.

> Ich telefoniere gern. Das geht schneller.

2a Hören Sie das Telefongespräch und kreuzen Sie die richtigen Aussagen an.

1. ☐ Rolf Möller telefoniert mit Egon Schwarz.
2. ☐ Egon Schwarz arbeitet für ein Gartenbauunternehmen.
3. ☐ Rolf Möller ruft an, weil er auf die Pläne für eine Grünanlage wartet.
4. ☐ Herr Schwarz kann Herrn Möller morgen zurückrufen.
5. ☐ Rolf Möller braucht einen Kostenvoranschlag von Herrn Schwarz.

2b Hören Sie noch einmal und ergänzen Sie die Telefonnotiz.

Telefonnotiz

Anruf von: .... Von: *Tanja Kaminski* An: ....

Datum: *05.05.* Uhrzeit: *10:30* Mitteilung:
Herr Möller ....

Firma: ....

Telefon: ....

ruft wieder an ☐ wünscht Rückruf ☐

2c Fassen Sie die Informationen für Herrn Schwarz mündlich zusammen.

> Herr Schwarz, Herr Möller hat angerufen. Er …

3 Ein Telefongespräch. Bringen Sie die Dialoge in die richtige Reihenfolge und lesen Sie dann zu zweit.

A
- ☐ Er ist gerade in einer Besprechung. Soll er Sie zurückrufen?
- ☐ Guten Tag, hier spricht Müller. Können Sie mich mit Herrn Kramer verbinden?
- ☐ Orto AG. Sie sprechen mit Frau Franzen. Was kann ich für Sie tun?
- ☐ Das ist nicht nötig. Ich rufe später noch einmal an.
- ☐ Er ist wahrscheinlich in einer Stunde wieder erreichbar.

B
- ☐ Hören Sie? Das ist die 321 und dann die 8487.
- ☐ Vielen Dank. Auf Wiederhören.
- ☐ Können Sie mir die Durchwahl von Frau Steinmann geben?
- ☐ Auf Wiederhören.
- ☐ Einen Moment, bitte. Ich schaue.
- ☐ Danke, ich warte.

C
- ☐ Nein, Sie sind mit der Stadtverwaltung verbunden.
- ☐ Oh, ist da nicht die Orto AG?
- ☐ Kein Problem!
- ☐ Oh, dann habe ich mich wohl verwählt.
- ☐ Ich möchte bitte mit Frau Fink sprechen.
- ☐ Eine Frau Fink arbeitet hier nicht.

8

4a Telefonieren am Arbeitsplatz. Ordnen Sie die Redemittel zu.

> 1 Gartenbau Hübner, Pia Baum, guten Morgen. • 2 Ich rufe an, weil … •
> 3 Vielen Dank für die Auskunft / Ihre Hilfe. • 4 Könnten Sie das bitte wiederholen/
> buchstabieren? • 5 Es tut mir leid. Frau/Herr … ist nicht da. • 6 Es geht um … •
> 7 Guten Tag, hier ist … / Mein Name ist … • 8 Danke und auf Wiederhören. • 9 Könnten Sie
> bitte lauter/langsamer sprechen? • 10 Ich möchte mit Frau/Herrn … sprechen. • 11 Kann sie/er
> Sie zurückrufen? • 12 Kann ich ihr/ihm etwas ausrichten? • 13 Guten Tag, Sie sprechen mit …
> Was kann ich für Sie tun? • 14 Möchten Sie eine Nachricht hinterlassen?

a ein Telefongespräch annehmen 1, ...

b sich vorstellen und sich verbinden lassen ....

c die/der Gesprächspartnerin/Gesprächspartner ist nicht da ....

d den Grund für den Anruf nennen ....

e Nachfragen ....

f sich bedanken und das Gespräch beenden ....

4b Telefonieren im Beruf. Lesen Sie die Tipps und berichten Sie, was Sie stört, wenn Sie telefonieren.
Ü14

> **Telefonieren im Beruf. Das sollten Sie beachten.**
> 1. Lassen Sie das Telefon nicht zu lange klingeln, wenn Sie angerufen werden.
> 2. Melden Sie sich am Telefon immer mit Ihrem vollen Namen und der Firma.
> 3. Bleiben Sie freundlich und achten Sie auf eine angemessene Lautstärke.
> 4. Lassen Sie Ihre Gesprächspartnerin oder Ihren Gesprächspartner ausreden und hören Sie aufmerksam zu.
> 5. Notieren Sie wichtige Informationen und fassen Sie am Ende des Gesprächs die wichtigsten Punkte zusammen.
> 6. Verabschieden Sie sich freundlich.

Es stört mich, wenn jemand laut Musik hört, während wir telefonieren.

5 Ein Rollenspiel. Wählen Sie eine Rollenkarte aus und spielen Sie die Dialoge mit Ihrer Partnerin / Ihrem Partner. Die Informationen für Partnerin/Partner B finden Sie auf Seite 249. Die Redemittel in 4a helfen. Die anderen beobachten und beurteilen das Gespräch.

1: Partnerin/Partner A

Sie sind krank. Sie rufen bei Ihrem Arbeitgeber an und sagen, dass sie heute nicht zur Arbeit kommen. Sie haben für den Nachmittag einen Arzttermin. Das Sekretariat soll die Post für Sie annehmen.

2: Partnerin/Partner A

Sie arbeiten bei der Firma Lonz GmbH und rufen bei der Firma Orto AG an. Sie möchten Frau Costa sprechen. Das Sekretariat der Orto AG soll Frau Costa ausrichten, dass Sie sie morgen um 10.00 Uhr mit dem Auto abholen.

	sehr gut	gut	nicht so gut
Vorstellung und Begrüßung	☐	☐	☐
Grund für den Anruf nennen	☐	☐	☐
Antwort/Nachfragen	☐	☐	☐
Verabschiedung	☐	☐	☐

8 D Konfliktgespräche

- ein Konfliktgespräch führen und Verärgerung ausdrücken
- Wiederholung: Nebensätze mit *wenn*

1 Was tut Ansu, wenn …? Und Sie? Lesen Sie und sprechen Sie im Kurs.
Ü15–17

1. Wenn Ansu morgens Pause macht, trinkt er meistens eine Tasse Kaffee in der Teeküche.
2. Wenn er sich über einen Kollegen ärgert, spricht er mit ihm über das Problem.
3. Wenn es bei der Arbeit zu viel Stress gibt, spricht er mit seinem Chef.

> Wenn ich zur Arbeit fahre, dann …

> Wenn ich Pause mache, …

Memo

Nebensätze mit *wenn*

Wenn ich Pause **mache**, (dann) **trinke** ich eine Tasse Kaffee.

▶ 10.12

2a Ärger und Streit am Arbeitsplatz. Worüber haben Sie sich schon einmal geärgert? Sprechen Sie zu zweit.

> Ich habe mich über meinen früheren Chef geärgert. Er war nie zufrieden mit unserer Arbeit.

> Ich hatte eine Kollegin, die immer unpünktlich war. Das hat mich total genervt.

2b Streit im Job. Lesen Sie den Text. Welche Antwort a oder b passt am besten? Kreuzen Sie an.
Ü18

Konflikte im Job lösen – aber wie?

Streit unter Kolleginnen und Kollegen gehören im Beruf leider zum Alltag. Schnell können Meinungsverschiedenheiten oder Missverständnisse die Zusammenarbeit stören. Wenn Sie sich also
5 über eine Kollegin oder einen Kollegen ärgern, sprechen Sie das Problem offen an, sagen Sie, was Sie stört, und versuchen Sie, eine Lösung zu finden.
Sprechen Sie also mit der Person, über die Sie sich
10 ärgern, unter vier Augen. Überlegen Sie aber zuerst, was Sie sagen möchten. Bleiben Sie im Gespräch ruhig und sachlich. Sagen Sie nicht sofort, was die andere Person Ihrer Meinung nach falsch gemacht hat. Sagen Sie ihr oder ihm,
15 was Sie stört. Benutzen Sie Ich-Botschaften. Sagen Sie also nicht: „Du gehst immer so früh nach Hause, sodass ich länger bleiben muss." Sagen Sie: „Ich habe Probleme, wenn ich immer so lange in der Werkstatt bleiben muss." Sagen Sie nicht:
20 „Du arbeitest nicht richtig mit." Sagen Sie lieber: „Ich wünsche mir von dir mehr Engagement." Es ist wichtig, im Gespräch auch gut zuzuhören und immer wieder nachzufragen. Lassen Sie die andere Person ausreden und versuchen Sie, sie zu
25 verstehen. So kann man konstruktive Lösungen für Probleme finden.

1. Streit am Arbeitsplatz
   - a ☐ gibt es immer wieder.
   - b ☐ ist ein großes Problem.

2. Wenn man mit der anderen Person spricht,
   - a ☐ sollte man ihr ihre Fehler deutlich machen.
   - b ☐ sollte man versuchen, das Problem zu lösen.

2c Lesen Sie den Ratgebertext noch einmal und markieren Sie die Ich-Botschaften.

3 Rollenspiel „Konflikt am Arbeitsplatz". Arbeiten Sie zu zweit. Lesen Sie die Rollenkarten auf Seite 250
Ü19 und spielen Sie den Dialog mit Ihrer Partnerin / Ihrem Partner

Kurz und bündig

Kommunikation

über Dienstpläne sprechen
Wie sind deine Arbeitszeiten? – Ich habe diese Woche Frühdienst/Spätschicht / … / Ich muss am Wochenende / … (nicht) arbeiten.
Ich bekomme am Wochenende Besuch. Könntest du meine Schicht übernehmen?

höfliche Aufforderungen und Bitten
Könntest du am Wochenende / nächste Woche / … meine Spätdienste / … übernehmen?
Könnten Sie bitte … / Würden Sie bitte … / Sie müssten (noch) …

auf Aufforderungen und Bitten reagieren
Ja, mache ich / das geht / das ist kein Problem / …
Ich habe jetzt keine Zeit. Kann das nicht … machen / bis morgen / … warten?

am Arbeitsplatz telefonieren
ein Telefongespräch annehmen: Gartenbau Hübner / … (Name), guten Morgen / guten Tag.
sich vorstellen: Guten Tag, hier ist … / Mein Name ist …
sich verbinden lassen: Ich möchte mit Herrn/Frau … sprechen. / Könnte ich bitte mit … sprechen?
Gesprächspartnerin/Gesprächspartner ist nicht da: Es tut mir leid. Herr/Frau … ist in einer Besprechung / …
den Grund für den Anruf nennen: Ich rufe an, weil … / Es geht um … / Ich rufe an wegen …
nachfragen: Könnten Sie das bitte wiederholen/buchstabieren?
das Gespräch beenden: Vielen Dank für die Auskunft. Auf Wiederhören.

Konfliktgespräche führen
ein Problem mit Ich-Botschaften ansprechen: Ich habe ein Problem, wenn … / Mich stört es, wenn …
Verständnis zeigen: Ich kann verstehen, dass … / Ich sehe, dass …
eine Lösung finden: Was hältst du davon, wenn …

Grammatik

höfliche Aufforderungen und Bitten

	werden	können	müssen	sollen	haben	sein
ich	würde	könnte	müsste	sollte	hätte	wäre
du	würdest	könntest	müsstest	solltest	hättest	wärest
er/es/sie	würde	könnte	müsste	sollte	hätte	wäre
wir	würden	könnten	müssten	sollten	hätten	wären
ihr	würdet	könntet	müsstet	solltet	hättet	wär(e)t
sie Sie	würden	könnten	müssten	sollten	hätten	wären

Man kann mit dem Konjunktiv II Aufforderungen und Bitten besonders höflich formulieren:
Würden Sie bitte die Post holen? / Könntest du den Drucker warten? / Du müsstest den Chef sofort anrufen.

Bedingungen nennen: Nebensätze mit *wenn*
Wenn die Schicht zu Ende ist, (dann) gehe ich nach Hause.
Ruf mich an, wenn du Zeit hast.

8 Übungen

🔊 35 **1a** Hören Sie die Dialoge auf Seite 128 noch einmal. Was ist richtig? Kreuzen Sie an.

Dialog 1: a ☐ Magdalena kann Andreas Wochenenddienst übernehmen.
b ☐ Frau Seiwald hat den Diensttausch genehmigt.

Dialog 2: c ☐ Herr Richter möchte sein Auto von der Werkstatt abholen.
d ☐ Die Inspektion hat 374 Euro gekostet.

Dialog 3: e ☐ Die beiden Personen sind Arbeitskollegen.
f ☐ Die beiden Personen unterhalten sich bei der Arbeit.

Dialog 4: g ☐ Die Unterhaltung findet in einer Werkstatt statt.
h ☐ Es fehlen Ziegelsteine.

Dialog 5: i ☐ Marek und Antonia haben Grippe.
j ☐ Pedro und Hannes sollen in einem Hotel die Eingangstür reparieren.

Dialog 6: k ☐ Die Frau ist wütend, weil der Bericht fehlt.
l ☐ Der Mann möchte den Bericht nicht schreiben.

1b Korrigieren Sie die falschen Aussagen.

2 Was passt? Lesen und verbinden Sie.

1 Kann ich dich um einen Gefallen   a gleich.
2 Was kann ich für Sie   b das?
3 Mache ich   c übernehmen?
4 Brauchst du sonst noch   d bitten?
5 Hast du am Wochenende   e frei?
6 Kannst du meinen Dienst morgen   f etwas?
7 Wer macht   g tun?

3 Wann hat Tom Zeit? Roberta bekommt Besuch und spricht mit ihrem Mann Tom. Lesen Sie Toms Dienstplan und Robertas Fragen. Kreuzen Sie Toms Antworten an.

Mo. 1. Juni	Di. 2. Juni	Mi. 3. Juni	Do. 4. Juni	Fr. 5. Juni	Sa. 6. Juni	So. 7. Juni
FD	FD	FD	SD	SD	ND	U

Roberta: Meine Eltern kommen uns nächste Woche besuchen und ich wollte klären, wann du Zeit hast. Also, sie kommen am 1. Juni am Nachmittag an. Kannst du abends mit uns in die Pizzeria Alfredo gehen?
Tom: ☐ Ja, das geht. ☐ Nein, das geht nicht.
Roberta: Und am Mittwoch wollte ich mit ihnen eine ganztägige Bootsfahrt machen.
Tom: ☐ Ja, das geht. ☐ Nein, das geht nicht.
Roberta: Am Donnerstag gehen wir shoppen. Triffst du uns am Nachmittag zum Kaffeetrinken?
Tom: ☐ Ja, das geht. ☐ Nein, das geht nicht.
Roberta: Am Samstag wollten wir abends ins Kino gehen.
Tom: ☐ Ja, das geht. ☐ Nein, das geht nicht.
Roberta: Und am Sonntag machen wir eine Radtour ins Grüne.
Tom: ☐ Ja, das geht. ☐ Nein, das geht nicht.

4 Der Dienstplan. Lesen und ergänzen Sie.

> Spätschicht • Arbeitszeiten • Tausch • Schichtdienst • Dienstplan • Angestellten • Schichten

In vielen Betrieben arbeiten die Mitarbeitenden in mehreren ....[1]. In diesen Betrieben gibt es meistens einen ....[2]. Er wird benutzt, damit die ....[3] frühzeitig wissen, wann sie arbeiten müssen. In der Regel sollten die ....[4] mindestens vier Tage im Voraus mitgeteilt werden, damit man seine freie Zeit besser planen kann. Wer allerdings im ....[5] arbeitet, möchte manchmal seine Schicht kurzfristig tauschen. Man hat zum Beispiel ....[6] und wird zu einer Feier eingeladen. Man darf aber nicht einfach die Schicht mit jemand anderen wechseln. Ein ....[7] muss zuerst von der Chefin oder dem Chef genehmigt werden.

5 Aufforderungen und Bitten mit dem Imperativ. Schreiben Sie im Imperativ.
▶ 1.10

> **1** die Ware bestellen • **2** das Lager aufräumen • **3** die Maschine warten • **4** die Regale einräumen • **5** mit dem Kunden sprechen • **6** morgen früh zur Baustelle fahren

	du	ihr	Sie
1	Bestell bitte die Ware!	Bestellt bitte ...	
2			
3			
4			
5			
6			

6 Eine Kollegin / Ein Kollege schreibt Ihnen eine Kurznachricht. Antworten Sie ihr/ihm.

> Kannst du am Sonntag meine Schicht übernehmen?
>
> Nein, das geht nicht.
>
> Wirklich? Warum? Wäre sehr wichtig!

7 Sagen Sie es höflicher wie im Beispiel.
▶ 1.11

1 Janina, hast du morgen um 8.00 Uhr Zeit? *Janina, hättest du morgen um 8.00 Uhr Zeit?*

2 Abdel, du kommst morgen um sechs Uhr!

3 Lukas und Mara, arbeitet ihr am Samstag bis 18.00 Uhr?

4 Junis, bedien bitte den Kunden dort drüben.

8 Höflichkeit. Ergänzen Sie *wäre*, *hätte*, *könnte*, *würde* oder *müsste* in der richtigen Form.

1 *Hätten* Sie einen Moment Zeit?
2 Mona .... gern im Juni Urlaub machen.
3 .... du meine Schicht am Samstag übernehmen?
4 Herr Güler, bevor Sie nach Hause gehen, ... Sie noch die Werkstatt aufräumen.
5 .... du Lust, heute ins Kino zu gehen?
6 Paul, ... du so nett und machst 20 Kopien von dem Bericht?
7 .... ihr bitte den LKW sofort ausladen?
8 Chef, ... Sie damit einverstanden, wenn ich heute früher nach Hause gehe?
9 Ich .... erst noch die Chefin anrufen. Sie wartet auf meinen Anruf. Dann machen wir Pause.

9 Telefonieren trainieren. Ergänzen Sie den Dialog und hören Sie zur Kontrolle.

> Kann er Sie nach 14:00 Uhr zurückrufen? • Möchten Sie ihm noch eine Nachricht hinterlassen? • Ich sage ihm Bescheid, wenn er kommt. • Auf Wiederhören, Frau Kaminsky. • Die Verbindung ist sehr schlecht. • Ich möchte bitte mit Herrn Schwarz sprechen, wenn das möglich ist. • Könnten Sie das bitte noch einmal wiederholen? • Hier spricht Rolf Möller von der Steiner Bau GmbH.

● Gartenbau Hübner, Tanja Kaminsky, guten Morgen.
▶ Guten Morgen, Frau Kaminsky. ....
● Könnten Sie bitte Ihren Namen wiederholen? ....
▶ Möller. Rolf Möller von der Steiner Bau GmbH. ....
● Tut mir leid, aber Herr Schwarz ist in einer Besprechung. ....
▶ Ja das geht. Meine Handynummer ist 01622082784.
● ....
▶ 0 – 1 – 6 – 2 – 2 – 0 – 8 – 2 – 7 – 8 – 4
● Vielen Dank. ....
▶ Ja, es geht um die Pläne für die Gestaltung der Grünanlagen für den Neubau in Dresden Neustadt. Ich möchte wissen, wann er mir den Kostenvoranschlag schicken kann.
● Gut. ....
▶ Danke. ....

10 Am Telefon. Was passt zusammen? Verbinden Sie.

1 Könnten Sie mir bitte die
2 Haben Sie den Kunden schon
3 Möchten Sie eine Nachricht
4 Herr Zhang hat um einen Rückruf
5 Entschuldigung, ich habe mich
6 Einen Moment, ich
7 Ich würde gerne mit Herrn Franke
8 Hast du deinen Anrufbeantworter

a sprechen. – Tut mir leid. Da ist besetzt.
b schon abgehört? – Ja, es gab keine neuen Nachrichten.
c verwählt. Tut mir leid. – Kein Problem.
d verbinde Sie mit Frau Steinbach.
e hinterlassen? – Nein, ich rufe später noch einmal an.
f zurückgerufen? – Nein, noch nicht.
g gebeten. – Danke. Ich rufe ihn gleich zurück.
h Durchwahl von Frau Alonso geben? Ja, das ist die 33 44.

11 Wortschatz Telefonieren. Ordnen Sie zu.

a besetzt • b die Auskunft • c die Durchwahl • d der Anrufbeantworter • e das Ferngespräch • f laut hören • g der Telefonhörer • h stummschalten • i durchstellen/verbinden mit …

1. ☐ Gerät, das die Nachrichten eines Anrufers oder einer Anruferin aufzeichnet
2. ☐ ein Gespräch über den Lautsprecher hören
3. ☐ Lautsprecher am Telefon lautlos stellen, damit andere nicht mithören können
4. ☐ Teil des Telefons, mit dem man sprechen und hören kann
5. ☐ die Telefonleitung ist nicht frei
6. ☐ Weiterleitung eines Anrufs in einer Firma
7. ☐ Telefonat mit jemanden, der eine andere Vorwahl hat
8. ☐ Wenn man eine Telefonnummer im Inland nicht kennt, kann man die 11 8 33 anrufen und fragen.
9. ☐ die letzten Zahlen einer Telefonnummer in einem Unternehmen

ein Festnetztelefon

12a Sie hören eine telefonische Mitteilung. Was ist der Grund für den Anruf? Kreuzen Sie an.

a ☐ Beschwerde   b ☐ Bestellung

12b Hören Sie noch einmal und ergänzen Sie die Telefonnotiz.

Name: Frau/Herr .... Weitere Informationen:
Firma: ....
Kontakt (Telefon): ....

13 Schreibtraining. Ergänzen Sie die Umlaute in der Telefonnotiz.

Frau Klein vom Mobelhaus Richter hat angerufen. Konntest du sie bitte heute noch zurückrufen? Sie mochte wissen, ob du die Rechnung fur die neuen Aktenschranke und die Besucherstuhle schon bezahlt hast. Sie ist bis spatestens 16.00 im Buro. Dankeschon.

14 Diensthandys. Lesen Sie den Text und kreuzen Sie an: richtig oder falsch?

Diensthandys werden beliebter

Immer mehr Mitarbeitende bekommen ein Diensthandy von ihrem Arbeitgeber mit dem sie unterwegs telefonieren, Nachrichten schreiben oder ihre E-Mails bearbeiten können. Fast 90 Prozent der Berufstätigen, die ein mobiles Telefon von ihrem Arbeitgeber bekommen, dürfen mit diesem auch privat telefonieren. Allerdings sollten man erst seine Chefin bzw. seinen Chef fragen, ob man das Diensthandy auch für private Gespräche benutzen darf. Nicht alle Beschäftigten möchten aber ihre Diensthandys auch privat nutzen. Fast jeder und jede Fünfte aus dieser Gruppe nutzt das Dienstgerät nur für berufliche Zwecke.

	R	F
1 Heute haben fast alle Beschäftigten ein Diensthandy.	☐	☐
2 Wer ein Diensthandy hat, darf damit auch privat telefonieren.	☐	☐
3 20 % der Menschen, die ein Diensthandy haben, benutzen es nur beruflich.	☐	☐

8

15 Was macht Nika, wenn …? Schreiben Sie wie im Beispiel.
▶ 10.12

> ~~Er hat Zeit?~~ • Es ist warm und die Sonne scheint. • Seine Mannschaft hat gewonnen. •
> Er hat Dienst im Pflegeheim. • Er muss Überstunden machen.

1 Wann geht er ins Fitnessstudio? *Er geht ins Fitnessstudio, wenn er Zeit hat.*
2 Wann ärgert er sich? ....
3 Wann freut er sich? ....
4 Wann geht er ins Freibad? ....
5 Wann kann man ihn nicht anrufen? ....

16 Nebensätze mit *weil*, *dass* und *wenn*. Verbinden Sie.
▶ 10.12

1 Der Chef hat gesagt,   a werden wir heute nicht fertig.
2 Wenn wir nicht genug Fliesen haben,   b ist ein Problem.
3 Weil Tatia sich verletzt hat,   c können wir im Lager welche holen.
4 Dass das Bad nicht fertig wird,   d dass wir zuerst das Bad fliesen sollen.

17 *Wenn* oder *wann*? Ergänzen Sie.

1 .... sind Sie geboren? – Am 11.10. 1999.
2 .... ich am Wochenende arbeiten muss, kann ich nicht kommen.
3 .... beginnt deine Schicht?
4 .... Sie Zeit haben, könnten Sie bitte die Reifen wechseln?

18 Was steht im Text? Lesen Sie den Ratgebertext auf Seite 134 noch einmal. Kreuzen Sie an.

1 ☐ Kolleginnen und Kollegen streiten sich oft.
2 ☐ Wenn es ein Problem gibt, sollte man darüber sprechen.
3 ☐ Vor einem Konfliktgespräch sollte man überlegen, was man sagen möchte.
4 ☐ Ich-Botschaften können bei der Lösung von Konflikten helfen.

19 Was tun bei Ärger? Schreiben Sie die Redemittel in die Tabelle.

> Ich will dir das erklären. • Nein, so hatte ich das nicht gemeint. • Das finde ich nicht gut/schön. •
> Das ist ein Missverständnis. • Ich bin wütend, weil … • Ich finde es unmöglich, wenn … •
> Das stört/ärgert mich (sehr). • Oh, das tut mir leid. • Entschuldigen Sie bitte. Das wollte ich nicht. •
> Ich habe den Eindruck, dass … • Hast du mal kurz Zeit? Ich habe ein Problem mit … •
> Es nervt mich, dass/wenn …

Ärger ausdrücken	auf Ärger reagieren und sich entschuldigen

Wichtige Wörter

A Kommunikation in der Arbeitswelt

die Kommunikation (Sg.)
der Altenpfleger, -
die Altenpflegerin, -nen
der Dienstplan, -ä-e
der der Konflikt, -e
der Gefallen, -
die Schicht, -en
tauschen
aufregen
der Sport (Sg.)
die Kalenderwoche, -n
der Bewohner, -
die Bewohnerin, -nen

B Bitten und Aufforderungen

die Bitte, -n
die Aufforderung, -en
der Stau, -s
die Konferenz, -en
liefern
bringen
Bescheid sagen
die Maschine, -n
die Post (Sg.)
verteilen
die Reise, -n
buchen

C Telefonieren am Arbeitsplatz

der Kostenvoranschlag, -ä-e
das Datum, Daten
die Mitteilung, -en
zusammenfassen
die Leitung (Telefon), -en
verbinden
nachfragen
die Auskunft, -ü-e
wiederholen
buchstabieren

ausrichten
die Nachricht, -en
das Sekretariat, -e

D Konfliktgespräche

unpünktlich
der Alltag (Sg.)
die Zusammenarbeit (Sg.)
stören
zuhören

Meine Wörter

 Wollen Sie mehr üben? Wiederholen und üben Sie in der App.

9 Arbeitsschutz

A ☐ Straßenbauer  B ☐ Büromitarbeiterin 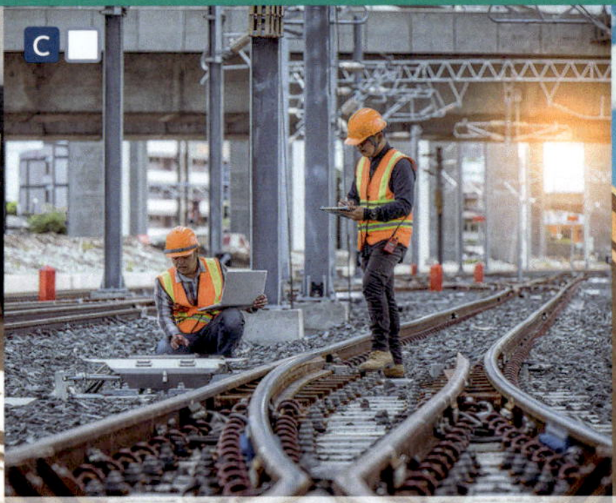 C ☐ Gleisbauer  D ☐ Dachdecker
E ☐ Gerüstbauer  F ☐ Kellner  G ☐ Produktionshelferin  H ☐ Lagerarbeiterin 

A Unfallrisiken und Sicherheit

1a Über welche Berufe spricht die Sicherheitsexpertin?
Sehen Sie die Fotos an und hören Sie das Interview. Kreuzen Sie an.

1b Was macht man in diesem Beruf? Wählen Sie ein Foto aus und sprechen Sie im Kurs.

> Gleisbauer bauen Bahnstrecken, montieren Schienen und bauen Bahnübergänge.

> Büromitarbeiterinnen können viele Berufe haben, zum Beispiel …

> Produktionshelferinnen arbeiten in …

1c In welchen Berufen gibt es diese Risiken? Hören Sie noch einmal und ergänzen Sie.

1 Das Risiko, abzustürzen haben besonders _____.

2 Wenn _____ ausrutschen, können sie sich an kaputten Gläsern schneiden.

3 _____ können von vorbeifahrenden Zügen erfasst werden.

4 Wenn es unordentlich ist, können _____ über am Boden liegende Kabel stolpern.

1d Welche Risiken gibt es in den anderen Berufen aus a, über die nicht gesprochen wurde?

> mit der Hand in eine laufende Maschine fassen • vom Gerüst fallen • sich durch herabfallende Gegenstände verletzen • mit dem Gabelstapler einen Unfall haben …

> Eine Produktionshelferin kann versehentlich in eine laufende Maschine fassen.

Lernziele
- über Unfallrisiken am Arbeitsplatz sprechen
- Sicherheitszeichen verstehen
- Wiederholung: Partizip I

2 Partizip I. Fragen und antworten Sie wie im Beispiel.
Ü2+3

1 Was sind Züge, die vorbeifahren?

> Das sind vorbeifahrende Züge.

2 Was sind Kabel, die am Boden liegen?
3 Was ist eine Maschine, die läuft?
4 Was sind Gegenstände, die herabfallen?

Regel

Partizip I
Das Partizip I bildet man mit dem Infinitiv + *d*:

liegen → liegen**d**
rauchen → rauchen**d**

Man benutzt das Partizip I wie ein Adjektiv + Endung:
Kabel, die am Boden liegen → am Boden liegen**de** Kabel
der Kollege, der raucht → der rauchen**de** Kollege

▶ 4

3a Sicherheit am Arbeitsplatz. Was bedeuten die Sicherheitszeichen? Ordnen Sie zu.
Ü4

a Hier muss man die Hände waschen.
b Vorsicht, Stolpergefahr!
c Hier gibt es einen Brandmelder.
d Hier muss man einen Schutzhelm tragen.
e Hier darf man Feuer nicht mit Wasser löschen.

f Hier findet man Erste Hilfe.
g Hier darf man nicht rauchen.
h Vorsicht, gefährlicher Strom!
i Hier findet man den Notausgang.
j Hier gibt es einen Feuerlöscher.

3b Lesen Sie. Ordnen Sie aus a zu und ergänzen Sie die Formen und Farben.

dreieckig • quadratisch •
rund • blau • gelb • grün • rot

Info
Darf ich hier rauchen? Muss ich einen Schutzhelm tragen? Am Arbeitsplatz gibt es oft Hinweisschilder, Warnschilder und Verbotsschilder. Sie haben jeweils eine bestimmte Form und Farbe.

Sicherheitszeichen	Form	Farbe
1 ☐ Verbotszeichen		
☐ ☐ Warnzeichen		
☐ ☐ Rettungszeichen	*quadratisch*	
☐ ☐ Brandschutzzeichen		
☐ ☐ Gebotszeichen		*blau*

4 Projekt. Fotografieren Sie Sicherheitszeichen an Ihrem Arbeitsplatz, in der Sprachschule oder in öffentlichen Gebäuden. Präsentieren Sie Ihre Fotos im Kurs und berichten Sie.

> Dieses Zeichen habe ich in ... fotografiert. Es bedeutet, dass ...

B Sicherheitsmaßnahmen in Unternehmen

1 Welche Pflichten haben Arbeitgebende und Arbeitnehmende? Wie sollte ein Arbeitsplatz sein?
Ü5+6 Sprechen Sie im Kurs.

> Maschinen und Geräte erklären • Mitarbeitende vor Gefahren schützen • Sicherheitsvorschriften beachten • für Fluchtwege im Betrieb sorgen • Arbeitskleidung tragen • über Gefahren im Beruf informieren • Arbeitsmittel korrekt verwenden • Arbeitskleidung zur Verfügung stellen • Computer mit großen Bildschirmen • gute Beleuchtung • angenehme Raumtemperatur

- Arbeitgebende haben die Pflicht, …
- Es gehört zu den Pflichten von Arbeitgebenden, die Mitarbeitenden vor Gefahren zu schützen.
- Die Raumtemperatur sollte …

2a Wer sagt was? Hören Sie die Aussagen und ordnen Sie sie den Personen zu.
42

☐ Lukas Król   ☐ Olga Rosanowski   ☐ Ali Özer   ☐ Daniela Sala

2b Richtig oder falsch? Hören Sie noch einmal und kreuzen Sie an.

	R	F
1 Frau Rosanowski muss die Arbeitskleidung für die Mitarbeitenden kostenlos bereitstellen.	☐	☐
2 Sie kümmert sich um betriebliche Flucht- und Rettungspläne.	☐	☐
3 Herr Özer muss bei einem Brand alle Fenster öffnen.	☐	☐
4 Er muss alle Mitarbeitenden von der Sammelstelle abholen.	☐	☐
5 Herr Król muss die Sicherheitsvorschriften der Firma beachten.	☐	☐
6 Er ist verpflichtet, eine Sicherheitsunterweisung zu leiten.	☐	☐
7 Frau Sala muss ihrem Arbeitgeber ihre Schwangerschaft mitteilen.	☐	☐
8 Frau Sala muss bis zur Geburt ihres Kindes arbeiten.	☐	☐

3a Was ist Ioannis Sikelianos von Beruf und was macht er?
Lesen Sie den Eintrag im Firmenintranet und sprechen Sie im Kurs.

www./lasotek.beispiel.de/intranet/mitarbeiter

Dip.-Ing. Ioannis Sikelianos
Fachkraft für Arbeitssicherheit
Büro: 5.984
Telefon: 0162/2083 640
E-Mail: i.sikelianos@lasotek.beispiel.de

- *Beratung und Schulung zu Fragen der Arbeitssicherheit*
- *Kontrolle der Einhaltung von Arbeitsschutzvorschriften*
- *Dokumentation von Arbeitsunfällen*
- *Beurteilung und Kontrolle von Maßnahmen des Arbeitsschutzes*
- *Vorschläge zur besseren Arbeitsplatzgestaltung*
- *Zusammenarbeit mit der Betriebsärztin*

3b Sie sollen Herrn Sikelianos für die Firmenzeitung interviewen.
Arbeiten Sie zu zweit und sammeln Sie Fragen, die Sie ihm gerne stellen würden.

1. Seit wann arbeiten Sie in der Firma?
2. Welche Ausbildung haben Sie?

Lernziele
- Informationen über Sicherheit am Arbeitsplatz verstehen
- Wiederholung: Adjektive mit *un-* und *-los*

3c Ionnis Sikelianos berichtet über seine Arbeit. Welche Aufgaben aus a nennt er?

Lasotek aktuell > III/2024

Mitarbeiterportrait: Sicherheitsexperte Ioannis Sikelianos

Ich mache regelmäßige Rundgänge durch die Firma und kontrolliere zum Beispiel, ob gegen die Sicherheitsvorschriften verstoßen wird. Es ist wichtig, dass die Mitarbeitenden
5 gefahrlos arbeiten. Es gibt natürlich immer ein Risiko, aber man kann viel tun, um Unfälle zu vermeiden.

Wir haben z. B. an vielen Arbeitsplätzen Sicherheitskleidung und Sicherheitsausrüs-
10 tung für die Mitarbeitenden, ich kontrolliere regelmäßig die Alarmsysteme und ich bin Ansprechpartner, wenn sich Mitarbeitende an ihrem Arbeitsplatz unsicher fühlen oder Gefahren erkennen. Manchmal beklagen
15 sich die Angestellten, dass die Sicherheits-kleidung etwas unpraktisch ist, weil man sich schlechter bewegen kann. Aber die Sicherheit muss immer an erster Stelle stehen.

Wenn es trotzdem einmal einen Unfall gibt,
20 prüft die Unfallversicherung, ob wir alle Sicherheitsvorschriften eingehalten haben.

Ich muss diese Arbeitsunfälle genau doku-mentieren. Nur wenn wir hier alles richtig gemacht haben, ist eine problemlose und
25 schnelle Auszahlung der Versicherungs-gelder möglich.

Ich arbeite auch mit der Betriebsärztin zusammen, wenn es um Gesundheits-gefahren am Arbeitsplatz geht. Wenn die
30 Firma neue Produktionsmethoden einführt, machen wir gemeinsam Vorschläge zum Gesundheitsschutz.

3d Fassen Sie den Text in eigenen Worten zusammen. Die Stichworte in a helfen.

> Herr Sikelianos kontrolliert regelmäßig, …

> Arbeitsunfälle dokumentiert er, damit …

4a Lesen Sie den Text in 3c noch einmal. Finden Sie die passenden Adjektive und ergänzen Sie.
Ü7+8

1 keine/ohne Kosten – *kostenlos*
2 keine/ohne Gefahr – ....
3 kein/ohne Problem – ....
4 nicht praktisch – ....
5 nicht sicher – ....
6 nicht möglich ....

Memo

Adjektive mit Negation
Mit der Vorsilbe *un-*:
Ich fühle mich nicht sicher.
Ich fühle mich unsicher.

Mit der Nachsilbe *-los*:
Die Zusammenarbeit ist ohne Probleme.
Die Zusammenarbeit ist problemlos. ▶ 9.3

4b Sammeln Sie weitere Adjektive mit *un-* und *-los* und bilden Sie Sätze.

5 Welche Erfahrungen haben Sie mit Arbeitsschutz gemacht? Erzählen Sie im Kurs.

> Als ich in … gearbeitet habe, hatte ich mal einen Unfall. Ich …

> In meiner letzten Firma mussten wir regelmäßig an einer Schulung zur Betriebssicherheit teilnehmen.

C Einen Unfall melden

1a Ein Notruf. Was ist passiert?
Hören Sie und kreuzen Sie an.

a ☐ Andreas Müller von der Firma Schäfer hatte einen Arbeitsunfall.
b ☐ Eine Kollegin von Herrn Müller hat sich bei der Arbeit am Arm verletzt.
c ☐ Zwei Mitarbeiter wurden verletzt und haben starke Schmerzen.

1b Ergänzen Sie den Dialog.
Hören Sie dann noch einmal und kontrollieren Sie.

> Rettungskräften • Unfall • Schmerzen • Rückrufnummer • blutet •
> verletzt • Feuerwehr • Unfallort • Rettungswagen • Notrufzentrale

▸ ....¹ und Rettungsdienst Hamburg, ...², guten Tag.

• Hier ist ein ....³ passiert, kommen Sie bitte schnell.

▸ Was ist die genaue Adresse vom ....⁴?

• Opitzstraße 34, Halle 4, bei der Firma Schäfer.

▸ Wie lauten Ihr Name und Ihre ....⁵?

• Andreas Müller, und die Telefonnummer ist die 0162/2082148.

▸ Beschreiben Sie mir bitte genau, was passiert ist.

• Meine Kollegin hat sich an einer Maschine ....⁶. Sie ....⁷ am Arm und hat starke ....⁸.
Die Kollegen kümmern sich um sie. Aber wir wissen nicht, was wir machen sollen.

▸ Wir schicken Ihnen einen ....⁹. Warten Sie bitte am Firmeneingang, damit Sie den ....¹⁰ den Weg zeigen können. Wir sind in zehn Minuten bei Ihnen.

1c Spielen Sie den Dialog mit Ihrer Partnerin oder Ihrem Partner.

2a Welche Informationen braucht die Notrufzentrale? Ordnen Sie die W-Fragen zu.

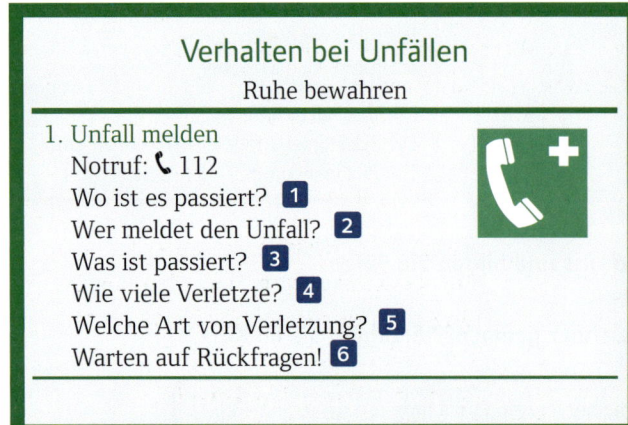

146

- a ☐ Anweisungen oder Fragen der Notrufzentrale abwarten und nicht sofort auflegen.
- b ☑ Straßennamen, Hausnummer, Stockwerk, Ort, Ortsteil nennen
- c ☐ die Anzahl der verletzten Personen nenne
- d ☐ Vor- und Nachnamen und Rückrufnummer nennen
- e ☐ den Unfall genau beschreiben
- f ☐ die Verletzung beschreiben

2b Was sollte man beachten, wenn man einen Unfall meldet? Sprechen Sie im Kurs.

> Es ist wichtig, dass man seinen Vor- und Nachnamen nennt.

> Man darf nicht vergessen, den Unfall genau zu beschreiben.

> Zu beachten ist, dass …

3 Das Unfallprotokoll. Lesen Sie den Text und ergänzen Sie das Protokoll.
Ü10

Arbeitsunfall auf Baustelle

Am 14.12.2024 um 11.45 Uhr ereignete sich auf der Baustelle in der Hamburger Straße 20 in Unterrode ein Arbeitsunfall.
5 Der Malergeselle Joseph Conrad stürzte beim Tapezieren 10 von der Leiter und verletzte sich am Rücken. Er hatte außerdem starke Schmerzen im linken Arm. Die Kollegin Elfriede Jelinek leistete Erste Hilfe. Der Kollege Arno Schmidt alarmierte 15 sofort den Rettungsdienst, Herr Conrad wurde ins Zentralkrankenhaus gebracht. Auch die Architektin Doris Lessing hat den Unfall gesehen.

Unfallprotokoll
Betroffene Person:
Ort:
Datum, Uhrzeit:
Art des Unfalls:
Verletzungen:
Maßnahmen:
Zeugen:

4 Notfälle melden und Notfälle annehmen. Machen Sie Notizen und spielen Sie Dialoge. Partnerin/Partner B arbeitet in der Notrufzentrale und nimmt den Anruf an.

Partnerin/Partner A
1. Unfall in der Schreinerei

Sie arbeiten in einer Schreinerei. Eine Kollegin / Ein Kollege hat sich an einer Säge geschnitten. Ihre/Seine Hand blutet. Sie/Er ist sehr unruhig.
Tel.: +49 69 24445830
Adresse: Schreinerei Schwarz, Brünnerstraße 7, Erdgeschoss

Partnerin/Partner A
2. Feuer im Restaurant

Sie arbeiten in einem Restaurant. Aus der Küche kommt plötzlich Rauch. Ein Kochtopf auf dem Gasherd brennt.
Tel.: +49 40 32519967
Adresse: Restaurant Druschka, Linnestraße 205

D Die richtige Kleidung

• über den Sinn und die Funktion von Arbeitskleidung sprechen

1a Arbeitskleidung oder Uniform? Lesen Sie den Text und beantworten Sie die Fragen.

Warum Arbeitskleidung oder Uniformen?

Es gibt verschiedene Formen von Arbeitskleidung: Es gibt Sicherheitskleidung, um die Mitarbeitenden in einer Firma vor Gefahren zu schützen. So ist zum Beispiel in Betrieben, in denen Autos lackiert werden, der Atemschutz für die Mitarbeitenden besonders wichtig. Deshalb tragen sie auch Atemschutzmasken. Es gibt aber auch Kleidung, um die Produkte
5 zu schützen, z. B. die Overalls in der Produktion von Mikrochips, die keinen Staub vertragen. Es gibt dann Arbeitskleidung, um die Mitarbeitenden, die Produkte und die Kundschaft zu schützen, wie z. B. Mützen und weiße Kleidung für Köchinnen und Köche. Die Mützen sichern die Hygiene bei der Arbeit, die weiße Kleidung kann man gut reinigen. Uniformen haben verschiedene Funktionen: Sie dienen als Orientierung, um die richtigen Ansprech-
10 partnerinnen oder -partner zu finden: Mitarbeitende in Supermärkten oder Einsatzkräfte auf der Straße. Zugleich signalisieren solche Uniformen Kompetenz und machen es den Angestellten leichter, sich mit dem Unternehmen, bei dem sie arbeiten, zu identifizieren.

1 Wen und wovor kann Arbeitskleidung schützen?
2 Welchen Sinn haben Uniformen?

1b Fassen Sie den Artikel für eine Freundin oder einen Freund zusammen. Schreiben Sie ins Heft.

2a Berufskleidung. Ordnen Sie die Wörter den Fotos zu.

a die Uniform
b der Schutzanzug
c der Schutzhelm
d die Kochmütze
e die Sicherheitsschuhe
f die Servicekleidung
g die Schutzmaske
h die Sicherheitshandschuhe
i die Sicherheitsweste

2b Warum gibt es in vielen Berufen Berufskleidung? Sprechen Sie im Kurs.
Ü11

2c Welche Vorteile und Nachteile hat Arbeitskleidung? Welche Erfahrung haben Sie? Sprechen Sie im Kurs.
Ü12

> Bei einem Job in einem Imbiss musste ich eine rote Uniform tragen.

> Das war sicher unbequem.

> Nur an heißen Sommertagen war die Uniform etwas unbequem. Gut war, dass ich sie nicht selbst reinigen musste.

Kurz und bündig

Kommunikation

über Unfallrisiken am Arbeitsplatz sprechen
Für Bauarbeiter auf der Straße ist der Autoverkehr ein Risiko.
Im Büro kann man über herumliegende Kabel stolpern.
Eine Produktionshelferin kann versehentlich in eine laufende Maschine fassen.

über Sicherheitszeichen sprechen
Rettungszeichen sind quadratisch und haben die Farben Grün und Weiß.
Brandschutzzeichen sind rot-weiß.

über Sicherheitsmaßnahmen in Unternehmen sprechen
Die Arbeitgebenden müssen den Arbeitnehmenden die Maschinen und Geräte erklären.
Unternehmen haben die Pflicht, ihre Angestellten vor Gefahren zu schützen.
In Unternehmen muss es Fluchtwege geben.

einen Unfall melden

- ▶ Wo ist es passiert?
- ▶ Wer meldet den Unfall?
- ▶ Was ist passiert?
- ▶ Welche Art von Verletzung?

- • In der Steinstraße 7 ist ein Unfall passiert.
- • Mein Name ist …
- • Ein Kollege ist von einer Leiter gefallen.
- • Er hat große Schmerzen im linken Bein.

über Arbeitskleidung sprechen
Sicherheitsschuhe brauchen zum Beispiel Feuerwehrleute.
Auf Baustellen sorgen Helme für Sicherheit.
In Hotels müssen die Angestellten Servicekleidung tragen.

Grammatik

Partizip I
Das Partizip I bildet man mit dem Infinitiv + *d*:
liegen → liegend
vorbeifahren → vorbeifahrend

Man benutzt das Partizip I wie ein Adjektiv + Endung:
Kabel, die am Boden liegen → am Boden liegende Kabel
Züge, die vorbeifahren → vorbeifahrende Züge

Adjektive mit Negation
Mit der Vorsilbe *un-*:   Ich fühle mich nicht sicher.
                           Ich fühle mich unsicher.

Mit der Nachsilbe *-los*: Die Zusammenarbeit ist ohne Probleme.
                           Die Zusammenarbeit ist problemlos.

9 Übungen

1a Berufliche Vorbilder. Lesen Sie die Texte und kreuzen Sie an: richtig oder falsch?

1

Meine Cousine hat eine Ausbildung zur Restaurantfachfrau gemacht und arbeitet zurzeit als Kellnerin in einem 2-Sterne Restaurant. Sie hat mir viele interessante Dinge über ihre Ausbildung und ihren Berufsalltag erzählt. Die Ausbildung ist sehr abwechslungsreich. Man lernt, wie man
5 Tische dekoriert, welche Getränke zu einem Menü passen, wie man Essen und Getränke richtig serviert und wie man größere Veranstaltungen plant. Die unregelmäßigen Arbeitszeiten am Abend und am Wochenende findet sie anstrengend. Aber mit ihren Kenntnissen hat sie viele Möglichkeiten. Sie hat ein gutes Angebot von einer Eventagentur bekommen und wird
10 bald ihre Stelle wechseln, um in Zukunft große Feste wie Hochzeiten zu organisieren. Ich habe im September auch eine Ausbildung in der Gastronomie begonnen, denn durch meine Cousine weiß ich, dass so eine Ausbildung viele Möglichkeiten bietet.

Karla Dahl, 20

2

Mein Nachbar ist gelernter Straßenbauer. Die Ausbildung dauert drei Jahre. Zuerst hat er mehrere Jahre draußen auf den Straßen gearbeitet. Daneben hat er viele Weiterbildungskurse besucht und Zusatzqualifikationen gemacht, so dass er vor drei Jahren einen Job in der Stadt-
5 verwaltung von Unterrode bekommen hat. Jetzt ist er für die Planung und Überwachung von Baustellen zuständig. Ich finde, er hat seinen Berufsweg gut geplant und das möchte ich auch. Ich arbeite seit sechs Monaten als Produktionshelfer in einer Fabrik. Mein Arbeitgeber bietet viele Fortbildungsmöglichkeiten. Ich denke, dass ich beruflich weiter-
10 kommen kann, wenn ich an einigen Fortbildungen teilnehme und vielleicht auch noch Abendkurse an einer beruflichen Schule mache.

Jack Wader, 23

		R	F
1	Karla Dahl hat von ihrer Cousine Informationen über ihre Arbeit bekommen.	☐	☐
2	Die Cousine von Karla Dahl arbeitet nicht mehr in dem Restaurant.	☐	☐
3	Karla Dahl will eine Ausbildung zur Restaurantfachfrau machen.	☐	☐
4	Der Nachbar von Jack Wader hat lange draußen gearbeitet.	☐	☐
5	Er arbeitet jetzt in der Stadtverwaltung.	☐	☐
6	Jack Wader findet die Berufsplanung von seinem Nachbarn falsch.	☐	☐

1b Kennen Sie eine Person, an der Sie sich beruflich orientieren möchten? Beschreiben Sie die Person und erklären Sie, warum sie ein Vorbild für Sie ist.

Ich möchte folgende Person vorstellen: ....

....

....

....

P 1c Berichten Sie über die Person im Kurs.

2 Partizip 1. Ergänzen Sie die Sätze und achten Sie auf die Endungen.

1 Für den Erfolg einer Firma sind _zahlende_ Kunden wichtig. (*zahlen*)
2 Ein Party-Service organisiert die am Donnerstag .... Betriebsfeier. (*stattfinden*)
3 Wir werden in den .... Wochen viel Arbeit haben. (*kommen*)
4 Für ein Vorstellungsgespräch ist .... Kleidung wichtig. (*passen*)
5 Herr Patrick ist ein sehr engagiert .... Kollege. (*arbeiten*)
6 Für die Produktion ist ein gut .... Computerprogramm sehr wichtig. (*funktionieren*)
7 .... Sicherheitskleidung erhöht das Unfallrisiko stark. (*fehlen*)

3a Wiederholung Relativsätze. Schreiben Sie Sätze wie im Beispiel.

1 Ich habe viele Kollegen. Ich kann gut mit den Kollegen zusammenarbeiten.
   Ich habe viele Kollegen, mit denen ich gut zusammenarbeiten kann.
2 Morgen kommt der neue Mitarbeiter. Ich zeige dem neuen Mitarbeiter seinen Arbeitsplatz.
3 Ich habe einen Plan. Ich möchte dir den Plan erklären.
4 Der LKW fährt nach Hamburg. Der LKW gehört der Spedition Huning.
5 Ein Bewerbungsgespräch ist ein wichtiges Gespräch. Man sollte sich auf das Gespräch gut vorbereiten.
6 Das BiZ ist ein Zentrum. In dem Zentrum kann man sich über Berufe informieren.
7 In der Automobilbranche arbeiten viele Menschen. Sie ist für Deutschland ziemlich wichtig.

3b Formen Sie die Sätze aus 2 wie im Beispiel in Relativsätze um.

1 *Für den Erfolg einer Firma sind Kunden, die zahlen, wichtig.*
2
3
4
5
6
7

4a Wie heißen die Sicherheitszeichen? Ordnen Sie zu.

> Gebotszeichen • Brandschutzzeichen • Rettungszeichen • Verbotszeichen • Warnzeichen

1 .... 2 .... 3 .... 4 .... 5 ....

4b Was bedeuten die Zeichen? Ergänzen Sie die Sätze.

> Feuerleiter • Notruftelefon • Handschuhe tragen • essen und trinken • giftige Stoffe

1 Hier darf man nicht ....

2 Vorsicht! Hier sind ....

3 Hier ist ein ....

4 Hier muss man ....

5 Hier gibt es eine ....

5 Wortschlange. Trennen Sie die Wörter und schreiben Sie die Sätze.
Achten Sie auf Groß- und Kleinschreibung sowie Satzzeichen.

MITARBEITENDEUNDGESCHÄFTSFÜHRUNGSINDFÜRDIESICHERHEITINUNTERNEHMENVERANTWORTLICHNICHTNURINPRIVATENUNTER-
NEHMENSONDERNACHSCHULENUNDANDERENÖFFENTLICHENGEBÄUDENMUSSESFLUCHTWEGEUNDRETTUNGSPLÄNEGEBEN

....
....
....

6a Nomen-Verb-Verbindungen. Was passt? Ordnen Sie zu.

1 mit dem Betriebsarzt   a einhalten
2 Unfälle   b vermeiden
3 an erster Stelle   c bereitstellen
4 Vorschläge   d stehen
5 die Alarmsysteme   e zusammenarbeiten
6 Vorschriften   f kontrollieren
7 Arbeitskleidung   g machen

(1 → e)

6b Wählen Sie drei Nomen-Verb-Verbindungen aus a und schreiben Sie Sätze.

1 ....
2 ....
3 ....

7a Wie heißen die Adjektive? Ergänzen Sie.
▶ 9.3

1. ohne Risiko – *risikolos*
2. ohne Papier –
3. ohne Plan –
4. ohne Respekt –
5. ohne Arbeit –
6. ohne Kinder –
7. ohne Regel –
8. ohne Chancen –
9. ohne Kosten –
10. ohne Sinn –

7b Wie heißt die Negation? Ergänzen Sie.
▶ 9.3

1. zuverlässig – *unzuverlässig*
2. üblich –
3. sozial –
4. pünktlich –
5. glücklich –
6. ordentlich –
7. ruhig –
8. fähig –
9. sachlich –
10. sympathisch –
11. problematisch –
12. dankbar –

7c Ergänzen Sie passende Adjektive aus a und b.

1. Das Essen in der Kantine bezahlt unser Arbeitgeber. Es ist für uns _____ .
2. Du bist wirklich _____ ! Ich musste eine Stunde auf dich warten.
3. Man sollte gegenüber Vorgesetzten höflich bleiben und sich nicht _____ verhalten.
4. Ich bin ein bisschen _____ . Ich räume meinen Schreibtisch nicht immer auf.
5. Alle Daten sind in einer Cloud gespeichert. Deshalb ist unser Büro fast _____ .
6. Die Lösung des Problems ging sehr schnell und war _____ . Das hätten wir am Anfang nicht gedacht.
7. Nach der Kündigung hatte er schnell einen neuen Job. Er war nicht lange _____ .
8. Seit gestern war kein Kunde mehr im Laden. Langsam werde ich _____ .
9. In dieser Firma siezen sich alle. Das Duzen ist _____ .
10. Bei Projekten sollte man nicht _____ arbeiten, sondern die Ziele genau definieren.

8 Wie heißt das Gegenteil? Schreiben Sie.

1. aktiv – *passiv*
2. spannend –
3. früh –
4. draußen –
5. stark –
6. gut –
7. jung –
8. richtig –
9. klein –
10. lang –
11. zuerst –
12. langsam –

9

9 Bringen Sie den Notrufdialog in die richtige Reihenfolge. Kontrollieren Sie mit dem Hörtext.

- ☐ Bitte erklären Sie genau, was passiert ist.
- ☐ [1] Feuerwehr und Rettungsdienst Stuttgart, Notrufzentrale, guten Tag.
- ☐ OK. Wie lauten Ihr Name und Ihre Rückrufnummer?
- ☐ Wie sind sie verletzt?
- ☐ Wir schicken sofort einen Rettungswagen. Wir brauchen etwa 10 Minuten, bis wir bei Ihnen sind. Warten Sie am Firmeneingang, damit Sie dem Notarzt den Weg zum Unfallort zeigen können.
- ☐ Wo genau ist der Unfallort?
- ☐ Alles klar.
- ☐ Ein Mitarbeiter hat Verletzungen am Kopf, der andere Mitarbeiter ist an den Armen und am linken Bein verletzt.
- ☐ Guten Tag, Sikelianos. Hier in der Firma Lasotek ist ein Unfall passiert. Wir brauchen Hilfe.
- ☐ Im Lager sind zwei Gabelstapler zusammengestoßen. Die beiden Fahrer sind verletzt.
- ☐ In der Lasotek Maschinenbau AG in der Hauptstraße 52.
- ☐ Ioannis Sikelianos. 0162/2082148.

10 Ein Unfallprotokoll. Hören Sie das Gespräch und ergänzen Sie die fehlenden Information.

Unfallprotokoll

Betroffene Person: Marciana Muhenje

Ort: ...., Freiburger Straße, Vörstetten

Datum, Uhrzeit: ....

Art des Unfalls: ....

Verletzungen: ....

Maßnahmen: durch einen Gast, danach ....

Zeugen: Hannes Fechner (Arzt), ...

11 Arbeitskleidung. Ergänzen Sie die Wörter.

1 Personal, das zum Beispiel in einer Restaurantküche arbeitet, trägt oft eine K__chm__tz__.

2 Hotelpersonal kann man an der S__rv__c__kl____d__ng erkennen.

3 Baustellen darf man oft nur mit einem Sch__tzh__lm betreten.

4 Straßenbauer tragen bei ihrer Arbeit S__ch__rh____tsw__st__n.

5 __v__r__lls tragen z. B. Personen, die in der Produktion von Mikrochips arbeiten.

12 Welche Funktion haben Uniformen und andere Arbeitskleidung?
Welche Vorteile und Nachteile haben sie? Schreiben Sie zwei bis drei Sätze.

....

....

Wichtige Wörter

A Unfallrisiken und Sicherheit

der	Arbeitsschutz (Sg.)
das	Unfallrisiko, -risiken
	abstürzen
	ausrutschen
das	Kabel, -
	stolpern
	fassen
das	Gerüst, -e
der	Gegenstand, -ä-e
	verletzen
der	Unfall, -ä-e
der	Boden, -ö-
	liegen
das	Sicherheitszeichen, -
die	Vorsicht (Sg.)
die	Stolpergefahr, -en
der	Brandmelder, -
der	Schutzhelm, -e
	löschen
die	Erste Hilfe
der	Strom (Sg.)
der	Notausgang, -ä-e
der	Feuerlöscher, -
das	Verbotszeichen, -
das	Warnzeichen, -
das	Rettungszeichen, -
das	Brandschutzzeichen, -
das	Gebotszeichen, -

B Sicherheitsmaßnahmen im Unternehmen

die	Pflicht, -en
die	Gefahr, -en
die	Sicherheitsvorschrift, -en
die	Flucht, -en
	bereitstellen
der	Rettungsplan, -ä-e
der	Brand, -ä-e

die	Sicherheitsunterweisung, -en
die	Schwangerschaft, -en
die	Beratung, -en

C Einen Unfall melden

die	Maßnahme, -n
	verstoßen
die	Auszahlung, -en
	melden
der	Schmerz, -en
die	Rettungskraft, -ä-e
	bluten
die	Feuerwehr (Sg.)
der	Rettungswagen, -
die	Notrufzentrale, -en
die	Anweisung, -en
	auflegen
der	Rücken, -
	alarmieren
der	Rettungsdienst, -e

D Die richtige Kleidung

die	Uniform, -en
der	Overall, -s
der	Staub (Sg.)
	vertragen
	reinigen
	zugleich
der	Schutz (Sg.)
die	Servicekleidung (Sg.)

Meine Wörter

 Wollen Sie mehr üben? Wiederholen und üben Sie in der App.

155

Berufliche Veränderungen

Daniel Asseg   Salma Hazem   Arda Kabak

A Selbstständigkeit pro und kontra

1a Was erzählen die Personen? Lesen Sie die Texte und ordnen Sie sie den Fotos zu.

> **1** Ich war fest angestellt in einer kleinen Designagentur. Ich wollte aber meine eigene Chefin sein und so arbeiten, wie ich es will. Deshalb habe ich mich selbstständig gemacht.

> **2** Ich betreibe zusammen mit meinem Bruder einen Dönerimbiss in der Innenstadt. Reich wird man damit nicht, denn die Konkurrenz ist groß. Aber wir haben viele Stammgäste.

> **3** Nachdem ich die Meisterprüfung gemacht hatte, habe ich einen Betrieb für Heizung und Sanitär gegründet. Die ersten Jahre waren schwer. Aber heute läuft das Geschäft gut.

1b Arbeiten Sie zu zweit. Wählen Sie ein Foto aus und beschreiben Sie die Situation.

> Daniel Asseg hat zwei Waschbecken in einem Badezimmer installiert. Er hat einen Werkzeugkoffer dabei.

2a Selbstständig oder angestellt sein. Was passt zusammen? Verbinden Sie.
Ü1+2

1 sich selbstständig machen
2 freiberuflich arbeiten
3 angestellt sein
4 die Existenzgründerin/ der Existenzgründer

a eigenverantwortlich und unabhängig tätig sein
b jemand, der eine Firma gründet
c ein eigenes Unternehmen gründen
d in einem Unternehmen oder in einer Behörde beschäftigt sein

2b Sie hören drei Aussagen zum Thema Selbstständigkeit. Welcher der Sätze a–f passt zu den Aussagen von Daniel Asseg, Salma Hazem und Arda Kabak? Notieren Sie.

1 ☐ Daniel Asseg   2 ☐ Salma Hazem   3 ☐ Arda Kabak

a Als Selbstständiger ist man für alles selbst verantwortlich.
b Seit ich mich selbstständig gemacht habe, fehlen mir die sozialen Kontakte an meinem früheren Arbeitsplatz.
c An der Selbstständigkeit gefällt mir die Unabhängigkeit.
d Ich muss sehr viel arbeiten.
e Ich kann mir meine Kunden selbst auswählen.
f Als Selbstständige bin ich nicht krankenversichert.

Lernziele
- über Selbstständigkeit sprechen
- über Vorteile und Nachteile von Selbstständigkeit diskutieren

3 Selbstständigkeit oder Festanstellung? Was passt zu Ihnen? Machen Sie den Test und beantworten Sie
Ü3–5 die Fragen mit „Ja" oder „Nein". Vergleichen Sie im Kurs. Die Auswertung finden Sie auf Seite 250.

Ja Nein
1 ☐ ☐ Ich nehme gern Risiken auf mich.
2 ☐ ☐ Mir ist ein regelmäßiges Einkommen wichtig.
3 ☐ ☐ Ich habe ein gutes Zeitmanagement.
4 ☐ ☐ Sicherheit im Beruf ist mir sehr wichtig.
5 ☐ ☐ Ich mag keine Routine.
6 ☐ ☐ Ich übernehme nicht so gern Verantwortung.
7 ☐ ☐ Ich arbeite gern eigenständig und selbstverantwortlich.
8 ☐ ☐ Ich arbeite am liebsten zusammen mit anderen in Teams.
9 ☐ ☐ Ich möchte meine Arbeitszeit selbst einteilen.
10 ☐ ☐ Wenn ich keine Aufgabe habe, weiß ich nicht, was ich tun soll.
11 ☐ ☐ Ich habe eine Geschäftsidee.

4a Was sind für Sie die Vorteile von Selbstständigkeit im Beruf und was sind die Nachteile?
Ordnen Sie zu und ergänzen Sie.

> Man muss immer erreichbar sein. • Man ist sein eigener Chef / seine eigene Chefin. • Man muss
> selbst alle wichtigen Entscheidungen treffen. • Man muss sich um alles selbst kümmern. •
> Man trägt Verantwortung für Mitarbeitende. • Man kann sich die Arbeitszeit frei einteilen. •
> Man hat kaum Urlaub. • Man hat kein festes, monatliches Gehalt. • Man hat weniger Zeit für
> die Familie. • ~~Man kann mehr verdienen.~~ • Man muss sich selbst um die Krankenversicherung
> kümmern. • Man hat keine Kollegen. • Man hat kein Recht auf bezahlten Urlaub. • …

Vorteile	Nachteile
Man kann mehr verdienen.	…
…	

4b Welche Eigenschaften sind besonders wichtig, wenn man sich selbstständig machen möchte?
Sammeln und diskutieren Sie im Kurs.

> Ich glaube, wer sich selbstständig machen möchte, braucht eine gute Geschäftsidee.

> Ja, und man muss fleißig sein.

5 Selbstständig oder angestellt, was ist besser? Warum? Diskutieren Sie. Die Redemittel helfen.

Redemittel

Meinungen äußern
Ich kann mir (nicht) gut vorstellen, mich selbstständig zu machen, weil …
Positiv/Negativ an der Selbstständigkeit/Festanstellung ist für mich, dass man …
Das wichtigste Argument für/gegen … ist, dass …
Für mich ist im Beruf wichtig, dass … Deshalb …
Meiner Meinung nach … Das sehe ich auch so / anders.

> Für mich ist wichtig, dass ich eigene Entscheidungen treffen kann. Deshalb bin ich selbstständig.

B Ich mache mich selbstständig

1a Zwei Lebenswege. Arbeiten Sie zu zweit.
Jede/Jeder liest ein Porträt und macht sich Notizen zu den Punkten.

- Ausbildung/Beruf
- Selbstständigkeit: Warum?
- Empfehlungen für Existenzgründerinnen und Existenzgründer
- erster Job in Deutschland
- Probleme, Risiken

Der Traum von der Selbstständigkeit

In Deutschland gibt es immer mehr Selbständige mit Einwanderungsgeschichte. Selbständige mit Migrationshintergrund sind heute in fast allen Branchen aktiv. Zu den Branchen, in denen viel gegründet wird, gehören Gewerbe, Handwerk, Transport und Gastronomie. Wir stellen Ihnen heute die Geschichten von einer erfolgreichen Unternehmerin und einem glücklichen Unternehmer vor.

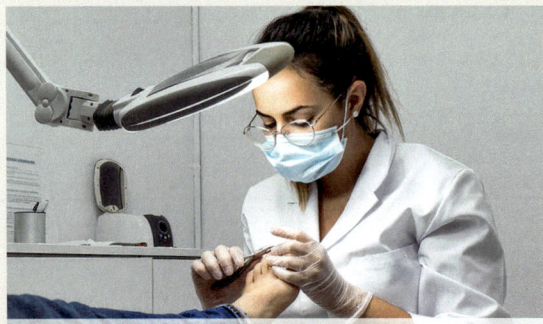

Andra Marcu in ihrer Praxis für medizinische Fußpflege

Bui Trong in seinem Restaurant

Andra Marcu hat in Bukarest eine Ausbildung zur Kosmetikerin gemacht, bevor sie nach Deutschland kam. Nachdem sie Deutsch gelernt hatte, arbeitete sie drei Jahre als Verkäuferin in einem Kaufhaus. Aber
5 sie wollte ihre eigene Chefin sein. Deshalb machte sie eine zweijährige Ausbildung zur Podologin. Nach der Ausbildung hat sie freiberuflich Fußpflege in Altersheimen angeboten. Ihr Ziel war aber eine eigene Praxis. Nach längerer Suche hat sie Räume
10 in Freiburg gefunden. Um einen Kredit von ihrer Bank zu bekommen, musste sie aber zuerst einen Businessplan schreiben.
„Es macht mir Spaß, Menschen zu helfen," sagt sie. „Vor allem ältere Menschen brauchen medizinische
15 Fußpflege. Meine Leistungen werden von den Krankenkassen bezahlt. Ich empfehle allen, die sich selbstständig machen möchten, mehrere Seminare zu besuchen und sich alles gut zu überlegen."

Seit 2021 gibt es das asiatische Restaurant New Day in Hamburg. Bui Trong beschäftigt sechs Mitarbeiterinnen in Teil- und Vollzeit.
Nachdem er nach Deutschland gekommen war,
20 arbeitete er als Koch in einem großen Hotel. Die Arbeit im Hotel war eine gute Vorbereitung auf die Selbstständigkeit, aber er war mit seinem Lohn unzufrieden.
Nachdem er den Aufenthaltstitel für eine selbst-
25 ständige Tätigkeit bekommen hatte, konnte er sein Restaurant gründen. Es war schwierig, genug Geld zu bekommen. „Meine Eltern und Schwiegereltern haben mich finanziell unterstützt", berichtet er. „Wenn man erfolgreich sein will, muss man hart
30 arbeiten", meint er. „Seitdem ich mein Restaurant habe, habe ich fast keine Freizeit".
Aus seiner Sicht sollte man als Gründer Erfahrung in der eigenen Branche mitbringen. Und man braucht Mut zum Risiko.

1b Fassen Sie den Lebensweg von Andra Marcu oder Bui Trong in fünf bis sechs Sätzen mithilfe Ihrer Notizen zusammen und berichten Sie Ihrer Partnerin / Ihrem Partner.

Andra Marcu kommt aus Rumänien. Sie hat …

Bui Trong ist Koch. Er hat ein Restaurant in …

Lernziele
- über Geschäftsideen sprechen
- einen Text zusammenfassen
- Wiederholung: Plusquamperfekt

10

1c Was möchten Sie von Andra Marcu oder Bui Trong noch wissen? Notieren Sie drei Fragen, die Sie Ihnen gerne stellen würden. Vergleichen Sie im Kurs.

1 Frau Marcu, haben Sie Mitarbeitende?
2 Darf ich Sie fragen, ob ...
3 ...

2a Plusquamperfekt. Lesen Sie die Texte in 1a noch einmal. Sammeln Sie die Sätze mit *nachdem* und unterstreichen Sie die Verben wie im Beispiel.
Ü8

Memo
Plusquamperfekt
Mit dem Plusquamperfekt verbindet man zwei Ereignisse in der Vergangenheit. Das Plusquamperfekt sagt, was zuerst passiert ist.
▶ 2.7

Zuerst   Danach
1 Nachdem sie Deutsch <u>gelernt hatte</u>, <u>arbeitete</u> sie drei Jahre als Verkäuferin in einem Kaufhaus.

2b Was hat Andra Marcu gemacht? Fragen und antworten Sie wie im Beispiel.
Ü9+10

Was hat sie gemacht, nachdem sie Deutsch gelernt hatte?

Nachdem Sie Deutsch gelernt hatte, hat sie als Verkäuferin im Kaufhaus gearbeitet.

Deutsch gelernt

als Verkäuferin gearbeitet

eine Ausbildung zur Podologin gemacht

einen Businessplan geschrieben

einen Kredit von der Bank bekommen

einen Mietvertrag für eine Praxis für medizinische Fußpflege unterschrieben

2c Was haben Sie gemacht, nachdem Sie nach Deutschland gekommen waren? Sprechen Sie im Kurs.

Nachdem ich nach Deutschland gekommen war, habe ich zuerst ...

3 Sammeln Sie Geschäftsideen im Kurs und kommentieren Sie sie. Die Redemittel helfen.

Geschäftsideen
– einen Imbisswagen eröffnen
– Hundesitter werden
– Computerkurse für Senioren anbieten
– einen YouTube-Kanal starten
– eine Bäckerei eröffnen ...

Redemittel
Zustimmung und Ablehnung äußern
Ich glaube, das ist (k)eine gute Idee, weil ...
Die Idee finde ich super/klasse / richtig gut.
Also, da habe ich meine Zweifel, ob das klappen kann.
Ich weiß nicht (so recht), ob man mit der Idee erfolgreich sein kann.
Die Idee überzeugt mich (nicht), weil ...

C Seinen Job kündigen

1 Warum kündigen Arbeitnehmende? Was wären für Sie wichtige Gründe, um zu kündigen? Kreuzen Sie an und diskutieren Sie im Kurs.

1. ☐ Es gibt keine Kantine.
2. ☐ Es gibt oft Streit zwischen den Angestellten.
3. ☐ Auf dem Weg zur Arbeit gibt es oft Stau.
4. ☐ Die Bezahlung ist schlecht.
5. ☐ Die Arbeit ist langweilig.
6. ☐ Es gibt keinen Zuschuss für den öffentlichen Nahverkehr.
7. ☐ Es gibt zu viel Stress während der Arbeit.
8. ☐ Man muss oft Überstunden machen.
9. ☐ Es gibt oft Ärger mit Vorgesetzten.
10. ☐ Es gibt keine Weiterbildungen.
11. ☐ Man muss an Wochenenden arbeiten.
12. ☐ Es gibt keinen Firmenparkplatz.
13. ☐ Man kann sich mit dem Unternehmen nicht identifizieren.
14. ☐ Man möchte sich selbstständig machen.

> Für mich wäre ein wichtiger Kündigungsgrund, wenn ich Ärger mit meinen Kollegen und Kolleginnen hätte.

> Ja, das wäre für mich auch ein wichtiger Grund. Aber ich würde nicht kündigen, wenn …

> Ich würde nicht kündigen, wenn ich an Wochenenden arbeiten müsste.

2a Lesen Sie das Kündigungsschreiben und den Infokasten. Beantworten Sie die Fragen.

Info

Mit einer Kündigung können sowohl Arbeitgebende als auch Arbeitnehmende das Arbeitsverhältnis beenden. Eine Kündigung muss schriftlich erfolgen. Weder eine mündliche Kündigung noch eine Kündigung per SMS oder E-Mail reichen. Man muss die Kündigung unterschreiben.
Nach einer Kündigung muss man in der Regel noch eine Zeit lang im Unternehmen weiterarbeiten.

Noura Hassan
Wielandstr. 27
47798 Krefeld

Logistik International GmbH
Herr Vida
Friedrich-Ebert-Str. 45
47798 Krefeld

Krefeld, 30.06.2024

Kündigung meines Arbeitsvertrags / Personalnummer 1744

Sehr geehrter Herr Vida,

hiermit kündige ich meinen Arbeitsvertrag ordentlich und fristgerecht zum nächstmöglichen Zeitpunkt. Nach meiner Berechnung ist dies der 01.10.2024.

Bitte bestätigen Sie mir den Erhalt der Kündigung und das Datum meines letzten Arbeitstages schriftlich. Darüber hinaus bitte ich Sie, mir ein qualifiziertes Arbeitszeugnis auszustellen.

Ich bedanke mich für die gute Zusammenarbeit in den vergangenen Jahren und wünsche Ihnen für die Zukunft alles Gute.

Mit freundlichen Grüßen

Noura Hassan

---

1. Wie muss man kündigen?
2. Wie lange muss man nach einer Kündigung in der Regel noch arbeiten?
3. Wann wird Frau Hassan Logistik International verlassen?
4. Was soll Herr Vida noch tun?
5. Wofür bedankt sich Frau Hassan?
6. Was wünscht sie der Firma?

10

Lernziele
- über Gründe für eine Kündigung sprechen und ein Kündigungsschreiben verstehen
- mit dem Vorgesetzten ein Kündigungsgespräch führen und ein Arbeitszeugnis verstehen
- Wiederholung: Bedingungen und Wünsche mit *wenn* + Konjunktiv II

2b Checkliste für eine Kündigung. Was passt zusammen? Verbinden Sie.

1 Im Briefkopf steht
2 In der Betreffzeile steht
3 In der Anrede steht
4 In der Einleitung steht,
5 Im Text steht,
6 Zum Schluss unterschreiben

a dass Sie gern eine Bestätigung Ihrer Kündigung sowie eine Arbeitszeugnis bekommen würden.
b dass Sie Ihr Arbeitsverhältnis zu einem bestimmten Zeitpunkt kündigen möchten.
c Ihr vollständiger Name und Ihre Adresse.
d Sie mit Ihrem Vor- und Nachnamen.
e das Wort „Kündigung" und unter Umständen Ihre Personalnummer.
f der Empfänger (z. B. Chefin/Chef der Personalabteilung).

3 Konjunktiv II. Was würdest du tun, wenn …?
Ü13 Stellen Sie Ihrer Partnerin / Ihrem Partner Fragen und antworten Sie.

> Wenn ich eine Gehaltserhöhung bekommen würde, …

Was würdest du tun, wenn …
1 du bei einer anderen Firma mehr Geld verdienen könntest?
2 deine Firma in eine andere Stadt ziehen würde?
3 du eine Gehaltserhöhung bekommen würdest?
4 du nächste Woche keinen Unterricht hättest?
5 du viel Geld gewinnen würdest?

4a 🔊 47 Die Chefin / Den Chef über die Kündigung informieren. Hören Sie das Gespräch zwischen Noura Hassan und ihrer Chefin. Welche Formulierungen benutzt Noura? Kreuzen Sie an.

1 ☐ Danke für den kurzfristigen Termin.
2 ☐ Danke, dass Sie Zeit für mich haben.
3 ☐ Ich werde das Unternehmen in drei Monaten verlassen.
4 ☐ Ich möchte zum 01.10. kündigen.
5 ☐ Ich brauche eine Auszeit.
6 ☐ Ich möchte mich beruflich weiterentwickeln.
7 ☐ Ich habe lange hin und her überlegt.
8 ☐ Ich habe ein attraktives Angebot von einem anderen Unternehmen bekommen.

4b Spielen Sie ein Kündigungsgespräch wie in a mit Ihrer Partnerin oder Ihrem Partner.

5 Lesen Sie das Arbeitszeugnis und notieren Sie Informationen. Vergleichen Sie dann im Kurs.

Arbeitszeugnis

Frau Noura Hassan, geboren am 01.06.1992 in Doha in Katar, war vom 01.02.2019 bis zum 01.10.2024 in Vollzeit bei uns als Sachbearbeiterin tätig.

Frau Hassan hat unsere Lagerbestände überwacht, Warensendungen angenommen und überprüft sowie Warensendungen zusammengestellt und für den Versand verpackt. Außerdem war sie für die Führung unserer Lagerlisten verantwortlich.

Frau Hassan zeichnete sich durch ein hohes Maß an Initiative und Engagement aus. Sie erledigte ihre Aufgaben immer zu unserer vollsten Zufriedenheit. Ihr Verhalten zu Vorgesetzten, Arbeitskolleg*innen und Kund*innen war stets einwandfrei.

Frau Hassan verlässt unser Unternehmen auf eigenen Wunsch. Wir bedauern ihr Ausscheiden und bedanken uns für die sehr gute Zusammenarbeit. Wir wünschen ihr persönlich alles Gute und weiterhin viel Erfolg.

Timo Vida
Personalleiter

- *Geburtsdatum und -ort, Beschäftigungsdauer,*
- *Aufgaben und Tätigkeiten, Beurteilung ihrer*
- *Leistungen, Wünsche des Unternehmens für*
- *Frau Hassan*

D Die Kündigung

• ein Kündigungsschreiben verstehen
• N-Deklination

1 Haben Sie schon einmal eine Kündigung bekommen? Was haben Sie gemacht? Sprechen Sie im Kurs.

> Ja, mir wurde von einem Restaurant gekündigt, weil es in der Pandemie schließen musste. Ich habe mich arbeitslos gemeldet.

2 Ein Kündigungsschreiben. Lesen Sie den Brief und den Infokasten und beantworten Sie die Fragen.

Neptun – Das Medienkaufhaus, Am Marktplatz 1, Unterrödingen

Herrn Hamdi Kahraba
Blumenweg 24
73453 Unterrödingen   28.02.2025

Kündigung des Arbeitsverhältnisses aus betriebsbedingten Gründen

Sehr geehrter Herr Kahraba,
hiermit kündigen wir das mit Ihnen seit dem 01.06.2017 bestehende Arbeitsverhältnis fristgemäß zum 01.09.2025.
Die Kündigung erfolgt betriebsbedingt. Wir haben uns aus wirtschaftlichen Gründen entschlossen, unser Medienkaufhaus zum 01. Dezember zu schließen.
Der Betriebsrat ist angehört worden und hat der Kündigung zugestimmt. Wir möchten Sie daran erinnern, dass Sie verpflichtet sind, sich spätestens drei Monate vor Beendigung Ihres Arbeitsverhältnisses persönlich bei der Agentur für Arbeit arbeitssuchend sowie arbeitslos zu melden.
Ihr Arbeitszeugnis schicken wir Ihnen in der kommenden Woche zu. Wir danken Ihnen für die gute Zusammenarbeit und wünschen Ihnen für die Zukunft alles Gute.

Mit freundlichen Grüßen

Hans Rauchenwald
Personalleiter

Info
Der Betriebsrat hat viele Aufgaben in einem Betrieb. Er kann zum Beispiel Beschwerden von Arbeitnehmenden mit den Verantwortlichen im Betrieb besprechen. Bei Kündigungen muss zuerst der Betriebsrat informiert werden. Er kann einer Kündigung auch widersprechen.

1 Warum wird Herrn Kahraba gekündigt?
2 Was hat der Betriebsrat gemacht?
3 Was muss Herr Kahraba jetzt tun?
4 Was bekommt er noch von Herrn Rauchenwald?

3 Herrn Kahraba wurde gekündigt. Lesen Sie die Sätze und markieren Sie die Nomen der N-Deklination.

1 Können Sie bitte den Namen des Herrn buchstabieren?
2 Wir haben einen neuen Kunden gewonnen.
3 Ich war gestern mit meinem Nachbarn im Kino.

Memo
N-Deklination
Bestimmte maskuline Nomen haben außer im Nominativ Singular immer die Endung -(e)n: der Kunde (Nom.), den/dem/des Kund**en** (Akk., Dat., Gen.)   ▶ 5.5

4a Häufigste Kündigungsgründe. Hören Sie das Interview. Welche Gründe nennt die Rechtsanwältin Frau Dr. Dohr? Kreuzen Sie an.

1 ☐ Konkurs des Unternehmens
2 ☐ Stellenabbau, weil es nicht genug Aufträge gibt
3 ☐ Diebstahl
4 ☐ Alkoholkonsum am Arbeitsplatz
5 ☐ lange Krankheit
6 ☐ häufige Unpünktlichkeit
7 ☐ private Internetnutzung
8 ☐ Mobbing

4b Wie kann man Mitarbeitenden in Ihrem Land kündigen? Was können die Gründe sein? Sprechen Sie im Kurs.

Kurz und bündig

Kommunikation

über Selbstständigkeit sprechen
Ich habe mich vor … Jahren selbstständig gemacht. Ich wollte meine eigene Chefin / mein eigener Chef sein / meine eigenen Entscheidungen treffen / …
An der Selbstständigkeit gefällt mir, dass ich meine Arbeit flexibel einteilen kann / …

über die Vorteile und Nachteile von Selbstständigkeit und Festanstellung diskutieren
Ein Vorteil/Nachteil von Selbstständigkeit/Festanstellung ist für mich …
Positiv/Negativ an der Selbstständigkeit/Festanstellung ist …
Das wichtigste Argument für/gegen Selbstständigkeit/Festanstellung ist, dass …

über eine Kündigung sprechen
Ich habe gekündigt, weil die Bezahlung schlecht war / es zu viel Stress gab / ich oft an Wochenenden arbeiten musste / …
Ein wichtiger Grund für meine Kündigung war, dass mir die Arbeit nicht gefallen hat / …
Ich würde (nicht) kündigen, wenn ich nachts arbeiten müsste / …

ein Kündigungsschreiben verstehen
Hiermit kündigen wir Ihnen fristgemäß zum …
Die Kündigung erfolgt aus betriebsbedingten Gründen.

Grammatik

Plusquamperfekt
Das Plusquamperfekt bildet man mit der konjugierten Form von *haben* oder *sein* im Präteritum + Partizip II:
Er hatte keine Zeit gehabt. Sie war schon nach Hause gefahren.
Mit dem Plusquamperfekt zeigt man, dass ein Ereignis vor einem anderen Ereignis in der Vergangenheit passiert ist. Man benutzt es häufig in Nebensätzen mit *nachdem*.

Das ist zuerst geschehen (Plusquamperfekt)	Das ist danach geschehen (Präteritum / Perfekt)
Nachdem sie Deutsch gelernt hatte,	hat sie in einem Kaufhaus gearbeitet.
Nachdem er nach Deutschland gekommen war,	wohnte er bei Freunden.

Bedingungen und Wünsche mit *wenn* + Konjunktiv II
Den Konjunktiv II für die meisten Verben bildet man mit *würde* + Infinitiv. Bei *haben* + *sein* sowie den Modalverben benutzt man meistens die eigenen Konjunktiv-II-Formen.

ich	würde	hätte	wäre	könnte	müsste	sollte
du	würdest	hättest	wärest	könntest	müsstest	solltest
er/sie/es	würde	hätte	wäre	könnte	müsste	sollte
wir	würden	hätten	wären	könnten	müssten	sollten
ihr	würdet	hättet	wäret	könntet	müsstet	solltet
sie/Sie	würden	hätten	wären	könnten	müssten	sollten

N-Deklination
Nur maskuline Nomen gehören zur N-Deklination. Sie haben im Plural sowie im Akkusativ, Dativ und Genitiv die Endung -(e)n.
der/ein Kunde, den/einen Kunden, dem/einem Kunden, des/eines Kunden
Zu den Nomen der N-Deklination gehören maskuline Nomen mit Endung -e (der Kollege, der Kunde, der Experte, der Name, …) und viele Bezeichnungen für Personen und Berufe (der Herr, der Nachbar, der Architekt, …).

10 Übungen

1 Selbstständigkeit. Was passt zusammen? Verbinden Sie.

1 eine Firma
2 sich selbstständig
3 festangestellt
4 freiberuflich
5 Mitarbeiterinnen/Mitarbeiter
6 einen Kredit

a sein
b bekommen
c gründen
d arbeiten
e machen
f beschäftigen

2 Wiederholung: Relativsätze. Ergänzen Sie die Relativpronomen im Nominativ, Akkusativ und Dativ.
▶ 6.7

1 Das ist der Betrieb,
  a .... sehr erfolgreich ist.
  b für .... ich gearbeitet habe.
  c bei .... ich mich beworben habe.

2 Das ist das Unternehmen,
  a .... sehr erfolgreich ist.
  b für .... ich gearbeitet habe.
  c bei .... ich mich beworben habe.

3 Das ist die Firma,
  a .... sehr erfolgreich ist.
  b für .... ich gearbeitet habe.
  c bei .... ich mich beworben habe.

4 Das sind die Firmen,
  a .... sehr erfolgreich sind.
  b für .... ich gearbeitet habe.
  c bei .... ich mich beworben habe.

3a Wie können Menschen sein? Welche Charaktereigenschaften sind positiv (+), neutral (0) oder negativ (-)? Notieren Sie. Es gibt mehrere Möglichkeiten.

1 .... ängstlich	13 .... fleißig	25 .... nervös
2 .... ambitioniert	14 .... flexibel	26 .... neugierig
3 .... beharrlich	15 .... geduldig	27 .... organisiert
4 .... bequem	16 .... gründlich	28 .... passiv
5 .... charmant	17 .... hart	29 .... pflichtbewusst
6 .... diszipliniert	18 .... hektisch	30 .... pünktlich
7 .... durchsetzungsstark	19 .... hilfsbereit	31 .... qualifiziert
8 .... ehrgeizig	20 .... kollegial	32 .... selbstständig
9 .... eigenständig	21 .... kompetent	33 .... selbstverantwortlich
10 .... einfallsreich	22 .... kompliziert	34 .... verantwortungsbewusst
11 .... fantasielos	23 .... laut	35 .... zuverlässig
12 .... faul	24 .... mutig	36 .... zielstrebig

3b Wie sollten Selbstständige (nicht) sein? Notieren Sie drei positive und drei negative Charaktereigenschaften.

Wer sich selbstständig machen will, sollte (nicht) ...

164

4 Adjektivdeklination. Ergänzen Sie die Adjektivendungen.
▶ 7.2

1. Wir suchen ein**en** zuverlässig............ Mitarbeiter oder ein............ zuverlässig............ Mitarbeiterin.
2. Sie ist ein............ mutig............ Unternehmerin, die mit einfallsreich............ Ideen sehr groß............ Erfolg hat.
3. Der beruflich............ Erfolg von Selbstständigen hängt oft von hart............ Arbeit ab.
4. Er hatte gut............ Kenntnisse des Marktes und ein............ innovativ............ Geschäftsidee.
5. Er ist ein pflichtbewusst............ Mitarbeiter, der seine Aufgaben schnell erledigt.
6. Erfolgreich............ Selbstständige wissen, was ihre Kundschaft will.

5 Selbstständige in Deutschland. Hören Sie das Radiointerview und ordnen Sie die Zahlen zu.
🔊 49

67% • 4.200 Euro • 1.800 Euro • 2,2 Millionen • 33% • 12% • 3,9 Millionen • 45,5 Millionen

1. In Deutschland arbeiten insgesamt circa .... Menschen.
2. .... arbeiten als Selbstständige.
3. Von den Selbstständigen sind etwa .... Solo-Selbstständige.
4. Etwa .... der Selbstständigen sind Männer und .... sind Frauen.
5. .... der Selbstständigen haben eine ausländische Staatsangehörigkeit.
6. Solo-Selbstständige verdienen durchschnittlich .... brutto im Monat, während Selbstständige mit Beschäftigten ca. .... verdienen.

6 Wege in die Selbstständigkeit. Lesen Sie den Text und ergänzen Sie.

~~Planung~~ • Businessplan • Zielgruppe • Kredit • Krankenversicherung • Geschäftsidee • Seminare • Branche • Geld • Selbstständigkeit • Rente

Sie träumen davon, sich selbstständig zu machen? Existenzgründerinnen und -gründer brauchen Mut, Wissen und gute *Planung*. Wir geben Ihnen einige Tipps:

1. Ist die .... wirklich der richtige Weg für Sie? Sind Sie fachlich qualifiziert? Haben Sie Erfahrungen in Ihrer ....?
2. Wenn Sie eine .... haben, lassen Sie sich zuerst beraten und besuchen Sie .... für Existenzgründerinnen und Existenzgründer.
3. Können Sie mit Ihrer Geschäftsidee genügend .... verdienen? Schreiben Sie einen .... Hier steht, welche Qualifikationen und Erfahrungen Sie haben, welche Produkte oder Dienstleistungen Sie anbieten wollen und wer Ihre .... ist.
4. Wer sich selbstständig machen will, kann einen .... bei einer Bank aufnehmen.
5. Sie dürfen nicht vergessen, dass Selbstständige die .... selbst bezahlen müssen. Außerdem müssen Sie auch selbst für Ihre .... im Alter sparen.

7 Der Weg in die Selbstständigkeit. Schreiben Sie Sätze im Perfekt.

▶ 2.4 + 2.5

1 Nour Isleem – 2014 aus Vietnam nach Deutschland – kommen
2 Nach dem Deutschkurs – sie schnell eine Arbeit – finden
3 Sie – nicht viel – verdienen
4 2022 – sie sich mit einem Imbisswagen – selbstständig machen
5 Sie – sich aber auf die Selbstständigkeit gut – vorbereiten
6 Sie – zum Beispiel ein Existenzgründerseminar – besuchen
7 Ihre Freunde – sie – unterstützen
8 Sie – ihr Geld – leihen
9 Am Anfang – nicht so viele Kunden – kommen
10 Nach einigen Monaten – ihre Umsätze – stark steigen

● 1 Nour Isleem ist 2014 …

8a Unregelmäßige Verben. Ergänzen Sie die Tabelle.

Infinitiv	Präsens (3. Person)	Präteritum	Perfekt
abschließen	schließt ab		
anbieten		bot an	
bekommen			
empfehlen			
finden			hat gefunden
gehen			
helfen			
kommen			
schreiben			
treffen			
verlieren			
wissen			

8b Schreiben Sie die Perfektsätze im Plusquamperfekt wie im Beispiel.

▶ 2.7

1 Ich habe mit der Arbeit begonnen. _Ich hatte mit der Arbeit begonnen._
2 Ihr seid angekommen.
3 Du hast unterschrieben.
4 Sie hat einen neuen Job gefunden.
5 Wir haben eine Gehaltserhöhung bekommen.
6 Ihr habt Freunde zum Essen eingeladen.
7 Er hat den Bus genommen.
8 Sie sind umgezogen.
9 Wir sind weggefahren.
10 Ich bin um 17.00 Uhr nach Hause gegangen.
11 Habt ihr das gewusst?

9a Der Weg in die Selbstständigkeit. Was passiert zuerst (1), was danach (2)?
Lesen Sie den Text auf Seite 158 noch einmal und notieren Sie.

1. [1] Andra Marcu schließt ihre Ausbildung ab. [ ] Sie kommt nach Deutschland.
2. [ ] Sie sucht einen Job. [ ] Sie lernt Deutsch an der VHS.
3. [ ] Sie macht eine Ausbildung zur Podologin. [ ] Sie arbeitet als Verkäuferin in einem Kaufhaus.
4. [ ] Sie arbeitet freiberuflich als Podologin in Altersheimen.
   [ ] Sie gründet eine eigene Praxis für Fußpflege.
5. [ ] Sie schreibt einen Businessplan. [ ] Sie bekommt einen Kredit.

9b Plusquamperfekt. Verbinden Sie die Sätze aus a wie im Beispiel.

> 1 Nachdem Andra Marcu ihre Ausbildung abgeschlossen hatte, kam ...

10 Wiederholung: Satzverbindungen. Ergänzen Sie.

bevor (2x) • damit • danach • nachdem (2x) • vorher • während • wenn (2x)

1. .... Esma nach Deutschland gekommen ist, hat sie Deutsch gelernt.
2. Esma hat 2014 ihre Ausbildung beendet. .... hat sie zwei Jahre lang in einem Krankenhaus gearbeitet.
3. .... sie Deutsch gelernt hat, hat sie bei Freunden in Köln gewohnt.
4. Esma hat letztes Jahr beschlossen, sich selbstständig zu machen. .... hat sie aber ein Seminar für Existenzgründerinnen besucht.
5. Sie wollte sich selbstständig machen, ... sie alles selbst entscheiden kann.
6. .... sie das Seminar beendet hatte, wusste sie, wie sie ihre Geschäftsidee weiterentwickeln konnte.
7. .... sie ihren Pflegedienst gegründet hat, hat sie einen Kredit von einer Bank bekommen.
8. .... sie den Kredit bekommen hatte, unterschrieb sie einen Mietvertrag.
9. Esma arbeitet sehr viel. .... sie Freizeit hat, trifft sie sich mit Freundinnen in der Stadt.
10. .... sie Urlaub hat, besucht sie ihre Eltern.

11 Kündigung des Arbeitsvertrags. Was passt? Verbinden Sie.

1. Bei der Kündigung eines Arbeitsvertrags
2. Die gesetzliche Kündigungsfrist
3. Eine Kündigung
4. In der Probezeit
5. Nach einer Kündigung

a haben Arbeitnehmende ein Recht auf ein Arbeitszeugnis.
b gibt es Fristen, an die sich Arbeitgebende und Arbeitnehmende halten müssen.
c können sowohl Arbeitgebende als auch Arbeitnehmende das Arbeitsverhältnis mit einer Frist von zwei Wochen kündigen.
d beträgt mindestens vier Wochen.
e muss immer schriftlich in einem Brief erfolgen. Man kann nicht per E-Mail oder Textnachricht kündigen.

10

12 Lesen Sie den folgenden Text. Welcher Ausdruck (a, b oder c) passt am besten in die Lücken 1–6? Kreuzen Sie an.

> **Kündigung __1__ Arbeitsvertrags**
>
> Sehr __2__ Frau Dohr,
>
> hiermit kündige ich meinen Arbeitsvertrag vom 01.11.21 fristgerecht __3__ 31.10.24.
>
> Bitte bestätigen Sie den Empfang meiner Kündigung __4__ . Ich bitte Sie, __5__ ein qualifiziertes Arbeitszeugnis auszustellen.
>
> Für die gute __6__ bedanke ich mich herzlich.
>
> Mit freundlichen Grüßen
> *Pia Lang*

1. a ☐ eines
   b ☒ meines
   c ☐ seines

2. a ☐ geehrte
   b ☐ geehrter
   c ☐ geehrt

3. a ☐ zu
   b ☐ zur
   c ☐ zum

4. a ☐ telefonisch
   b ☐ mündlich
   c ☐ schriftlich

5. a ☐ mir
   b ☐ Ihnen
   c ☐ dir

6. a ☐ Zusammenarbeit
   b ☐ Arbeit
   c ☐ Zeit

13 *Ich würde gern …* Ergänzen Sie die Verben im Konjunktiv II wie im Beispiel.
▶ 1.11

1. Wenn ich morgen keinen Unterricht *hätte* (haben), *würde* ich ins Freibad *gehen* (gehen).

2. Wenn es nicht .... (regnen), ... ich zu Fuß zur Arbeit .... (fahren).

3. Wenn Özlem morgen nicht .... (arbeiten müssen), ... sie ihre Schwester .... (besuchen).

4. Wenn das Wetter besser .... (sein), ... wir eine Radtour .... (machen).

5. Wenn ihr nicht so viel zu tun .... (haben), ... ihr jetzt Pause .... (machen).

6. Wenn du mich morgen .... (besuchen), ... ich einen Kuchen .... (backen).

14 Kündigungsgründe. Hören Sie das Radiointerview von S. 162 noch einmal. Was ist richtig? Kreuzen Sie an.
🔊 48

1. ☐ Man konnte mehr als 30 Jahre lang im Medienkaufhaus am Marktplatz einkaufen.
2. ☐ Alle Mitarbeitenden des Medienkaufhauses werden entlassen.
3. ☐ Die Beschäftigten vom Medienkaufhaus haben keinen Kündigungsschutz.
4. ☐ Ein Betrieb darf jemanden nur entlassen, wenn es Gründe für eine Entlassung gibt.
5. ☐ Das Medienkaufhaus steht vor dem Konkurs.
6. ☐ Wenn man eine Kündigung erhält, sollte man auf jeden Fall gegen die Kündigung klagen.

Wichtige Wörter

A Selbstständigkeit pro und kontra

die Veränderung, -en
beruflich
die Selbstständigkeit (Sg.)
pro
kontra
angestellt sein
betreiben
reich
die Konkurrenz, -en
das Badezimmer, -
die Unabhängigkeit, -en
auswählen
die Routine, -n
das Argument, -e

B Ich mache mich selbstständig

der Traum, -ä-e
der Migrationshintergrund (Sg.)
das Gewerbe, -
das Handwerk, -e
der Transport, -e
die Gastronomie, -n
der Unternehmer, -
die Unternehmerin, -nen
die Praxis, Praxen
der Kredit, -e
empfehlen
das Seminar, -e
beschäftigen
der Lohn, -ö-e
der Mut (Sg.)
klappen
die Idee, -n
überzeugen

C Seinen Job kündigen

der Streit, -e
die Bezahlung, -en
der Stress (Sg.)
der Ärger, -
die Kündigung, -en
schriftlich
mündlich
der Zeitpunkt, -e
unterschreiben
die Bestätigung, -en
der Empfänger, -
die Empfängerin, -nen

D Die Kündigung

melden (sich)
betriebsbedingt
der Grund, -ü-e
entschließen (sich)
schließen
zustimmen

Meine Wörter

 Wollen Sie mehr üben? Wiederholen und üben Sie in der App.

Station 3: Wortschatz und Grammatik

1 Gespräch in einem Pflegeheim. Ergänzen Sie die Wörter im Text wie im Beispiel.

● Hast du den neuen Dienst*plan* schon gesehen?

▸ Ja, ich habe in dieser Woche Frühdi............ und am Wochen............ habe ich endlich wieder frei.

● Kannst du mir einen Gefa............ tun? Meine Schwester will mich besuchen. Könnt............ du am Samstag und Sonntag meine Spätdienste überne............?

▸ Ja, das geht. Du musst aber erst noch Frau Orlowski fragen, ob wir tau............ dürfen.

● Mach ich. Weißt du schon, wann du Ur............ machen wirst?

▸ Ja, ich fahre während der Schulfe............ in der 31. und 32. Kalenderw............ an die Ostsee.

2 Nomen und Verben. Was passt zusammen? Notieren Sie.

> benutzen • hinterlassen • teilnehmen • annehmen •
> ansprechen • schreiben • übernehmen • zeigen

1 ein Telefongespräch .... 5 Ich-Botschaften ....
2 einen Dienstplan .... 6 Verständnis ....
3 eine Schicht .... 7 eine Nachricht ....
4 ein Problem .... 8 an einer Besprechung ....

3 Aufforderungen und Bitten. Ergänzen Sie die Sätze mit den Verben im Konjunktiv II.

1 *Könnten* Sie mir bitte helfen? *(können)*
2 .... du Zeit für ein kurzes Gespräch? *(haben)*
3 .... Sie so nett, den Kunden dort drüben zu helfen? *(sein)*
4 Du .... noch vor der Pause die Chefin anrufen. *(müssen)*
5 .... Sie mir bitte folgen? *(werden)*
6 .... ihr bitte morgen zuerst zur Baustelle in der Müllerstraße fahren? *(können)*

4 Was macht Özlem, wenn …? Verbinden Sie die Sätze mit *wenn*.

1 Özlem fährt mit dem Rad zur Arbeit. Es regnet nicht.
Özlem fährt mit dem Rad zur Arbeit, wenn ....

2 Sie macht morgens eine Pause. Keine Kunden sind im Geschäft.
....

3 Sie hat abends Zeit. Sie trifft manchmal eine Freundin im Kino.
Wenn ....

4 Ihre Eltern besuchen sie. Sie räumt ihre Wohnung auf.
....

5 Sicherheit am Arbeitsplatz. Ergänzen Sie die passenden Wörter.

> Arbeitsschutz • Sicherheitsvorschriften • Hinweisschilder • Arbeitskleidung • Notausgang •
> Unfällen • Unfallversicherung • Gesundheit • Unfallprotokoll • Gefahren

................................¹ ist ein Thema, das in jedem Unternehmen eine wichtige Rolle spielt, denn die Arbeitgebenden sind verantwortlich für die ....² und Sicherheit ihrer Beschäftigen. Sie müssen sie vor ....³ und Verletzungen schützen und sie auch über mögliche ....⁴ im Betrieb informieren. Allerdings müssen auch die Mitarbeitenden die ....⁵ beachten. Diese kann man meistens im Firmenintranet nachlesen. In vielen Betrieben müssen die Beschäftigten während der Arbeit ....⁶ tragen. Es gibt außerdem oft an verschiedenen Stellen in einem Betrieb ....⁷. Dann weiß man, dass man z. B. hier nicht rauchen darf oder dass man hier den ....⁸ findet. Wenn es trotzdem einen Arbeitsunfall gibt, prüft die ....⁹, ob alle Sicherheitsvorschriften eingehalten wurden. Man muss bei jedem Vorfall ein ....¹⁰ schreiben.

6 Welches Verb passt nicht zu dem Nomen? Streichen Sie durch.

1 Unfälle bekommen • vermeiden • melden • dokumentieren
2 Arbeitskleidung zur Verfügung stellen • tragen • wechseln • vernachlässigen
3 Sicherheitsvorschriften beachten • sprechen • einhalten • erklären
4 ein Unfallprotokoll schreiben • lesen • korrigieren • wiederholen
5 den Rettungsdienst alarmieren • anrufen • bringen • verständigen

7 Bilden Sie das Partizip I wie im Beispiel.

1 laut telefonieren – die Kollegin: *die laut telefonierende Kollegin*
2 steigen – die Preise: ....
3 überzeugen – ein Argument: ....
4 klingeln – das Handy: ....
5 ankommen – ein Zug: ....
6 anstrengen – eine Woche: ....

8a Adjektive mit der Vorsilbe *un-*. Wie heißt das Gegenteil? Ergänzen Sie.

1 pünktlich – ....   3 wichtig – ....
2 genau – ....   4 möglich – ....

8b Adjektive mit der Nachsilbe *-los*. Ergänzen Sie.

1 ohne Kosten – ....   3 ohne Wohnung – ....
2 ohne Arbeit – ....   4 ohne Probleme – ....

Wortschatz und Grammatik

9 Adjektive und Nomen. Welches Adjektiv passt nicht zu dem Nomen? Streichen Sie es durch.

1. eine fristgerechte • ordentliche • freundliche • betriebsbedingte Kündigung
2. bezahlte • regelmäßige • unbezahlte • kurze Überstunden
3. ein unbefristetes • detailliertes • reguläres • ungekündigtes Arbeitsverhältnis
4. ein qualifiziertes • gutes • schlechtes • ärztliches Arbeitszeugnis

10 Nomen und Verben. Was passt zusammen? Verbinden Sie.

1. Verantwortung
2. eine Entscheidung
3. seinen Job
4. eine Kündigung

a. kündigen
b. erhalten
c. treffen
d. übernehmen

11 Ergänzen Sie die Verbformen im Perfekt und Plusquamperfekt.

Präsens	Perfekt	Plusquamperfekt
1 ich kündige	*ich habe gekündigt*	*ich hatte gekündigt*
2 er fährt weg		
3 ihr gründet eine Firma		
4 sie zieht um		
5 wir kündigen		

12 Was ist zuerst passiert, was danach? Schreiben Sie Sätze wie im Beispiel.

1. Der Wecker klingelt. Mario steht auf.
   Nachdem der Wecker geklingelt hatte, ist Mario aufgestanden.
2. Er frühstückt. Er fährt zur Arbeit.

3. Er kommt in der Werkstatt an. Er trinkt einen Kaffee.

4. Er zieht sich um. Er repariert ein Auto.

13 *Wenn* … Konjunktiv II. Ergänzen Sie die Verben wie im Beispiel.

1. Wenn ich mehr *verdienen würde* (verdienen), ... ich nicht .... (kündigen).
2. Wenn Bogdan nicht so früh .... (aufstehen müssen), ... er morgens .... (joggen können).
3. Wenn seine Frau am Wochenende Zeit .... (haben), ... Malik mit ihr ins Kino .... (gehen).
4. Wenn das Wetter besser .... (sein), ... ihr einen Ausflug .... (machen können).

Berufe im Fokus

PROFIS GESUCHT. 3

Anlagenmechanik Teil 1

1a Die Firma Schöllgen. Sehen Sie das Video und sammeln Sie Informationen über die Mitarbeiter: Ausbildung, Beruf, seit wann in der Firma, Aufgaben. Arbeiten Sie zu zweit. Vergleichen und berichten Sie dann im Kurs.

Bernd Schöllgen

Patrick Hemme

Andreas Mandt

> Herr Schöllgen ist Diplomingenieur. Er ist seit 2002 …

> Patrick Hemme ist gelernter Anlagenmechaniker. Er …

1b Was sind die Aufgaben und Arbeitsorte von Anlagenmechanikerinnen und -mechanikern? Sehen Sie das Video noch einmal und kreuzen Sie an.

1 ☐ bei Kunden, auf Baustellen und in Werkstätten arbeiten
2 ☐ im Homeoffice oder Büro arbeiten
3 ☐ Heizungen kontrollieren und warten
4 ☐ Badezimmer reparieren
5 ☐ Fußbodenheizungen installieren
6 ☐ neue Badezimmer bauen

2a Womit haben Anlagenmechanikerinnen und -mechaniker zu tun? Ordnen Sie zu.

> 1 eine Pelletheizung • 2 mit Gas heizen und kochen • 3 Trinkwasser aus der Leitung •
> 4 eine Wärmepumpe zum Heizen • 5 eine Heizungsanlage

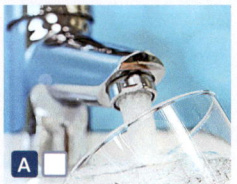 A ☐
 B ☐
 C ☐
 D ☐
 E ☐

2b Der Beruf im Überblick. Sehen Sie das Video und ordnen Sie zu.

1 Der Beruf Anlagenmechaniker
2 In dem Beruf hat man mit
3 Als Anlagenmechaniker muss man
4 Nach der Ausbildung ist man
5 Gesellinnen und Gesellen müssen

a Gesellin oder Geselle.
b im Kundendienst und auf Baustellen arbeiten.
c ist abwechslungsreich und anspruchsvoll.
d mit den Händen arbeiten können.
e Trinkwasser, Energie und Wärmepumpen zu tun.

3 Finden Sie den Beruf Anlagenmechanikerin/-mechaniker interessant? Warum (nicht)? Sprechen Sie im Kurs. Die Redemittel helfen.

Redemittel

Argumente formulieren und Meinungen äußern

Ich finde den Beruf Anlagenmechanikerin/-mechaniker (ziemlich/sehr) (un)interessant, weil …
Für mich ist ein Vorteil/Nachteil von dem Beruf, dass …
Das Gute/Schlechte ist, dass … / Ein Problem für mich ist, dass …

> Ich würde (nicht) gern Heizungen / … installieren/reparieren/…

 Die Serie „Deutsch im Job – Profis gesucht" in voller Länge mit interaktiven Übungen und zahlreichen weiteren Materialien gibt es kostenlos bei der DW: **dw.com/profis**

Prüfungstraining

Hören Teil 1
(Arbeitsabläufe, Probleme und Vorschläge verstehen)

> **Info:** Sie hören vier Gespräche. Die Aufgaben zu den Gesprächen bestehen immer aus zwei Teilen: einer richtig/falsch-Aussage, in der es ganz allgemein um die Situation geht und einer a/b-Aussage, in der nach einem Detail gefragt wird.
>
> **Vorgehen:** Lesen Sie vor dem Hören der einzelnen Gespräche genau die Aufgaben und unterstreichen Sie wichtige Wörter. Vergleichen Sie dann während des Hörens die Wörter in den Hörtexten mit den Wörtern aus den Aufgaben, die Sie unterstrichen haben. Oft werden die Wörter aus den Aufgaben in den Hörtexten anders ausgedrückt oder unterstrichene Wörter aus den Aufgaben tauchen in einem anderen Kontext auf. Da die Texte nur einmal vorgespielt werden, markieren Sie in den Pausen zwischen den Hörtexten die richtige Lösung und unterstreichen Sie die wichtigen Wörter in der nächsten Aufgabe. Wenn die Hörtexte beginnen, lesen Sie nicht weiter, sondern konzentrieren Sie sich auf die unterstrichenen Wörter.

50

Sie hören vier Gespräche. Zu jedem Gespräch gibt es zwei Aufgaben. Ist die Aussage dazu richtig oder falsch und welche Antwort (a oder b) passt am besten? Markieren Sie Ihre Lösungen für die Aufgaben 22–29. Sie hören die Gespräche einmal.

22 Die Frau und der Mann treffen sich zum ersten Mal.
richtig/falsch?

23 Herr Ming
- **a** ist Experte für optische Geräte.
- **b** hat nach seiner Ausbildung die Firma gewechselt.

24 Das Gespräch findet während der Arbeit statt.
richtig/falsch?

25 Der Mann
- **a** findet die Arbeit in der Abteilung für Forschung und Entwicklung interessant.
- **b** ist Sachbearbeiter in der Abteilung für Forschung und Entwicklung.

26 Frau Dold hat eine Beschwerde.
richtig/falsch?

27 Die Mitarbeiter der Firma Fensterbau Haaf
- **a** haben die Fenster repariert.
- **b** kommen am Abend oder am nächsten Tag.

28 Der Mann und die Frau wollen Werkzeug verkaufen.
richtig/falsch?

29 Herr Engholm
- **a** kennt Frau Horn von einem Messebesuch.
- **b** will einen Kollegen zu Frau Horn schicken.

Hören Teil 2
(Meinungen nachvollziehen)

> **Info:** Sie hören drei Aussagen zu einem Thema aus der Arbeitswelt. Dazu gibt es sechs Aussagen (a–f). Sie sollen entscheiden, welcher Satz zu welcher Aussage passt.
>
> **Vorgehen:** Bevor Sie die Aussagen hören, haben Sie eine Minute Zeit, die Aussagen zu lesen. Lesen Sie alle Sätze genau. Markieren Sie wichtige Wörter.
>
> Ein Satz ist markiert (in unserem Beispiel Satz d). Dieser Satz gehört zum Beispiel. Sie können diesen Satz streichen. Dann bleiben nur noch fünf Sätze übrig, auf die Sie beim Hören achten müssen.
>
> Wenn der Hörtext beginnt, lesen Sie nicht weiter. Konzentrieren Sie sich auf die unterstrichenen Wörter in den Aufgaben und auf die Aussagen der Sprecherinnen und Sprecher. Welche Aussage passt zu welcher Sprecherin / welchem Sprecher? Markieren Sie die richtigen Lösungen. Nach jeder Aufgabe haben Sie zehn Sekunden Zeit, Ihre Lösung zu markieren. Jede Aussage passt nur einmal.

51

Sie hören drei Aussagen zu einem Thema. Welcher der Sätze a–f passt zu den Aussagen 30 und 31? Markieren Sie Ihre Lösungen. Lesen Sie jetzt die Sätze a–f. Dazu haben Sie eine Minute Zeit. Sie hören die Aussagen einmal.

30 …

31 …

a   Für mich ist ein gutes Betriebsklima am wichtigsten.

b   Ich will Karriere machen.

c   Für mich ist wichtig, dass ich meine Ausbildung schnell beende.

d   Die Arbeit muss Abwechslung bieten.

e   Für mich ist nur das Gehalt wichtig.

f   Wichtiger als alles andere ist der Weg zur Arbeit.

Prüfungstraining

Hören Teil 3
(Gespräche über Produkte und Arbeitsabläufe verstehen)

> **Info:** Sie hören zwei Gespräche. Zu jedem Gespräch gibt es zwei Aufgaben mit jeweils zwei Antwortmöglichkeiten (a oder b).
>
> **Vorgehen:** Lesen Sie vor dem Hören der einzelnen Gespräche genau die Aufgaben und unterstreichen Sie wichtige Wörter. Dazu haben Sie 15 Sekunden Zeit. Vergleichen Sie dann während des Hörens die Wörter in den Hörtexten mit den Wörtern aus den Aufgaben, die Sie unterstrichen haben. Oft werden die Wörter aus den Aufgaben in den Hörtexten anders ausgedrückt oder unterstrichene Wörter aus den Aufgaben tauchen in einem anderen Kontext auf. Da die Gespräche nur einmal vorgespielt werden, markieren Sie in der Pause zwischen den Hörtexten (30 Sekunden) die richtige Lösung. Wenn die Hörtexte beginnen, lesen Sie nicht weiter, sondern konzentrieren Sie sich auf die unterstrichenen Wörter.

Sie hören zwei Gespräche. Zu jedem Gespräch gibt es zwei Aufgaben. Welche Antwort (a oder b) passt am besten? Markieren Sie Ihre Lösungen für die Aufgaben 32–35. Sie hören die Gespräche einmal.

32 Die Kundin möchte
   a   einen Bürostuhl sofort kaufen.
   b   eine Kaufberatung.

33 Die Kundin ist bereit,
   a   den Stuhl in einer anderen Farbe zu nehmen.
   b   auf den Stuhl zu warten.

34 Das Zimmer
   a   muss tapeziert werden.
   b   soll in verschiedenen Farben gestrichen werden.

35 Der Malerbetrieb
   a   wird die Kosten noch mitteilen.
   b   kann noch keinen genauen Termin sagen.

Hören Teil 4
(Anliegen und Bitten erfassen)

Info: Sie hören fünf Mitteilungen am Telefon. Dazu gibt es fünf Multiple-Choice-Aufgaben.

Vorgehen: Lesen Sie vor dem Hören der einzelnen Mitteilungen die Aufgaben und unterstreichen Sie wichtige Wörter. Vergleichen Sie dann während des Hörens die Wörter in den Hörtexten mit den Wörtern aus den Aufgaben, die Sie unterstrichen haben. Oft werden die Wörter aus den Aufgaben in den Hörtexten anders ausgedrückt oder unterstrichene Wörter aus den Aufgaben tauchen in einem anderen Kontext auf. Da die Mitteilungen nur einmal vorgespielt werden, markieren Sie in den Pausen zwischen den Hörtexten (30 Sekunden) die richtige Lösung. Wenn die Hörtexte beginnen, lesen Sie nicht weiter, sondern konzentrieren Sie sich auf die unterstrichenen Wörter.

Sie hören fünf telefonische Mitteilungen. Zu jeder Mitteilung gibt es eine Aufgabe. Welche Lösung (a, b oder c) passt am besten? Markieren Sie Ihre Lösungen für die Aufgaben 36–40. Sie hören jede Mitteilung einmal.

36 Der Elektrobetrieb
    a soll um 16 Uhr einen Mitarbeiter schicken.
    b soll vor 19 Uhr neue Lampen liefern.
    c soll heute noch Herrn Müller anrufen.

37 Herr Mutz
    a muss nach dem 23. Oktober auf Geschäftsreise.
    b hat mittwochs keine Zeit.
    c möchte einen Termin verschieben.

38 Jens
    a kann morgen nicht zur Arbeit kommen.
    b meldet sich krank.
    c möchte in einem anderen Team arbeiten.

39 Frau Gebauer
    a beschwert sich über einen schlechten Reinigungsservice.
    b sucht einen neuen Reinigungsservice.
    c möchte die Konferenzräume in Zukunft selbst saubermachen.

40 Sonja
    a sucht ihren Ladenschlüssel.
    b möchte, dass ihre Kollegin den Laden kontrolliert.
    c kann erst spät zur Arbeit kommen.

3 Prüfungstraining

Hören und Schreiben
(Kundenanfragen entgegennehmen und dokumentieren)

> **Info:** In diesem Teil der Prüfung geht es um eine Telefonnotiz.
> Sie sollen einen Kundenanruf verstehen (Teil 1) und Notizen zu diesem Anruf machen (Teil 2). Sie hören den Anruf zweimal. Es gibt zwei Aufgaben (Nummer 41 und Nummer 42–45), die Sie während des Hörens zusammen lösen sollen.
>
> **Vorgehen:** Machen Sie beim ersten Hören bereits Notizen: Wer ruft an? (Aufgabe 42–44, Kontaktdaten, Name, Firma, Telefonnummer). Diese werden am Ende des Hörtextes noch einmal langsam wiederholt.
> Handelt es sich um eine Beschwerde oder um eine Bestellung (Aufgabe 41)? Markieren Sie bei Aufgabe 41 a oder b.
> Was möchte die/der Anrufende (Aufgabe 45)? Kontrollieren und ergänzen Sie beim zweiten Hören Ihre Notizen.
> Machen Sie während des Hörens Ihre Notizen. Schreiben Sie keine ganzen Sätze, sondern nur Stichpunkte. Am Ende des Hörtextes haben Sie eine Minute Zeit, Ihre Lösung und Notizen zu kontrollieren.

54

Hören und Schreiben. Sie hören eine telefonische Mitteilung. Notieren Sie die Informationen auf dem Antwortbogen. Sie hören die Mitteilung zweimal.

41 Grund für den Anruf
Wählen Sie die richtige Lösung (a oder b).
Markieren Sie auf dem Antwortbogen.
- a Beschwerde
- b Bestellung

42–45 Notizen schreiben
Schreiben Sie Name, Firma, Telefonnummer und weitere Informationen auf.

Telefonnotiz

42 Name

43 Firma

44 Telefonnummer

45 Weitere Informationen

Lösungen zu Hören Teil 1

22 ist richtig. Die Personalchefin fragt Herrn Ming, ob er den Weg gut gefunden hat. Er ist also zum ersten Mal in der Firma.

23 b ist richtig. Herr Ming ist nicht bei der Firma Siek *geblieben*, er hat die Firma gewechselt. a ist falsch. Im Text ist zwar die Rede von optischen Geräten, die die Firma herstellt, nicht aber davon, dass Herr Ming Experte für optische Geräte ist.

24 ist falsch. Das Gespräch findet in der Mittagspause statt *(Buffet …, wir sollten uns setzen, da drüben sind noch zwei Plätze frei)*.

25 a ist richtig. *(Ich glaube, Ihre Abteilung* (Abteilung für Forschung und Entwicklung) *ist die interessanteste Abteilung in der ganzen Firma)*. b ist falsch. Der Mann ist Sachbearbeiter in einer anderen Abteilung (Beschwerdemanagement).

26 ist richtig. *Einige Fenster kann man nicht richtig schließen* ist eine Beschwerde.

27 b ist richtig (*Heute kann später vielleicht noch jemand vorbeikommen … oder morgen am Vormittag*). a ist falsch. Die Fenster wurden nicht repariert, neue Fenster wurden eingesetzt.

28 ist falsch. Frau Horn möchte bei Herrn Engholm Werkzeug kaufen.

29 a ist richtig. Beide kennen sich von einem Messebesuch (*Wir haben uns vor zwei Wochen auf der Baufachmesse in Olstadt kennengelernt*). b ist falsch: Das Wort *Kollege* taucht mehrere Male im Hörtext auf, aber in einem anderen Kontext: Herr Engholm sagt einem Kollegen, dass er Frau Horn empfangen soll.

Lösungen zu Hören Teil 2

Beispiel d ist richtig (*Ich finde es schrecklich, wenn man in seinem Job immer dasselbe machen muss*). Immer dasselbe machen bedeutet keine Abwechslung: Die Arbeit muss Abwechslung bieten.

30 f ist richtig. *Für mich ist aber am wichtigsten* (wichtiger als alles andere), *dass ich nicht lange zur Arbeit fahren muss*. a ist zwar für den Sprecher auch wichtig, aber nicht am wichtigsten, genauso e (*Die Bezahlung muss stimmen*), es wird nicht gesagt, dass *nur* das Gehalt wichtig ist.

31 b ist richtig. Karriere machen (*Es ist mein Ziel später Abteilungsleiterin zu werden. Die Firma bietet … gute Möglichkeiten, weiterzukommen, was ich besonders positiv finde*). c *passt nicht*. Die Sprecherin hat ihre Ausbildung bereits beendet.

Lösungen zu Hören Teil 3

32 a ist richtig (*ich interessiere mich für den Bürostuhl … Ich bräuchte ihn … ganz schnell*).
b ist falsch. Die Kundin hatte bereits eine Beratung (*da haben Sie mich beraten und mir diesen Stuhl empfohlen*).

33 b ist richtig (*dann warte ich lieber einen Monat und bestelle den Stuhl jetzt*). Die Kundin ist bereit, zu warten. a ist falsch (*weiß passt eigentlich nicht zu meinen anderen Möbeln*), Weiß = andere Farbe.

34 b ist richtig (*Die Decke bitte dunkelgrün, die Wände weiß.*) = verschiedene Farben. a ist falsch (*Also, soweit ich sehe, brauchen wie keine neuen Tapeten*). Das Zimmer muss nicht tapeziert werden.

35 a ist richtig (*Ich schicke Ihnen heute Abend einen Kostenvoranschlag*).
b ist falsch (*Wir haben am 1. und 2. Juli Zeit*). Der Maler sagt einen genauen Termin.

Lösungen zu Hören Teil 4

36 c ist richtig (*Ich bitte Sie um Rückruf. Wir sind heute bis 19 Uhr erreichbar. Bitte bringen Sie die Angelegenheit heute noch in Ordnung*). Der Betrieb soll heute noch anrufen. a und b ist falsch. Die Uhrzeiten 16 und 19 Uhr werden zwar genannt, aber in einem anderen Kontext.

37 c ist richtig (*habe erst nach dem 23. Oktober wieder Zeit*). Herr Mutz hat erst nach dem 23. Oktober wieder Zeit für den Termin. a ist falsch. Am 23. Oktober ist Herr Mutz von der Geschäftsreise wieder zurück. b ist falsch (*Am liebsten wäre mir wieder der Mittwochnachmittag. Entschuldigen Sie bitte die Absage für kommenden Mittwoch*). Er hat mittwochs Zeit. Nur am kommenden Mittwoch kann er nicht.

38 b ist richtig (*habe starke Schmerzen. Ich werde gleich zum Arzt gehen. Kann jemand heute meinen Spätdienst übernehmen?*). Jens meldet sich krank. a ist falsch. Jens weiß noch nicht, ob er morgen zur Arbeit kommen kann (*Was morgen ist, weiß ich noch nicht*). c ist falsch. Jens sagt, dass sein Team heute Unterstützung braucht, nicht aber, dass er in einem anderen Team arbeiten möchte.

39 a ist richtig (*Wir möchten Sie aber bitten, in Zukunft besser zu arbeiten*) = Beschwerde. b ist falsch. Nur wenn der Service nicht besser arbeitet, wird das Hotel einen neuen Reinigungsservice suchen. Auch c ist falsch. Nur dieses Mal hat das Hotel die Räume selbst saubergemacht.

40 b ist richtig (*Kannst du bitte für mich mal nachsehen*). a ist falsch. Das Wort Schlüssel taucht in einem anderen Kontext auf, c ist falsch. Wenn Sonja in den Laden kommen würde, würde es lange dauern, sie würde sehr spät kommen, allerdings nicht zur Arbeit, sondern um den Laden zu kontrollieren.

Lösungen zu Hören und Schreiben

41 a ist richtig. Die Kundin beschwert sich, weil zwei Schränke noch nicht geliefert wurden. Im Hörtext taucht zwar zweimal das Wort *bestellt* auf, die Kundin bestellt aber nichts, sondern nimmt Bezug auf eine Bestellung, die nicht geliefert wurde (Beschwerde).

42 Name: Krause

43 Firma: Krause GmbH

44 01622083640

45 weitere Informationen: Kundin wartet auf 2 (Akten)schränke, noch nicht geliefert / Lieferung bitte heute bis 19 Uhr oder morgen ab 7:30 Uhr / Bitte um Anruf

11 Termine

A Termine einhalten

1a Arbeitssituationen. Sehen Sie die Fotos an. Was machen die Personen vielleicht? Sprechen Sie im Kurs.

> Der Mann auf Foto D erklärt der Frau den Sicherungskasten für den Strom.

1b Arbeit und Termine. Hören Sie und ordnen Sie die Dialoge den Fotos zu.

1c In welchen Dialogen werden Termine nicht eingehalten? Hören Sie noch einmal und kreuzen Sie an.

Dialog 1 ☐   Dialog 2 ☐   Dialog 3 ☐   Dialog 4 ☐   Dialog 5 ☐   Dialog 6 ☐

2a Lesen Sie den Dialog und markieren Sie die temporalen Präpositionen.

- Du weißt, dass wir am 17. April um 14.30 Uhr eine Besprechung mit den neuen Kunden aus der Türkei haben?
- Tatsächlich? Hast du den Termin gemacht?
- Vor meinem Urlaub.
- Also steht der Termin seit fünf Wochen fest. Warum hast du mir nichts gesagt?
- Ich habe es dir gleich nach dem Telefongespräch mit dem Chef der Firma gesagt. Hast du das vergessen? Außerdem steht es hier in unserem gemeinsamen Terminkalender.
- Doch, jetzt erinnere ich mich. Das war noch im Mai, richtig?
- Richtig, das war Ende Mai.
- OK, ich bin dann bei dem Termin auch dabei.

2b Ergänzen Sie die Präpositionen aus a in der Liste.

1. .... Wochentag, Tageszeit, Datum
2. .... Uhrzeit
3. .... Monat, Jahreszeit, Jahr
4. .... : etwas ist früher passiert
5. .... : etwas passiert später
6. .... : etwas passiert in einem Zeitraum

Lernziele
- über Terminvereinbarungen sprechen
- über Pünktlichkeit sprechen
- Wiederholung: temporale Präpositionen

3 Wie pünktlich muss man sein? Diskutieren Sie.

1 Die jährliche Betriebsfeier in einem Restaurant beginnt um 18.00 Uhr. Herr Behm kommt um 18.30 Uhr.
2 Die wöchentliche Teamsitzung beginnt um 9.00 Uhr. Frau Haffner kommt fünf nach neun.
3 Frau Jung und Herr Marx haben sich um 12.00 Uhr zum Mittagessen in der Kantine verabredet. Herr Marx ist um zehn nach zwölf da.
4 Die Maler vom Malerbetrieb Multicolor sollen um 7.30 Uhr beim Kunden sein, um seine Wohnung zu streichen. Sie klingeln um 7.15 Uhr bei ihm.
5 Es hat in der Nacht geschneit. Frau Meier kommt deshalb 15 Minuten zu spät zur Arbeit.

4a Pünktlichkeit am Arbeitsplatz. Wie reagieren die Personen auf das Zuspätkommen? Hören Sie die Dialoge und kreuzen Sie an.

☐ Sie sind verärgert.   ☐ Sie haben Verständnis.

4b Wo und warum sind die Personen zu spät gekommen? Hören Sie noch einmal und ergänzen Sie die Tabelle.

	Wo?	Warum (Grund?)	Konsequenzen
Person 1	*Teamsitzung*		
Person 2			
Person 3			

5 Welche Erfahrungen haben Sie mit Terminen und Pünktlichkeit am Arbeitsplatz gemacht? Diskutieren Sie.

> Nach dem Kurs arbeite ich am Nachmittag in einem Supermarkt. Es ist wichtig, dass ich immer pünktlich komme.

6 Wie geht man mit Unpünktlichkeit in Ihrer Heimat um? Welche Erfahrungen haben Sie mit dem Thema in Deutschland gemacht? Beantworten Sie die Fragen und berichten Sie im Kurs.

Info

Zuspätkommen bei der Arbeit – mögliche rechtliche Konsequenzen

Es kann viele Gründe geben, warum Arbeitnehmerinnen oder Arbeitnehmer zu spät zur Arbeit kommen oder zu lange Pause machen. Wenn Arbeitnehmende allerdings sehr oft unpünktlich sind, können sie vom Arbeitgebenden eine Abmahnung wegen Unpünktlichkeit bekommen. Es muss aber in der Abmahnung stehen, wann und wie viele Minuten die/der Arbeitnehmende zu spät zur Arbeit gekommen ist. Wenn man nach einer Abmahnung weiterhin regelmäßig zu spät kommt oder unentschuldigt fehlt, können Arbeitgebende auch eine Kündigung aussprechen.

1 Was können Arbeitnehmerinnen/Arbeitnehmer bekommen, wenn sie zu oft zu spät kommen?
2 Wann ist bei Unpünktlichkeit eine Kündigung möglich?

11 B Termine mündlich vereinbaren

1a Einen Termin finden und vereinbaren. Hören Sie das Telefongespräch und ergänzen Sie die Tabelle.

Was wird geliefert?	Wann wird geliefert? Liefertermin: (Tag und Uhrzeit)	Wohin wird geliefert? Lieferadresse: (Straße und Hausnummer)
5 Schreibtische und ...	...	..., Waldkirch

1b Was ist richtig? Hören Sie das Telefongespräch noch einmal und kreuzen Sie an.

1. ☐ Die Firma Ahmadi kann die Möbel nicht so schnell liefern, wie Frau Dreißiger vorschlägt.
2. ☐ Am Freitag kann die Firma Ahmadi nicht liefern, weil die Mitarbeiter einen Betriebsausflug machen.
3. ☐ Herr Denker und Frau Dreißiger vereinbaren einen Termin für die nächste Woche.
4. ☐ Der Aufbau der Möbel kostet extra.

2 Sie hören eine telefonische Mitteilung zweimal. Notieren Sie Name, Firma, Telefonnummer und weitere Informationen.

Telefonnotiz

Grund für den Anruf
a ☐ Terminvereinbarung
b ☐ Terminverschiebung

Name: Frau/Herr ....
Firma: ....
Kontakt (Telefon): ....
Weitere Informationen: ....

3 Eine Nachricht auf dem Anrufbeantworter hinterlassen. Schreiben und spielen Sie im Kurs.

Situation 1
Sie arbeiten für die Firma Computer Systems und haben um 17.00 Uhr einen Kundentermin. Es geht um die Reparatur eines Computers. Sie müssen den Termin absagen, weil der Zulieferer das Ersatzteil noch nicht geliefert hat. Sie erreichen die Kundin / den Kunden nicht persönlich und sprechen ihr/ihm auf die Mailbox.

Situation 2
Sie arbeiten für die Firma Franz Haushaltsgeräte und haben um 11.00 Uhr einen Kundentermin. Es geht um die Lieferung eines Wäschetrockners. Sie möchten den Termin um einen Tag verschieben, weil Ihr Lieferwagen zur Reparatur in die Werkstatt musste. Sie entschuldigen sich bei der Kundin / dem Kunden und versuchen, einen neuen Termin zu vereinbaren.

Situation 3
Sie sind Mitarbeiterin/Mitarbeiter des Telefonunternehmens Fixundfertig. Sie haben einer Kundin / einem Kunden per E-Mail einen Terminvorschlag gemacht, um eine Telefonanlage zu installieren. Sie haben aber noch keine Antwort bekommen. Jetzt bitten Sie per Telefon um eine Terminbestätigung.

Lernziele
- Termine vereinbaren
- Informationen aus einer Nachricht auf der Mailbox notieren
- eine Nachricht hinterlassen

11

4 Einen Termin telefonisch vereinbaren. Finden Sie mit Ihrer Partnerin / Ihrem Partner einen Termin.

Partnerin/Partner A

Sie arbeiten im Kundendienst für die Brunner Gastronomie. Die Firma Karl Lang hat sechs Kaffeevollautomaten bestellt. Sie wollen die Kaffeemaschinen liefern und dem Kunden auch erklären, wie sie funktionieren. Sehen Sie den Terminkalender an und vereinbaren Sie einen Termin für die Lieferung.

	Mo. 24.09.	Di. 25.09.	Mi. 26.09.	Do. 27.09.	Fr. 28.09.
9.00	Teambesprechnung			Schulung (neue Kaffeemaschine)	Kundentermin (Auslieferung)
10.00				Schulung	
11.00		Gleittag		Schulung	Jahresgespräch mit dem Chef
12.00					
13.00	Kundentermin bei der Werner GmbH (Wartung)				
14.00					

Redemittel

nach einem möglichen Termin fragen
Wann würde es Ihnen passen?
Haben Sie einen Terminvorschlag?

einen Termin vorschlagen
Ich könnte am Montag/… um … Uhr kommen.
Geht es am Mittwoch/… um … Uhr?

einen anderen Termin vorschlagen
Geht es bei Ihnen auch am Montag/… um … Uhr?

einem Termin zustimmen
Ja, das passt. / Ja, das geht. / Einverstanden.

einen Termin ablehnen
Das geht/passt bei mir leider nicht.
Da habe ich keinen Termin frei.

einen Termin bestätigen
Gut, dann notiere ich den … von … bis … Uhr.

Partnerin/Partner B

Sie arbeiten im Sekretariat der Firma Karl Lang. Sie haben bei der Brunner Gastronomie sechs Kaffeevollautomaten bestellt. Sehen Sie den Terminkalender an und vereinbaren Sie einen Termin für die Lieferung und Einweisung.

	Mo. 24.09.	Di. 25.09.	Mi. 26.09.	Do. 27.09.	Fr. 28.09.
9.00					
10.00	Teamsitzung				
11.00	Teamsitzung		Urlaub	Fortbildung	
12.00				Fortbildung	Mittag mit Julia
13.00				Fortbildung	

C Termine schriftlich vereinbaren

1a Welches Problem gibt es? Lesen Sie die E-Mail von der Firma Lang. Vergleichen Sie zu zweit.

> Sehr geehrte Damen und Herren,
>
> wir haben bei Ihnen sechs Kaffeevollautomaten bestellt, die Ihre Mitarbeiterin Frau Stein letzte Woche geliefert hat. Freundlicherweise hat sie uns auch genau erklärt, wie die Maschinen funktionieren. Nun allerdings gibt es ein Problem. Wenn man Start gedrückt hat, dauert es immer sehr lange, bis die Maschinen wirklich arbeiten. Am längsten dauert das nach dem Wochenende, wenn die Maschinen nicht benutzt wurden. Ist das ein technischer Fehler oder machen wir etwas falsch? Könnte Ihre Mitarbeiterin noch einmal zu uns kommen, um das Problem zu überprüfen? Am besten wäre es, wenn sie schon morgen kommen könnte.
>
> Mit freundlichen Grüßen
> Armin Stahl

1b Der Geschäftsführer informiert Frau Stein über das Problem. Welche E-Mail hat er geschrieben? Diskutieren Sie im Kurs.

☐ Also Maike, **1**

da hast du wohl mal wieder etwas falsch gemacht! Die Kaffeemaschinen bei Lang funktionieren nicht (siehe angehängte E-Mail). Das Problem ist am schnellsten gelöst, wenn du sofort zu der Firma fährst. Kundenbeschwerden mag ich nicht. Ich mag nur zufriedene Kunden, bei denen alles sofort und gut funktioniert. Also beeil dich!

Gruß
Leo

☐ Hallo Maike, **2**

eben habe ich diese E-Mail von der Firma Lang bekommen. Könntest du Herrn Stahl kontaktieren und einen Termin mit ihm vereinbaren? Am liebsten wäre es mir, wenn du das schon morgen regeln könntest. Dann ist auch der Kunde zufrieden.

Viele Grüße
Leo

☐ Hallo Maike, **3**

diese E-Mail hat die Firma Lang an uns geschrieben. Ich verstehe gar nicht, was los ist. Haben wir tatsächlich Kaffeevollautomaten an diese Firma geschickt? Davon weiß ich gar nichts. Und warum können die ihre Automaten nicht richtig bedienen? Kannst du mir das mal erklären?

Grüße
Leo

> Ich glaube, die erste E-Mail …   Am besten finde ich, …   Nicht so gut passt …

1c Lesen Sie die Texte noch einmal und ergänzen Sie die Tabelle.

Memo

Adjektive im Komparativ und im Superlativ

Adjektiv	Komparativ	Superlativ
gut	besser	....
schnell	schneller	....
....	zufriedener	....
gern	....	....

▶ 7.4

Lernziele
- Mitarbeitende über Kundenbeschwerden informieren
- Termine schriftlich vereinbaren
- Wiederholung: Superlativ

2 Lesen Sie die E-Mail von Frau Stein an die Firma Lang und die Antwort und ergänzen Sie die Redemittel in dem Redemittelkasten.

Sehr geehrter Herr Stahl,

leider konnte ich Sie telefonisch nicht erreichen. Ich bedaure, dass die Kaffeevollautomaten nicht so funktionieren, wie sie sollten. Gerne komme ich zu Ihnen, um den Fehler zu finden und zu beseitigen. Ich könnte morgen Vormittag um 11.00 Uhr bei Ihnen sein. Ist das für Sie in Ordnung?

Freundliche Grüße
Maike Stein

Sehr geehrte Frau Stein,

Ihr Terminvorschlag passt uns sehr gut. Ich bedanke mich herzlich für Ihre schnelle Antwort.

Mit freundlichen Grüßen und bis morgen
Armin Stahl

Redemittel

schriftliche Kommunikation – Terminvereinbarung

sich entschuldigen, bedauern	einen Termin vorschlagen	einen Termin zusagen	sich bedanken
Es tut uns sehr leid, dass	Wir können Ihnen am … / um … einen Techniker schicken. Passt es Ihnen, wenn …?	Ich halte den Termin am … um … Uhr fest. Den Termin … kann ich bestätigen.	Vielen Dank für Ihre Mühe. ....

3 Arbeiten Sie zu zweit und schreiben Sie kurze E-Mails, in denen Sie einen Termin vorschlagen, den Termin ablehnen, einen neuen vorschlagen und diesen bestätigen.

Ü12

Partnerin/Partner A

Ihre Firma hat den Kaffeevollautomaten C200 von der Firma Brunner Gastrohandel gekauft. Er ist kaputt. Sie möchten einen Termin für die Reparatur vereinbaren.

Partnerin/Partner B

Sie sind Technikerin/Techniker und arbeiten für die Firma Brunner Gastrohandel. Sie haben schon viele Termine für diese Woche. Nächste Woche haben Sie mehr Zeit.

Redemittel

schriftlich einen Termin vorschlagen

Das Gerät / … reparieren wir so schnell wie möglich.
Wir können Ihnen am … um … einen Techniker schicken.
Bitte geben Sie uns eine kurze Rückmeldung, ob Ihnen der Termin passt.

schriftlich einen Termin zusagen

Der Terminvorschlag passt mir sehr gut.
Ich halte den Termin am … um … Uhr fest.
Hiermit bestätige ich Ihren Terminvorschlag.

11 D Eine Krisensitzung

- interne Firmenprobleme und ihre Gründe verstehen
- den Inhalt einer Diskussion in einem Protokoll zusammenfassen

1 Lesen Sie die E-Mail und beantworten Sie die Fragen.

An: Disposition – Fuhrparkmanagement – Lager – Kundenservice – Personalwesen

Betreff: Terminplanung – Zuverlässigkeit bei Lieferterminen

Von: Gisela Huning

Liebe Kolleginnen und Kollegen,
in der letzten Zeit haben sich unsere Kundinnen und Kunden immer häufiger beschwert, dass wir Waren zu spät abgeholt und auch zu spät geliefert haben. Es gab auch Beschwerden, weil einige Waren bei der Ankunft beschädigt waren. Die Mängel sind immer größer geworden und wir haben auch schon einige Kunden verloren.
Wenn es Verspätungen gibt, sind wir nicht immer schuld. Wir können nur wenig tun, wenn es Streiks in Häfen oder auf Flughäfen gibt, oder wenn der Verkehr auf den Autobahnen behindert ist.
Aber wir müssen überlegen, was wir tun können, um wieder zuverlässiger zu werden.
Daher lade ich alle Abteilungsleiter zu einer außerordentlichen Sitzung ein:

Ort und Zeit: Freitag, 21. Januar, 14.00 Uhr im Konferenzraum 2.
Tagesordnungspunkt: Was läuft in der Firma falsch? Wie können wir zuverlässiger werden?

Freundliche Grüße
Gisela Huning

---

1 Warum gibt es Kundenbeschwerden?
2 Welche negativen Konsequenzen gab es schon?
3 Was kann die Firma nicht beeinflussen?
4 Was ist das Thema der Sitzung?
5 Wer soll an der Sitzung teilnehmen?

2a Hören Sie die Diskussion. Welche Abteilungen haben Probleme? Notieren Sie.

2b Hören Sie noch einmal. Wer sagt was? Schreiben Sie die Sätze ins Heft.

> die Software schlecht funktioniert und das Lager manchmal überfüllt ist • der Krankenstand hoch ist und die Firma kein Personal findet • die LKWs jetzt seltener kaputt sind • die Disposition gut läuft • eine externe Softwarefirma wegen der Probleme im Lager beauftragen • die Firma intensiver Personal sucht

- Der Personalchef sagt, dass der Krankenstand hoch ist und die Firma kein Personal findet.
- Der Lagerleiter berichtet, dass ...   Die Chefin der Disposition meint, dass ...
- Die Fuhrparkchefin kann melden, dass ...   Frau Huning schlägt vor, ... Außerdem will sie ...

3 Sie haben bei der Sitzung Protokoll geführt. Fassen Sie den Inhalt der Diskussion zusammen und schreiben Sie einen Bericht, den alle Teilnehmenden erhalten.

- An der Konferenz haben ... teilgenommen.
- Die Teilnehmenden haben über folgende Probleme berichtet:
- Zum Schluss hat Frau Huning vorgeschlagen, ...

Kurz und bündig

Kommunikation

Termine mündlich vereinbaren

nach einem möglichen Termin fragen
Wann würde es Ihnen passen?
Haben Sie einen Terminvorschlag?

einen Termin vorschlagen
Ich könnte am Mittwoch um 15.00 Uhr kommen.
Geht es am Donnerstag um 10.00 Uhr?

einen anderen Termin vorschlagen
Geht es bei Ihnen auch am Dienstag um 16.00 Uhr?

einem Termin zustimmen
Ja, das passt. / Ja das geht. / Einverstanden

einen Termin bestätigen
Gut, also dann notiere ich am Dienstag, 1. April von 14.00 bis 16.00 Uhr.

einen Termin ablehnen
Das geht/passt leider nicht.
Da habe ich keinen Termin frei.

Termine schriftlich vereinbaren

einen Termin vorschlagen
Das Gerät reparieren wir so schnell wie möglich.
Wir können Ihnen am 1. Juni um 12.00 Uhr einen Techniker schicken.
Bitte geben Sie uns eine kurze Rückmeldung, ob Ihnen der Termin passt.

einen Termin zusagen
Der Terminvorschlag passt mir sehr gut.
Ich halte den Termin am 1. Juni um 12.00 Uhr fest.
Hiermit bestätige ich Ihren Termin.

Grammatik

Temporale Präpositionen

am	Wochentag, Tageszeit, Datum	nach	I •
um	Uhrzeit	seit	•→
im	Monat, Jahreszeit, Jahr	bis	→•
vor	• I	von … bis	•→•

Adjektive im Komparativ und Superlativ

Adjektiv + -er/-sten	Adjektiv + Umlaut + -er/-sten	Ausnahmen
hell – heller – am hellsten	groß – größer – am größten	gern – lieber – am liebsten
interessant – interessanter – am interessantesten	kalt – kälter – am kältesten	gut – besser – am besten
schnell – schneller – am schnellsten	warm – wärmer – am wärmsten	viel – mehr – am meisten
langsam – langsamer – am langsamsten	kurz – kürzer – am kürzesten	
schön – schöner – am schönsten	lang – länger – am längsten	

Einsilbige Adjektive mit *o*, *u* oder *a* im Stamm haben im Komparativ und Superlativ meistens einen Umlaut:
lang → länger, groß → größer

> Istanbul ist größer als London.

Nach *t, d, s, (sch), x* und *z* ist die Endung im Superlativ *-esten*:
kurz → am kürzesten

Adjektive im Superlativ werden vor dem Nomen dekliniert:
Word und Excel sind am wichtigsten. → Word und Excel sind die wichtigsten Programme.

11 Übungen

1a Uhrzeiten – formell und informell. Schreiben Sie die Uhrzeiten wie im Beispiel.

1 16:30   *sechzehn Uhr dreißig*   *halb fünf*

2 13:00   ....

3 11:15   ....

4 09:45   ....

1b Das Datum. Schreiben Sie das Datum wie im Beispiel.

Heute ist der …   Passt es Ihnen am …?

1 18.02.   *achtzehnte Februar*   *achtzehnten Februar*

2 21.03.   ....

3 15.06.   ....

4 24.08.   ....

2 ▶ 8.2 Wiederholung lokale Präpositionen. Ergänzen Sie.

> durch • aus • zum • zur • beim • nach • in • von

1 Die Mitarbeiterinnen gehen .... Chef, denn .... seinem Büro ist eine Besprechung.

2 Die Besprechung .... Chef hat zwei Stunden gedauert.

3 Die U-Bahnlinie 7 fährt .... ganz Berlin.

4 Ich gehe jeden Morgen um 7.00 Uhr .... dem Haus und fahre mit dem Fahrrad .... Arbeit.

5 .... der Haltestelle gehe ich noch 10 Minuten zu Fuß .... Hause.

3 ▶ 8.1 Wiederholung temporale Präpositionen. Ergänzen Sie.

> seit • seit • vor • am • am • nach • nach • im •
> im • im • in • um • um • von • bis • bis

1 Das Meeting begann .... 13.00 Uhr .... Mittag und endete spät .... der Nacht.

2 .... April sind wir auf der Messe in Leipzig.

3 .... Sommer mache ich zwei Wochen Urlaub.

4 Ich arbeite jede Woche .... Montag .... Mittwoch, immer genau .... 14.00 Uhr. Diese Teilzeitstelle habe ich .... einem Jahr.

5 • Was machst du .... der Arbeit?
   ▸ Ich gehe einkaufen, denn .... Wochenende wollen wir grillen.

6 • Kommst du .... 10 Uhr?
   ▸ Ich denke, es wird etwas später. Vielleicht Viertel .... 10.
   • Ich bin sicher schon früher da, ungefähr Viertel .... 10.

7 • .... wann arbeitest du bei der Spedition?
   ▸ Ich habe .... Sommer 2023 angefangen.

4 Hören Sie Dialoge und notieren Sie Datum, Uhrzeit, Tageszeit oder Monat mit der richtigen Präposition.

1 Herr Anders nimmt den Zug *am* ....

2 Die Präsentation beginnt ....

3 Der Mitarbeiter liefert den Projektplan .... ab.

4 Der Mann macht .... Urlaub und die Frau ....

5 Wie schreibt man das: *ei* oder *ie*? Ergänzen Sie.

Nicola Amhold über Pünktlichkeit:
„Mir fällt es sehr schwer, morgens aus dem Bett zu kommen. Zum Glück gibt es in m____ner Firma Gl____tz____t. So habe ich Z____t bis 9 Uhr. Dann muss ich aber im Büro s____n. Oft komme ich erst nach 9 Uhr. Deshalb habe ich schon zw____ Ermahnungen und ____ne Abmahnung bekommen. Auch zu Treffen mit Freunden komme ich immer w____der zu spät. S____ sind schon sauer auf mich. Ich verstehe das nicht. B____ der Arb____t kann ich es verstehen, dass m____ne Kollegen nicht auf mich warten können, aber b____ Verabredungen zum Kaffee oder Sport ist das doch egal, oder?"

6 Eine Terminvereinbarung. Ordnen Sie den Dialog. Hören Sie dann und kontrollieren Sie.

☐ • Ja, einen Moment bitte … Würde es Ihnen am Mittwoch um 14 Uhr passen?
☐ • Leider nicht. Wie wäre es stattdessen mit Freitag um halb fünf?
☐ • Gut, vielen Dank. Der Techniker kommt dann zu Ihnen. Auf Wiederhören.
[1] • Elektro Rödecke GmbH, Martin Rödecke am Apparat. Was kann ich für Sie tun?
☐ • Gut, dann halten wir Freitag um 16.30 Uhr fest. Bitte sagen Sie mir noch Ihren Namen, Ihre Adresse und Ihre Telefonnummer.

☐ ▸ Guten Tag, Djamila Masaad. Ich habe ein Problem mit meinem Geschirrspüler. Könnten Sie mir bitte einen Techniker schicken?
☐ ▸ Djamila Masaad, Gerberstraße 24, ich wohne im dritten Stock.
☐ ▸ Das ist schlecht, ich muss bis 16 Uhr arbeiten. Geht es auch später?
☐ ▸ Einverstanden, das passt mir sehr gut.

7 Eine Terminanfrage. Wie reagieren Sie? Schreiben Sie Sätze.

„Würde es Ihnen passen, wenn wir am Donnerstag zwischen 13.00 und 14.00 Uhr zu Ihnen kommen?"

Bestätigen Sie den Termin: ....

....

Lehnen Sie den Termin ab: ....

....

Schlagen Sie einen anderen Termin vor: ....

....

8 Sortieren Sie die E-Mail und bringen Sie sie in die richtige Reihenfolge.

☐ Leider müssen wir den Termin verschieben. Unser Zulieferer hat Lieferschwierigkeiten und das Ersatzteil ist noch nicht bei uns eingetroffen.

☐ Mit freundlichen Grüßen Martin Rödecke

☐ Könnten wir daher den Termin von Freitag auf Mittwoch nächste Woche verschieben? Die Uhrzeit würde dieselbe bleiben, also auch um 16.30 Uhr.

☐ Sehr geehrte Frau Masaad,

☐ am Freitag um 16.30 Uhr wollten wir zu Ihnen kommen und Ihre Geschirrspülmaschine reparieren.

☐ Bitte bestätigen Sie uns die Terminänderung.

☐ **Betreff:** Terminverschiebung wegen Lieferschwierigkeiten

9a Vervollständigen Sie die Tabelle mit den passenden Komparativen und Superlativen.
▶ 7.4

Adjektiv	Komparativ	Superlativ
häufig	*häufiger*	
viel	*mehr*	
teuer	*teurer*	
wichtig		
gut		
alt		
lang		
gern		
groß		
pünktlich		

9b Wiederholung Komparativ. Ergänzen Sie das passende Adjektiv aus a und *als* oder *wie* wie im Beispiel.
▶ 7.4

1 Arnold: 2.500 € im Monat – Karsten 2.800 € im Monat. → Karsten verdient ...*mehr als*... Arnold.

2 Fritz 22 Jahre – Magdalena: 21 Jahre → Fritz ist .... Magdalena.

3 Tablet: 600 € – Laptop: 1.200 €. → Der Laptop ist .... das Tablet.

4 Juliane: 1,62 m – Kerstin: 1,75 m → Kerstin ist .... Juliane.

5 Yussuf: 8.00 Uhr. – Loy: 8.00 Uhr: Loy kommt genauso .... Yussuf an.

6 Bonn: 336.00 Einwohner – Bielefeld: 338.000 Einwohner → Bonn hat fast so ....

   Einwohner .... Bielefeld.

190

9c Ergänzen Sie passende Superlative aus a.
▶ 7.4

1 Ich mag Kartoffeln und Reis. Aber Nudeln schmecken mir ....

2 Bei der Arbeit machen mir Kundengespräche .... Spaß.

3 Herr Salin ist immer schon früh im Büro. Er ist von allen Mitarbeitern ....

4 Im Beruf sind ein gutes Gehalt und Abwechslung nicht unwichtig. ....

   finde ich aber nette Kollegen.

5 Wir haben im Büro viele Computer, meiner ist .... Ich brauche einen neuen.

10 Welcher Superlativ passt? Streichen Sie den falschen durch.
▶ 7.4

1 Pünktlichkeit und Zuverlässigkeit sind ~~am besten~~ • die besten Voraussetzungen für ein gutes Arbeitszeugnis.
2 Die Arbeitszeit hat sich in Deutschland in den letzten Jahrzehnten am meisten • die meisten verändert.
3 Verkehrsunfälle sind am häufigsten • die häufigste Ursache für Staus.
4 Mit dem Chef gut auszukommen, ist mir am wichtigsten • der wichtigste Faktor für berufliche Zufriedenheit.
5 Den Tag des Spickzettels finde ich am lustigsten • den lustigsten Feiertag von allen.
6 Muriel hat in der Berufsschule dieses Jahr am häufigsten • den häufigsten gefehlt.

11 Was trifft auf Sie zu? Schreiben Sie Sätze. Verwenden Sie den Superlativ.
▶ 7.4

1 private E-Mails / berufliche E-Mails (*häufig, schreiben*)

   Am häufigsten schreibe ich private E-Mails.

2 gesundes Essen / viel Bewegung (*wichtig, finden*)

   ....

3 unfreundliche Kollegen / ungerechte Chefs (*wenig, mögen*)

   ....

4 persönlich / telefonisch (*gut, mit Kunden umgehen können*)

   ....

12 Schriftlich einen Termin vereinbaren. Ergänzen Sie die fehlenden Verben.

Betreff: Terminvorschlag Reparatur Wäschetrockner 3. Juni 16.00 Uhr

Sehr geehrte Frau N'die,
als Termin für die Reparatur Ihres Wäschetrockners könnte ich Ihnen
Donnerstag, den 3.6. um 11.30 Uhr ...*anbieten*...¹.

Bitte ....² Sie den Termin oder schicken Sie uns eine kurze Nachricht, damit

wir einen anderen Termin ....³ können.

Mit freundlichen Grüßen
Martin Rödecke

11

> Betreff: Re: Terminvorschlag Reparatur Wäschetrockner 3. Juni 16.00 Uhr
>
> Sehr geehrter Herr Rödecke,
> vielen Dank für Ihren Terminvorschlag. Leider kann ich den Termin aber nicht ....⁴, da ich berufstätig bin. Könnten Sie bitte einen Termin nach 16 Uhr ....⁵?
>
> Mit freundlichen Grüßen
> Savannah N'die

13 Sie leiten das Lager der Firma Huning. Nach der Krisensitzung schreibt Ihnen der Lagerleiter eine SMS. Antworten Sie ihm.

> Hast du heute Nachmittag Zeit? Ich möchte mit dir über die Sitzung sprechen.

> Heute Nachmittag passt es für mich nicht.

> Warum nicht? Es ist wichtig. Wann hast du Zeit?

14 Sechs Wochen nach der Krisensitzung. Frau Huning schreibt eine E-Mail an die Mitarbeitenden. Lesen Sie die E-Mail. Welches Wort (a, b oder c) passt am besten? Kreuzen Sie an.

> __1__ Mitarbeiterinnen und Mitarbeiter,
> es scheint, dass wir nicht alle, aber viele der Probleme gelöst haben, die der __2__ für die Kundenbeschwerden waren. Und das ist eine __3__ Nachricht. Unsere Software läuft jetzt besser, so dass es bei der Lagerverwaltung keine __4__ mehr gibt. Außerdem konnten wir in den letzten __5__ zahlreiche neue Fahrer und Mitarbeiterinnen und Mitarbeiter für die Verwaltung einstellen. Wir sind also auf einem guten Weg und ich sehe __6__ in die Zukunft.
>
> Mit kollegialen Grüßen
> Gisela Huning

1. ☐ a Lieber
   ☐ b liebe
   ☐ c Liebe

2. ☐ a Gründen
   ☐ b Gründe
   ☐ c Grund

3. ☐ a guter
   ☐ b gute
   ☐ c gute

4. ☐ a Problem
   ☐ b Problemen
   ☐ c Probleme

5. ☐ a Wochen
   ☐ b Minuten
   ☐ c Jahren

6. ☐ a pünktlich
   ☐ b optimistisch
   ☐ c liebe

Wichtige Wörter

A Termine einhalten

	feststehen	....
der	Terminkalender, -	....
	gemeinsam	....
	erinnern (sich)	....
das	Restaurant, -s	....
die	Wohnung, -en	....
	klingeln	....
	schneien	....
	verärgert	....
das	Verständnis (Sg.)	....
die	Abmahnung, -en	....

B Termine mündlich vereinbaren

	kosten	....
	absagen	....
	erreichen	....
	entschuldigen (sich)	....
	bestellen	....
	einverstanden	....
	überprüfen	....

C Termine schriftlich vereinbaren

	lösen	....
	kontaktieren	....
	regeln	....
	tatsächlich	....
	bedauern	....
	beseitigen	....
die	Ordnung (hier Sg.)	....
	herzlich	....
	festhalten	....
die	Mühe, -n	....
	kaputt	....
die	Reparatur, -en	....
die	Rückmeldung, -en	....

D Eine Krisensitzung

	beschweren	....
	beschädigt	....
der	Mangel, -ä-	....
	verlieren	....
	schuld sein	....
der	Streik, -s	....
der	Hafen, -ä-	....
der	Flughafen, -ä-	....
die	Autobahn, -en	....
	behindert	....
die	Konsequenz, -en	....
	beeinflussen	....
	beauftragen	....
	intensiv	....

Meine Wörter

Wollen Sie mehr üben? Wiederholen und üben Sie in der App.

12 Aufträge

A Bestellungen und Einkäufe

1 a Wer? Was? Warum? Arbeiten Sie in Gruppen. Wählen Sie ein Foto aus und beschreiben Sie die Situation.

> Auf Bild E sieht man einen Mann. Er sitzt zu Hause auf seinem Sofa. Er hält ein Smartphone und eine Kreditkarte in seinen Händen. Vielleicht hat er etwas online bestellt, weil das einfacher ist, als in einem Kaufhaus einzukaufen.

1 b Hören Sie die Dialoge und ordnen Sie sie den Fotos zu.

1 ☐   2 ☐   3 ☐   4 ☐

1 c Hören Sie noch einmal und kreuzen Sie an: richtig oder falsch?

	R	F
1 Die Frau und der Mann haben etwas bei einem Lieferservice bestellt.	☐	☐
2 Der Malermeister hat ein Angebot in Höhe von 800 € geschickt.	☐	☐
3 Die Großwäscherei Braun hat schon einmal eine Bestellung bei der Firma Lavamet aufgegeben.	☐	☐
4 Der Papiergroßhändler Script hat die gewünschten Papiersorten auf Lager.	☐	☐

2 Welche Erfahrungen mit Bestellungen und Einkäufen haben Sie online gemacht? Berichten Sie.

> Ich bestelle gern Kleidung online. Onlineshopping ist bequem. Aber manchmal gibt es Probleme mit der Paketzustellung. Einmal …

> Also ich rufe am Wochenende öfters bei einem Pizza-Lieferservice an. Manchmal muss ich allerdings ziemlich lange warten, bis die Pizzen kommen.

Lernziele
- über Erfahrungen mit Bestellungen und Einkäufen im Internet sprechen
- über Erwartungen an den Onlinehandel sprechen
- Wiederholung: Partizip II als Adjektiv

3a Online kaufen und verkaufen – ein Radiointerview. Sehen Sie das Foto an und überlegen Sie: Worüber könnten die Personen sprechen? Arbeiten Sie zu zweit und notieren Sie Stichworte. Vergleichen Sie im Kurs.

3b Hören Sie das Radiointerview und sammeln Sie Informationen.

- Vorteile des Onlinekaufs:
- Das kaufen Deutsche wöchentlich online:
- Das kaufen die Menschen gern online:

3c Fassen Sie mithilfe Ihrer Notizen die wichtigsten Punkte schriftlich zusammen.

3d Was sagt Herr Schuster über die Erwartungen von Käuferinnen und Käufern beim Onlinekauf? Hören Sie den zweiten Teil des Radiointerviews und kreuzen Sie an.

Die Käuferinnen und Käufer erwarten, …
1. ☐ dass sie im Onlineshop schnell finden, was sie suchen.
2. ☐ dass die gekauften Produkte gut gemacht sind.
3. ☐ dass die bestellte Ware pünktlich kommt.
4. ☐ dass die gelieferten Produkte nicht beschädigt sind.
5. ☐ dass sie ein zugestelltes Produkt, das ihnen nicht gefällt, zurückgeben oder umtauschen können.
6. ☐ dass ihre gespeicherten Daten beim Onlinehändler sicher sind.
7. ☐ dass sie günstiger einkaufen können.
8. ☐ dass es keine Versandkosten gibt.

4a Unterstreichen Sie in 3d die Partizip-II-Formen, die als Adjektive benutzt werden.

1 die bestellte Ware
2 …

Memo

Partizip II als Adjektiv
eine **gelieferte** Sendung = eine Sendung, die geliefert wurde
ein gut **ausgebildeter** Mitarbeiter = ein Mitarbeiter, der gut ausgebildet wurde
Das Partizip II dekliniert man vor dem Nomen wie ein Adjektiv.
▶ 4

4b Fragen und antworten Sie wie im Beispiel.

Worüber hat sich der Kunde gefreut?

Über die schnell gelieferte Ware.

– Ware: schnell liefern
– Kundendienstmitarbeiterin: gut informiert
– Internetseite: überarbeiten
– Produktbeschreibungen: gut schreiben

5 Was erwarten Sie, wenn Sie online einkaufen? Sprechen Sie im Kurs.

Mir sind niedrige Preise besonders wichtig.

Ich erwarte, dass …

12 B Vom Angebot bis zur Lieferung

1 Sie hören ein Gespräch. Zu dem Gespräch gibt es zwei Aufgaben. Ist die Aussage richtig oder falsch und welche Antwort (a oder b) passt am besten? Kreuzen Sie an.

1 Nara und Paul sind Kollegen.   ☐ Richtig   ☐ Falsch

2 Nara
   a ☐ muss Papier bestellen.
   b ☐ bittet Paul um Hilfe.

2a Was ist das? Lesen Sie die vier Mitteilungen und notieren Sie.
Ü7–10

☐ Rechnung • ☐ Lieferschein • ☐ Angebot • ☐ Auftragserteilung

---

1

Von: verkauf@script-papiergroßhandel.beispiel.de

An: einkauf@kopier-center.beispiel.de

Betreff: Angebot für Fotokarton und Kopierpapier

Sehr geehrte Frau Kumar,

vielen Dank für Ihre telefonische Anfrage. Ich kann Ihnen dazu gern folgendes Angebot machen:

Fotopapier Fotokarton A4 200 g/m^2: 18 Euro je 100 Blatt
Artikel-Nr. 353 305-4-090)

Hochwertiges Kopierpapier A4 100 g/m^2, cremeweiß: 3,50 Euro je 500 Blatt
(Artikel-Nr. 358 425-4-100)

Bitte beachten Sie, dass das Fotopapier erst ab nächster Woche wieder lieferbar ist. Alle unsere Preise sind Nettopreise und verstehen sich zuzüglich 19 % Mehrwertsteuer. Die Lieferung erfolgt frei Haus.

Mit freundlichen Grüßen

Berkay Adeniz
SCRIPT Papiergroßhandel, Verkauf

2

Von: einkauf@kopier-center.beispiel.de

An: verkauf@script-papiergroßhandel.beispiel.de

Betreff: Fotopapier A4 200 g/m2 und Papier 100 g/m

Sehr geehrter Herr Adeniz,

herzlichen Dank für die schnelle Antwort und Ihr Angebot. Wie bestellen hiermit zu den genannten Konditionen:

1. 353 305-4-090 A4 200 g/m^2: 2.000 Blatt
2. 358 425-4-100 A4 100 g/m^2, cremeweiß: 20.000 Blatt

Wir benötigen die Ware spätestens 10 Tage nach Auftragserteilung.

Mit freundlichen Grüßen

Nara Kumar
Kopier-Center Einkauf

Lernziele

- über Angebote sprechen
- Materialien entgegennehmen und quittieren
- Lieferlisten Informationen entnehmen und vergleichen

Script Papiergroßhandel · Goethestraße 11 · 34127 Kassel

Kopier-Center Kundennummer: 394712
Hauptstr. 27   Auftragsnummer: 201302-17
12165 Berlin

Datum: 25.04.2024

Lieferschein
Menge

1. 200 x 100 Blatt 353 305-4-090 A4 200 g/m²
2. 4 x 500 Blatt 358 425-4-100 A4 100 g/m²

Ordnungsgemäßen Empfang der Ware bestätigt: _____
                                              Datum und Unterschrift

---

Script Papiergroßhandel · Goethestraße 11 · 34127 Kassel

Kopier-Center Kundennummer: 394712
Hauptstr. 27   Auftragsnummer: 201302-17
12165 Berlin

Datum: 25.04.2024

Rechnungsnummer Re 17/1823

Pos.	Art.-Nr.	Bezeichnung	Menge	Einzelpreis in €	Gesamtpreis in €
1	353 305-4-090	Fotopapier	200	18,00	3.600,00
2	358 425-4-100	Kopierpapier	4	3,50	14,00
				Summe ohne MwSt.	3.614,00
				Zzgl. MwSt. 19 %	686,00
				Gesamtsumme	**4.300,66**

Bitte überweisen Sie den Rechnungsbetrag innerhalb von 14 Tagen auf untenstehendes Konto.

Script Papiergroßhandel   Tel.: 01622083640   Bankverbindung:
Goethestraße 11   E-Mail: info@script-papiergroßhandel.beispiel.de   Ederbank Kassel
34127 Kassel   IBAN: DE02120300000000202051

2b Lesen Sie noch einmal und beantworten Sie die Fragen.

1. Wie viel kosten 100 Blatt Fotopapier und 500 Blatt Kopierpapier?
2. Ab wann kann der Großhandel das Fotopapier liefern?
3. Muss das Kopier-Center für die Lieferung bezahlen?
4. Wie viel Fotopapier und wie viel Kopierpapier liefert der Papiergroßhandel?
5. Wie hoch ist der Nettobetrag in der Rechnung?
6. Wie viel Mehrwertsteuer muss für das gelieferte Papier bezahlt werden?
7. Wann soll das Kopier-Center die Ware bezahlen?
8. Auf welches Konto soll das Kopier-Center den Rechnungsbetrag überweisen?

3 Der Papiergroßhandel hat nicht die bestellte Papiermenge geliefert. Was kann das Kopier-Center tun? Diskutieren Sie im Kurs.

> Ich denke, das Kopier-Center könnte die Ware zurückschicken.

> Ich glaube, der Papiergroßhandel sollte alles kostenlos abholen, was er zu viel geliefert hat.

12 C Beschwerden und Reklamationen

1a Mängel und Fehler beschreiben. Arbeiten Sie zu zweit. Sehen Sie die Bilder an. Was ist das Problem? Ordnen Sie zu und beschreiben Sie die Situationen.
Ü11+12

> nicht aufgeräumt • zerrissen • zerbrochen • Lieferung unvollständig •
> kaputt • zu klein • zerkratzt • Teile fehlen

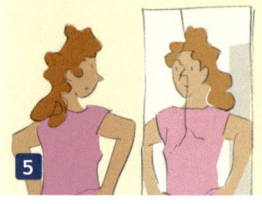

Redemittel

über Mängel und Falschlieferungen sprechen

Die Ware / Der Artikel hat Kratzer / ist zerrissen / …
Der Pullover / … ist zu groß / zu klein / passt nicht / …
Die Lieferung ist unvollständig. Es fehlt/fehlen …
Die Kaffeemaschine / … funktioniert nicht (richtig) / ist kaputt.

> Auf Bild 3 sieht man zwei Männer, die einen Tisch liefern. Der Tisch ist aber zerkratzt.

1b Welche Erfahrungen mit Mängeln bei Bestellungen haben Sie gemacht? Berichten Sie.

2a Eine schriftliche Reklamation. Lesen Sie die E-Mail und beantworten Sie die Fragen.
Ü13

Von: einkauf-moebelhauskramer@beispiel.de

An: verkauf-moebelnatur@example.com

Betreff: Unsere Bestellung Nr. 24-23679, Ihre Lieferung vom 02.08.24

Sehr geehrter Herr Greibl,

bei der Prüfung Ihrer Lieferung heute mussten wir leider feststellen, dass diese nicht unserer Bestellung vom 15.07.2024 entspricht. Sie haben uns zehn Holzbetten der Marke Padua mit einer Liegefläche von 160 x 200 cm und zehn Kommoden der Marke Nueva geliefert.

Wir hatten aber 15 Holzbetten der Marke Padua und 30 Nachttische der Marke Optima in der Größe 38 x 46 x 49 cm bestellt. Wir möchten Sie bitten, die fünf fehlenden Holzbetten der Marke Padua sowie die 30 Nachttische der Marke Optima so schnell wie möglich nachzuliefern.

Die falsch gelieferten Kommoden senden wir Ihnen auf Ihre Kosten zurück.

Mit freundlichen Grüßen
Mona Ghanbari
(Leiterin Einkauf)

---

1 Warum schreibt Frau Ghanbari?
2 Was erwartet sie von Herrn Greibl?
3 Was macht sie mit den Kommoden der Marke Optima?
4 Wofür ist Frau Ghanbari zuständig?

Lernziele
- fehlende oder fehlerhafte Ware reklamieren
- über Mängel und Schäden informieren
- auf Beschwerden und Reklamationen reagieren

2b Schreiben Sie eine E-Mail an Frau Ghanbari. Entschuldigen Sie sich für den Fehler und schlagen Sie eine Lösung vor. Vergessen Sie nicht Anrede und Gruß. Arbeiten Sie zu zweit.

3a Reklamationen. Hören Sie die Telefongespräche und ordnen Sie die Probleme zu.

a ☐ Es gibt ein Problem mit Waschmaschinen. c ☐ Die Heizung funktioniert nicht.
b ☐ Es wurde die falsche Papiermenge geliefert. d ☐ Das Handy ist kaputt.

3b Hören Sie die Dialoge noch einmal und beantworten Sie die Fragen.

1 Wann will die Firma Enderle Wärmeservice kommen?
2 Wie wird das Problem am Handy gelöst?
3 Welche Probleme gibt es mit den Waschmaschinen?
4 Was soll Herr Adeniz machen?

4 Weitere Beschwerden. Spielen Sie Dialoge zu den Situationen 1 und 2. Berücksichtigen Sie dabei die vier Phasen von Beschwerdegesprächen. Die Redemittel helfen. Die Rollenkarten von Partnerin/Partner B finden Sie auf Seite 250.

Phase 1: Kundin/Kunde und Mitarbeiterin/Mitarbeiter begrüßen sich
Phase 2: Kundin/Kunde nennt den Grund für die Beschwerde/Reklamation
Phase 3: Mitarbeiterin/Mitarbeiter bestätigt den Sachverhalt bzw. den Fehler und entschuldigen sich. Sie/Er macht einen Vorschlag, wie das Problem gelöst werden kann.
Phase 4: Kundin/Kunde bedankt sich für das Verständnis und verabschiedet sich.

1: Partnerin/Partner A

Sie haben vor einer Woche eine Kaffeemaschine in einem Elektromarkt gekauft. Die Kaffeemaschine funktioniert nicht mehr. Sie gehen deshalb zum Infostand in dem Elektromarkt. Die Quittung und den Garantieschein haben Sie mitgenommen.

2: Partnerin/Partner A

Sie sind Mitarbeiterin/Mitarbeiter einer Baufirma. Ihre Firma hat einer Elektrofirma den Auftrag gegeben, in einem Neubau mit mehreren Wohnungen die Elektroleitungen zu verlegen. In zwei Wohnungen hat die Firma in der Küche keine Leitungen verlegt. Sie rufen deshalb bei der Elektrofirma an.

Redemittel

Kundin/Kunde:

Grund für die Beschwerde nennen
Guten Tag, ich habe hier … gekauft, aber …
Ich bin nicht zufrieden mit …, weil …
Es gibt ein Problem mit der Rechnung/Bestellung/Lieferung/…, denn …
Die Maschine / Der Fotoapparat / … funktioniert (leider) nicht.
… war beschädigt/kaputt/…

Forderung äußern
Ich erwarte, dass …
Ich möchte … umtauschen / mein Geld zurückbekommen.

Mitarbeiterin/Mitarbeiter:

Verständnis für Problem zeigen
Ich kann Ihren Ärger sehr gut verstehen.
Ich verstehe, dass das für Sie sehr ärgerlich ist.

einen Fehler oder Mangel anerkennen
Da ist leider ein Fehler passiert.
Es ist mir sehr peinlich, dass wir …
Sie haben recht: Wir haben …

sich entschuldigen
Bitte entschuldigen Sie, dass das passiert ist.
Verzeihung. / Das tut uns leid.

eine Lösung suchen/vorschlagen
Ich schlage vor, dass wir … / Ich kann jetzt Folgendes tun: … / Was halten Sie davon, wenn …?

12 D Beschwerdemanagement

- über Beschwerdemanagement sprechen
- Wiederholung: *je ..., desto ...*

1 Tipps für Mitarbeiterinnen und Mitarbeiter von Unternehmen bei Beschwerden: Was sollten sie (nicht) tun? Ordnen Sie zu und sprechen Sie im Kurs.

> Verständnis für die Kundin / den Kunden zeigen • Beschwerden nicht ernst nehmen • wütend auf Reklamationen reagieren • Lösungen für das Problem suchen • dem Kunden / der Kundin sagen: Das kann nicht sein • Kolleginnen und Kollegen im Unternehmen verantwortlich für Fehler machen • mehr Informationen über das Problem sammeln

2a Welche Überschrift passt am besten? Überfliegen Sie den Artikel und kreuzen Sie an.

A ☐ Beschwerdemanagement: Wozu braucht ein Unternehmen das?
B ☐ Beschwerden von der Kundschaft: So verhalten Sie sich richtig.

Für Unternehmen ist ein gutes Beschwerdemanagement sehr wichtig. Durch Beschwerden und Reklamationen können sie erfahren, wo es Probleme oder Fehler mit ihren Produkten oder
5 Dienstleistungen gibt. Kein Unternehmen kann es sich heute noch leisten, Kundenbeschwerden nicht zu beachten.

Diese Tipps helfen Ihnen, erfolgreich mit
10 Beschwerden und Reklamationen umzugehen:
- Lassen Sie die Kundin oder den Kunden ausreden. Sie werden oft wütend, wenn sie unzufrieden sind. In solchen Situationen ist es wichtig, dass
15 man ihnen ruhig zuhört.
- Zeigen Sie Verständnis für das Problem. Geben Sie der Kundin oder dem Kunden das Gefühl, dass Sie ihren/seinen Ärger verstehen.
- Sagen Sie z. B.: „Ich kann gut verstehen, dass Sie verärgert sind." Oder: „Das Produkt funktioniert nicht? Das ist natürlich ärgerlich." Je ruhiger und freundlicher Sie reagieren, desto zufriedener werden die Kundinnen und Kunden sein. 20
- Klären Sie, wenn Sie etwas nicht verstanden haben. Fragen Sie nach: „Verstehe ich richtig, dass ...?" Stellen Sie dann konkrete Fragen: „Welche Lieferung ist zu spät gekommen?" Oder: „Wo genau liegt das Problem?" 25
- Versuchen Sie, eine Lösung vorzuschlagen: „Sie können die kaputte Ware umtauschen." Oder: „Wir können Ihnen einen Preisnachlass geben." Je schneller Sie eine Lösung finden, 30 desto schneller entspannt sich die Situation.

2b Lesen Sie den Artikel noch einmal und beantworten Sie die Fragen.

1 Warum können Beschwerden für Unternehmen wichtig sein?
2 Was sollten Mitarbeitende bei einem Beschwerdegespräch tun?
3 Welche Lösungen kann man einer Kundin oder einem Kunden bei einem Problem anbieten?

M 2c Erklären Sie einer Freundin / einem Freund auf Deutsch oder in Ihrer Sprache die wichtigsten Tipps für ein gutes Beschwerdemanagement aus dem Artikel in a.

3 Markieren Sie die Sätze mit *je ..., desto ...* in 2a. Schreiben Sie dann zwei eigene Sätze.

Je später ich ins Bett gehe, desto ...

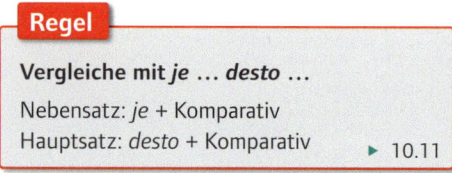

Regel
Vergleiche mit *je ... desto ...*
Nebensatz: *je* + Komparativ
Hauptsatz: *desto* + Komparativ ▶ 10.11

4 Mit welchen Beschwerden oder Reklamationen haben Sie schon als Mitarbeiterin/Mitarbeiter eines Unternehmens oder als Kundin/Kunde zu tun gehabt? Berichten Sie im Kurs.

Kurz und bündig

Kommunikation

über Erwartungen beim Onlineeinkauf sprechen
Ich erwarte, dass die bestellte Ware pünktlich kommt / es keine Versandkosten gibt / meine gespeicherten Daten sicher sind / …

ein Angebot schreiben
Sehr geehrte Frau / geehrter Herr …, vielen Dank für Ihre Anfrage (vom 01.09.20 …). Ich kann Ihnen folgendes Angebot machen. / Ich freue mich, Ihnen heute das folgende Angebot machen zu können: … / Anbei erhalten Sie folgendes Angebot: …

Aufträge erteilen
Sehr geehrte/r Frau/Herr …, vielen Dank für Ihr Angebot (vom 01.09.20 …). Wie bestellen hiermit zu den genannten Konditionen: … / Wir bestellen folgende Artikel: … / Bitte liefern Sie uns …
Wir benötigen die Ware spätestens 10/… Tage nach Auftragserteilung.

sich beschweren und mit Beschwerden umgehen

den Grund für die Beschwerde/Reklamation nennen
Die Ware / Der Artikel hat Kratzer / ist zerrissen / …
Der Pullover / … ist zu groß / zu klein / passt nicht / …
Es gibt ein Problem mit …
Die Lieferung ist unvollständig. Es fehlt/fehlen …
Die Kaffeemaschine / Der Drucker / … funktioniert nicht (richtig) / ist kaputt / war beschädigt.

eine Forderung äußern
Ich erwarte, dass …
Ich möchte … umtauschen / mein Geld zurückbekommen.

sich entschuldigen
Bitte entschuldigen Sie, dass das passiert ist.
Verzeihung. / Das tut uns leid.

Verständnis für das Problem zeigen
Ich kann Ihren Ärger (sehr gut) verstehen. /
Ich verstehe, dass das für Sie sehr ärgerlich ist.

eine Lösung vorschlagen
Ich schlage vor, dass wir … / Ich kann jetzt Folgendes tun: … / Was halten Sie davon, wenn …?

Grammatik

Partizip II als Adjektiv
Viele Partizipien können als Adjektive verwendet werden. Sie werden vor dem Nomen wie Adjektive dekliniert.
eine gelieferte Sendung = eine Sendung, die geliefert wurde
die gespeicherten Daten = die Daten, die gespeichert wurden
ein gut ausgebildeter Mitarbeiter = ein Mitarbeiter, der gut ausgebildet wurde

Vergleiche mit *je …, desto …*
Nebensatz: *je* + Komparativ, Hauptsatz: *desto* + Komparativ

Handlung / Bedingung	Konsequenz
Je mehr ich arbeite,	desto müder bin ich.
Je freundlicher ich auf Beschwerden reagiere,	desto zufriedener sind die Kundinnen und Kunden.
Je größer die Auswahl im Onlineshop ist,	desto schwerer kann man sich entscheiden.

12 Übungen

1 Typische Verbindungen. Welches Verb passt nicht zu dem Nomen? Streichen Sie durch.

1 eine Bestellung aufgeben • stornieren • kaufen • entgegennehmen
2 ein Angebot schicken • ablehnen • annehmen • transportieren
3 den Preis organisieren • berechnen • zahlen • senken
4 einen Auftrag erhalten • bekommen • vergeben • herstellen
5 die Waren liefern • investieren • bestellen • verkaufen
6 Einkäufe erledigen • bezahlen • beobachten • machen
7 eine Filiale buchen • aufmachen • eröffnen • schließen
8 eine Rechnung bezahlen • pflegen • begleichen • stellen

2a Wiederholung: Konjunktiv II. Schreiben Sie Sätze wie im Beispiel.
▶ 1.11

1 ☑ Wir ...könnten... ja mal wieder eine Pizza online ...bestellen..... (können, bestellen)
2 ☐ .... du bitte den LKW ....? (können, ausladen)
3 ☐ Wenn ich mehr Geld ...., ... ich glücklicher. (haben, sein)
4 ☐ Du .... auf der Baustelle immer einen Helm .... (sollen, tragen)
5 ☐ Wir .... heute mit dem Fahrrad zur Arbeit .... (können, fahren)
6 ☐ .... Sie uns bitte ein Angebot ....? (können, schicken)
7 ☐ Ihr .... morgen pünktlich beim Kunden .... (sollen, sein)
8 ☐ .... Sie bitte das Fenster ....? (werden, schließen)

2b Welche Bedeutung hat der Konjunktiv II in den Sätzen? Notieren Sie in a wie im Beispiel.

> Wunsch • irreale Bedingung • Höflichkeit • Ratschlag • Vorschlag

3 Ordnen Sie den Dialog und hören Sie zur Kontrolle.
🔊 67

☐ 1 Lavamet GmbH, Michael Oliveira, guten Tag.
☐ Ja, sehr gerne. Wie viele Waschmaschinen und Trockner möchten Sie denn kaufen?
☐ Guten Tag, ich bin Rebecca Jeschke von der Großwäscherei Braun in Ludwigsburg. Wir sind bereits Kunden bei Ihnen. Wir wollen jetzt in Stuttgart und Böblingen neue Filialen eröffnen und dafür brauchen wir neue Waschmaschinen und Trockner. Könnten Sie uns bitte ein Angebot schicken?
☐ Für beide Standorte so jeweils 50.
☐ Ich schicke Ihnen dann bis zum Ende der Woche unser Angebot, Frau Jeschke. Auf Wiederhören.
☐ Vielen Dank. Auf Wiederhören, Herr Oliveira.
☐ Ich bin telefonisch unter 07141 345 698 erreichbar oder per Handy unter 01622082784.
☐ Wenn Sie so viel abnehmen, kann ich Ihnen sicher ein günstiges Angebot machen. Sagen Sie mir bitte noch einmal Ihren Namen und den Namen Ihrer Firma?
☐ Rebecca Jeschke von der Großwäscherei Braun. Wie war doch gleich Ihr Name?
☐ Michael Oliveira. Ich habe alles notiert Frau Jeschke. Können Sie mir noch eine Telefonnummer geben, damit ich Sie anrufen kann, falls etwas dazwischenkommt?

4 Onlineshopping boomt. Ergänzen Sie.

> Bewertungen • Handel • Internet • Preise • Unternehmen • Auswahl • Vorteile

Es gibt viele _____¹ des Onlineeinkaufs. Onlineshopping ist bequem und einfach. Man hat oft eine größere _____² an Produkten als in einem Geschäft. Online kann man kann auch die _____³ besser vergleichen. Man kann zwar Produkte nicht anfassen, aber man kann meistens _____⁴ von Kundinnen und Kunden lesen. Im _____⁵ kann man zu jeder Tages- und Nachtzeit einkaufen. Und man muss das Haus nicht verlassen. Deshalb bestellen mehr als zwei Drittel der Deutschen wöchentlich mindestens einmal etwas online. Für fast alle _____⁶, egal ob groß oder klein, ist der _____⁷ von Produkten oder Dienstleistungen über das Internet heute also eine Notwendigkeit.

5a Ergänzen Sie die passenden Partizip-II-Formen wie im Beispiel. Achten Sie auf die Endungen.

> ~~gestaltete~~ • bestellte • abgegebene • gespeicherten • bezahlten

1 Der neu *gestaltete* Onlineshop ist sehr attraktiv.
2 Die _____ Daten unserer Kunden sind absolut sicher.
3 Die _____ Kundenrechnungen werden digital archiviert.
4 Wir haben das _____ Angebot sofort angenommen.
5 Ist unsere _____ Ware schon geliefert worden?

5b Die bestellte Ware. Schreiben Sie Sätze mit Partizip II-Formen wie im Beispiel.

1 Die Ware, die bestellt wurde, kam gestern. *Die bestellte Ware kam gestern.*
2 Die Hosen, die geliefert wurden, waren sehr schön. _____
3 Das Smartphone, das repariert wurde, wurde heute abgeholt. _____
4 Der Kaffee, der frisch gebrüht wurde, riecht sehr gut. _____
5 Das Essen, das bestellt wurde, schmeckt gut. _____

6 Groß- und Kleinschreibung. Korrigieren Sie die Fehler im Text.

die zahl der onlinekäufe ist in deutschland in den letzten jahren stark gestiegen. die kunden und kundinnen kaufen online gern bücher, schuhe und kleidung. sie bestellen aber auch gern elektronische haushaltsgeräte im netz. wenn sie in den urlaub fahren, kaufen sie ihre fahrkarten oder tickets auch gern im internet. das onlineshopping bietet viele vorteile. wenn man online einkauft, kann man bequem von zu hause aus preise vergleichen. es gibt im internet keine öffnungszeiten. man kann die gekauften waren einfach zurückschicken, wenn man mit ihnen nicht zufrieden ist.

> *Die Zahl der Onlinekäufe ist in ...*

7 Was passt zusammen? Verbinden Sie.

1 Sind das Netto-
2 Die Lieferung
3 Den Lieferschein
4 Den Rechnungsbetrag
5 Einen Auftrag
6 Unsere Preise
7 Wir bestellen
8 Bei Reklamationen

a zu den genannten Konditionen.
b schriftlich erteilen.
c erfolgt frei Haus.
d oder Bruttopreise?
e kontrollieren Sie bitte sofort.
f geben Sie bitte Ihre Kundennummer an.
g überweisen.
h verstehen sich zuzüglich 19 % Mehrwertsteuer.

8 Eine Buchhalterin berichtet. Lesen und ergänzen Sie die passenden Wörter.

> Lieferschein • Empfang • Rechnungsbetrag • Rechnungen •
> Lieferung • Konto • Papiergroßhandel • Lager

Ich bin Buchhalterin und arbeite in einem großen Kopierladen in Berlin. Wir sind ein ziemlich großes Team und es gibt immer viel zu tun. Ich muss _____ ¹ bezahlen und beim _____ ² unterschiedliche Papiere in verschiedenen Farben und Größen bestellen. Wenn eine _____ ³ kommt, kontrollieren wir zuerst den _____ ⁴ und bestätigen dann den ordnungsgemäßen _____ ⁵ der Ware. Dann sortieren wir alles ins _____ ⁶ ein. Natürlich liefern wir auch selbst unterschiedliche Produkte an unsere Kundinnen und Kunden. Später kontrolliere ich, ob sie den _____ ⁷ auf unser _____ ⁸ überwiesen haben.

9 Lesen Sie die Auftragsbestätigung. Welcher Ausdruck (a, b oder c) passt am besten in die Lücken 1–6? Kreuzen Sie an.

Sehr geehrter Herr Adeniz,

wir danken Ihnen für Ihr __1__ vom 20.06.2024. Wir __2__ hiermit 10.000 Blatt Digitaldruck-papier im Format 320 mm x 450 mm und 10 Packungen je 500 Blatt farbiges Kopierpapier in Stahlgrau. Bitte liefern Sie die __3__ innerhalb einer Woche frei __4__. Den __5__ werden wir nach Erhalt der Ware sofort überweisen. Wir bitten um eine __6__.

Mit freundlichen Grüßen

Peter Seppele
Kopierladen Sterndamm

1
☐ a Angebot
☐ b Auftrag
☐ c Eingang

2
☐ a bezahlen
☐ b liefern
☐ c bestellen

3
☐ a Rechnung
☐ b Lieferschein
☐ c Ware

4
☐ a Haus
☐ b Zuhause
☐ c nach Hause

5
☐ a Rechnung
☐ b Rechnungsbetrag
☐ c Lieferschein

6
☐ a Auftrag
☐ b Angebot
☐ c Auftragsbestätigung

10 Abkürzungen für Maße und Gewichte. Was passt zusammen? Notieren Sie.

1 Tonne = ...t...
2 Kilogramm = ...
3 Gramm = ...
4 Meter = ...
5 Quadratmeter = ...
6 Zentimeter = ...
7 Millimeter = ...
8 Liter = ...

t • cm • m² • g • l • kg • m • mm

11 a Über Mängel und Fehler sprechen. Ergänzen Sie die Verbformen.

Infinitiv	Präteritum	Perfekt – 3. Person Sg.
	räumte auf	
		hat zerrissen
zerbrechen		
sich beschweren		
		hat zerkratzt
	reklamierte	
	funktionierte	
umtauschen		

11 b Ergänzen Sie die Sätze mit den Verben aus a. Achten Sie auf die richtige Zeitform.

1 Wir .... am Samstag unsere Wohnung mal wieder ....
2 Der Gast .... über den schlechten Service.
3 Weil der neue Drucker nicht richtig .... , ... sie ihn letzte Woche ....
4 Nachdem er den Brief gelesen hatte, ... er ihn und warf ihn in den Papierkorb.

12 Aus Nomen Verben machen. Notieren Sie die passenden Verben.

die Lieferung: ...liefern............ der Umtausch: ....
die Bestellung: .... die Bestätigung: ....
die Beschwerde: ...sich............ die Reklamation: ....

13 Eine schriftliche Reklamation. Schreiben Sie den Brief in der richtigen Reihenfolge in Ihr Heft.

> Bitte liefern Sie uns die die richtigen Möbel möglichst schnell. • Mona Ghanbari, Leiterin Einkauf • Sehr geehrter Herr Greibl, • Ihr Spediteur kann bei Lieferung der richtigen Möbel die versehentlich gelieferten wieder mitnehmen. • Mit freundlichen Grüßen • wir haben Ihre Lieferung heute erhalten. • Sollte die Lieferung nicht innerhalb der nächsten Woche bei uns eintreffen, sehen wir uns gezwungen, vom Kauf zurückzutreten. • Leider haben Sie uns aber nicht die von uns bestellten Möbel geliefert. • Reklamation der Lieferung vom 18.09.24

14 Alfonso Navas berichtet über seinen Arbeitsalltag.
Lesen Sie den Text und kreuzen Sie die richtigen Aussagen an.

Alfonso Navas, Empfangschef

Seit sieben Jahre arbeite ich im 3-Schicht-Sytem an der Rezeption in einem Vier-Sterne-Hotel in Köln. Ich empfange unsere Gäste und heiße sie willkommen. Ich bin zuständig für den Check-in und Check-out sowie für die Beratung und Betreuung unserer Gäste. Als Ansprechpartner für alle Gästewünsche bin ich natürlich auch zuständig für die Bearbeitung von Beschwerden.
Unsere Gäste erwarten einen tollen Service, ein ausgezeichnetes Frühstück und komfortable sowie ruhige Zimmer. Die meisten Gäste sind mit unseren Leistungen sehr zufrieden. Natürlich gibt es aber manchmal Beschwerden. Manche Gäste beschweren sich zum Beispiel, wenn ihr Zimmer zu laut ist, sie ihr Bett unbequem finden oder der WiFi-Empfang zu langsam ist. Manchmal ärgern sich die Gäste über das Frühstück, weil zum Beispiel die Rühreier kalt waren oder die Auswahl an veganen Gerichten nicht groß genug war. Wenn sich ein Gast bei mir beschwert, höre ich gut zu und versuche dann aktiv auf die Beschwerden zu reagieren und das Problem so schnell und gut wie möglich zu lösen. Ich bedanke mich dann bei den Gästen für ihr Feedback. Ich gebe ihre Beschwerde weiter, damit am nächsten Tag alles in Ordnung ist. Meine Erfahrung ist: Je freundlicher ich reagiere, desto zufriedener sind die Gäste.

1 ☐ Alfonso Navas ist seit einem Jahrzehnt in einem Köllner Hotel beschäftigt.
2 ☐ Er muss früh, spät und nachts arbeiten.
3 ☐ Wenn Gäste im Hotel ankommen, bringt er sie zu ihren Zimmern.
4 ☐ Wenn Gäste Fragen haben, versucht er, sie zu beantworten.
5 ☐ Die Gäste sind oft unzufrieden, weil die Hotelzimmer zu laut sind.
6 ☐ Manche Gäste sind mit dem Frühstücksangebot unzufrieden.
7 ☐ Wenn ein Gast sich über etwas beschwert, gibt er die Kritik an die Kolleginnen und Kollegen im Hotel weiter, damit eine Lösung gefunden wird.

15 Kundenbeschwerde. Wählen Sie eine Situation und schreiben Sie einen Dialog.
Die Redemittel auf Seite 198 helfen.

Situation 1

Ein Gast in einem Hotel beschwert sich, weil es am Frühstücksbuffet kein frisches Obst mehr gab.

Situation 2

Eine Kundin / Ein Kunde hat einen Drucker gekauft. Das Problem: Er funktioniert nicht.

16 Verbinden Sie die Sätze mit *je …, desto …*
▶ 10.11

1 Ich reagiere freundlich. Die Gäste sind zufrieden.

Je freundlicher ich reagiere, ...

2 Ich arbeite sorgfältig. Ich bekomme mehr Aufträge.

....

3 Ich arbeite schnell. Ich kann früh nach Hause gehen.

....

Wichtige Wörter

A Bestellungen und Einkäufe

die	Bestellung, -en	
	online	
das	Kaufhaus, -ä-er	
	aufgeben	
	bequem	
	wöchentlich	
	speichern	
	günstig	
die	Versandkosten (Pl.)	
	niedrig	

B Vom Angebot bis zur Lieferung

der	Lieferschein, -e	
die	Anfrage, -n	
	lieferbar	
die	Mehrwertsteuer (Sg.)	
	benötigen	
die	Rechnungsnummer, -n	
die	Menge, -n	
die	Summe, -n	
	überweisen	
das	Konto, Konten	
	bezahlen	
	brauchen	

C Beschwerden und Reklamation

die	Beschwerde, -n	
die	Reklamation, -en	
	aufgeräumt	
	zerrissen	
	zerbrochen	
	unvollständig	
	zerkratzt	
die	Prüfung, -en	
die	Heizung, -en	
der	Fotoapparat, -e	

die	Quittung, -en	
die	Garantie, -n	
	umtauschen	

D Beschwerdemanagement

verhalten (sich)	
umgehen	
unzufrieden	
ärgerlich	
entspannen (sich)	
anbieten	

Meine Wörter

 Wollen Sie mehr üben? Wiederholen und üben Sie in der App.

13 Digitalisierung

A Technische Innovationen

1a Heute und in Zukunft: So wird sich unsere Welt verändern. Welche Fotos passen zusammen? Notieren Sie.

Essen bestellen: .... Einkäufe bezahlen: .... Arbeitsplätze: .... Paketlieferungen: ....

1b Wählen Sie ein Bildpaar aus und beschreiben Sie die Veränderungen. Arbeiten Sie zu zweit.

> **Redemittel**
> In Zukunft wird man wahrscheinlich (nicht mehr) …
> Die Menschen werden wahrscheinlich
> (bald / in wenigen Jahren) …
> Heute …, aber in Zukunft …

> In Schnellrestaurants kann man das Essen auf einem Touchscreen bestellen. In Zukunft muss man nicht mehr in der Warteschlange stehen.

1c Veränderungen am Arbeitsplatz. Welche Fotos passen? Hören und notieren Sie.

Person 1 .... Person 2 .... Person 3 ....

1d Wer sagt was? Hören Sie noch einmal und kreuzen Sie an.
(M)oderator, Frau (S)aleh, Herr (V)argas oder Frau (L)arsson?

	M	S	V	L
1 Onlinebanking ist sicherer geworden.	☐	☐	☐	☐
2 Ich finde die Arbeit jetzt weniger hektisch als früher.	☐	☐	☐	☐
3 Apps werden für das Bezahlen immer wichtiger sein.	☐	☐	☐	☐
4 Noch mehr Menschen werden die Selbstbedienungskassen nutzen.	☐	☐	☐	☐
5 Man wird mehr Platz für Wohnraum haben.	☐	☐	☐	☐
6 In einigen Jahren werden wir die Zeitung in einer Smartbrille lesen.	☐	☐	☐	☐

Lernziele
- über Veränderungen in der Arbeitswelt sprechen
- über zukünftige Entwicklungen sprechen
- Wiederholung: Futur I

1e Über die Zukunft sprechen. Lesen Sie den Grammatikkasten und markieren Sie das Futur I in d.

> **Regel**
>
> **Futur I**
>
> In Zukunft **wird** es viele Innovationen **geben**.
> Immer mehr Menschen **werden** wohl zu Hause **arbeiten**.
> Das Futur I bildet man mit *werden* + Infinitiv. Man verwendet es für Vermutungen, Prognosen und Pläne in der Zukunft.
> ▶ 3

2 Welche Veränderungen haben Sie an früheren Arbeitsplätzen oder an Ihrem jetzigen Arbeitsplatz erlebt? Welche Veränderungen wird es in Ihrem Beruf in Zukunft vielleicht geben? Berichten Sie im Kurs.

> Früher habe ich meinen Tagesplan in ein Notizheft geschrieben. Heute mache ich das mit einer App.

> Ich war LKW-Fahrer. In einigen Jahren werden LKWs vielleicht durch GPS gesteuert auf der Autobahn fahren.

3a Über Pläne sprechen. Nach dem Kurs / der Fortbildung werde ich …
Schreiben Sie einen Text und vergleichen Sie mit Ihrer Partnerin / Ihrem Partner.

> **Redemittel**
>
> Nach … möchte ich zuerst …., dann …
> Ich habe Lust, … zu …
> Ich werde nächstes Jahr …
> Ich plane, nach dem Kurs …
> Vielleicht werde ich …

Nach dem Kurs werde ich vielleicht ein Praktikum machen. Danach werde ich im Herbst hoffentlich eine Ausbildung beginnen. In drei Jahren …

3b Berichten Sie über die Pläne von Ihrer Partnerin / Ihrem Partner im Kurs.

13 B Einfach „smart"

1a Computer und Computerzubehör. Was ist das? Notieren Sie.

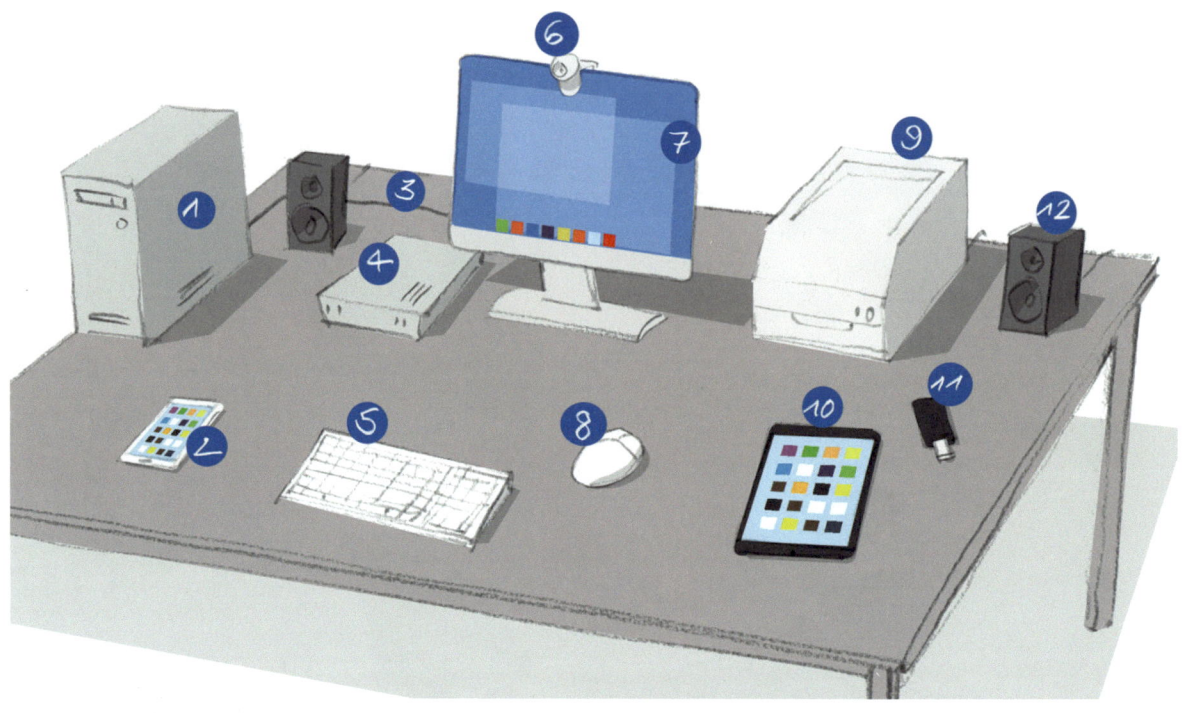

☐ die Tastatur, die Tastaturen
☐ die externe Festplatte / die externen Festplatten
☐ das Tablet, die Tablets
☐ der USB-C-Stick, die USB-C-Sticks
☐ der (externe) Lautsprecher, die (externen) Lautsprecher
☐ das Smartphone, die Smartphones

☐ die Maus, die Mäuse
☐ der Drucker, die Drucker
☐ der Computer, die Computer / der PC, die PCs
☐ das Kabel, die Kabel
☐ der Bildschirm, die Bildschirme / der Monitor, die Monitore
☐ die Webkamera, die Webkameras

1b Computer-Icons. Was bedeuten die Symbole? Notieren Sie.

ausschneiden • Einkaufswagen • speichern • Favorit • drucken • W-LAN • hochladen • suchen • anhängen • Einstellungen

1 .... 2 .... 3 .... 4 .... 5 ....
6 .... 7 .... 8 .... 9 .... 10 ....

1c Wie heißen die Symbole in Ihrer Sprache? Sprechen Sie im Kurs.

2 Gemeinsam etwas planen. Sie wollen sich selbstständig machen.

Sprechen Sie mit Ihrer Partnerin / Ihrem Partner über die Einzelheiten. Machen Sie Vorschläge und begründen Sie Ihre Vorschläge. Gehen Sie auf die Ideen Ihrer Partnerin oder Ihres Partners ein. Einigen Sie sich. Die Stichpunkte helfen Ihnen.

– Größe Büro?
– Was kaufen?
– Wie viel Miete?
– Welche Computer/Technik?

| Lernziele | • über einen Computerarbeitsplatz sprechen
• über die Anwendungsmöglichkeiten von Smartphones, Tablets und Smartboards sprechen
• gemeinsam etwas planen |

3 Was kann man mit den Geräten machen? Sprechen Sie im Kurs.
Ü8

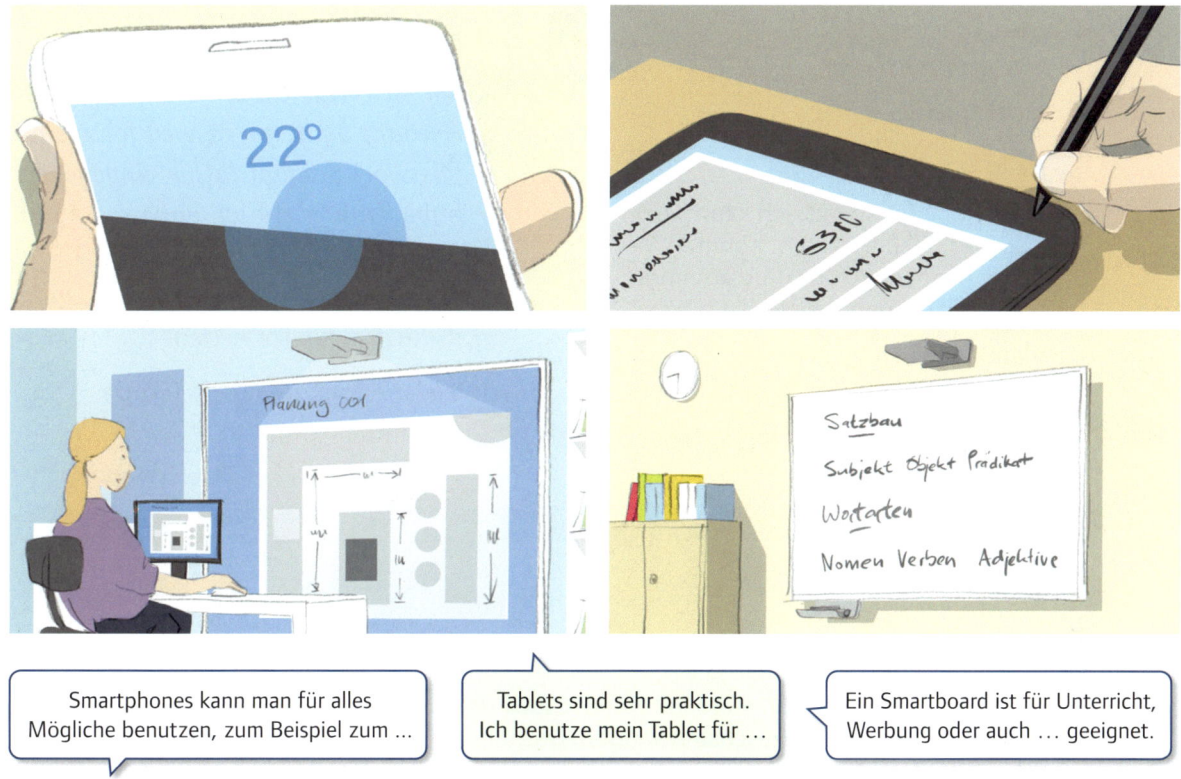

Smartphones kann man für alles Mögliche benutzen, zum Beispiel zum …

Tablets sind sehr praktisch. Ich benutze mein Tablet für …

Ein Smartboard ist für Unterricht, Werbung oder auch … geeignet.

4a Zwei Personen berichten, wie sie das Smartphone, Tablet oder Smartboard beruflich nutzen.
69 Welche Berufe haben die Personen? Notieren Sie.

1 Joachim Schote: _____ 2 Jördis Maier: _____

4b Hören Sie noch einmal und beantworten Sie die Fragen.

1 Welche Medien hat Joachim Schote früher für Hörtexte benutzt?
2 Warum findet er das Smartboard praktisch?
3 Warum benutzt er manchmal lieber das Whiteboard?
4 Wofür verwendet Jördis Maier WhatsApp?
5 Wie unterschreiben ihre Kunden heute Arbeitsberichte?
6 Warum kann sie heute sehr schnell Rechnungen schreiben?

5a Wofür benutzen Sie Ihr Smartphone? Welche Apps haben Sie, welche Apps benutzen Sie oft?
Sprechen Sie zu dritt.

5b Welche App benutzen Sie oft? Sprechen Sie zu zweit und erklären Sie.

Ich benutze oft die Wetter- App …

Was machst du damit?

Ich prüfe jeden Morgen, wie das Wetter wird. Dann weiß ich, ob ich mit dem Fahrrad oder dem Auto zur Arbeit fahre.

Ist die App gratis?

Es gibt zwei Versionen, die eine … und die andere …

C Die Hotline

1a Probleme mit der Technik. Lesen Sie die Texte und markieren Sie: richtig oder falsch?

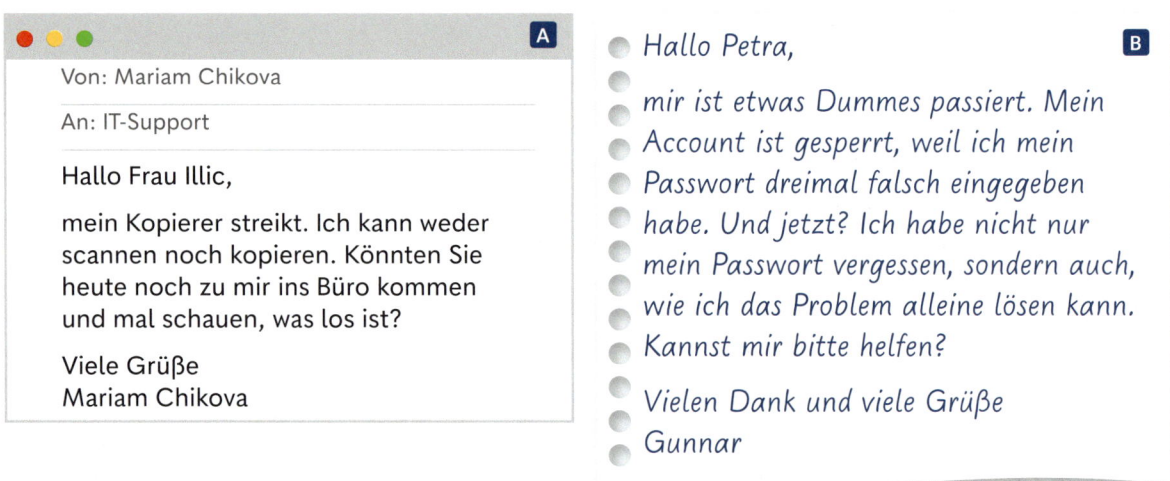

A
Von: Mariam Chikova
An: IT-Support

Hallo Frau Illic,

mein Kopierer streikt. Ich kann weder scannen noch kopieren. Könnten Sie heute noch zu mir ins Büro kommen und mal schauen, was los ist?

Viele Grüße
Mariam Chikova

B
Hallo Petra,

mir ist etwas Dummes passiert. Mein Account ist gesperrt, weil ich mein Passwort dreimal falsch eingegeben habe. Und jetzt? Ich habe nicht nur mein Passwort vergessen, sondern auch, wie ich das Problem alleine lösen kann. Kannst mir bitte helfen?

Vielen Dank und viele Grüße
Gunnar

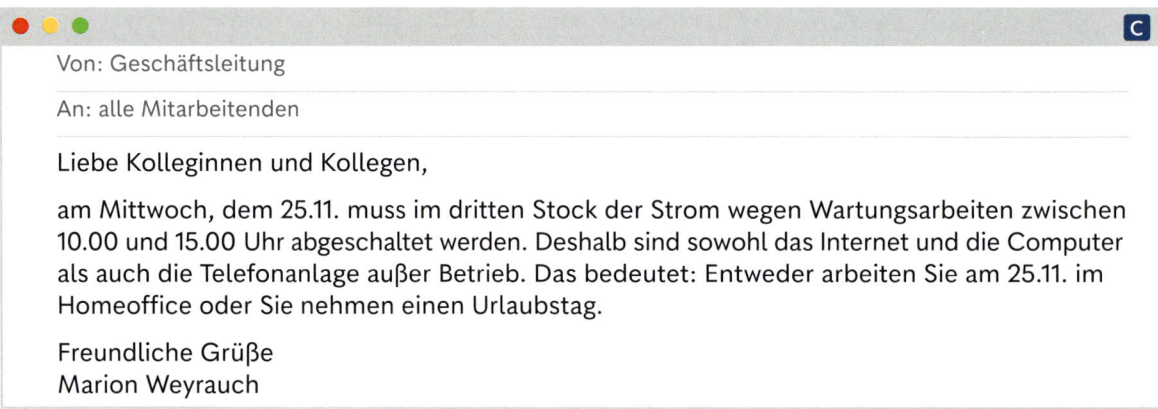

C
Von: Geschäftsleitung
An: alle Mitarbeitenden

Liebe Kolleginnen und Kollegen,

am Mittwoch, dem 25.11. muss im dritten Stock der Strom wegen Wartungsarbeiten zwischen 10.00 und 15.00 Uhr abgeschaltet werden. Deshalb sind sowohl das Internet und die Computer als auch die Telefonanlage außer Betrieb. Das bedeutet: Entweder arbeiten Sie am 25.11. im Homeoffice oder Sie nehmen einen Urlaubstag.

Freundliche Grüße
Marion Weyrauch

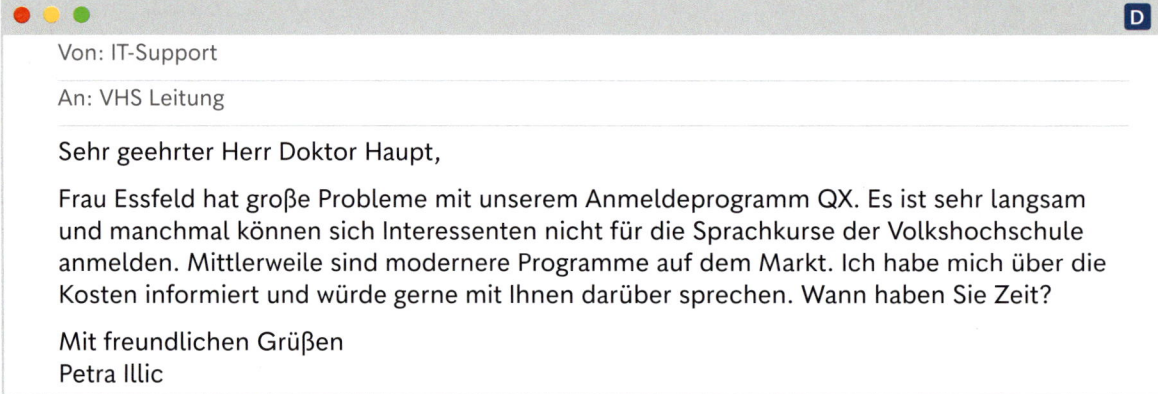

D
Von: IT-Support
An: VHS Leitung

Sehr geehrter Herr Doktor Haupt,

Frau Essfeld hat große Probleme mit unserem Anmeldeprogramm QX. Es ist sehr langsam und manchmal können sich Interessenten nicht für die Sprachkurse der Volkshochschule anmelden. Mittlerweile sind modernere Programme auf dem Markt. Ich habe mich über die Kosten informiert und würde gerne mit Ihnen darüber sprechen. Wann haben Sie Zeit?

Mit freundlichen Grüßen
Petra Illic

1 Frau Chikova hat Probleme mit dem Computer. ☐ Richtig ☐ Falsch
2 Die Mitarbeiter können am 15.1. im Homeoffice arbeiten. ☐ Richtig ☐ Falsch
3 Der Computer von Gunnar ist blockiert. ☐ Richtig ☐ Falsch
4 Frau Ilic hat eine neue Software gekauft. ☐ Richtig ☐ Falsch

1b Lesen Sie die Texte A–C und markieren Sie die Sätze mit Doppelkonjunktionen.

> **Memo**
> **Doppelkonjunktionen**
> Mit *weder ... noch* kann man etwas negieren.
> *Entweder ... oder* bezeichnet Alternativen oder Möglichkeiten
> Mit *nicht nur ..., sondern auch* und *sowohl ... als auch* zählt man Sachen auf.
> ▶ 10.11

Lernziele
- Probleme mit Computertechnik beschreiben
- eine Hotline anrufen
- Wiederholung: Doppelkonjunktionen

13

2 Schreiben Sie die Sätze mit den passenden Doppelkonjunktionen in Ihr Heft.
Ü10

1 Im Büro habe ich zwei Möglichkeiten für Telefonate:
Ich benutze das Festnetz. Ich benutze das Telefon.
2 Im Urlaub möchte ich nicht von meinem Chef kontaktiert werden.
Ich möchte auch nicht von Kunden kontaktiert werden.
3 Mein Arbeitgeber bezahlt mir einen Firmenwagen.
Er bezahlt mir auch ein Smartphone.
4 Im Beruf muss ich zuverlässig arbeiten und ich muss schnell arbeiten.

Im Büro benutze ich für Telefonate entweder ...

3a Herr Dobre ruft die IT-Hotline an. Was funktioniert nicht? Hören Sie und kreuzen Sie an.
70 Ü11

☐ der PC/Rechner ☐ der Laptop ☐ der Drucker ☐ die Apps

3b Hören Sie den zweiten Teil des Telefonats. Was ist richtig? Kreuzen Sie an.
71

1 ☐ Herr Dobres Drucker heißt Pro-Printer 300-A.
2 ☐ Frau Thomas vermutet, dass der Drucker nicht installiert ist.
3 ☐ Er soll zuerst auf „Start" und dann auf „Geräte" klicken.
4 ☐ Er soll seinen Drucker aus einer Liste mit vielen Druckern auswählen.

4a Internetrecherche. Welche Überschrift passt? Lesen Sie und kreuzen Sie an.
Ü12

☐ Tipps für die Recherche im Internet   ☐ Suchmaschinen für die Internetrecherche

Im Internet finden Sie fast alles, was Sie suchen – wenn Sie richtig fragen.

So können Sie vorgehen:
- Eine Suchmaschine wie Google, Bing oder Yahoo im Internet öffnen.
- Vor der Recherche überlegen, was Sie suchen. Weil Suchmaschinen nicht denken können, ist es wichtig, die richtigen Suchbegriffe einzugeben.
- Suchbegriffe im Singular und kleingeschrieben eingeben. Das Ergebnis wird genauer, wenn man mehr Wörter eintippt. Ein einzelner Suchbegriff bringt oft Hunderttausende von Treffern. Deshalb kann man mehrere Suchbegriffe mit der Leertaste trennen und so gezielter nach Informationen suchen.
- Auf die Links klicken, die seriös aussehen.

4b Projekt: Internetrecherche. Sie planen eine Betriebsfeier und suchen ein Cateringunternehmen, das ein Buffet liefern soll. Sammeln Sie Informationen und präsentieren Sie Ihre Ergebnisse.

– Welche Suchwörter haben Sie eingegeben?
– Wie viele Ergebnisse haben Sie bekommen?
– Welche Anbieter haben Sie gefunden?

D Künstliche Intelligenz

- einen Kommentar in einer Zeitung verstehen
- über die Möglichkeiten von Künstlicher Intelligenz diskutieren

1a Lesen Sie den Text. Was denkt Frau Barmbeck über KI? Diskutieren Sie im Kurs.

Unsere Zukunft mit KI
von Victoria Barmbeck

KI oder Künstliche Intelligenz: Davon liest und hört man in Zeitungsmeldungen oder Nachrichtenblogs im Internet sowie im Radio und Fernsehen immer häufiger.

KI bedeutet, dass Programme ähnlich funktionieren können wie das Denken von Menschen. Sie sammeln Daten und lernen durch Erfahrung und sie lösen Probleme selbstständig. Ein großer Vorteil ist, dass sie dabei schneller und auch effektiver sein können als Menschen.

KI wird schon heute in Unternehmen auf verschiedene Weise genutzt. So kann KI Produktionsprozesse optimieren, um schon früh Fehler zu erkennen und vorauszusehen. Das soll den Unternehmen helfen, besser zu planen. Die Mitarbeitenden müssen sich weniger mit Problemen in der Produktion beschäftigen und können dadurch effektiver arbeiten.

KI ist in Unternehmen schon heute so weit verbreitet, dass die Beschäftigten sie im Arbeitsalltag kaum bemerken. Viele sind beim Thema KI auch skeptisch, weil sie Angst haben, dass sie ihren Arbeitsplatz verlieren. Ich aber denke: Man muss keine Angst vor KI haben. Sie soll den Menschen unterstützen. Wenn die Unternehmen sie richtig einsetzen, kann der Arbeitsalltag viel ruhiger und entspannter werden. Die Arbeitsplätze könnten sogar sicherer werden, weil ein Unternehmen durch KI auf dem Markt konkurrenzfähiger wird.

Manche haben auch Angst, dass KI ein eigenes Bewusstsein bekommt und eine Konkurrenz zum Menschen wird. Dieses Thema ist auch in Science-Fiction-Filmen sehr beliebt. Aber auch da bin ich optimistisch. Ein gutes Beispiel dafür ist der Chatbot ChatGPT, den viele Leute im Alltag und privat benutzen, zum Beispiel um Briefe zu schreiben. Man kann mit ChatGPT wie mit einem realen Menschen kommunizieren und durch geschickte Fragen und Anweisungen an ChatGPT gute und immer bessere Ergebnisse bekommen.

1b Lesen Sie noch einmal. Diese Aussagen sind falsch. Korrigieren Sie sie.

1 Um zu lernen, brauchen KI-Programme immer die Hilfe des Menschen.

   Richtig: _____

2 Durch KI können viele Menschen ihren Arbeitsplatz verlieren.

   Richtig: _____

3 ChatGPT ist durch Science-Fiction-Filme bekannt geworden.

   Richtig: _____

1c Ihre Partnerin / Ihr Partner war nicht im Unterricht. Fassen Sie den Text aus a für sie/ihn zusammen.

2 Was ist Ihre Meinung? Welche Chancen und Risiken gibt es mit Künstlicher Intelligenz im Arbeitsleben und im Alltag? Diskutieren Sie im Kurs.

> Ich stimme der Kommentatorin zu. KI wird für viele Menschen die Arbeit erleichtern.

> Es kann aber auch sein, dass viele dadurch ihre Arbeit verlieren.

> Ich kenne ChatGPT. Ich habe damit meinen Urlaub organisiert. Das war sehr praktisch.

Kurz und bündig

Kommunikation

über technische Veränderungen im Beruf sprechen
Früher habe ich meinen Tagesplan in ein Notizheft geschrieben. Heute mache ich das mit einer App.
Ich war LKW-Fahrer. In einigen Jahren werden LKWs vielleicht durch GPS gesteuert auf der Autobahn fahren.
In dem Beruf wird es möglicherweise mehr Roboter und weniger Arbeitskräfte geben.

über die Einsatzmöglichkeiten von Smartphones, Tablets und Smartboards sprechen
Mit einem Handy konnte man früher nur telefonieren, vielleicht auch fotografieren. Aber heute kann man mit einem Smartphone im Internet surfen, Texte schreiben und vieles mehr.
Tablets sind sehr praktisch. Ich benutze mein Tablet, um Filme zu sehen.
Ein Smartboard ist für den Unterricht oder auch Werbung geeignet.

über Probleme mit dem Computer sprechen
Wenn ich Probleme mit dem Computer habe, rufe ich die Hotline an.
Die Mitarbeiter vom IT-Support können oft sehr schnell helfen.

Grammatik

Futur I
Das Futur I bildet man mit *werden* + Infinitiv.
Man verwendet es für Vermutungen, Prognosen und Pläne in der Zukunft.
In informellen Situationen verwendet man oft das Präsens, wenn man über die Zukunft spricht.

In Zukunft wird es so weitergehen.
Immer mehr Menschen werden wohl zu Hause bleiben.
Man wird immer weniger Büroräume brauchen.

Doppelkonjunktionen

nicht nur ..., sondern auch **und** *sowohl ... als auch*
Mit *nicht nur ..., sondern auch* und *sowohl ... als auch* zählt man Sachen auf.

Ich habe nicht nur mein Passwort vergessen, sondern auch, wie ich das Problem lösen kann.
Sowohl das Internet und die Computer als auch die Telefonanlage sind außer Betrieb.

weder ... noch
Mit *weder ... noch* kann man etwas negieren.

Ich kann weder scannen noch kopieren.

entweder ... oder
Entweder ... oder bezeichnet Alternativen oder Möglichkeiten.

Entweder arbeiten Sie am 25.11. im Homeoffice oder Sie nehmen einen Urlaubstag.

13 Übungen

1 Vergleichen Sie die beiden Bilder. Welche Situation zeigen sie? Was ist der Unterschied? Schreiben Sie vier Sätze ins Heft.

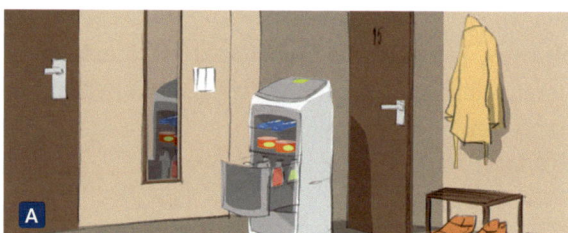 

2 Schreiben Sie die Sätze im Futur I.
▶ 3

1 In zehn Jahren habe ich eine eigene Firma.

....

2 Die Firma wächst sehr schnell.

....

3 Jedes Jahr kommen mehr Kundinnen und Kunden.

....

4 Ich verdiene viel Geld und habe viele Mitarbeitinnen und Mitarbeiter.

....

3a Was wird sein? Schreiben Sie fünf Prognosen.

Redemittel		
Viele Menschen		nicht mehr so viel Papier brauchen.
In Supermärkten	wird man	nur noch selten bar bezahlen.
In den Städten	werden	seltener benutzt werden.
Festnetztelefone	wird es	fahrerlose U-Bahnen geben.
In den Büros		häufiger Tablets benutzen.

1 ....
2 ....
3 ....
4 ....
5 ....

3b Wählen Sie aus a vier Sätze aus und ergänzen Sie.

1 Es kann sein, dass ....
2 Möglicherweise ....
3 Vielleicht ....
4 Vermutlich ....

4 Präsens und Futur für die Zukunft. Schreiben Sie Sätze im Präsens oder im Futur I.

1 meine Kollegen und ich – nächste Woche – besprechen – viele Projekte

....

2 ich – gehen – in Rente – im September

....

3 ohne digitale Kommunikation – werden – wir – können – nicht mehr leben

....

4 nie – leben – vielleicht – Menschen – werden – auf dem Mond

....

5 bald – die Firma – bekommen – neue Software

....

5 Welche Bedeutung hat *werden* in diesen Sätzen? Passiv (P), Futur I (F) oder Vollverb (V)? Notieren Sie.

1 ☐ Das Wetter wird schlechter.
2 ☐ Die Maschine muss repariert werden.
3 ☐ Ohne künstliche Intelligenz werden Unternehmen Nachteile haben.
4 ☐ Meine Bezahlung ist besser geworden.
5 ☐ Schon heute werden Tablets in vielen Berufen genutzt.
6 ☐ In 10 Jahren wird es vielleicht kein Bargeld mehr geben.

6 Welches Verb passt nicht? Streichen Sie durch.

1 Texte herunterladen • schreiben • speichern • gründen
2 Computer löschen • starten • ausschalten • bedienen
3 Drucker kaufen • einschalten • drucken • suchen
4 Dateien kopieren • speichern • bestellen • löschen
5 Tablets benutzen • herunterladen • vergleichen • einrichten

7a Welcher Satz passt zu dem Gespräch? Hören Sie und kreuzen Sie an.

1 ☐ Camila und Julio wollen eine Firma gründen. Computer haben sie schon, aber sie brauchen noch Tablets.
2 ☐ Camila und Julio haben eine Firma. Ihre Computer sind veraltet. Sie wollen nun neue Computer und Tablets kaufen.

7b Hören Sie noch einmal und beantworten Sie die Fragen im Heft.

1 Wie viele Tablets und Computer wollen Camila und Julio kaufen?
2 Welche Vorteile nennt Camila für die neuen Computer?
3 Wie viel Geld wollen sie maximal investieren?
4 Wo will sich Julio über Angebote für Tablets und Computer informieren?
5 Wo will Camila die Tablets und Computer kaufen?

8 Rechtschreibung. Finden Sie in dem Text 14 weitere Fehler. Korrigieren Sie.

Liebe ~~Koleginnen~~ und Kollegen,
    Kolleginnen

Ich melde mich bei euch, Denn ich habe ein problem mit unserer Firmensoftare. Ich kann den Ordner Beställungen nicht aufrufen. Deshalb ich habe folgende Frage an euch: Habt das Problem auch ihr? Bitte melden euch bei mich! Wenn jemannd den Ordner aufrufen kann, konnte er oder sie mir das Dokument Rechnungen_Fomular zuschicken? Ich brauche es dringend, weil ich muss schreiben mehrere Rechnung.

Vielen Dank und viele Gruße
Magda Schneider

9a Verbinden Sie die Sätze mit *sowohl … als* auch.
▶ 10.11

1. Herr Dill arbeitet im Büro. Er arbeitet auch zu Hause.
2. Frau Metzger schreibt E-Mails am Computer. Sie schreibt auch E-Mails am Smartphone.
3. Frau Yasaner muss im Lager die Wareneingänge dokumentieren. Sie muss auch Waren verpacken.

9b Verbinden Sie die Sätze mit *nicht nur … sondern auch*.
▶ 10.11

1. Ich habe ein Privatauto. Ich habe einen Firmenwagen.
2. Für beruflichen Erfolg braucht man oft eine gute Ausbildung und Erfahrung.
3. Julio und Camila wollen Computer kaufen. Sie wollen auch Tablets kaufen.
4. Viele Leute arbeiten heute zu Hause. Sie arbeiten in der Firma.

9c Verbinden Sie die Sätze mit *entweder … oder*.
▶ 10.11

1. Suna – möchte – eine Ausbildung machen – im Bereich Gastronomie – im Bereich Hotellerie
2. Ali – möchte – Urlaub machen – im Juli – im August
3. Frank – möchte – kaufen – ein Tablet – einen Laptop
4. Kalila – fährt – heute – zu einem Kunden – in Offenbach – in Hanau

9d Verbinden Sie die Sätze mit *weder ... noch*.

1 Die Laptops haben keine große Festplatte. Sie haben keinen großen Arbeitsspeicher.

2 Laura trinkt im Büro keinen Kaffee. Sie trinkt auch keinen Tee.

3 Ich habe kein Geld für Urlaub. Ich habe auch keine Zeit.

10 Verbinden Sie die Sätze mit *sowohl ... als auch, nicht nur ..., sondern auch, entweder ... oder* und *weder ... noch*.

1 Mein Monitor funktioniert nicht und mein Drucker funktioniert auch nicht.

Weder mein Monitor noch mein Drucker funktionieren.

2 Pavel kann seinen Drucker nutzen oder er kann seinen Scanner nutzen.

3 Miriam kann auf dem Tablet lesen und sie kann auf dem Tablet schreiben.

4 Ich kann im Moment meinen Computer nicht hochfahren und mich auch nicht einloggen.

5 Du kannst mir jetzt bei der Arbeit helfen. Oder du lässt mich in Ruhe.

6 Der IT-Support konnte Frau Alay helfen und auch eine Lösung anbieten.

11 Ein Anruf beim IT-Support. Ordnen Sie den Dialog. Hören Sie dann und kontrollieren Sie.

☐ Das ist ein ScanStar 300X.
☐ Das mache ich. Vielen Dank.
☐ Genau so ist es.
☐ Guten Tag, Aras Hajm hier. Ich habe ein Problem mit meinem Scanner.
☐ Ich habe den Treiber für den Scanner aus dem Internet heruntergeladen und auf meinem Laptop installiert. Aber ich kann jetzt keine Verbindung vom Computer zum Scanner herstellen.
☐ Moment, ich schaue nach ... Die Version ist 2.2.1.
☐ Auf Wiederhören.
[1] CVB-Computer. Kann ich Ihnen helfen?
☐ Dann passt Ihre Version nicht mehr. Die aktuelle Version ist die 2.2.4. Laden Sie den Treiber noch einmal herunter. Achten Sie auf die Version: 2.2.4.
☐ Gern geschehen. Wenn es noch Probleme gibt, melden Sie sich einfach noch mal. Auf Wiederhören.
☐ Ich denke, das Problem liegt am Treiber. Seit einigen Tagen gibt es eine neue Version. Welche Version haben Sie?
☐ Kann es sein, dass immer die Meldung „Scanner nicht erkannt" erscheint?
☐ Könnten Sie mir bitte den Namen des Scanners sagen?
☐ Ok. Und welches Problem haben Sie?

12 Lesen Sie den Text zur Internetrecherche auf Seite 213 noch einmal und kreuzen Sie an: richtig oder falsch?

	R	F
1 Der Erfolg bei der Internetsuche hängt davon ab, welche Fragen man stellt.	☐	☐
2 Das Internet ist eine Suchmaschine.	☐	☐
3 Nicht alle Suchmaschinen können schon selbst denken.	☐	☐
4 Bei der Suche hilft es, wenn man die richtigen Begriffe eingibt.	☐	☐
5 Die Eingabe vieler Begriffe erschwert die Suche.	☐	☐
6 Eine Suchanfrage kann zu sehr vielen Treffern führen.	☐	☐
7 Wenn man mehrere Begriffe eingibt, muss man die Leertaste benutzen.	☐	☐
8 Links können auch unseriös sein.	☐	☐

🔊 74

13a KI in der Spedition Huning. Was hören Sie? Kreuzen Sie an.

- **a** ☐ ein Kundengespräch
- **b** ☐ ein Gespräch zwischen Kolleginnen
- **c** ☐ ein Gespräch mit einem Lieferanten

🔊 **13b** Hören Sie noch einmal. Was sagen die Personen? Kreuzen Sie an.

1. ☐ KI kann ein eigenes Bewusstsein entwickeln.
2. ☐ KI-Programm kann Firmen helfen, Kosten zu sparen.
3. ☐ Auch andere Firmen werden ihre Software modernisieren.
4. ☐ Durch KI können Firmen konkurrenzfähiger werden.
5. ☐ Durch KI haben Mitarbeitende mehr Zeit für andere Aufgaben.
6. ☐ Die Wirtschaft wird viele KI-Spezialistinnen und -Spezialisten brauchen.
7. ☐ Es gibt das Risiko, dass Arbeitsplätze verloren gehen.
8. ☐ KI kann kreativ sein.
9. ☐ In einigen Jahren wird KI das Leben der Menschen kontrollieren.
10. ☐ Es ist ein Risiko, wenn die Menschen KI zu sehr vertrauen.
11. ☐ Es ist für Schülerinnen und Schüler nicht gut, wenn sie mit KI-Programmen lernen.
12. ☐ Man sollte genau überlegen, wo KI man sinnvoll nutzen kann und wo nicht.
13. ☐ Auf KI kann man verzichten.
14. ☐ Ohne KI ist das Leben nicht so kompliziert.

14 Lesen Sie den Text auf Seite 214 noch einmal und beantworten Sie die Fragen.

1 Wo erfährt man etwas über KI?
2 Was kann KI?
3 Warum benutzen Firmen KI?
4 Warum haben manche Menschen Angst vor KI?

15 Welche Meinung haben Sie über KI? Welche Vorteile und Nachteile sehen Sie? Schreiben Sie einen kurzen Text.

Wichtige Wörter

A Innovationen

die	Innovation, -en	....
die	Warteschlange, -n	....
	hektisch	....
der	Wohnraum, -ä-e	....
	weitergehen	....
die	Vermutung, -en	....
die	Prognose, -n	....
der	Tagesplan, -ä-e	....
	möglicherweise	....
die	Karriere, -n	....

B Einfach „smart"

der	Computer, -	....
das	Smartphone, -s	....
der	Rechner, -	....
die	Tastatur, -en	....
die	Festplatte, -n	....
das	Tablet, -s	....
der	Lautsprecher, -	....
die	Maus, -ä-e	....
der	Drucker, -	....
	hochladen	....
	suchen	....
das	Gerät, -e	....
	fotografieren	....
	praktisch	....
die	Medien (Pl.)	....

C Die Hotline

die	Technik (hier Sg.)	....
	streiken	....
die	Wartungsarbeiten (Pl.)	....
	abschalten	....
	mittlerweile	....
das	Festnetz, -e	....
der	Start, -s	....
die	Suchmaschine, -n	....
	vorgehen	....
der	Suchbegriff, -e	....

	eingeben	....
	tippen	....
der	Treffer, -	....
die	Leertaste, -n	....
	gezielt	....
	zunächst	....

D Künstliche Intelligenz

	effektiv	....
	optimieren	....
	erkennen	....
	voraussehen	....
der	Beschäftige, -n	....
die	Beschäftigte, -n	....
	skeptisch	....
	einsetzen	....
	konkurrenzfähig	....
das	Bewusstsein (Sg.)	....
	optimistisch	....
	geschickt	....

Meine Wörter

 Wollen Sie mehr üben? Wiederholen und üben Sie in der App.

14 Arbeit und Recht

A Der Arbeitsvertrag

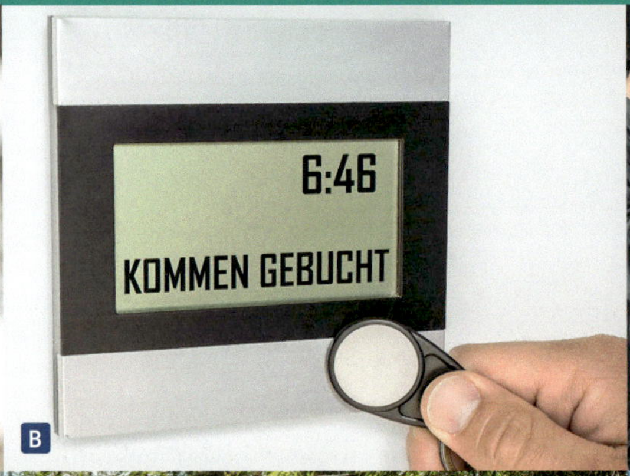

1 Rechte und Pflichten im Job. Sehen Sie die Fotos an. Was könnten sie mit dem Thema zu tun haben? Sammeln Sie weitere Rechte und Pflichten im Kurs.

- Beschäftigte haben das Recht auf Urlaub.
- In manchen Berufen ist man verpflichtet, …
- Der Arbeitgeber muss …
- Mitarbeitende können …

2a Hören Sie das Gespräch und kreuzen Sie an: richtig oder falsch?

R F

Jacob Radebe hat seinen neuen Arbeitsvertrag unterschrieben. ☐ ☐

2b Hören Sie das Gespräch noch einmal. Was steht im Arbeitsvertrag? Kreuzen Sie an.

1 ☐ die Probezeit
2 ☐ die Aufgaben im neuen Job
3 ☐ die Bezahlung
4 ☐ die Anzahl der Urlaubstage
5 ☐ die wöchentliche Arbeitszeit
6 ☐ die Frist für eine Kündigung

2c Überfliegen Sie Herrn Radebes Arbeitsvertrag und beantworten Sie die Fragen.

1 Für welche Firma wird Herr Radebe arbeiten?
2 Wann beginnt der Arbeitsvertrag?
3 Wie viel wird Herr Radebe verdienen?
4 Wie viele Stunden wird er pro Woche arbeiten?
5 Wie viel Urlaub wird er jährlich bekommen?

Info

Das Paragraphenzeichen (§) steht oft in Verträgen und Gesetzen vor einer Zahl. Man liest z. B: „§1" und spricht „Paragraph eins".

Lernziele
- über Rechte und Pflichten im Beruf sprechen
- einen Arbeitsvertrag verstehen

Arbeitsvertrag

zwischen der **Braun Objektmanagement GmbH** und *Herrn Jacob Radebe*
Lärchenstraße 27 Kurt-Blum-Straße 44
65933 Frankfurt a. M. 65934 Frankfurt a. M.
(im Folgenden: Arbeitgeber) (im Folgenden: Arbeitnehmer)

wird folgender Arbeitsvertrag geschlossen:

§1 Beginn des Arbeitsverhältnisses
Das Arbeitsverhältnis beginnt am 01.04.2025. Es endet ohne besondere Vereinbarung mit Erreichen der gesetzlichen Altersgrenze.

§2 Tätigkeit
Der Arbeitnehmer wird als Haustechniker eingestellt und mit folgenden Arbeiten beschäftigt: Überwachung, Wartung und Instandsetzung der Gebäudetechnik.

§3 Arbeitsvergütung
Der Arbeitnehmer enthält eine monatliche Bruttovergütung von 2.500,00 €. Er erhält mit dem Novembergehalt auch ein 13. Gehalt (Weihnachtsgeld).

§4 Arbeitszeit
Die regelmäßige wöchentliche Arbeitszeit beträgt 40 Stunden. Beginn und Ende der täglichen Arbeitszeit richten sich nach der betrieblichen Einteilung. Der Arbeitnehmer ist jedoch verpflichtet, betriebsnotwendige Überstunden zu leisten.

§5 Urlaub
Der Jahresurlaub beträgt 30 Arbeitstage. Den Zeitraum für den Urlaub darf der Arbeitnehmer nicht frei wählen, sondern muss ihn mit seinem Vorgesetzten abstimmen.

§6 Krankheit
Ist der Arbeitnehmer erkrankt, muss er das dem Arbeitgeber unverzüglich mitteilen. Dauert die Krankheit länger als drei Tage, muss er spätestens am dritten Tag ein ärztliches Attest vorlegen. Bei Krankheit erhält der Arbeitnehmer sechs Wochen lang sein reguläres Gehalt weiter.

§7 Nebentätigkeit
Jede Nebentätigkeit, gleich ob sie entgeltlich oder unentgeltlich ausgeübt wird, bedarf der vorherigen Zustimmung des Arbeitgebers.

§8 Kündigung
Das Arbeitsverhältnis wird auf unbestimmte Zeit geschlossen. Die ersten sechs Monate gelten als Probezeit. Während der Probezeit kann das Arbeitsverhältnis mit einer Frist von zwei Wochen gekündigt werden. Nach Ablauf der Probezeit gelten die gesetzlichen Kündigungsfristen. Die Kündigung bedarf der Schriftform.

2d Lesen Sie noch einmal und kreuzen Sie an: richtig oder falsch? Korrigieren Sie die falschen Aussagen.

		R	F
1	Er muss keine Arbeiten machen, die nicht in §2 aufgezählt werden.	☐	☐
2	Er kann Urlaub machen, wann er will.	☐	☐
3	Wenn er krank ist, muss er seinen Arbeitgeber sofort informieren.	☐	☐
4	Er kann noch einen anderen Job annehmen.	☐	☐
5	Er hat einen unbefristeten Vertrag bekommen.	☐	☐

3 Arbeiten Sie zu zweit. Schreiben Sie fünf W-Fragen. Fragen und antworten Sie.

● *Wie heißt der Arbeitgeber von Herrn Radebe?*

Braun Objektmanagement GmbH.

B Vollzeit oder Teilzeit?

1a Welche Verträge gibt es? Lesen und notieren Sie. Was ist der Unterschied zwischen befristet und unbefristet? Sprechen Sie im Kurs.

> **Info**
>
> **Welche Arbeitsverträge gibt es?**
>
> Die meisten Arbeitsverträge sind unbefristete Verträge. Das bedeutet, dass man so lange bei der Firma arbeiten kann, wie beide Seiten damit einverstanden sind. Meistens endet das Arbeitsverhältnis aber automatisch bei Rentenbeginn.
> Es gibt aber auch Arbeitsverträge, die befristet sind. Das bedeutet, dass man nur für eine bestimmte Zeit bei der Firma arbeitet. Nach dieser Zeit endet das Arbeitsverhältnis automatisch, wenn es vorher nicht verlängert wird. Arbeitsverträge können bis zu zwei Jahre befristet werden.
> Es gibt noch Teilzeitarbeitsverträge, Arbeitsverträge für Auszubildende, Verträge zur Probearbeitszeit und Verträge für Praktikanten.

1b Wer hat jetzt welchen Vertrag? Hören und notieren Sie.

Latifa Khlif

Iwan Grekow

Wanda Villar

☐ Vollzeitarbeitsvertrag
☐ Teilzeitarbeitsvertrag
☐ Praktikumsvertrag

☐ unbefristeter Arbeitsvertrag
☐ befristeter Arbeitsvertrag
☐ Leiharbeitsvertrag

1c Hören Sie noch einmal und ergänzen Sie die Tabelle. Vergleichen Sie zu zweit.

	Ausbildung (Was? Wie lange)	Arbeitgeberin/Arbeitgeber (früher und jetzt)	Arbeitszeiten (früher und jetzt)
Latifa Khlif			
Iwan Grekow	*keine abgeschlossene Ausbildung*		
Wanda Villar			

2 Über Arbeitsverträge und Arbeit sprechen. Fragen und antworten Sie zu zweit.

> **Redemittel**
>
> **über Arbeitsverträge und Arbeit sprechen**
>
> Wärst du bereit,
> Kannst du dir vorstellen,
> Hättest du etwas dagegen,
>
> eine befristete Stelle anzunehmen?
> als Praktikant oder Praktikantin zu arbeiten?
> für eine Leiharbeitsfirma zu arbeiten?
> in Teilzeit zu arbeiten?
> einen Mini-Euro-Job zu machen?
> in Schichtarbeit zu arbeiten?
> einen Probearbeitsvertrag zu unterschreiben?
>
> Ja, klar. Warum nicht?
> Das würde ich gern machen.
> Nein, eigentlich nicht.
> Auf gar keinen Fall.

Lernziele
- über verschiedene Arbeitsverträge sprechen
- über die Vor- und Nachteile von Teilzeit sprechen
- Wiederholung: Adjektive für Personen als Nomen

3a In Teilzeit arbeiten. Lesen Sie den Text und beantworten Sie die Fragen.
Ü6

Immer mehr Erwerbstätige wollen in Teilzeit arbeiten
Pia Dohr

Immer mehr Menschen in Deutschland wollen in Teilzeit arbeiten. So wollen z. B. viele erwerbstätige Elternpaare in Teilzeit arbeiten, damit sie Beruf und Familie besser vereinbaren können. Aber
5 auch viele Erwerbstätige ohne Kinder wollen ihre wöchentliche Arbeitszeit reduzieren, zum Beispiel um mehr Freizeit für Hobbys zu haben. Beschäftigte können einen Antrag auf Teilzeitarbeit stellen. Eine Beschäftigte oder ein Beschäf-
10 tigter hat das Recht, wöchentlich weniger als Vollzeit zu arbeiten. Man muss allerdings mindestens sechs Monate beschäftigt sein, bevor man einen Antrag auf Teilzeit stellen kann. Und der Betrieb muss mindestens 15 Angestellte
15 haben. Dann kann man dem Vorgesetzten oder der Vorgesetzten z. B. in einer E-Mail drei Monate vorher mitteilen, um wie viele Stunden man die wöchentliche Arbeitszeit reduzieren möchte. Einen Grund, warum man weniger arbeiten
20 möchte, muss man nicht angeben. Es schadet aber nicht, den Wunsch kurz zu begründen. Nur wenn es wichtige Gründe gibt, darf der Arbeitgeber den Wunsch nach Teilzeit ablehnen.

1 Warum wollen viele Menschen in Deutschland in Teilzeit arbeiten?
2 Was können Beschäftigte tun, wenn sie weniger arbeiten möchten?
3 Wie groß muss der Betrieb sein, damit man ein Recht auf Teilzeit hat?
4 Was muss man tun, wenn man seine Arbeitszeit reduzieren möchte?
5 Wann darf der Arbeitgeber eine Teilzeitarbeit ablehnen?

3b Jemand aus Ihrem Kurs hat den Text nicht gut verstanden. Erklären Sie die wichtigsten Informationen aus dem Text in einfachen Worten. Die Redemittel helfen.

Redemittel

Informationen aus Texten weitergeben
In dem Text geht es um das Thema …
Das Thema des Textes ist …
Die Autorin schreibt, dass …
Im Text steht, dass …
Die wichtigste Information im Text ist …
Besonders interessant ist der Punkt …

4 Adjektive als Nomen verwenden. Sammeln Sie die Nomen in 3a und notieren Sie.
Ü7+8

● Erwerbstätige, …

Memo
Adjektive für Personen als Nomen
Viele Adjektive, die eine Person bezeichnen, können als Nomen benutzt werden. Sie haben die gleiche Endung wie Adjektive vor Nomen und werden groß geschrieben.
der arbeitslose Mann → der Arbeitslose, ein arbeitsloser Mann → ein Arbeitsloser
die arbeitslose Frau → die Arbeitslose, eine arbeitslose Frau → eine Arbeitslose
▶ 7.3

5 Sprechen Sie mit Ihrer Partnerin oder Ihrem Partner ca. drei Minuten lang über das Thema Teilzeit.
Ü9 Was spricht Ihrer Meinung nach dafür und was dagegen?

Redemittel

Pro-Argumente
Für mich gehört zu den Vorteilen von Teilzeit, dass …
Für Teilzeitarbeit spricht, dass …
Das Hauptargument für Teilzeitarbeit ist, dass …
Ich bin für Teilzeitarbeit, weil …

Kontra-Argumente
Gegen Teilzeit spricht, dass …
Das Hauptargument dagegen ist, dass …
Was dagegen spricht, ist, dass …
Ich bin gegen Teilzeitarbeit, weil …

14 C Der Betriebsrat und seine Aufgaben

1a Was für Probleme haben die Beschäftigten? Worüber ärgern sie sich?
Ordnen Sie zu und sammeln Sie weitere Probleme.

1 ☐ Die Arbeit ist nicht zu schaffen.
2 ☐ Meine Kollegen nerven.
3 ☐ Ich musste wieder nachts arbeiten.
4 ☐ Ich muss oft Überstunden machen.
5 ☐ Die Arbeit ist sehr stressig.
6 ☐ Schon wieder hat sich jemand bei mir beschwert.
7 ☐ Ich kam schon wieder zu spät zur Arbeit, weil mein Zug ausgefallen ist.
8 ☐ Ich muss oft während meiner Pause weiterarbeiten.
9 ☐ Die Stimmung in unserem Team ist oft schlecht.

> Beschäftigte können sich ärgern, wenn ...

> Mitarbeitende werden manchmal wütend, wenn ...

> Es kann Ärger geben, weil ...

> Schlechte Stimmung kann es geben, wenn ...

1b Was stört Beschäftigte? Hören Sie die Ergebnisse einer Statistik und notieren Sie.
(77, Ü10-12)

A schlechte Arbeitsatmosphäre • B Arbeitsbelastung • C Überstunden •
D Bezahlung • E zu wenig Lob • F zu wenig Pausen

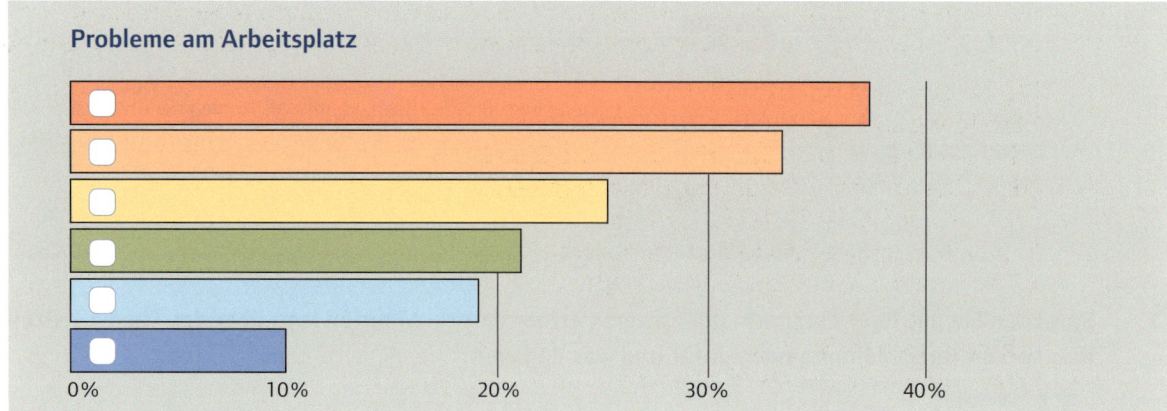

1c Was hat Sie an der Statistik (nicht) überrascht? Warum? Sprechen Sie im Kurs.

1d Worüber haben Sie sich im Beruf schon geärgert?
Was hat Sie gestört? Berichten Sie.

> Mich hat besonders geärgert, dass ...

Lernziele
- den Inhalt einer Statistik erfassen und wiedergeben
- Aufgaben des Betriebsrates verstehen sowie über eine Betriebsversammlung berichten
- Wiederholung: Relativsätze

2a Der Betriebsrat. Arbeiten Sie zu zweit. Lesen Sie den Text und beantworten Sie die Fragen.
Ü13+14

Der Betriebsrat

Der Betriebsrat ist eine Gruppe von Mitarbeitenden, der von den Beschäftigten alle vier Jahre gewählt wird. Es kann Betriebsräte in jedem Betrieb geben, der mindestens fünf Beschäftigte hat. Mindestens einmal im Jahr gibt es eine Betriebsversammlung, zu der alle eingeladen sind. Betriebsräte treffen Betriebsvereinbarungen und kümmern sich um faire Bezahlung, sichere Arbeitsbedingungen sowie um die Gesundheit der Beschäftigten. Sie beraten und unterstützen Mitarbeitende bei Konflikten oder Kündigungen. Der Betriebsrat kann helfen, Missverständnisse zu klären oder Probleme im Betrieb zu lösen.

1 Wer wählt den Betriebsrat?
2 Wie oft gibt es Betriebsratswahlen?
3 Wie oft gibt es Betriebsversammlungen?
4 Welche Aufgaben hat der Betriebsrat?

2b Gibt es Betriebsräte in Ihrem Land? Was machen Beschäftigte, wenn es Probleme gibt?

3 Lesen Sie den Text in 2a noch einmal und markieren Sie die Relativpronomen.
Ü15+16

> **Memo**
>
> **Personen und Sachen genauer beschreiben: Relativsätze**
>
> Zwei Hauptsätze: Der Betriebsrat ist eine Gruppe von Mitarbeitenden. Der Betriebsrat wird von den Beschäftigten alle vier Jahre gewählt.
> Hauptsatz und Relativsatz: Der Betriebsrat ist eine Gruppe von Mitarbeitenden, **der** von den Beschäftigten alle vier Jahre gewählt wird.
>
> ▶ 6.7 + 10.16

M 4 Eine Betriebsversammlung. Lesen Sie die Einladung und fassen Sie die Informationen für eine Freundin / einen Freund auf Deutsch oder in Ihrer Sprache zusammen.

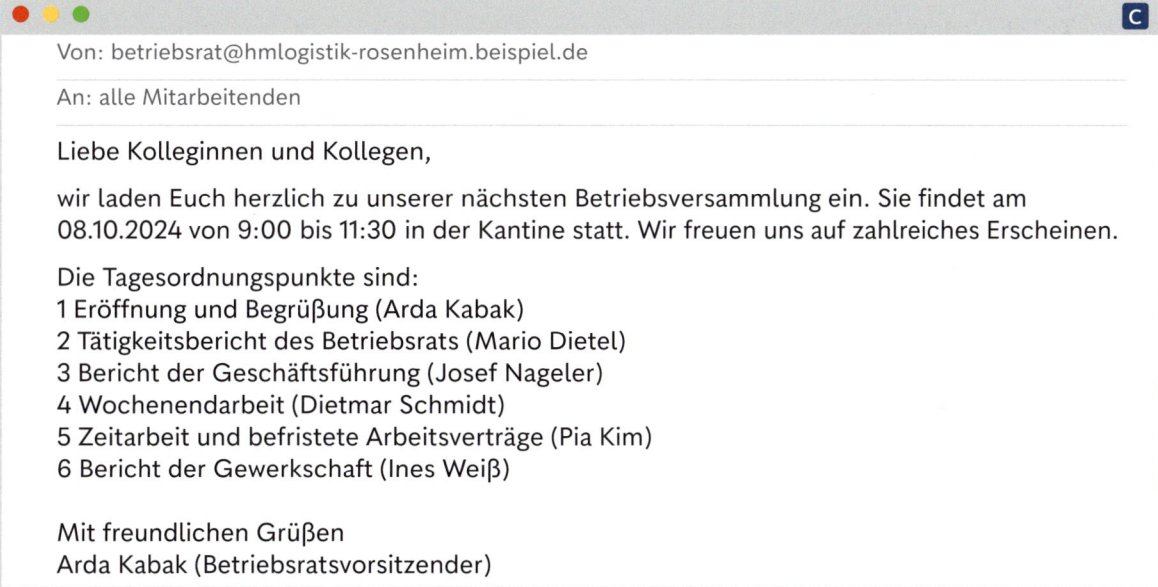

5 Haben Sie schon an einer Betriebsversammlung teilgenommen? Berichten Sie.

- Firma
- Teilnehmerzahl
- Atmosphäre
- Themen

> Ich war bei der Firma ... angestellt. Die Betriebsversammlungen fanden in der Kantine statt. Fast alle Kolleginnen und Kollegen sind gekommen.

14 D Die Gehaltsabrechnung

- eine Gehaltsabrechnung verstehen
- über Gehaltsabrechnungen sprechen

1a Sie hören ein Gespräch. Welche Antwort (a oder b) passt am besten? Kreuzen Sie an.
78

Sevil Petcu
a ☐ ist mit ihrem Gehalt unzufrieden.
b ☐ wusste nicht, wie hoch ihr Nettogehalt sein würde.

1b Lesen Sie Sevil Pecus Gehaltsabrechnung und beantworten Sie die Fragen.
Ü17+18

Gehaltsabrechnung
Vertraulich

Frau Sevil Petcu
Gartenstraße 22, 89073 Ulm
Steuer-Identifikationsnummer:
12 123 456 789

Haus der Pflege Sonnenschein
Zeppelinstraße 2, 89073 Ulm

Abrechnungsmonat: Oktober 2024
Krankenkasse: AOK
Steuerklasse: 1
Eintritt: 01.07.2023
Geburtsdatum: 05.05.1991
Sozialversicherungsnummer: 34 150896 P 000
Bankkonto: DE02200505501015871393

Bezüge / Abzüge	Betrag (EUR)
Bruttoeinkommen	2.688,00 €
Schichtzulage	40,00 €
Vermögenswirksame Leistungen	40,00 €
Gesamtbrutto	**2.768,00 €**
Steuern	
Lohnsteuer	254,91 €
Solidaritätszuschlag	0,00 €
Kirchensteuer	0,00 €
Summe der Steuern	**254,91 €**
Sozialabgaben	
Rentenversicherung	252,77 €
Arbeitslosenversicherung	35,33 €
Krankenversicherung	198,41 €
Pflegeversicherung	62,51 €
Summe der Sozialabgaben	**549,02 €**
Nettoeinkommen	**1.873,62 €**

1 Seit wann arbeitet Frau Petcu im Haus der Pflege Sonnenschein?
2 Wann wurde Frau Petcu geboren?
3 Bei welcher Krankenkasse ist sie versichert?
4 Wie hoch ist ihr Krankenversicherungsbeitrag?
5 Wie viel Geld überweist das Haus der Pflege Sonnenschein an Frau Petcu?

Info

Vermögenswirksame Leistungen sollen Arbeitnehmenden beim Sparen helfen. Bis zu 480 € im Jahr können sie bekommen. Der Sparbetrag wird nach sieben Jahren ausgezahlt.
Viele Arbeitgeber zahlen Zulagen. Diese kann es für Überstunden oder für Arbeiten an Sonn- und Feiertagen und Nachtarbeit geben.

2 Vergleichen Sie die Gehaltsabrechnung mit einer in Ihrem Heimatland. Was gibt es (nicht) in Ihrem Heimatland? Vergleichen Sie im Kurs.

Kurz und bündig

Kommunikation

über den Arbeitsvertrag sprechen

In meinem Arbeitsvertrag steht, dass ich … Euro monatlich verdiene / 40/… Stunden pro Woche arbeiten muss / Nebentätigkeiten (nicht) erlaubt sind. Ich habe eine Kündigungsfrist von drei/… Monaten.

über verschiedene Arbeitsverträge sprechen

Ich möchte gern einen unbefristeten/befristeten Arbeitsvertrag haben.
Ich habe einen Vollzeitarbeitsvertrag/Teilzeitarbeitsvertrag/…
Ich würde gern in Teilzeit/… arbeiten, weil …
Ich hätte (nichts/etwas) dagegen, einen Probearbeitsvertrag zu unterschreiben.

Grammatik

Adjektive für Personen als Nomen

	Singular		Plural
	männliche Person	weibliche Person	männliche und weibliche Personen
Nominativ	der Beschäftigte ein Beschäftigter	die Beschäftigte eine Beschäftigte	die Beschäftigten Beschäftigte
Akkusativ	den Beschäftigten einen Beschäftigten	die Beschäftigte eine Beschäftigte	die Beschäftigten Beschäftigte
Dativ	dem Beschäftigten einem Beschäftigten	der Beschäftigten einer Beschäftigten	den Beschäftigten Beschäftigten
Genitiv	des Beschäftigten eines Beschäftigten	der Beschäftigten einer Beschäftigten	der Beschäftigten Beschäftigter

Viele Adjektive, die eine Person bezeichnen, können als Nomen benutzt werden. Sie haben die gleiche Endung wie Adjektive vor Nomen und werden dann groß geschrieben.
der Angestellte ~~Verkäufer~~ / ein Angestellter ~~Verkäufer~~
die Angestellte ~~Verkäuferin~~ / eine Angestellte ~~Verkäuferin~~

Relativpronomen und Relativsätze

Nominativ   Er hat eine Weiterbildung gemacht, die gute Berufschancen bietet.

Akkusativ   Das ist der Kollege, den ich erst gestern kennengelernt habe.

Dativ   Das sind die Kollegen, denen ich oft helfe.

Präposition + Akkusativ   Das ist die Weiterbildung, für die er sich interessiert.

Präposition + Dativ   Sie arbeitet in einem Team, in dem sie sich wohl fühlt.

Die Relativpronomen sind wie die bestimmten Artikel. Ausnahme: Dativ Plural: denen
Der Relativsatz ist ein Nebensatz. Das Verb steht am Ende. Der Relativsatz steht meistens hinter dem Bezugswort. Er kann auch mitten im Satz stehen.
Der Betrieb, in dem ich lange gearbeitet habe, ist umgezogen.

14 Übungen

1 Was passt zusammen? Verbinden Sie die Wörter mit den Definitionen.

1 der Arbeitsvertrag
2 die Arbeitsvergütung
3 die Probezeit
4 die Kündigung
5 die Nebentätigkeit
6 die Tätigkeiten

a Das ist ein weiterer Job, bei dem man Geld verdienen kann.
b Man bekommt sie, wenn eine Firma große Probleme hat oder wenn man große Fehler gemacht hat.
c Man unterschreibt ihn, bevor man zu arbeiten beginnt.
d Das sind die Aufgaben, die man erledigen muss.
e Der Job startet meistens damit. In dieser Zeit kann man leicht gekündigt werden.
f Das ist das Geld, das man monatlich vom Arbeitgeber bekommt.

2 Der Arbeitsvertrag. Ergänzen Sie die Sätze mit den Wörtern aus dem Schüttelkasten.

> Probezeit • Urlaub • ~~Arbeitsvertrag~~ • Überstunden • Attest • Arbeitszeit • Zustimmung • Frist

1 In einem ...Arbeitsvertrag... steht, wie viel man monatlich verdienen wird.
2 Während der Probezeit kann das Arbeitsverhältnis meistens mit einer .... von zwei Wochen gekündigt werden.
3 Die wöchentliche .... beträgt oft 40 Stunden.
4 Beschäftigte sind oft verpflichtet, manchmal .... zu machen.
5 Viele Beschäftigte haben jährlich 30 Tage ....
6 Wenn man länger als drei Tage krank ist, braucht man .... von einem Arzt.
7 Wenn man eine Nebentätigkeit ausüben möchte, braucht man meistens die .... vom Arbeitgeber.
8 Die meisten Jobs beginnen mit einer ....

3 Suchen Sie im Arbeitsvertrag auf Seite 223 passende Synonyme und notieren Sie sie.

1 der Beschäftigte ....
2 die Aufgaben ....
3 der Lohn ....
4 die Mehrarbeit ....
5 die Ferien ....
6 sofort ....
7 der Chef ....
8 die Bescheinigung ....
9 der Zeitraum ....
10 die Entlassung ....

4 Welche Wörter passen nicht? Streichen Sie durch.

1 Einen Arbeitsvertrag kann man vermeiden • unterschreiben • verlängern • kündigen.
2 Arbeitsaufgaben kann man erledigen • übernehmen • erfüllen • herstellen.
3 Eine Nebentätigkeit kann man ausüben • unternehmen • aufnehmen • anmelden.
4 Eine Kündigung kann man erhalten • fördern • aussprechen • einreichen.
5 Einen Urlaub kann man buchen • nehmen • abhalten • beantragen.
6 Eine Krankheit kann man pflegen • haben • bekommen • überwinden.

5 Hören Sie die Aussagen auf Seite 224 noch einmal. Was ist richtig? Kreuzen Sie an. Manchmal gibt es mehrere Möglichkeiten.

1 Latifa Khlif hat vor der Geburt ihrer Tochter
  a ☐ eine Ausbildung gemacht.
  b ☐ eine Teilzeitbeschäftigung am Flughafen gesucht.
  c ☐ auch samstags und sonntags gearbeitet.

2 Sie
  a ☐ arbeitet jetzt nicht an Wochenenden.
  b ☐ sucht jetzt einen Kitaplatz für ihre Tochter.
  c ☐ möchte immer 25 Stunden pro Woche arbeiten.

3 Iwan Grekow
  a ☐ hat in seiner Heimat Deutsch gelernt.
  b ☐ hat eine Ausbildung in Deutschland gemacht.
  c ☐ war drei Jahre lang bei einer Zeitarbeitsfirma angestellt.

4 Er
  a ☐ hat jetzt einen unbefristeten Vertrag.
  b ☐ muss jetzt abwechselnd morgens, nachmittags und nachts arbeiten.
  c ☐ möchte später in Teilzeit arbeiten.

5 Wanda Villar
  a ☐ hat eine Ausbildung in ihrer Heimat gemacht.
  b ☐ hat ihren Abschluss in Deutschland anerkennen lassen.
  c ☐ hat nach dem Deutschkurs eine Stelle in einem Krankenhaus bekommen.

6 Sie
  a ☐ hat jetzt einen unbefristeten Vertrag.
  b ☐ arbeitet im Drei-Schicht-Betrieb.
  c ☐ hat an Feiertagen frei.

6 Was passt zusammen? Verbinden Sie die Nomen und Verben. Vergleichen Sie mit dem Text auf Seite 225.

1 in Teilzeit   a angeben
2 Zeit   b reduzieren
3 die Arbeitszeit   c stellen
4 einen Antrag   d haben
5 einen Grund   e arbeiten
6 ein Recht auf Teilzeit f verbringen
7 Beruf und Familie   g vereinbaren

7 Wie heißen die Nomen zu den Adjektiven? Notieren Sie.

	Mann	Frau	Mann/Frau
angestellt	ein Angestellter		der/die Angestellte
beschäftigt		eine Beschäftigte	
erwerbstätig			
selbstständig			
vorgesetzt			
arbeitslos			
krank			
bekannt			

8 Adjektive als Nomen. Ergänzen Sie die passenden Endungen.
▶ 7.3

1 Selbstständig__e__ müssen oft sehr viel arbeiten.
2 Die Arbeitszeit eines Angestellt........... beträgt normalerweise acht Stunden pro Tag.
3 • Was hast du am Wochenende gemacht? ▶ Ich war mit einer Bekannt........... im Kino.
4 • Kennst du die neue Vorgesetzt......? ▶ Nein, ich habe sie noch nicht kennengelernt.
5 Ein Arbeitslos........... verbringt oft viel Zeit mit der Suche nach einer neuen Stelle.
6 • Wie viel verdient ein Beschäftigt........... durchschnittlich im Kundendienst? ▶ Ca. 32.000 €.
7 Viele Jugendlich...... machen gern ein Praktikum in unserem Betrieb.

9 Was sind für Sie Vor- und Nachteile von Teilzeit? Schreiben Sie drei Sätze.

Vorteile
– Man kann Beruf und Familie besser vereinbaren.
– Man hat mehr Freizeit.
– Man hat mehr Zeit für ein Ehrenamt.
– Man kann sich weiterbilden.
– Man hat weniger Stress.

Nachteile
– Man hat schlechte Aufstiegschancen.
– Man bekommt ein niedrigeres Gehalt.
– Die Arbeitsbelastung ist oft höher.
– Man bekommt später eine niedrigere Rente.

• *Ein wichtiges Argument für/gegen Teilzeit ist für mich ist, dass ...*
• *Gut/Schlecht an einem Teilzeitjob wäre für mich ...*
• *An Teilzeit gefällt mir (nicht), dass ...*

10 Über eine Statistik sprechen. Was passt zusammen? Notieren Sie.

keiner/niemand • ein Zehntel • ein Fünftel • die Hälfte • ein Viertel • etwas weniger als ein Drittel • ein Drittel • alle • drei Viertel • zwei Drittel • etwas mehr als die Hälfte

100 % = ... 50 % = ... 20 % = ...
75 % = ... 33,33 % = ... 10 % = ...
66,7 % = ... 30 % = ... 0 % = ...
52 % = ... 25 % = ...

11 Ein Viertel der Befragten. Schreiben Sie mit dem Genitiv wie im Beispiel.
▶ 5.4

1 10 % / die Arbeitnehmenden
2 ein Drittel / die Befragten
3 die Kinder / mein Chef
4 die Beschwerden / eine Kundin
5 der Verkauf / das Unternehmen
6 das Gehalt / der Mitarbeiter

• *10 % der Arbeitnehmenden*

12 Schreiben Sie drei Sätze zu der Statistik auf Seite 232 in Ihr Heft.

• *Die Statistik zeigt, dass ...*
• *Es fällt auf, dass ...*
• *Es hat mich überrascht, dass ...*

13 Aufgaben von Betriebsräten. Ergänzen Sie die Wörter wie im Beispiel.

Der Betriebsrat oder die Betriebsrätin ist eine Person, die in einem Betr............. die Interessen der Beschäfti............. vertritt. Als Betriebsrat bezeichnet man auch die gesamte Gruppe von Betriebsräten und Betriebsrätinnen in einem Unterneh............. . Betriebsräte haben viele Aufgaben. Sie sprechen für die Mitarbeitenden und helfen, Konfli............. zu lösen, wenn es z. B. Stre............. zwischen Mitarbeitenden oder zwischen einem Vorgesetz............. und einem Beschäftigten gibt. Sie überprüfen, ob die Ges............. eingehalten werden und alle im Bet............. fair behand............. werden. Sie sprechen mit der Geschäftsfüh............. über Arbeitszei............., Arbeitsbedingungen und Urlaubsp............. . Einmal im Jahr gibt es eine Betriebsversam............. .

14 Alles, was Sie über Betriebsversammlungen wissen müssen. Was passt zusammen? Verbinden Sie.

1 Betriebsversammlungen müssen
2 Vor der Betriebsversammlungen schickt
3 Der Betriebsrat muss auch
4 Der Betriebsratsvorsitzende
5 Die Gewerkschaften dürfen auch
6 Beschäftigte müssen nicht
7 In der Betriebsversammlung sprechen

a die Geschäftsführung zur Betriebsversammlung einladen.
b an einer Betriebsversammlung teilnehmen. Wenn sie nicht teilnehmen wollen, müssen sie aber meistens arbeiten.
c die Betriebsräte und die Beschäftigten über aktuelle Themen, die für sie wichtig sind.
d der Betriebsrat die Tagesordnung an die Beschäftigten.
e leitet die Betriebsversammlung.
f an der Betriebsversammlung teilnehmen.
g während der Arbeitszeit stattfinden.

Eine Betriebsversammlung

15 Ergänzen Sie die passenden Relativpronomen.
▶ 6.7

> den • denen • die • der • die • das • dem • die

1 Die Rede, *die* die Betriebsratsvorsitzende gehalten hat, war sehr gut.
2 Herr Özdemir, ... seit 20 Jahren bei uns gearbeitet hat, geht in den Ruhestand.
3 Das Unternehmen, ... neue Mitarbeitende eingestellt hat, sucht größere Büroräume.
4 Die Mitarbeitenden, ... im Beschwerdemanagement arbeiten, werden weitergebildet.
5 Der Kollege, mit .... ich zu Mittag esse, ist heute krank.
6 Die beiden Praktikantinnen, von .... ich dir erzählt habe, haben jetzt einen Arbeitsvertrag bekommen.
7 Sie hat die Stelle, um .... sie sich beworben hat, bekommen.
8 Der Kunde, ... ich besuchen wollte, war nicht da.

16 Wer oder was ist das? Schreiben Sie Relativsätze wie im Beispiel.

▶ 10.16

1 Das ist die Firma. Ich arbeite in der Firma.
2 Das ist meine Kollegin. Ich mache oft Pause mit ihr.
3 Das ist die Anlage. Wir haben die Anlage repariert.
4 Das ist der Betriebsrat. Ich habe mit ihm über die neuen Arbeitszeiten gesprochen.
5 Das sind die Mitarbeitenden. Die Mitarbeitenden wurden letzten Monat eingestellt.
6 Das ist das Firmenauto. Das Firmenauto muss in die Werkstatt.
7 Mein Kollege ist krank. Ich arbeite mit meinem Kollegen sehr gut zusammen.
8 Das Unternehmen hat viele Mitarbeitende entlassen. Ich habe in dem Unternehmen gearbeitet.
9 Die Firma macht im August Betriebsferien. Wir bestellen bei der Firma Teile für die Produktion.

> 1 Das ist die Firma, in der ich arbeite.

17 Lesen Sie Frau Petcus Gehaltsabrechnung auf Seite 228 noch einmal und ergänzen Sie.

> Nettogehalt • Lohnsteuern • Bruttogehalt • Kirchensteuer •
> vermögenswirksame Leistungen • Sozialabgaben • Gehaltsabrechnung

Frau Petcu ist Krankenpflegerin. Sie hat Ende Oktober ihre ....¹ für den Monat Oktober bekommen. Ihr monatliches ....² beträgt 2.688 Euro. Ihr Arbeitgeber überweist ihr außerdem 40 Euro für ....³. An den Staat zahlt sie ....⁴ in Höhe von 254,91 Euro. Sie muss natürlich auch Renten-, Arbeitslosen-, Kranken- und Pflegeversicherung bezahlen. Die Summe der ....⁵ beträgt 549,02 Euro. Da Frau Petcu nicht Mitglied in einer Kirche ist, zahlt sie keine ....⁶. Ihr ....⁷ beträgt 1.873,62 Euro.

18a Welche Überschrift passt am besten? Lesen Sie den Text und kreuzen Sie an.

1 ☐ **Was bleibt vom Bruttoeinkommen?**

Das Bruttoeinkommen ist das Geld, das man verdient. Aber man behält nicht alles, denn jede Arbeitnehmerin und jeder Arbeitnehmer muss in Deutschland Steuern und Sozial-
5 abgaben zahlen. Wie hoch die Steuern sind, hängt davon ab, wie viel Geld man verdient, in welcher Steuerklasse man ist, wie viele Kinder man hat und ob man Kirchensteuer zahlt. Kirchensteuer zahlen alle Mitglieder
10 der evangelischen oder katholischen Kirche.

2 ☐ **Warum Steuern und Abgaben bezahlen?**

Zu den Sozialabgaben gehören die Rentenversicherung, die Krankenversicherung und die Pflegeversicherung sowie die Arbeitslosenversicherung. Die Beiträge für die Sozialversi-
15 cherungen teilen sich Arbeitgeber und Arbeitnehmer. Was vom Bruttogehalt übrig bleibt, ist das Nettoeinkommen.

18b Was steht im Text? Lesen Sie die Aussagen und kreuzen Sie an.

1 ☐ Alle Arbeitnehmenden müssen Steuern und Abgaben vom Nettogehalt zahlen.
2 ☐ Je höher das Bruttogehalt ist, desto höher sind die Steuern.
3 ☐ Alle Beschäftigten müssen Kirchensteuer zahlen.
4 ☐ Auch die Arbeitgebenden zahlen für die Arbeitnehmenden in die Sozialversicherungen ein.

Wichtige Wörter

A Der Arbeitsvertrag

- das Recht, -e
- verpflichtet
- die Probezeit, -en
- die Anzahl (Sg.)
- die Frist, -en
- der Paragraph, -en
- das Arbeitsverhältnis, -se
- die Vereinbarung, -en
- ausführen
- die Vorkenntnis, -se
- erkrankt
- unverzüglich
- das Attest, -e
- regulär
- die Nebentätigkeit, -en
- die Zustimmung (Sg.)
- unbestimmt

B Vollzeit oder Teilzeit?

- automatisch
- der Rentenbeginn (Sg.)
- befristet
- dagegen
- der Erwerbstätige, -n
- die Erwerbstätige, -n
- der Arbeitslose, -n
- die Arbeitslose, -n

C Der Betriebsrat und seine Aufgaben

- nerven
- ausfallen
- die Arbeitsatmosphäre, -n
- die Arbeitsbelastung, -en
- das Lob, -e
- der Betriebsrat, -ä-e
- die Betriebsversammlung, -en
- die Arbeitsbedingung, -en
- die Betriebsratswahl, -en

- die Eröffnung, -en
- der Bericht, -e
- die Zeitarbeit, -en
- die Gewerkschaft, -en

D Die Gehaltsabrechnung

- das Nettoeinkommen, -
- die Gehaltsabrechnung, -en
- die Steuerklasse, -n
- das Bruttoeinkommen, -
- der Bezug, -ü-e
- der Abzug, -ü-e
- die Steuer, -n
- die Sozialabgabe, -n
- der Betrag, -ä-e
- die Krankenkasse, -n
- die Vermögenswirksamen Leistungen (Pl)
- der Sparbetrag, -ä-e
- sparen
- die Zulage, -n

Meine Wörter

 Wollen Sie mehr üben? Wiederholen und üben Sie in der App.

Station 4 — Wortschatz und Grammatik

1 Termine. Ergänzen Sie die passenden Wörter.

> Termin • Terminkalender • absagen • festhalten • verschieben • Verständnis

- • Guten Tag, ich muss unseren Termin heute Nachmittag leider _____¹.
- ▶ Kein Problem. Wir können den Termin ja _____².
- • Danke für Ihr _____³. Hätten Sie vielleicht am kommenden Montag Zeit?
- ▶ Einen Moment, da muss ich erst in meinem _____⁴ nachsehen. Ja, am Montag hätte ich Zeit. Sollen wir gleich 10.00 Uhr _____⁵?
- • Sehr gut. Ich habe den _____⁶ notiert.

2 Welche temporale Präposition passt? Kreuzen Sie an.

1. • Wie spät ist es? ▶ Es ist fünf ☐ am ☐ um ☒ vor elf.
2. • Wann beginnt die Besprechung? ▶ ☐ Um ☐ Am ☐ Im zehn Uhr.
3. • Wann machst du Urlaub? ▶ ☐ Seit ☐ Am ☐ Im August.
4. • Wann bist du nach Deutschland gekommen? ▶ ☐ Vor ☐ Nach ☐ Seit drei Jahren.
5. • ☐ Seit ☐ Nach ☐ Vor wann arbeitest du in dieser Abteilung?

3 Wie heißen die Adjektive im Komparativ und Superlativ? Ergänzen Sie.

1 lang	länger	am längsten
2 gern		
3 gut		
4 hoch		

4 Wussten Sie, dass …? Fakten über die Arbeitswelt. Ergänzen Sie die Adjektive im Superlativ mit den richtigen Endungen.

1. … Volkswagen zu den _____ (groß) Unternehmen in Europa gehört?
2. … Apple zurzeit die _____ (erfolgreich) Firma der Welt ist?
3. … die _____ (viel) Menschen in Deutschland in Büros arbeiten?
4. … BMW einer der _____ (attraktiv) Arbeitgeber in Deutschland ist?

5 Nomen und Verben. Was passt zusammen? Notieren Sie.

> a speichern • b aufgeben • c prüfen • d reklamieren • e zeigen • f überweisen • g reparieren • h vorschlagen • i bestätigen

1. eine Bestellung [b]
2. den Rechnungsbetrag ☐
3. fehlerhafte Ware ☐
4. den Empfang der Ware ☐
5. die Lieferung ☐
6. Verständnis für ein Problem ☐
7. eine Lösung ☐
8. die Waschmaschine ☐
9. die Kundendaten ☐

6 Ergänzen Sie die Verben in der passenden Zeitform.

1 • Wie viele Betten _____ der Kunde _____ (bestellen)?
  ▸ Er _____ (benötigen) zehn Betten.

2 Ich _____ die Bestellung _____ (stornieren), weil die Ware zurzeit nicht lieferbar ist.

3 Unsere Lieferung _____ (erfolgen) selbstverständlich frei Haus.

4 • _____ du den Lieferschein _____ (überprüfen)?
  ▸ Ja, wir _____ alles _____ (bekommen), was wir _____ (bestellen).

5 Sie _____ das Smartphone _____ (umtauschen), weil es nicht richtig funktionierte.

7 Schreiben Sie Sätze mit *je …, desto …* wie im Beispiel. Verwenden Sie den Komparativ.

1 viel – arbeiten – ich / müde – ich – sein   *Je mehr ich arbeite, desto müder bin ich.*

2 groß – unsere Auswahl – sein / erfolgreich – unser Onlineshop – sein
  _____

3 freundlich – unsere Mitarbeitenden – sein / zufrieden – unsere Kundinnen und Kunden – sein
  _____

4 gut – Mitarbeitende – bezahlt werden / selten – sie kündigen
  _____

8 Partizip II als Adjektiv. Was passt zusammen? Schreiben Sie wie im Beispiel.

1 *die gelieferte Ware*   die Ware   aufräumen
2 _____   die Rechnungen   liefern
3 _____   das Hotelzimmer   verlieren
4 _____   der Fotoapparat   bezahlen
5 _____   die Quittung   kaufen

9 Futur I. Schreiben Sie Sätze wie im Beispiel.

1 Die Arbeitswelt verändert sich stark.   *Die Arbeitswelt wird sich stark verändern.*

2 Viele Menschen nutzen KI. _____

3 Man braucht weniger Büroräume. _____

4 Du machst eine Fortbildung. _____

5 Ihr braucht mehr Wohnraum. _____

Wortschatz und Grammatik

10 Doppelkonjunktionen. Was passt zusammen? Verbinden Sie.

1 Ich arbeite in dieser Woche nicht nur am Samstag,
2 Morgen gehe ich entweder ins Büro
3 Das Angebot im Onlineshop war weder günstig
4 Der neue Mitarbeiter spricht nicht nur Deutsch,
5 Je besser das Onlinemarketing ist,

a sondern auch Arabisch.
b desto höher ist der Gewinn.
c noch gut.
d oder arbeite zu Hause im Homeoffice.
e sondern auch am Sonntag.

11 Arbeit und Recht. Ergänzen Sie die passenden Wörter.

Arbeitsstunden • Gehalt • Arbeitsvertrag • Aufgaben • Kündigungsfrist • Urlaubstage

Zwischen Arbeitgebenden und Arbeitnehmenden wird ein ....¹ geschlossen, bevor man anfängt zu arbeiten. In dem Vertrag steht meistens,

- wie viele ....² man pro Tag arbeiten soll,
- welche ....³ man hat – also was man tun soll,
- wie hoch das monatliche ....⁴ ist,
- wie viele ....⁵ man jährlich bekommt,
- was für eine ....⁶ man hat, bevor das Arbeitsverhältnis beendet werden kann.

12 Adjektive für Personen als Nomen. Ergänzen Sie die passenden Endungen.

1 Die Beschäftigt........ im Bereich Marketing machen heute eine Fortbildung.
2 Kennst du den Jugendlich........, der bei uns ein Praktikum macht?
3 Der Betriebsrat sprach mit einem Beschäftigt........ über Sicherheit am Arbeitsplatz.
4 Er war zehn Jahre lang Angestellt........ in unserer Firma.
5 Die Arbeitslos........ hat sich auf einen neuen Job beworben.
6 Der Arzt hat für die Krank........ ein Rezept geschrieben.

13 Relativsätze. Verbinden Sie die Sätze mit einem Relativpronomen wie im Beispiel.

1 Das ist die Kollegin. Sie hat heute hier angefangen.

   Das ist die Kollegin, die ....

2 Das ist der Firmenausweis. Sie hat ihn gesucht.

   ....

3 Das sind die Kollegen. Ich habe mit ihnen Pause gemacht.

   ....

4 Das ist das Unternehmen. Er arbeitet in dem Unternehmen.

   ....

5 Das sind die Kollegen. Amina hat ihnen geholfen.

   ....

6 Das ist der Mann. Er sucht eine neue Stelle.

   ....

 # Berufe im Fokus

4

Anlagenmechanik Teil 2

1a Vor dem Sehen. Wiederholung: Aufgaben von Anlagenmechanikern. Ordnen Sie zu.

> 1 Einbau und Wartung von Heizungen • 2 Verlegung und Installation von Fußbodenheizungen • 3 Reparatur von Spülkästen • 4 Besuch und Beratung von Kunden • 5 Austausch und Einbau von Sanitäranlagen

 A
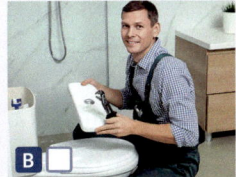 B
 C
 D
 E

1b Ergänzen Sie die passenden Verben.

1 Heizungen ....
2 Sanitäranlagen ....
3 Kunden ....
4 Fußbodenheizungen ....

2a (08) Sehen Sie das Video und notieren Sie. Vergleichen Sie dann im Kurs.

1 Was machen Herr Hemme und Herr Mandt vor der Dienstbesprechung?
2 Was erklärt Herr Eick den beiden Mitarbeitern?
3 Was machen Herr Hemme und Herr Mandt nach der Dienstbesprechung?

2b Der Tagesplan. Sehen Sie das Video noch einmal ergänzen Sie die Tabelle. Berichten Sie, was die Mitarbeiter heute wann und wo machen müssen.

Wo?	Aufgaben?	Wann?
Familie Jäger		
Familie Schürmann	*Füllventil am Spülkasten tauschen*	
Baustelle im Himbeergarten 22		*Rest vom Tag*

3 (09) Ein Kundenbesuch. Sehen Sie das Video und beschreiben Sie die Situationen.

1 an der Haustür   2 im Bad   3 nach Abschluss der Arbeiten

> Herr Hemme und Herr begrüßen die Kundin und stellen sich vor. Sie geben Frau Broichhagen …

 Die Serie „Deutsch im Job – Profis gesucht" in voller Länge mit interaktiven Übungen und zahlreichen weiteren Materialien gibt es kostenlos bei der DW: **dw.com/profis**

Zwischentest Einheit 8–14

Wortschatz und Kommunikation

1 Im Altenheim. Ergänzen Sie den Dialog. /4

> Bewohner • Nachtschicht • Gefallen • Dienstplan

- Guten Morgen, Selma. Wie war deine _____¹? Gab es Probleme?
- Ja, leider. Ein _____² hatte ziemliche Schmerzen. Wir mussten den Arzt rufen. Aber zum Glück geht es Herrn Bergmann jetzt besser.
- Hast du schon den neuen _____³ gesehen? Könntest du mir einen _____⁴ tun und meine Schicht am nächsten Sonntag übernehmen?

2 Telefonieren am Arbeitsplatz. Ordnen Sie den Dialog. /5

- ☐ Oh, das kann ich Ihnen leider nicht sagen. Möchten Sie eine Nachricht hinterlassen?
- ☐ Hallo, hier ist Otto Grunwald von Gartenbau Grunwald. Kann ich bitte mit Frau Haffner sprechen?
- ☐ 1 Blumenmarkt Stuttgart, Eva Grund, guten Tag.
- ☐ Wir haben Blumen und Pflanzen bei Ihnen bestellt und möchte wissen, wann wir sie abholen können.
- ☐ Tut mir leid. Sie ist in einer Besprechung. Kann ich Ihnen helfen?
- ☐ Sagen Sie bitte Frau Haffner, dass sie mich unter meiner Handynummer 0162/208 2784 so bald wie möglich zurückrufen soll.

3 Eine Sicherheitsexpertin berichtet. Ergänzen Sie. /5

> Schutzhelm • Pflichten • Arbeitsunfall • Gefahren • Sicherheitsvorschriften

Zu meinen _____¹ gehört es darauf zu achten, dass alle Mitarbeitenden die _____² im Betrieb beachten. So müssen die Mitarbeitenden in vielen Bereichen z. B. einen _____³ tragen. Der kann sie vor _____⁴ schützen. Wenn es einen _____⁵ gibt, muss ich genau dokumentieren, was passiert ist.

4 Anruf bei der Notrufzentrale. Ordnen Sie die Antworten zu. /4

Hier ist ein Unfall passiert. Kommen Sie bitte schnell.

1 Wo ist es passiert? ☐ Fritz Kugler.
2 Wie lautet Ihr Name? ☐ In der Wilhelmstraße 45 bei der Möbelspedition Haase.
3 Was ist passiert? ☐ Ich glaube, er hat sich das Bein gebrochen.
4 Welche Verletzungen gibt es? ☐ Mein Kollege ist gestolpert und eine Treppe heruntergefallen

Wir schicken einen Rettungswagen.

5 Selbstständigkeit pro und kontra. Schreiben Sie passende Antworten. /2

1 Was ist für Sie ein Vorteil von Selbstständigkeit?

....

2 Was ist für Sie ein Nachteil von Selbstständigkeit?

....

6 **Termine, Termine. Schreiben Sie Sätze.**   /3

1 Schlagen Sie einen Termin vor.

    ....

2 Stimmen Sie einem Terminvorschlag zu.

    ....

3 Lehnen Sie einen Termin ab.

    ....

7 **Eine Reklamation. Ergänzen Sie den Dialog.**   /7

> Problem • umtauschen • helfen • funktioniert • passiert • Quittung • zurückbekommen

• Guten Tag. Wie kann ich Ihnen ....¹?

▶ Es gibt ein ....² mit meinem Drucker. Er ....³ leider nicht. Ich möchte ihn ....³ oder mein Geld ....⁴.

• Haben Sie noch die ....⁵?

▶ Ja, hier bitte.

• Bitte entschuldigen Sie, dass das ....⁶ ist.

8 **Nomen und Verben. Welches Verb passt nicht? Streichen Sie es durch.**   /4

1 einen Text kann man ausschneiden • anhängen • speichern • korrigieren • informieren
2 eine App kann man ausdrucken • entwickeln • herunterladen • installieren • löschen
3 ein Dokument kann man drucken • suchen • buchen • teilen • kopieren
4 einen Computer kann man herunterfahren • korrigieren • anschließen • verkaufen • mitbringen

9 **Der neue Job. Ergänzen Sie den Dialog.**   /6

> Zulagen • vermögenswirksame Leistung • Probezeit • Nebentätigkeit • Gehalt • Vertrag

• Ich habe den Job bekommen. Gestern habe ich den ....¹ bekommen. Ich bin superglücklich, auch weil mein ....² höher sein wird, als ich gedacht habe.

▶ Das ist ja großartig. Bekommst du auch ....³, wenn du am Wochenende oder nachts arbeiten musst?

• Selbstverständlich. Und mein Arbeitgeber zahlt mir auch monatlich eine ....⁴.

▶ Gibt es eine ....⁵?

• Ja, klar. Sechs Monate. Ich darf auch weiterhin als Fußballtrainer arbeiten. Mein Arbeitgeber hat nichts gegen diese ehrenamtliche ....⁶.

Wortschatz und Kommunikation gesamt: /40 Punkte

Zwischentest Einheit 8–14

Grammatik

10 Verbinden Sie die Sätze mit *wenn*. /8

1 Er hat den Deutschkurs abgeschlossen. Er macht eine Fortbildung.
   Wenn _____ , _____ eine Fortbildung.

2 Ich kann dir helfen. Ich bin fertig mit meiner Arbeit.

3 Es regnet. Ich fahre mit der U-Bahn zur Arbeit.

4 Du gehst einkaufen. Ich kann Essen kochen.

11 Aufforderungen und Bitten. Schreiben Sie Sätze im Konjunktiv II. /8

1 können – helfen – du mir – beim Tapezieren der Wohnung?

2 ihr – haben – morgen – ein Zeit für ein Gespräch?

3 werden – bitte – Sie – Herrn Meier – abholen – vom Bahnhof?

4 dürfen – Sie – ich – morgen – anrufen?

12 Bedingungen und Wünsche. Schreiben Sie Sätze im Konjunktiv II. /8

1 eine gute Arbeit – ich – bekommen / sein – glücklich – ich
   Wenn _____ , _____

2 Karim – am Wochenende – nicht arbeiten müssen / er – mit Freunden – grillen – im Park

3 die Chefin – haben – Zeit / wir – über den Dienstplan – sprechen können – mit ihr

4 uns – ihr – jetzt helfen können / den Auftrag – wir – noch heute – erledigen können

13 Ergänzen Sie das Partizip I der Verben in der richtigen Form. /4

1 Nach _____ Wochen brauche ich Urlaub. (*anstrengen*)

2 Die Mitarbeiterin ist über das am Boden _____ Kabel gestolpert. (*liegen*)

3 Vorsicht! _____ Wasser. Verletzungsgefahr! (*kochen*)

4 Der _____ Angestellte heißt Martin Schober. (*leiten*)

14 Plusquamperfekt. Was passierte zuerst, was danach? Schreiben Sie Sätze. /8

1 er – nach Deutschland – kommen / er – Deutsch – lernen

   Nachdem ....

2 sie – zwei Jahre – im Außendienst arbeiten / sie – eine Gehaltserhöhung – bekommen

   ....

3 wir – uns selbstständig machen / wir – oft an Wochenenden – arbeiten müssen

   ....

4 ich – das Auto – reparieren / ich – eine Pause – machen

   ....

15 Ein Lebenslauf. Ergänzen Sie die Präpositionen. /7

nach • von … bis • vor • am • im • bis • an

Ich wurde ....¹ 21. März 1995 in Beirut geboren. Dort bin ich ....² 2001 ....³ 2013 zur Schule gegangen. ....⁴ Jahr 2015 bin ich dann ....⁵ Deutschland geflüchtet. In Hamburg habe ich ....⁶ 2017 an der VHS in Hamburg Deutsch gelernt. ....⁷ drei Jahren habe ich eine Stelle in einem großen Hotel gefunden. Im Hotel müssen natürlich alle Mitarbeitenden auch ....⁸ Wochenenden arbeiten. Aber das stört mich nicht.

16 Superlativ oder *am* + Superlativ? Ergänzen Sie. /4

1 Özlem arbeitet .... im Team. (*gern*) 3 Das ist der .... PC. (*teuer*)
2 Karim ist der .... Mitarbeiter. (*jung*) 4 Sie ist die .... Mitarbeiterin. (*gut*)

17 Wie wird die Zukunft? Schreiben Sie Sätze im Futur I. /8

1 das Unternehmen – wahrscheinlich – umziehen ....
2 wir – bald – eine Fortbildung – machen ....
3 ihr – euch – bald – selbstständig machen? ....
4 du – nächstes Jahr – einen neuen Job haben? ....

18 Ergänzen Sie die Relativsätze mit der der passenden Präposition und dem Relativpronomen. /5

1 Der Kollege, ... ich zusammenarbeite, ist heute krank.
2 Die Werkstatt, ... wir unsere Autor reparieren lassen, hat Betriebsferien.
3 Die Besprechung, ... ich gestern teilgenommen habe, dauerte nur eine Stunde.
4 Die Kunden, ... du eben gesprochen hast, waren schon gestern hier.
5 Das ist die neue Kollegin, ... ich dir gestern erzählt habe..

Wortschatz und Kommunikation gesamt: /40 Punkte

4 Prüfungstraining

Mündliche Prüfung

Info: Die mündliche Prüfung ist eine Paarprüfung und dauert insgesamt ca. 16 Minuten.

In Teil 1 sprechen Sie über ein Thema (Teil 1A) und halten einen Vortrag darüber. Danach beantworten Sie einige Prüferfragen zu Ihrem Vortrag (Teil 1B).

In Teil 2 sprechen Sie mit Ihrer Gesprächspartnerin / Ihrem Gepsrächspartner über Themen aus dem Berufsalltag.

In Teil 3 sollen Sie gemeinsam mit Ihrer Gesprächspartnerin / Ihrem Gesprächspartner etwas planen.

Vorgehen: Während der Prüfung gibt es keine Vorbereitungszeit, aber Sie können sich vor der Prüfung zu Hause auf Teil 1 vorbereiten. In der Prüfung müssen Sie aber frei sprechen und dürfen nicht ablesen.

Sprechen Teil 1A
(Über ein Thema sprechen)

Teilnehmerin/Teilnehmer A und B

Wählen Sie ein Thema aus und sprechen Sie circa zwei Minuten darüber. Danach stellt Ihnen die Prüferin oder der Prüfer Fragen dazu. Zeigen Sie, was Sie können.

Es gibt sechs Themen, von denen Sie in der Prüfung **zwei** bekommen. Aus diesen wählen Sie ein Thema aus.

1. Beschreiben Sie **einen Arbeitgeber**, für den Sie gearbeitet haben oder arbeiten möchten
   (z. B. Was macht die Firma? Wie groß ist die Firma? Wo ist diese Firma? Was gefällt Ihnen?).
2. Beschreiben Sie **einen bestimmten Beruf** und warum Sie sich dafür interessieren
   (z. B. Aufgaben, Vor- und Nachteile, Besonderheiten).
3. Stellen Sie Ihre **berufliche Entwicklung** vor (z. B. Stationen in Ihrem Berufsleben, was haben Sie dort gelernt, wichtige berufliche Entscheidungen, Gründe dafür).
4. Erzählen Sie von **einem Produkt**, das Sie vor kurzem gekauft haben
   (z. B. Funktion, Aussehen, Material, Größe, Preis, was Ihnen daran gefällt).
5. Beschreiben Sie **eine Person**, an der Sie sich beruflich orientieren möchten
   (z. B. wer, was macht die Person, was finden Sie gut / nicht gut, warum).
6. Beschreiben Sie, **wie die Jobsuche funktioniert**. Sprechen Sie über ein Land Ihrer Wahl
   (z. B. Angebote finden, Beratung, Bewerbung schreiben, Vorstellungsgespräch).

Bei der Einleitung Ihres Vortrages helfen die Punkte, die bei den Themen 1–6 in Klammern aufgeführt sind. Hier eine Beispieleinleitung für Thema 1, die Ihnen auch eine Struktur für den Vortrag gibt:

Ich habe das Thema „Ein Arbeitgeber, für den ich gearbeitet habe oder arbeiten möchte" gewählt. Ich habe bei XXX gearbeitet. Zuerst möchte ich kurz darstellen, was die Firma produziert/macht, danach etwas zum Standort, zur Größe und zur Zahl der Beschäftigten sagen und anschließend / zum Schluss darüber sprechen, was mir besonders bei meiner Arbeit in der Firma gefallen hat.

Hilfreiche Redemittel für die Einleitung Ihres Vortrags

Ich habe als Thema … gewählt.
Mein Thema ist …
Ich möchte gern über das Thema … sprechen.
Zuerst werde ich …

Ich möchte kurz darstellen, …
Anschließend möchte ich auf … eingehen.
Zum Schluss …

Sprechen Teil 1 B
(Anschlussfragen beantworten)

Teilnehmerin/Teilnehmer A und B

Im Anschluss an die Ausführung einer Teilnehmerin bzw. eines Teilnehmers stellt die Prüferin bzw. der Prüfer einige Fragen.

Die Prüferin / Der Prüfer stellt einige Fragen zu Ihrem Vortrag (ca. 2 Minuten pro Teilnehmerin/ Teilnehmer):
„Können Sie näher erklären, was Sie mit … gemeint haben? Können Sie zu … ein Beispiel geben?"
Überlegen Sie sich zu Hause während der Vorbereitung auf die sechs Themen Fragen, die eine andere Person zu Ihrem Vortrag stellen könnte.

Sprechen Teil 2
(Mit Kolleginnen und Kollegen sprechen)

> **Info:** Paarprüfung. Sie und Ihre Gesprächspartnerin / Ihr Gesprächspartner bekommen das gleiche Aufgabenblatt mit verschiedenen Stichpunkten zum Berufsalltag. Zu diesen Punkten sollen Sie ein informelles Pausengespräch führen, sich austauschen, Fragen stellen und Antworten geben. Gesprächsthemen können sein: Arbeitssituation, Arbeitszeiten, aber auch Freizeitgestaltung, Planung für das Wochenende, Urlaub, Sport, Kinderbetreuung, Familie.
>
> **Vorgehen:** Sagen Sie etwas zum ersten Thema und stellen Sie Ihrer Partnerin / Ihrem Partner eine Frage zu diesem Thema. Dieser/Diese antwortet und stellt eine Frage an Sie. Fällt Ihnen zu einem Thema nichts mehr ein, wechseln Sie zum nächsten Thema. Versuchen Sie flüssig zu sprechen, sprechen Sie langsam und deutlich. Es gibt keine Vorbereitungszeit.

Teilnehmerin/Teilnehmer A und B

Aufgabe

Sprechen Sie mit Ihrer Gesprächspartnerin oder Ihrem Gesprächspartner.
Stellen Sie Fragen und antworten Sie.

4 Prüfungstraining

> **Tipps für die mündliche Prüfung Sprechen Teil 2**
>
> **Stellen Sie W-Fragen oder Fragen mit Fragewort.**
>
> Wo?   Was?   Wie?   Wann?   Warum?   Weshalb?   Wer?   …
>
> Fragen mit Fragewort haben den Vorteil, dass die Antwort sehr offen ist. Es gibt viele Möglichkeiten z. B. auf den Stichpunkt Weg zur Arbeit Fragen zu stellen und zu antworten:
> *Wie kommst du zur Arbeit? Mit dem Auto, zu Fuß, manchmal mit der S-Bahn, manchmal bei gutem Wetter mit dem Rad.*
>
> **Stellen Sie immer auch Rückfragen, damit das Gespräch flüssig verläuft.**
> *Und du? …*
>
> **Wenn das Gespräch nicht weiterläuft, sprechen Sie über den nächsten Stichpunkt.**
> *Mich würde noch interessieren, wie dir das Essen in der Kantine schmeckt. Ich finde, es ist besser als früher. Was denkst du?*
> *Sag mal, hast du eigentlich nette Kollegen? Wie verstehst du dich mit ihnen?*

Sprechen Teil 3
(Gemeinsam etwas planen)

> **Info:** Paarprüfung, zwei Teilnehmende (A und B). In diesem Prüfungsteil geht es darum, gemeinsam etwas zu planen. Sie sollen Vorschläge machen, auf Vorschläge reagieren und wenn möglich, zusammen eine Lösung finden. Sie bekommen beide das gleiche Aufgabenblatt mit einer Situation und Stichpunkten. Es gibt keine Vorbereitungszeit.
>
> **Vorgehen:** Lesen Sie sich die Situation und die Aufgabe genau durch. Sie sollen frei und flüssig miteinander sprechen. Sprechen Sie langsam und deutlich.

Teilnehmerin/Teilnehmer A und B

Situation

Sie beide arbeiten zusammen in einer Firma. Sie möchten eine Geburtstagsfeier für eine Kollegin im Betrieb vorbereiten.

Sprechen Sie mit Ihrer Partnerin oder Ihrem Partner über die Einzelheiten.
Machen Sie Vorschläge und begründen Sie Ihre Vorschläge. Gehen Sie auf die Ideen Ihrer Partnerin oder Ihres Partners ein. Einigen Sie sich.

Diese Stichpunkte helfen Ihnen:

> **Wann**
>
> **Treffpunkt?**
>
> **Geschenk?**
>
> **Wen einladen?**
>
> …

Hilfreiche Redemittel für das Gespräch

die Meinung sagen
Ich finde/denke, dass …
Meiner Meinung nach …
Ich bin der Meinung, dass …
Ich bin der Ansicht, dass …

Vorschläge machen / Rückfragen stellen
Ich habe eine Idee / einen Vorschlag: …
Ich schlage vor, dass …
Mein Vorschlag wäre …
Wollen wir …?
Wir könnten auch …
Was hältst du / Was halten Sie davon, wenn …?
Wie findest du / finden Sie …?
Was meinst du / meinen Sie, wenn …?
Vielleicht wäre es besser, wenn …

zustimmen
Das finde ich eine gute Idee.
Ja, das ist eine gute Idee / ein guter Vorschlag.
Das finde ich gut.
Das gefällt mir.
Einverstanden.
Damit bin ich einverstanden.

ablehnen
Das sehe ich anders.
Da kann ich Ihnen leider nicht zustimmen.
Da bin ich anderer Meinung.
Damit bin ich nicht einverstanden.
Das halte ich für keine gute Idee / keinen guten Vorschlag.
Das finde ich nicht gut.
Das gefällt mir nicht.

Zweifel ausdrücken / Gegenvorschlag
Ich weiß nicht. Vielleicht sollten wir eher …?
Vielleicht können wir das so machen, aber …
Das ist zwar ein ganz guter / kein schlechter Vorschlag, aber …
Ich finde es besser, wenn …
Wie könnten auch/stattdessen …
Ich habe eine andere Idee: …
Ich weiß nicht. Vielleicht sollten wir lieber …

nachfragen
Habe ich dich/Sie richtig verstanden?
Was meinst du / meinen Sie genau mit …?
Was verstehst du / verstehen Sie genau unter …?
Hättest du / Hätten Sie eine andere Idee?
Was ist dein/Ihr Vorschlag?

sich einigen
Gut, so machen wir es.
Das ist eine gute Lösung.
Das ist ein guter Kompromiss.

Partnerseiten

② A – Schule, Ausbildung und Weiterbildung

5 Rollenspiel. Spielen Sie einen Dialog im Jobcenter.

Partnerin/Partner A
Kundin/Kunde

Sie sind arbeitssuchend und haben einen Bildungsgutschein für eine Weiterbildung zur Pflegehelferin / zum Pflegehelfer. Sie möchten weitere Informationen zu folgendem Angebot:

- Wie lange dauert die Weiterbildung?
- Wann findet der Kurs statt?
- Wo findet die Weiterbildung statt?
- Kann man auch online teilnehmen?
- Gibt es bestimmte Voraussetzungen für die Weiterbildung?
- Abschluss?

Partnerin/Partner B
Beraterin/Berater

Sie arbeiten bei der Agentur für Arbeit. Eine Kundin / Ein Kunde fragt Sie nach Informationen zu einer Weiterbildung im Bereich Pflege.

Dauer: 15 Wochen
Unterrichtszeiten: 8:00 – 15:00 Uhr
Ort: Schulungszentrum Pflege GmbH, Breite Straße 30, Berlin
Man kann mit und ohne Schul- oder Berufsabschluss teilnehmen.
Gute Deutschkenntnisse
- Sind Sie berufstätig?
- Für welchen Kurs interessieren Sie sich?
- Haben Sie einen Bildungsgutschein?

③ C – Urlaubsplanung

4 Urlaubsplanung. Spielen Sie Dialoge. Arbeiten Sie zu dritt.
Die Rollenkarte für Partnerin/Partner A finden Sie auf Seite 41.

Partnerin/Partner B
Sie können nur in der ersten Julihälfte Urlaub machen. Sie möchten eine Woche Urlaub machen.

Partnerin/Partner C
Sie wollen gerne vom 15. bis 25. Juli Urlaub machen. Sie können aber auch im August Urlaub machen.

⑦ B – Fragen in der ersten Arbeitswoche

2 Schreiben und spielen Sie Dialoge. Die Rollenkarten für Partnerin/Partner A finden Sie auf Seite 104.

Partnerin/Partner B
Druckerpatrone wechseln

Ihre Kollegin / Ihr Kollege weiß nicht, wie man am Drucker die Patrone auswechselt. Sie erklären ihr/ihm, dass man die Klappe vorne am Drucker öffnen muss. Dann kann man die alte Patrone herausnehmen und die neue einsetzen.

Partnerin/Partner B
Ein Dokument im Computer suchen

Ihre Kollegin / Ihr Kollege sucht das Formular für Rechnungen im Computer. Das Formular ist im Unterordner „Abrechnung" des Ordners „Verkauf" gespeichert.

C – Eine Arbeitsbesprechung

5 Eine Arbeitsbesprechung in der Firma Bodenleger Nietlach. Arbeiten Sie in Dreiergruppen. Die Rollenkarten für die Chefin / den Chef finden Sie auf Seite 107.

Mitarbeiterin/Mitarbeiter A
Sie fahren normalerweise zu zweit zu Kundenterminen. Sie müssen noch einen der beiden Firmenwagen von der Reparatur abholen.

Mitarbeiterin/Mitarbeiter B
Sie müssen zwischen den beiden Kundenterminen noch neues Arbeitsmaterial holen.

A – Gespräche am Arbeitsplatz

5 Den Dienst mit einer Kollegin / einem Kollegen tauschen. Schreiben Sie einen Dialog und spielen Sie ihn im Kurs.

Schichtplan KW 17	Mo	Di	Mi	Do	Fr	Sa	So
Partnerin/Partner A	ND	ND	ND	–	–	FD	FD
Partnerin/Partner B	SD	FD	FD	FD	FD	–	–
	Mo	Di	Mi	Do	Fr	Sa	So
Partnerin/Partner A	SD	SD	SD	ND	–	–	–
Partnerin/Partner A	–	–	FD	FD	FD	SD	SD

Redemittel

um etwas bitten

Könnten Sie / Könntest du bitte meine Schicht am … übernehmen?
Könnten Sie mir / Könntest du mir einen Gefallen tun? Ich würde gern mit Ihnen / mit dir die Schicht am … tauschen. Geht das? Ich könnte dann deine Schicht am … übernehmen.

Gründe für den Wunsch nennen

Ich bekomme Besuch.
Ich habe (leider) einen wichtigen Termin.
Mein Sohn / Meine Tochter ist krank.

die Bitte annehmen

Klar, kein Problem (für mich). Das mache ich gern.
Ja, das geht. Ich habe am … nichts Besonderes vor.

die Bitte ablehnen

Das geht leider nicht, weil …
Es tut mir leid, aber das geht nicht. Ich habe an dem Tag schon etwas vor.

sich bedanken

Toll, vielen Dank.
Das freut mich. Vielen Dank.

C – Telefonieren am Arbeitsplatz

5 Spielen Sie Dialoge am Telefon. Die Informationen für Partner/in A finden Sie auf Seite 133.

1: Partnerin/Partner B
Sie arbeiten im Sekretariat der Firma Orto AG. Eine Mitarbeiterin / Ein Mitarbeiter meldet sich krank. Fragen Sie, ob die Person zum Arzt geht, und wünschen Sie gute Besserung.

2: Partnerin/Partner B
Sie sind Mitarbeiterin/Mitarbeiter der Firma Orto SG: Eine Mitarbeiterin / Ein Mitarbeiter der Firma Lonz GmbH ruft an. Sie/Er möchte mit Frau Costa sprechen. Frau Costa ist bei einem Kundentermin.

Partnerseiten

8 D – Konfliktgespräche

3 „Konflikt am Arbeitsplatz". Spielen Sie den Dialog mit Ihrer Partnerin / Ihrem Partner.

Partnerin/Partner A und B sind Altenpflegerin/Altenpfleger in einem Seniorenheim. Partnerin/Partner A ärgert sich darüber, dass Partnerin/Partner B in den letzten Monaten oft zu spät zur Frühschicht gekommen ist. Deshalb muss Partnerin/Partner A morgens unter Zeitdruck viel mehr Bewohnerinnen und Bewohnern die Medikamente bringen.

Partnerin/Partner A
– Sie bitten B um ein Gespräch.
– Sie sprechen das Problem mit Ich-Botschaften an und erklären, warum es ein Problem ist, wenn B zu spät kommt.
– Sie akzeptieren die Lösung und bedanken sich für das Gespräch.

Partnerin/Partner B
– Sie stimmen zu und finden einen Termin für das Gespräch.
– Sie verstehen, warum A ein Problem hat.
– Sie erklären, warum Sie oft zu spät kamen.
– Sie sagen, dass Sie zukünftig früher zur Arbeit fahren werden.

Redemittel

um einen Gesprächstermin bitten
Hättest du jetzt (kurz) Zeit für ein Gespräch?
Ich möchte (kurz) mit dir reden.

ein Problem ansprechen und Ärger ausdrücken
Es stört/ärgert mich (sehr), wenn du (oft) zu spät zur Arbeit / zum Dienst kommst.
Ich habe ein Problem damit, wenn du …

einen Wunsch ausdrücken
Ich wünsche mir, dass du in Zukunft …
Es wäre schön, wenn …

Einen Gesprächstermin zusagen / ablehnen
Ja. Worum geht es? / Nein, im Moment habe ich keine Zeit. Aber heute Nachmittag / während der Pause / … würde es mir (gut) passen.

auf Ärger reagieren und sich entschuldigen
Oh, das tut mir leid, dass ich …
Oh, Verzeihung/Entschuldigung,

auf einen Wunsch reagieren
Ich werde in Zukunft früher aufstehen / …
Ich bemühe mich, …

10 A – Selbstständigkeit pro und kontra

3 Selbstständigkeit oder Festanstellung? Was passt zu Ihnen?

Auswertung
Wenn Sie die (meisten der) ungeraden Fragen (1, 3, 5, 7, 9, 11) mit „Ja" beantwortet haben, könnte eine Selbstständigkeit gut zu Ihnen passen.

Wenn Sie die (meisten der) geraden Fragen (2, 4, 6, 8, 10) mit „Ja" beantwortet haben, ist wahrscheinlich eine Festanstellung besser für Sie.

12 C – Beschwerden und Reklamationen

4 Spielen Sie weitere Dialoge. Die Rollenkarte von Partnerin/Partner A finden Sie auf Seite 199.

Partnerin/Partner B
Sie arbeiten an der Information eines Elektromarktes. Eine Kundin / Ein Kunde bringt eine Kaffeemaschine, die sie/er vor einer Woche gekauft hat. Sie ist kaputt. Sie untersuchen die Kaffeemaschine, können aber keinen Fehler finden. Sie fragen nach der Quittung und bieten an, die Kaffeemaschine umzutauschen.

Partnerin/Partner B
Sie sind Mitarbeiterin/Mitarbeiter einer Elektrofirma. Ihre Firma hat vor vier Tagen Elektroleitungen in einem neu gebauten Mehrfamilienhaus verlegt. Die Baufirma, von der Sie den Auftrag bekommen haben, ruft an, weil in zwei Wohnungen in der Küche keine Leitungen gelegt wurden.

Grammatik im Überblick

1 Verben im Präsens

1.1 Regelmäßige Verben

Infinitiv		kommen
Singular	Ich	komme
	du	kommst
	er/es/sie/man	kommt
Plural	wir	kommen
	ihr	kommt
	sie	kommen
Höflichkeitsform	Sie	kommen

Woher kommen Sie?

Ich komme aus Tunesien.

⚠ heißen: du heißt, er/sie heißt
genauso: genießen, schließen, …

⚠ sitzen: du sitzt
genauso: nutzen, putzen, …

⚠ arbeiten: du arbeitest, er/sie arbeitet, ihr arbeitet …
genauso: antworten, kosten, einschalten, ausschalten, berichten, bieten, bitten, chatten, reden, …

1.2 Verben mit Vokalwechsel: e → i, e → ie, a → ä

		e → i	e → ie	a → ä
Infinitiv		sprechen	lesen	schlafen
Singular	ich	spreche	lese	schlafe
	du	sprichst	liest	schläfst
	er/es/sie/man	spricht	liest	schläft
Plural	wir	sprechen	lesen	schlafen
	Ihr	sprecht	lest	schlaft
	sie	sprechen	lesen	schlafen
Höflichkeitsform	Sie	sprechen	lesen	schlafen

genauso: treffen: er/sie trifft   helfen: er/sie hilft   anfangen: er/sie fängt an
essen: er/sie isst   sehen: er/sie sieht   fahren: er/sie fährt
nehmen: er/sie nimmt   tragen: er/sie trägt   einladen: er/sie lädt ein

1.3 Unregelmäßige Verben

Infinitiv		sein	haben	mögen	(möchten)	wissen
Singular	ich	bin	habe	mag	möchte	weiß
	du	bist	hast	magst	möchtest	weißt
	er/es/sie/man	ist	hat	mag	möchte	weiß
Plural	wir	sind	haben	mögen	möchten	wissen
	ihr	seid	habt	mögt	möchtet	wisst
	sie	sind	haben	mögen	möchten	wissen
Höflichkeitsform	Sie	sind	haben	mögen	möchten	wissen

Grammatik im Überblick

1.4 Trennbare Verben

> Der Kurs fängt um 9 Uhr an und hört um 12 Uhr auf.

> Am Dienstag fällt der Kurs aus.

ab⟩holen	Frau Novak	holt	ihre Tochter	ab.
ein⟩kaufen	Danach	kauft	sie Obst und Gemüse	ein.
auf⟩stehen	Morgen	steht	sie sehr früh	auf.

genauso: abschicken, anfangen, anrufen, aufräumen, aufhören, ausgehen, ausfallen, auswählen, fernsehen, mitkommen, mitbringen, stattfinden, …

1.5 Modalverben

Infinitiv		können	wollen	müssen	sollen	dürfen
Singular	ich	kann	will	muss	soll	darf
	du	kannst	willst	musst	sollst	darfst
	er/es/sie/man	kann	will	muss	soll	darf
Plural	wir	können	wollen	müssen	sollen	dürfen
	ihr	könnt	wollt	müsst	sollt	dürft
	sie	können	wollen	müssen	sollen	dürfen
Höflichkeitsform	Sie	können	wollen	müssen	sollen	dürfen

Ich	kann	gut mit Kindern	umgehen.
Meine Freundin	will	eine neue Arbeit	finden.
Wir	müssen	jeden Tag früh	aufstehen.
Ich	soll	mich im BiZ	informieren.
Hier	darf	man nicht	parken.

1.6 Das Verb *lassen*

	lassen
ich	lasse
du	lässt
er/es/sie/man	lässt
wir	lassen
ihr	lasst
sie	lassen
Sie	lassen

Ich	lasse	meine Wohnung	streichen.
Sie	lässt	ihre Lampe	aufhängen.

Ich lasse meine Wohnung streichen.
(= Ich streiche meine Wohnung nicht selbst.)

252

1.7 *zu* + Infinitiv

Sie verbietet ihrem Sohn, nachmittags fernzusehen.
Er hat keine Lust, weiter zu studieren.
Es ist gut, nach der Arbeit eine Pause zu machen.
Es macht Spaß, mit Freunden zu chatten.

- bestimmten Verben (z. B. anfangen, verbieten, vergessen, versuchen, …)
- Ausdrücken mit Nomen + haben (z. B. Zeit/Lust/… haben)
- Ausdrücken mit Es ist + Adjektiv (z. B. Es ist gut/schlecht/schwierig/…)
- Ausdrücken mit Es macht … (z. B. Es macht Spaß/Freude/…)

1.8 Reflexive Verben

	sich freuen
ich	freue mich
du	freust dich
er/es/sie/man	freut sich
wir	freuen uns
ihr	freut euch
sie	freuen sich
Sie	freuen sich

Ich freue mich, weil ich eine gute Arbeit gefunden habe.

genauso: sich vorstellen, sich verkleiden, sich ärgern, sich entschuldigen, sich fühlen, sich kennenlernen, sich streiten, sich trennen, sich unterhalten, sich verlieben, sich vorstellen, …

1.9 Die Verben *legen/liegen* und *stellen/stehen*

Wohin? – *legen/stellen*
(Präposition + Akkusativ)
Sie legen den Teppich auf den Boden.
Sie stellen den Tisch auf den Teppich.

Wo? – *liegen/stehen*
(Präposition + Dativ)
Der Teppich liegt auf dem Boden.
Der Tisch steht auf dem Teppich.

1.10 Der Imperativ

	Sie-Form	du-Form		ihr-Form
machen	Machen Sie …	(du machst)	Mach …	Macht …
sprechen	Sprechen Sie …	(du sprichst)	Sprich …	Sprecht …
mitkommen	Kommen Sie (doch) mit!	(du kommst)	Komm (doch) mit!	Kommt (doch) mit!
⚠ fahren	Fahren Sie!	(du fährst) Fahr …		Fahrt …
⚠ sein	Seien Sie ruhig!	(du bist) Sei ruhig!		Seid ruhig!

Grammatik im Überblick

1.11 Konjunktiv II

Konjunktiv II von *haben, sein* und den Modalverben

	haben	sein	können	müssen	sollen	würde + Inf.
ich	hätte	wäre	könnte	müsste	sollte	würde
du	hättest	wärst	könntest	müsstest	solltest	würdest
er/es/sie/man	hätte	wäre	könnte	müsste	sollte	würde
wir	hätten	wären	könnten	müssten	sollten	würden
ihr	hättet	wärt	könntet	müsstet	solltet	würdet
sie/Sie	hätten	wären	könnten	müssten	sollten	würden

Höfliche Bitten

Könntest du mir helfen?
Könnten Sie Frau Abiska einen Schlüssel geben?
Entschuldigung, darf ich fragen, wie der neue Kollege heißt?

Ratschläge mit *sollte*

Ich	sollte	weniger	arbeiten.
Du	solltest	mehr Sport	machen.
Bei Stress	sollte	man sich	entspannen.

Wunschsätze mit *würde gern(e)* + Infinitiv

Ich	würde gern(e)	in Vollzeit	arbeiten.
Sie	würde gern(e)	Medizin	studieren.
Wir	würden gern(e)	eine Weiterbildung	machen.

Bedingungssätze mit *wenn* + Konjunktiv II

Wenn ich morgen frei hätte, würde ich bis 10 Uhr schlafen.
Ich würde bis 10 Uhr schlafen, wenn ich morgen frei hätte.

1.12 Passiv Präsens

Mit dem Passiv kann man sagen, was mit einer Person oder Sache gemacht wird. Man muss nicht sagen, wer das macht.

Aktiv Präsens: Herr Yeboah entfernt das Papier.
→ Passiv Präsens: Das Papier wird (Herrn Yeboah) entfernt.

Wenn man im Passivsatz die handelnde Person nennen will, benutzt man von + Dativ:

Aktiv Präsens: Der Mechaniker prüft den Motor.
→ Passiv Präsens: Der Motor wird (von dem Mechaniker) geprüft.

→ Das Papier wird von Herrn Yeboah entfernt.

Nicht immer haben Passivsätze ein Subjekt:

Aktiv Präsens: Sonntags arbeitet man in der Werkstatt nicht.
→ Passiv Präsens: Sonntags wird in der Werkstatt nicht gearbeitet.

2 Verben in der Vergangenheit

2.1 Das Präteritum von *sein* und *haben*

Infinitiv		sein	haben
Singular	ich	war	hatte
	du	warst	hattest
	er/es/sie/man	war	hatte
Plural	wir	waren	hatten
	ihr	wart	hattet
	sie	waren	hatten
	Sie	waren	hatten

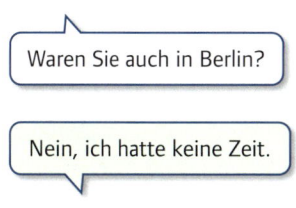

Waren Sie auch in Berlin?

Nein, ich hatte keine Zeit.

2.2 Modalverben im Präteritum

	müssen	können	dürfen	wollen
ich	musste	konnte	durfte	wollte
du	musstest	konntest	durftest	wolltest
er/es/sie/man	musste	konnte	durfte	wollte
wir	mussten	konnten	durften	wollten
ihr	musstet	konntet	durftet	wolltet
sie	mussten	konnten	durften	wollten
Sie	mussten	konnten	durften	wollten

Für *möchte* gibt es kein Präteritum, man benutzt das Präteritum von *wollen* (*wollte*):
Heute möchte ich einen Kaffee, gestern wollte ich einen Tee.

2.3 Verben im Präteritum

	wohnen	arbeiten	gehen	fahren	fliegen	geben	werden
ich	wohnte	arbeitete	ging	fuhr	flog	gab	wurde
du	wohntest	arbeitetest	gingst	fuhrst	flogst	gabst	wurdest
es/es/sie/man	wohnte	arbeitete	ging	fuhr	flog	gab	wurde
wir	wohnten	arbeiteten	gingen	fuhren	flogen	gaben	wurden
ihr	wohntet	arbeitetet	gingt	fuhrt	flogt	gabt	wurdet
sie	wohnten	arbeiteten	gingen	fuhren	flogen	gaben	wurden
Sie	wohnten	arbeiteten	gingen	fuhren	flogen	gaben	wurden

Einige unregelmäßige Verben haben die gleichen Endungen wie regelmäßige Verben:
bringen – brachte
denken – dachte
kennen – kannte
nennen – nannte
wissen – wusste

Sie finden eine Liste mit wichtigen unregelmäßigen Verben im Anhang im Kursbuch.

Grammatik im Überblick

2.4 Das Perfekt: *haben/sein* + Partizip II

Für die meisten Verben benutzt man in der Vergangenheit das Perfekt.

Wann	sind	Sie nach Deutschland	gekommen?
Ich	bin	2002 nach Deutschland	gekommen.
Was	haben	Sie am Wochenende	gemacht?
Wir	haben	am Samstag auf dem Markt	eingekauft.

2.5 Das Perfekt: Bildung der Partizipien

Partizipien mit *ge-*

	„normale" Verben	trennbare Verben
regelmäßig (Endung „t")	ge…(e)t spielen – hat gespielt arbeiten – hat gearbeitet kaufen – hat gekauft	…ge…(e)t mitspielen – hat mitgespielt ausschalten – hat ausgeschaltet einkaufen – hat eingekauft
unregelmäßig (Endung „en")	ge…en kommen – ist gekommen geben – hat gegeben sehen – hat gesehen	…ge…en ankommen – ist angekommen aufgeben – hat aufgegeben fernsehen – hat ferngesehen

Partizipien ohne *ge-*

	Verben mit den Präfixen *be-, emp-, ent-, er-, ge-, ver-, zer-*	Verben auf *-ieren*
regelmäßig (Endung „t")	…t bezahlen – hat bezahlt erzählen – hat erzählt entschuldigen – hat entschuldigt gehören – hat gehört	…t installieren – hat installiert reparieren – hat repariert reservieren – hat reserviert transportieren – hat transportiert
unregelmäßig (Endung „en")	…en bekommen – hat bekommen behalten – hat behalten gefallen – hat gefallen verstehen – hat verstanden	

Die unregelmäßigen Partizipien (gegangen, gefahren, …) finden Sie im Anhang im Kursbuch.

2.6 Das Perfekt: *sein* oder *haben*?

Die meisten Verben bilden das Perfekt mit *haben*: ich habe gemacht, ich habe gelernt, ich habe gearbeitet, …
Verben der Bewegung von A nach B oder Verben der Veränderung bilden das Perfekt mit *sein*.

Bewegungsverben von A nach B	Zustandsveränderung
A ──🚶── B	👁 ──→ 💤
gehen: ist gegangen	einschlafen: ist eingeschlafen

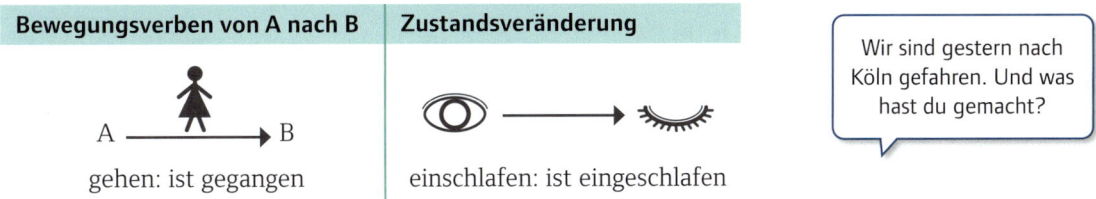

Wir sind gestern nach Köln gefahren. Und was hast du gemacht?

weitere Bewegungsverben:
abbiegen, abfahren, kommen, ankommen, fahren, fliegen, joggen, laufen, reisen, rennen, schwimmen, umsteigen, umziehen, …

⚠ Verben, die keine Bewegungsverben sind, aber das Perfekt mit *sein* bilden: sein, ist gewesen – bleiben, ist geblieben

2.7 Plusquamperfekt

Das Plusquamperfekt bildet man mit dem Präteritum von *haben* oder *sein* + Partizip II des Verbs.
Es wird häufiger in der geschriebenen Sprache gebraucht.

	Prät. von *haben/sein*		Partizip II
Sie	hatte	eine Umschulung	gemacht.
Sie	waren	zum Arbeitsamt	gegangen.

Was ist passiert? (Präteritum/Perfekt)   **Was war vorher passiert? (Plusquamperfekt)**

Sie begann eine neue Arbeit.   Sie hatte eine Umschulung gemacht.
Sie haben sich für eine Umschulung   Sie waren zum Arbeitsamt gegangen.
entschieden.
Sie hatte eine Umschulung gemacht. Danach begann sie eine neue Arbeit.
Nachdem sie eine Umschulung gemacht hatte, begann sie eine neue Arbeit.
Sie waren zum Arbeitsamt gegangen. Danach haben sie sich für eine Umschulung entschieden.
Nachdem sie zum Arbeitsamt gegangen waren, haben sie sich für eine Umschulung entschieden.

2.8 Passiv Präteritum und Passiv Perfekt

Aktiv Präteritum: Die Handwerker bauten die Fenster aus.
→ Passiv Präteritum: Die Fenster wurden (von den Handwerkern) ausgebaut.

Aktiv Perfekt: Die Handwerker haben die Fenster ausgebaut.
→ Passiv Perfekt: Die Fenster sind (von den Handwerkern) ausgebaut worden.

Das Passiv Perfekt bildet man mit *sein* + Partizip des Vollverbs + *worden*.

Grammatik im Überblick

3 Verben in der Zukunft: Futur I

Ich werde im Herbst eine Ausbildung zum Koch beginnen.
Er wird jährlich 23.940 Euro verdienen.

Junge Leute werden vor allem in die großen Städte ziehen.

Das Futur I bildet man mit *werden* + Infinitiv. Man verwendet es oft für Prognosen und Versprechen.

Für Vermutungen, das heißt nicht sichere Aussagen, benutzt man oft die Wörter *vielleicht*, *wahrscheinlich*, *eventuell* und *wohl*.

Wahrscheinlich wird es am Wochenende regnen.
Am Wochenende wird es wahrscheinlich regnen.

In der Alltagssprache, vor allem mündlich, benutzt man oft das Präsens, wenn man über die Zukunft spricht:
Morgen schreiben wir einen Test.
Nächstes Jahr fahre ich zu meiner Schwester nach Österreich.

	werden
ich	werde
du	wirst
er/sie/es	wird
wir	werden
ihr	werdet
sie/Sie	werden

4 Partizip I und Partizip II als Adjektiv

Das Partizip I bildet man mit dem Infinitiv + *d*:
liegen → liegen**d**

vorbeifahren → vorbeifahren**d**
Man benutzt das Partizip I wie ein Adjektiv + Endung:
Kabel, die am Boden liegen → am Boden liegen**de** Kabel
Züge, die vorbeifahren → vorbeifahren**de** Züge

Auch das Partizip II kann man wie ein Adjektiv + Endung verwenden.
eine Sendung, die geliefert wurde → eine gelieferte Sendung
ein Mitarbeiter, der gut ausgebildet wurde → ein gut ausgebildeter Mitarbeiter

5 Artikel und Nomen

5.1 Artikel im Nominativ

	m (maskulin)		n (neutrum)		f (feminin)		Pl (Plural)	
bestimmter Artikel	der		das		die		die	
unbestimmter Artikel	ein		ein		eine		–	
Negativartikel	kein	Mann	kein	Kind	keine	Frau	keine	Kinder
Possessivartikel	mein		mein		meine		meine	
Demonstrativartikel	dieser		dieses		diese		diese	

Das sind meine Kinder.
Der Mann heißt Arno.

5.2 Artikel im Akkusativ

	m (maskulin)		n (neutrum)		f (feminin)		Pl (Plural)	
bestimmter Artikel	den		das		die		die	
unbestimmter Artikel	einen		ein		eine		-	
Negativartikel	keinen	Mann	kein	Kind	keine	Frau	keine	Kinder
Possessivartikel	meinen		mein		meine		meine	
Demonstrativartikel	diesen		dieses		diese		diese	

Memo
Lernen Sie im Akkusativ nur das -en im maskulin, alles andere ist wie im Nominativ.

Ich kenne den Mann nicht.

Ich habe keinen Computer.

5.3 Artikel im Dativ

	m (maskulin)		n (neutrum)		f (feminin)		Pl (Plural)	
bestimmter Artikel	dem		dem		der		den	
unbestimmter Artikel	einem		einem		einer		-	
Negativartikel	keinem	Mann	keinem	Kind	keiner	Frau	keinen	Kindern
Possessivartikel	meinem		meinem		meiner		meinen	
Demonstrativartikel	diesem		diesem		dieser		diesen	

Das Nomen hat im Dativ Plural immer die Endung -n: Wir spielen mit den Kindern.

 Ausnahme: Nomen mit s-Plural: die Autos – mit den Autos

5.4 Artikel im Genitiv

	m (maskulin)		n (neutrum)		f (feminin)		Pl (Plural)	
bestimmter Artikel	des		des		der		der	
unbestimmter Artikel	eines		eines		einer		-	
Negativartikel	keines	Vaters	keines	Kindes	keiner	Frau	keiner	Kinder
Possessivartikel	meines		meines		meiner		meiner	
Demonstrativartikel	dieses		dieses		dieser		dieser	

5.5 N-Deklination

Nur maskuline Nomen gehören zur N-Deklination. Sie haben im Plural sowie im Akkusativ, Dativ und Genitiv die Endung -(e)n:
der/ein Kunde (m)
→ den/einen Kunden → des/eines Kunden
→ dem/einem Kunden → die/- Kunden

Die meisten Nomen der N-Deklination enden im Nominativ auf -e (Name, Kunde, Experte) oder auf -t –/ -and –/ -ant –/ -ent –/ -ist (Kandidat, Doktorand, Lieferant, Student, Tourist)

Zu den Nomen der N-Deklination gehören auch: Herr, Nachbar, Mensch, Pilot, Fotograf, Bauer

Grammatik im Überblick

5.6 Diminutiv

der Hund → das Hündchen   die Katze → das Kätzchen   das Pferd → das Pferdchen

Plural und Singular sind im Diminutiv gleich: das Hündchen → die Hündchen

5.7 Possessivartikel

Guten Tag, mein Name ist Thomas Müller und das ist meine Frau.

Sind das Ihre Kinder?

Ja, das sind unsere Töchter Lisa und Nina und das ist unser Sohn Tobias.

	m (maskulin)		n (neutrum)		f (feminin)		Pl (Plural)	
ich	mein		mein		meine		meine	
du	dein		dein		deine		deine	
er/es/man	sein		sein		seine		seine	
sie	ihr	Sohn	ihr	Kind	ihre	Tochter	ihre	Kinder
wir	unser		unser		unsere		unsere	
ihr	euer		euer		eure		eure	
sie (Pl.)	ihr		ihr		ihre		ihre	
Sie	Ihr		Ihr		Ihre		Ihre	

5.8 Das Fragewort *welch-*

	m (maskulin)	n (neutrum)	f (feminin)	Pl (Plural)
Nominativ	welcher Zug	welches Auto	welche U-Bahn	welche Fahrräder
Akkusativ	welchen Zug	welches Auto	welche U-Bahn	welche Fahrräder
Dativ	welchem Zug	welchem Auto	welcher U-Bahn	welchen Fahrrädern

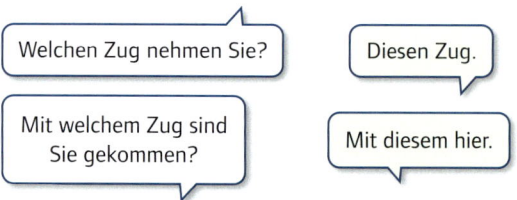

Welchen Zug nehmen Sie? — Diesen Zug.

Mit welchem Zug sind Sie gekommen? — Mit diesem hier.

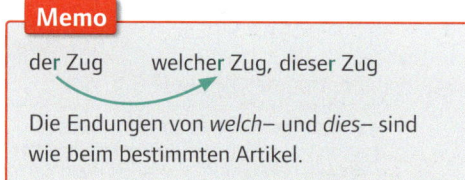

Memo

der Zug → welcher Zug, dieser Zug

Die Endungen von *welch-* und *dies-* sind wie beim bestimmten Artikel.

5.9 Der Demonstrativartikel *dies-*

	m (maskulin)	n (neutrum)	f (feminin)	Pl (Plural)
Nominativ	dieser Zug	dieses Auto	diese U-Bahn	diese Fahrräder
Akkusativ	diesen Zug	dieses Auto	diese U-Bahn	diese Fahrräder
Dativ	diesem Zug	diesem Auto	dieser U-Bahn	diesen Fahrrädern

5.10 Das Fragewort *was für ein-*

	m (maskulin)	n (neutrum)	f (feminin)	Pl (Plural)
Nominativ	Was für ein Mantel?	Was für ein Kleid?	Was für eine Jacke?	Was für Schuhe?
Akkusativ	Was für einen Mantel?	Was für ein Kleid?	Was für eine Jacke?	Was für Schuhe?
Dativ	Mit was für einem Mantel?	Mit was für einem Kleid?	Mit was für einer Jacke?	Mit was für Schuhen?

Was für einen Anzug hast du auf der Hochzeit getragen?

Einen schwarzen Anzug.

5.11 Der Plural von Nomen

	Singular	Plural		Singular	Plural
-e	der Tisch	die Tische	-	der Computer	die Computer
-e (+ Umlaut)	der Stuhl	die Stühle	-(+ Umlaut)	der Vater	die Väter
-en	die Zahl	die Zahlen	-s	das Auto	die Autos
-n	die Tasche	die Taschen	-er	das Kind	die Kinder
-nen	die Lehrerin	die Lehrerinnen	-er (+ Umlaut)	das Haus	die Häuser

Memo
Lernen Sie die Nomen immer mit Plural.

Wie viele Stühle sind im Kursraum?

Es sind 10 Stühle und 5 Tische.

6 Pronomen

6.1 Personalpronomen

Nominativ	Akkusativ	Dativ
ich	mich	mir
du	dich	dir
er	ihn	ihm
es	es	ihm
sie	sie	ihr
wir	uns	uns
ihr	euch	euch
sie	sie	ihnen
Sie	Sie	Ihnen

Können Sie mir bitte helfen?

Ja, gerne, ich rufe Sie morgen an.

6.2 Artikel und Pronomen

Der Schrank ist alt. Er ist alt.
Das Büro ist klein. Es ist klein.
Die Küche ist modern. Sie ist modern.
Die Blumen sind schön. Sie sind schön.

Grammatik im Überblick

6.3 Das unpersönliche Pronomen *man*

Mit *man* steht das Verb in der 3. Person Singular.

> Wie schreibt man das?

> Hier kann man Geld wechseln.

6.4 Artikel als Pronomen

Wie finden Sie den blauen Anzug?   Der ist nicht schlecht. Den nehme ich.
Wie finden Sie das rote Kleid?   Das ist sehr elegant. Das nehme ich.
Wie gefällt Ihnen die Bluse?   Die ist zu kurz. Die nehme ich nicht.
Wie gefallen Ihnen die Schuhe?   Die sind gut. Die kaufe ich.

6.5 Das Pronomen *es*

In vielen Ausdrücken benutzt man das Pronomen *es*. Das *es* hat in diesen Ausdrücken keine Bedeutung.

Wetterwörter	andere Ausdrücke
Es regnet. –/ Es schneit.	Wie geht es Ihnen?
Heute ist es kalt. –/ Es ist windig.	Danke, es geht mir gut.
Es ist bewölkt.	Hier gibt es einen Park.

6.6 Reflexivpronomen

	Akkusativ	Dativ
ich	mich	mir
du	dich	dir
er/es/sie/man	sich	sich
wir	uns	uns
ihr	euch	euch

Ich freue mich.
Ich wünsche mir ein neues Smartphone.
Ich wasche mich.   Ich wasche mir die Hände.

> Guten Tag, ich möchte mich vorstellen. Mein Name ist …

> Wir haben uns im Sportkurs kennengelernt und uns sofort verliebt.

> Ich kann mir nicht vorstellen, dass …

6.7 Relativpronomen

	m (maskulin)	n (neutrum)	f (feminin)	Pl (Plural)
Nominativ	der	das	die	die
Akkusativ	den	das	die	die
Dativ	dem	dem	der	denen

⚠ Nur der Dativ Plural ist neu. Alle anderen Formen sind wie der definite Artikel.

Der Betriebsrat ist eine Gruppe von Mitarbeitenden, der von den Beschäftigten alle vier Jahre gewählt wird. Mindestens einmal im Jahr gibt es eine Betriebsversammlung, zu der alle eingeladen sind.

6.8 *Derselbe, dieselbe, dasselbe* und *dieselben*

	m (maskulin)	n (neutrum)	f (feminin)	Pl (Plural)
Nominativ	derselbe	dasselbe	dieselbe	dieselben
Akkusativ	denselben	dasselbe	dieselbe	dieselben
Dativ	demselben	demselben	derselben	denselben

Familie Schmidt verbringt ihren Sommerurlaub immer auf Sylt.
Sie fährt jedes Jahr auf dieselbe Insel.

7 Adjektive

7.1 Adjektive nach dem Nomen (prädikativ)

Adjektive nach dem Nomen haben keine Endung.

Der Schrank ist neu. Ich finde den Schrank schön.
Das Sofa ist alt. Ich finde das Sofa langweilig.

7.2 Adjektive vor dem Nomen (attributiv)

Zwischen Artikel und Nomen haben Adjektive eine Endung (mindestens ein **-e**).

	m (maskulin)	n (neutrum)	f (feminin)	Pl (Plural)
Nominativ	grauer Anzug der graue Anzug ein grauer Anzug kein grauer Anzug	blaues Hemd das blaue Hemd ein blaues Hemd kein blaues Hemd	rote Bluse die rote Bluse eine rote Bluse keine rote Bluse	die braunen Schuhe – braune Schuhe keine braunen Schuhe
Akkusativ	grauen Anzug den grauen Anzug einen grauen Anzug keinen grauen Anzug	blaues Hemd das blaue Hemd ein blaues Hemd kein blaues Hemd	rote Bluse die rote Bluse eine rote Bluse keine rote Bluse	die braunen Schuhe – braune Schuhe keine braunen Schuhe
Dativ	grauem Anzug dem grauen Anzug einem grauen Anzug keinem grauen Anzug	blauem Hemd dem blauen Hemd einem blauen Hemd keinem blauen Hemd	roter Bluse der roten Bluse einer roten Bluse keiner roten Bluse	den braunen Schuhen – braunen Schuhe keinen braunen Schuhen

⚠️ Gleiche Endung bei *ein* und *kein* im Singular: ein blaues Hemd = kein blaues Hemd.
Im Plural unterschiedliche Endung: – braune Schuhe = keine braunen Schuhe

Memo
das weiße Kleid   ein weißes Kleid

Der graue Anzug ist nicht so elegant.

Er trägt ein blaues Hemd.

Grammatik im Überblick

7.3 Nomen, die man wie Adjektive dekliniert

	Nominativ	Akkusativ	Dativ
m (maskulin)	der Vorsitzende ein Vorsitzender	den Vorsitzenden einen Vorsitzenden	dem Vorsitzenden einem Vorsitzenden
f (feminin)	die Vorsitzende eine Vorsitzende	die Vorsitzende eine Vorsitzende	der Vorsitzenden einer Vorsitzenden
Pl (Plural)	die Vorsitzenden - Vorsitzende	die Vorsitzenden - Vorsitzende	den Vorsitzenden - Vorsitzenden

7.4 Adjektive im Komparativ und Superlativ

Adjektiv + -er/-sten	Adjektiv + Umlaut + -er/-sten	Ausnahmen
hell – heller – am hellsten interessant – interessanter – am interessantesten schnell – schneller – am schnellsten langsam – langsamer – am langsamsten schön – schöner – am schönsten	groß – größer – am größten kalt – kälter – am kältesten warm – wärmer – am wärmsten kurz – kürzer – am kürzesten lang – länger – am längsten	gern – lieber – am liebsten gut – besser – am besten viel – mehr – am meisten

Einsilbige Adjektive mit *o, u* oder *a* im Stamm haben im
Komparativ und Superlativ meistens einen Umlaut:
lang → länger, gesund → gesünder

> Istanbul ist größer als London.

Nach *t, d, s, (sch), x* und *z* ist die Endung im Superlativ *-esten*:
kurz → am kürzesten

Adjektive im Superlativ werden vor dem Nomen dekliniert:
Word und Excel sind am wichtigsten. → Word und Excel sind die wichtigsten Programme.

8 Präpositionen

8.1 Temporale Präpositionen (Zeit): *am, um, im, vor, nach, seit, bis, von ... bis*

am:	Wochentag/Tagesabschnitt	am Montag, am Vormittag, ⚠ in der Nacht
um:	Uhrzeit	um 8 Uhr, um halb 10, um 13 Uhr 30 Der Film beginnt um 20 Uhr.
im:	Monat, Jahreszeit, Jahr	Im Juli ist es in Deutschland oft warm.
vor:	• |	Es ist jetzt Viertel vor acht. Sie bringt vor der Arbeit die Kinder zur Kita.
nach:	| •	Es ist zehn nach acht. Nach der Arbeit geht er einkaufen.
seit:	• →	Sie sind schon seit fünf Jahren in Frankfurt.
bis:	→ •	Der Film geht bis 22 Uhr.
von ... bis:	• → •	Der Film geht von 20 Uhr bis 22 Uhr.

264

8.2 Lokale Präpositionen (Ort): *in, bei, nach, zu, aus, von*

in:	Wo?	In Berlin gibt es viele Sehenswürdigkeiten.
bei:		Ich bin beim Friseur.
nach:	Wohin?	Ich fahre gern nach Berlin.
zu:		Ich gehe zum Bahnhof.
aus:	Woher?	Er kommt aus Italien.
von:		Sie kommt heute spät von der Arbeit.

8.3 mit Dativ: *aus, bei, mit, nach, seit, von, zu, vor* (temporal)

aus: Ich gehe jeden Morgen um 8 Uhr aus dem Haus.
bei: Ich wohne bei meinen Eltern.
mit: Ich fahre mit dem Bus.
nach: Nach dem Deutschkurs möchte ich eine Arbeit suchen.

seit: Ich bin schon seit einem Jahr in Deutschland.
von: Von der Haltestelle muss ich noch fünf Minuten zu Fuß gehen.
zu: Ich fahre zur Sprachschule.
vor: Vor dem Deutschkurs gehe ich joggen.

bei dem = beim   von dem = vom   zu dem = zum   zu der = zur

8.4 Präpositionen mit Akkusativ: *für, um, durch, ohne*

für: Sie brauchen für den Antrag einen Pass und ein Foto.
um: Man kann sehr gut um den Schluchsee wandern.
durch: Der Zug fährt durch den Tunnel.
ohne: Sie trinkt den Kaffee ohne Zucker.

⚠ *Ohne* verwendet man meistens ohne Artikel.

8.5 Wechselpräpositionen mit Akkusativ und Dativ: *in, an, auf, hinter, vor, über, unter, neben, zwischen*

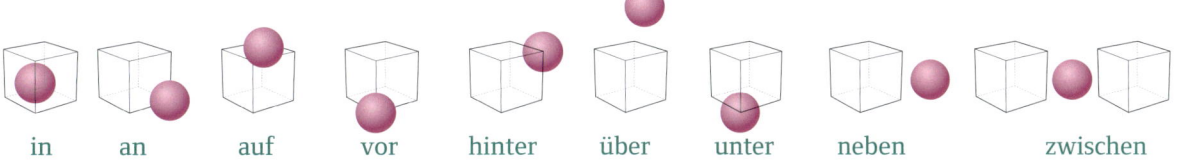

in   an   auf   vor   hinter   über   unter   neben   zwischen

Wohin? → Präpositionen mit Akkusativ		Wo? → Präpositionen mit Dativ	
in den Wald	in das = ins	im Wald	in dem = im
in das Restaurant	an das = ans	im Restaurant	an dem = am
in die Stadt		in der Stadt	
in die Geschäfte		in den Geschäften	

Sie geht in die Bäckerei.
Der Bus fährt langsam an die Haltestelle.
Sie gehen auf die Straße.
Wir setzen uns unter den Baum.
Wir gehen über den Platz.
Wir stellen die Mülltonnen vor das Haus.
Wir stellen unsere Fahrräder hinter das Café.
Ich stelle den Kinderwagen neben die Tür.

In der Bäckerei sind viele Leute.
Der Bus steht an der Haltestelle.
Auf der Straße fahren viele Autos.
Unter dem Baum steht eine Bank.
Über dem Platz fliegen viele Vögel.
Die Mülltonnen stehen heute vor dem Haus.
Hinter dem Café ist ein Hof.
Der Kinderwagen steht neben der Tür.

Grammatik im Überblick

8.6 Präpositionen mit Genitiv: *außerhalb, innerhalb, wegen, während*

außerhalb: Ich wohne außerhalb der Stadt.
innerhalb: Er will die Prüfung innerhalb eines Jahres schaffen.
wegen: Er muss wegen der Prüfung viel lernen.
während: Ich habe meine Frau während des Studiums kennengelernt.

8.7 Verben mit Präpositionen

Sie warten schon zehn Minuten auf den Bus.
Er möchte gerne an einem Fortbildungskurs teilnehmen.
Ich interessiere mich sehr für die Stelle.

8.8 Fragewörter und Pronomen bei Verben mit Präpositionen

Fragen nach Sachen

- Wofür interessierst du dich?
▸ Ich interessiere mich <u>für die Stelle</u>.
- Ah, dafür interessiere ich mich auch.

- Woran denkst du?
▸ <u>Ans Wochenende</u>.
- Daran denke ich noch nicht.

Das Fragewort besteht aus „wo"+ Präposition: wovon, womit, wofür ...
Wenn die Präposition mit einem Vokal beginnt ergänzt man ein „r": worauf, worüber ...

Fragen nach Personen

Wenn man nach Personen fragt, benutzt man die Präposition + Fragewort für Personen im Akkusativ: Über wen?, Für wen?, Auf wen? ...
oder Dativ: Mit wem?, Von wem?, Zu wem? ...

- Über wen sprecht ihr gerade?
▸ <u>Über die neue Kollegin</u>.

- Mit wem bist du ins Kino gegangen?
▸ <u>Mit meiner Schwester</u>.

Präpositionen *mit/für/gegen/in/... + einander*

Lena ist für Sabine da. Sabine ist für Lena da. → Sie sind füreinander da.

9 Wortbildung

9.1 Komposita

das Gespräch + die Einladung → die Gesprächseinladung
die Vorstellung + das Gespräch → das Vorstellungsgespräch

Das letzte Wort in Komposita bestimmt den Artikel.
Der Wortakzent ist (fast) immer auf dem ersten Wort.

> **Regel**
>
> **Komposita**
>
> Das Fugen-s steht oft zwischen den Nomen:
> die Arbeit + der Vertrag → der Arbeitsvertrag

9.2 Das Datum – Ordinalzahlen

1–19 + ten
am 1. – am ersten
am 2. – am zweiten
am 3. – am dritten
am 4. – am vierten
am 5. – am fünften
am 6 – am sechsten
am 7. – am siebten
am 8. – am achten
am 9. – am neunten
am 10. – am zehnten
am 16. – am sechzehnten
am 19. – am neunzehnten

20 + sten
am 20. – am zwanzigsten
am 21. – am einundzwanzigsten
am 22. – am zweiundzwanzigsten
am 30. – am dreißigsten

▶ Wann sind Sie geboren?
● Am 5.3.1987. (Am fünften Dritten neunzehnhundertsiebenundachtzig.)
▶ Welcher Tag ist heute?
● Heute ist der 3.10. (Heute ist der dritte Zehnte.)

9.3 Adjektive mit *-los* und *-un*

ohne Arbeit	=	arbeitslos	nicht ruhig	=	unruhig
ohne Gefahr	=	gefahrlos	nicht sicher	=	unsicher
ohne Sinn	=	sinnlos	nicht zufrieden	=	unzufrieden

10 Wörter im Satz

10.1 Sätze und W-Fragen

Das konjugierte Verb steht immer auf Position 2.

	Position 2	
Woher	kommen	Sie?
Ich	komme	aus Costa Rica.
Wie	heißt	Ihr Sohn?
Er	heißt	Lukas.
Was	sind	Sie von Beruf?
Ich	bin	Lehrerin.

	Position 2	
Am Wochenende	besuche	ich meine Freunde.
Ich	besuche	**am Wochenende** meine Freunde.
Dann	machen	wir eine Radtour.
Wir	machen	**dann** eine Radtour.

Grammatik im Überblick

10.2 Ja/Nein-Fragen (Satzfragen)

Kommen	Sie aus München?
Haben	Sie morgen Zeit?
Möchtest	du einen Kaffee?
Kennt	ihr Berlin?

Ja, ich bin aus München.

10.3 Satzklammer: Trennbare Verben, Modalverben und Perfekt

Trennbare Verben

Das konjugierte Verb steht auf Position 2, der andere Verbteil (Präfix, Infinitiv, Partizip) steht am Satzende.

Wann	rufst	du die Kundin	an?
Ich	rufe	sie am Nachmittag	an.

Modalverben

Frau Stein	muss	am Morgen früh	aufstehen.
Frau Deck	will	am Wochenende nicht	arbeiten.

Perfekt

Früher	habe	ich in der Stadt	gewohnt.
Früher	bin	ich oft nach Köln	gefahren.

10.4 Ja – Nein – Doch

Hast du Zeit? ☺ Ja, natürlich.
☹ Nein, leider nicht.

Hast du keine Zeit? ☺ Doch, ich habe Zeit.
☹ Nein, ich habe keine Zeit.

Kommst du nicht mit? ☺ Doch, ich komme mit.
☹ Nein, ich kann leider nicht mitkommen.

10.5 Vergleichssätze

≠ Komparativ + *als*
In Deutschland ist es im Sommer wärmer als im Winter.

= *genauso* + Adjektiv + *wie*
In Lübeck regnet es genauso viel wie in Bremen.

268

10.6 Verneinung mit *nicht* oder *kein*

ein → *kein*	Ich habe einen Tisch –/ ein Sofa –/ eine Waschmaschine –/ Stühle. Ich habe keinen Tisch –/ kein Sofa –/ keine Waschmaschine –/ keine Stühle.
⚠ Auch *kein* bei:	Ich habe kein Geld –/ keine Zeit –/ keine Lust. Ich mag keinen Kaffee –/ keinen Käse.
Sonst immer *nicht*:	Heute kommt er. Morgen kommt er nicht. Sie isst gern Käse. Sie isst nicht gern Käse. Ich arbeite viel. Ich arbeite nicht viel.

10.7 Verben und Ergänzungen

Verben mit Nominativ und Akkusativ

Es gibt viele Verben mit Nominativ und Akkusativ: brauchen, sehen, nehmen, besichtigen, möchten, …

Verben mit Nominativ, Dativ und Akkusativ

Es gibt viele Verben mit Nominativ, Akkusativ und Dativ: bringen, schenken, holen, erklären, mitbringen, zeigen, geben …

Verben mit Nominativ und Dativ

Es gibt nur wenige Verben mit Nominativ und Dativ: danken, gehören, gefallen, …

Ein Verb mit Nominativ und Nominativ

Das   ist   ein Mantel.
Nominativ   *Nominativ*

Verben mit Präpositionen

Ich   freue   mich   auf das Wochenende
Nominativ   *Ergänzung mit Präposition*

Grammatik im Überblick

10.8 Sätze verbinden mit *aber, denn, und, oder*

	0	1	2	
Heute habe ich keine Zeit,	aber	morgen	komme	ich gerne.
Ich möchte ins Kino gehen,	denn	ich	möchte	den neuen James-Bond-Film sehen.
Heute sehen wir den James-Bond-Film	und	morgen	gehen	wir in die Disco.
Kommst du auch mit	oder		musst	du noch arbeiten?

10.9 Sätze verbinden mit *deshalb* und *trotzdem*

Ich habe keine Ausbildung. Deshalb bekomme ich oft nur einfache Aufgaben.
Ich bin handwerklich geschickt. Deshalb helfe ich auch bei der Reparatur von Spielgeräten.
Die Arbeit ist körperlich anstrengend. Trotzdem arbeite ich gerne in der Firma.

Wir haben im Moment sehr viele Bestellungen. Trotzdem bekommen die Kunden ihre Möbel sehr schnell geliefert.

10.10 Sätze verbinden mit *(an)statt + zu + Infinitiv* und *nicht ..., sondern ...*

Herr Murks hört seinen Gesprächspartnern nicht zu, sondern redet ohne Pause.

Anstatt seinen Gesprächspartnern zuzuhören, redet Herr Murks ohne Pause.

10.11 Sätze verbinden mit Doppelkonjunktionen

Nicht nur ..., sondern auch ... und *sowohl ... als auch ...*

Mit *nicht nur ..., sondern auch ...* und mit *sowohl ... als auch ...* zählt man Sachen auf:

Staus kosten Zeit und Nerven. Staus kosten sehr viel Geld.
→ Staus kosten nicht nur Zeit und Nerven, sondern auch sehr viel Geld.
→ Staus kosten sowohl Nerven als auch sehr viel Geld.

Weder ... noch ...

Mit *weder ... noch ...* kann man etwas negieren:

Der Drucker kann nicht kopieren. Der Drucker kann auch nicht scannen.
→ Er kann weder kopieren noch scannen.

Entweder ... oder ...

Entweder ... oder ... bezeichnet Alternativen oder Möglichkeiten:

Wir können Ihnen den Schrank am Vormittag liefern. Wir können Ihnen den Schrank aber auch am Nachmittag liefern.

→ Wir können Ihnen den Schrank entweder am Vormittag oder am Nachmittag liefern.

Je ..., desto ...

Je ..., desto ... benutzt man für Vergleiche:

→ Je weniger Autos fahren, desto ruhiger ist das Leben in der Stadt.

Nach *je* und *desto* steht immer ein Komparativ.
Nach *je* kommt ein Nebensatz, nach *desto* ein Hauptsatz.

10.12 Nebensätze

Im Nebensatz steht das konjugierte Verb immer am Ende. Trennbare Verben stehen zusammen am Satzende.

Nebensätze mit *weil*

Er findet das Internet praktisch,	weil	man viele Informationen	bekommt.
Sie findet das Internet nützlich,	weil	man viele Filme sehen	kann.

Nebensätze mit *dass*

Ich finde,	dass	es viele gute Fernsehsendungen	gibt.
Ich meine,	dass	Kinder im Fernsehen viel lernen	können.
Ich bin dagegen,	dass	Kinder viel	fernsehen.

Nebensätze mit *wenn*

Was machen Sie,	wenn	das Wetter schlecht	ist?
Ich sehe fern,	wenn	das Wetter schlecht	ist.

Nebensätze mit *damit* und Satzverbindungen mit *um ... zu* + Infinitiv

Er macht einen Computerkurs,	damit	er bessere Chancen auf dem Arbeitsmarkt	hat.
Er macht einen Computerkurs,	um	bessere Chancen auf dem Arbeitsmarkt	zu haben.
Sie stellt den Wecker,	damit	sie nicht zu spät zum Vorstellungsgespräch	kommt.
Sie stellt den Wecker,	um	nicht zu spät zum Vorstellungsgespräch	zu kommen.
Seine Frau hat ihm eine Krawatte gekauft,	damit	er beim Vorstellungsgespräch gut	aussieht.

Nebensätze mit *obwohl*

Obwohl	ich langjährige Berufserfahrung habe,	konnte ich	in Deutschland keine Stelle finden.
Obwohl	ich eine Arbeit habe,	möchte ich	eine Weiterbildung machen.

Nebensätze mit *anstatt + zu* + Infinitiv

Anstatt nur auf die fachlichen Qualifikationen zu setzen, sollten die Bewerberinnen und Bewerber auch ihre Softskills betonen.

Grammatik im Überblick

10.13 Temporale Nebensätze

mit *als* und *wenn*

Einmaliges Ereignis in der Vergangenheit: *als*
Als ich sechs Jahre alt war, bin ich in die Schule gekommen.

Mehrmaliges Ereignis in der Vergangenheit: *wenn*
Ereignisse in der Gegenwart und Zukunft: *wenn*
Wenn ich Probleme hatte, haben mir die Lehrer geholfen.
Immer wenn ich mich bewerbe, bin ich aufgeregt.
Wenn wir nächste Woche im Urlaub sind, passen unsere Nachbarn auf unsere Katze auf.

mit *bevor*

Bevor er die Bewerbung schreibt, liest er die Stellenanzeigen.
Bevor sie frühstücken, macht er Kaffee.

mit *während*

Während er Stellenanzeigen liest, macht er Notizen.
Während sie frühstücken, sprechen sie miteinander.

mit *nachdem*

Nachdem er die Bewerbung geschrieben hat, sortiert er die Bewerbungsunterlagen.
Nachdem sie gefrühstückt haben, geht er zur Arbeit.

mit *seit* und *seitdem*

Seit(dem) er mehr Fahrrad fährt, fühlt er sich gesünder.
Seit(dem) Frau Petcu arbeitet, geht es ihr gut.

10.14 Indirekte Fragen

W-Frage	Weißt du,	wo	der Brief	ist?
	Weißt du,	wann	der Chef	kommt?
Ja/Nein-Frage	Können Sie mir sagen,	ob	die Stelle noch frei	ist?

10.15 Nebensatz vor Hauptsatz

Wenn	Maximilian sehr viel	lernt,	(dann) kann er ein sehr gutes Abitur bekommen.
Wenn	ich morgen Zeit	habe,	komme ich gerne.

10.16 Relativsätze

Ich suche ein Restaurant,	das	in der Nähe vom Bahnhof	liegt.
Wo ist der Schlüssel,	den	ich auf den Tisch	gelegt habe?
Es gibt ungefähr 600.000 Vereine,	in denen	viele Menschen aktiv	sind.

Der Relativsatz steht immer in der Nähe vom Bezugswort. Manchmal auch mitten im Satz:

Die sozialen Vereine, für die sich viele Menschen engagieren, helfen Menschen.
           Bezugswort   *Relativsatz*

10.17 Relativsätze mit *was* und *wo*

Das Relativpronomen *was* bezieht sich auf einen ganzen Satz:
Ihr Test war gut, was sie freute.

Das Relativpronomen *wo* bezieht sich auf Ortsangaben:
Sie hat in Hamburg studiert, wo sie auch ihre erste Arbeit gefunden hat.

Verblisten

Liste der wichtigsten unregelmäßigen Verben

In dieser Liste finden Sie die wichtigsten unregelmäßigen Verben. Die meisten Verben sind ohne Vorsilben aufgenommen worden. Die Formen der Verben mit Vorsilben finden Sie bei den jeweiligen Verben.

Beispiele: vorlesen → lesen; versprechen → sprechen; bekommen → kommen

Infinitiv	Präsens – 3. Pers. Sg. er/es/sie/man	Präteritum – 3. Pers. Sg. er/es/sie/man	Perfekt – 3. Pers. Sg. er/es/sie/man
auftreten	tritt auf	trat auf	ist aufgetreten
backen	bäckt/backt	backte	hat gebacken
beginnen	beginnt	begann	hat begonnen
beißen	beißt	biss	hat gebissen
betrügen	betrügt	betrog	hat betrogen
beweisen	beweist	bewies	hat bewiesen
sich bewerben	bewirbt sich	bewarb sich	hat sich beworben
bieten	bietet	bot	hat geboten
bitten	bittet	bat	hat gebeten
bleiben	bleibt	blieb	ist geblieben
brechen	bricht	brach	hat/ist gebrochen
brennen	brennt	brannte	hat gebrannt
bringen	bringt	brachte	hat gebracht
denken	denkt	dachte	hat gedacht
einladen	lädt ein	lud ein	hat eingeladen
empfangen	empfängt	empfing	hat empfangen
empfehlen	empfiehlt	empfahl	hat empfohlen
entscheiden	entscheidet	entschied	hat entschieden
essen	isst	aß	hat gegessen
fahren	fährt	fuhr	hat/ist gefahren
fallen	fällt	fiel	ist gefallen
finden	findet	fand	hat gefunden
fliegen	fliegt	flog	ist geflogen
fliehen	flieht	floh	ist geflohen
fließen	fließt	floss	ist geflossen
frieren	friert	fror	hat gefroren
geben	gibt	gab	hat gegeben
gefallen	gefällt	gefiel	hat gefallen
gehen	geht	ging	ist gegangen
genießen	genießt	genoss	hat genossen
gewinnen	gewinnt	gewann	hat gewonnen
haben	hat	hatte	hat gehabt
halten	hält	hielt	hat gehalten
hängen	hängt	hing	hat gehangen/gehängt
heißen	heißt	hieß	hat geheißen
helfen	hilft	half	hat geholfen
kennen	kennt	kannte	hat gekannt
kommen	kommt	kam	ist gekommen
laden	lädt	lud	hat geladen
lassen	lässt	ließ	hat gelassen / hat lassen
laufen	läuft	lief	ist gelaufen
leiden	leidet	litt	hat gelitten
leihen	leiht	lieh	hat geliehen
lesen	liest	las	hat gelesen
liegen	liegt	lag	hat gelegen

Infinitiv	Präsens – 3. Pers. Sg. er/es/sie/man	Präteritum – 3. Pers. Sg. er/es/sie/man	Perfekt – 3. Pers. Sg. er/es/sie/man
meiden	meidet	mied	hat gemieden
mögen	mag	mochte	hat gemocht
nehmen	nimmt	nahm	hat genommen
nennen	nennt	nannte	hat genannt
raten	rät	riet	hat geraten
reiten	reitet	ritt	ist geritten
rennen	rennt	rannte	ist gerannt
riechen	riecht	roch	hat gerochen
rufen	ruft	rief	hat gerufen
scheinen	scheint	schien	hat geschienen
schlafen	schläft	schlief	hat geschlafen
schließen	schließt	schloss	hat geschlossen
schmelzen	schmilzt	schmolz	hat/ist geschmolzen
schneiden	schneidet	schnitt	hat geschnitten
schreiben	schreibt	schrieb	hat geschrieben
schreien	schreit	schrie	hat geschrien
schwimmen	schwimmt	schwamm	ist geschwommen
schwören	schwört	schwor	hat geschworen
sehen	sieht	sah	hat gesehen
sein	ist	war	ist gewesen
singen	singt	sang	hat gesungen
sitzen	sitzt	saß	hat gesessen
spinnen	spinnt	spann	hat gesponnen
sprechen	spricht	sprach	hat gesprochen
springen	springt	sprang	ist gesprungen
stehen	steht	stand	hat gestanden
steigen	steigt	stieg	ist gestiegen
sterben	stirbt	starb	ist gestorben
streiten	streitet	stritt	hat gestritten
tragen	trägt	trug	hat getragen
treffen	trifft	traf	hat getroffen
treiben	treibt	trieb	hat getrieben
trinken	trinkt	trank	hat getrunken
tun	tut	tat	hat getan
überweisen	überweist	überwies	hat überwiesen
verbinden	verbindet	verband	hat verbunden
vergessen	vergisst	vergaß	hat vergessen
vergleichen	vergleicht	verglich	hat verglichen
verlieren	verliert	verlor	hat verloren
verraten	verrät	verriet	hat verraten
verschieben	verschiebt	verschob	hat verschoben
verschwinden	verschwindet	verschwand	ist verschwunden
waschen	wäscht	wusch	hat gewaschen
vorschlagen	schlägt vor	schlug vor	hat vorgeschlagen
werden	wird	wurde	ist geworden
werfen	wirft	warf	hat geworfen
wiegen	wiegt	wog	hat gewogen
wissen	weiß	wusste	hat gewusst
zerreißen	zerreißt	zerriss	hat zerrissen
ziehen	zieht	zog	hat gezogen

Verblisten

Verben mit Präpositionen

Verb	Präp.	Beispiel
ändern	an	An dieser Situation kann man etwas ändern.
denken	an	Ich denke oft an meine Zukunft.
sich erinnern	an	Franziska kann sich nicht an den Vertrag erinnern.
sich gewöhnen	an	Ich habe mich an das Essen in der Kantine gewöhnt.
glauben	an	Der Chef glaubt an meine Fähigkeiten.
es liegt	an	Es liegt am Betriebsklima, dass ich gekündigt habe.
teilnehmen	an	Ich nehme an dem Projekt teil.
achten	auf	Sebastian achtet sehr auf sein Aussehen.
ankommen	auf	Das kommt darauf an.
antworten	auf	Antworte bitte auf meine Frage.
aufpassen	auf	Du musst besser auf deinen Kalender aufpassen.
sich freuen	auf	Wir freuen uns auf die Ferien.
hoffen	auf	Wir hoffen auf einen schönen Sommer.
kommen	auf	Wie bist du auf diesen Vorschlag gekommen?
sich konzentrieren	auf	Ich will mich ganz auf den Termin konzentrieren.
reagieren	auf	Wir müssen schnell auf seine Frage reagieren.
sich verlassen	auf	Du kannst dich auf mich verlassen.
verzichten	auf	Viele Menschen würden für die Umwelt auf etwas verzichten.
sich vorbereiten	auf	Wir müssen uns auf den Test vorbereiten.
warten	auf	Fabian wartet auf seinen Praktikanten.
wirken	auf	Er wirkt auf mich sympathisch und kompetent.
bestehen	aus	Eine Bewerbung besteht aus einem Anschreiben, einem Lebenslauf und Zeugnissen.
ersetzen	durch	Wir müssen den Computer durch einen Laptop ersetzen.
ausgeben	für	Ich gebe viel Geld für Kosmetik aus.
sich einsetzen	für	Manche Jugendliche setzen sich aktiv für andere ein.
sich engagieren	für	Ich engagiere mich für das Jugendtheater in unserer Stadt.
sich entscheiden	für	Sie hat sich für den billigeren Rock entschieden.
sich entschuldigen	für	Ich entschuldige mich für diesen Fehler.
halten	für	89 % halten den Klimawandel für ein wichtiges Thema.
sich interessieren	für	Junge Menschen interessieren sich sehr für Musik.
kämpfen	für	Seitdem kämpft sie für die Anerkennung ihres Schulabschlusses.
stimmen	für	Viele stimmten für den neuen Plan.
tun	für	Das Interesse, selbst etwas für den Klimaschutz zu tun, ist groß.
sich durchsetzen	gegen	Du musst dich gegen deine Schwester durchsetzen.
kämpfen	gegen	Wir müssen gegen Rassismus und Intoleranz kämpfen.
protestieren	gegen	10000 Schüler protestierten gegen die Schulpolitik der Regierung.
stimmen	gegen	Einige stimmten gegen den Plan.
tun	gegen	Du solltest etwas gegen deine Erkältung tun.
investieren	in	Der Staat sollte mehr in Elektroautos investieren.
anfangen	mit	Wann fängst du mit der Arbeit an?
aufhören	mit	Hör endlich mit dem Gejammer auf!
beginnen	mit	Wann beginnst du mit deiner Arbeit?
sich beschäftigen	mit	Die Philosophie beschäftigt sich mit der Frage nach dem „Warum".
besprechen	mit	Georg bespricht das Problem mit seiner Vorgesetzten.
führen	mit	Wir haben ein Interview mit einem Lehrer geführt.
mischen	mit	Man mischt Mehl und Backpulver mit Eiern und Zucker.
rechnen	mit	Ich habe schon nicht mehr mit dir gerechnet.
schimpfen	mit	Bitte schimpf nicht mit mir! Ich kann nichts dafür!
sprechen	mit	Die Beschäftigen sprechen mit dem Betriebsrat.
sich streiten	mit	Er streitet sich oft mit ihr.

Verben mit Präpositionen

Verb	Präposition	Beispielsatz
telefonieren	mit	Fred telefoniert oft mit Marina.
sich treffen	mit	Heute treffen wir uns mit guten Freunden.
verbinden	mit	Können Sie mich bitte mit dem Sekretariat verbinden?
vergleichen	mit	Vergleiche dein Land mit Deutschland.
sich verstehen	mit	Sie versteht sich gut mit ihm.
zusammenarbeiten	mit	Philipp Lahms arbeitet mit Jugendprojekten zusammen.
fragen	nach	Yvonne hat mich nach meinen Plänen für die Zukunft gefragt.
riechen	nach	Hier riecht es nach deinem Parfüm.
rufen	nach	Er rief nach dem Kellner, aber der kam nicht.
schmecken	nach	Dieses Eis schmeckt nach Apfel.
sehen	nach	Ich sehe mal schnell nach dem Kuchen im Ofen.
sich ärgern	über	Ich ärgere mich über intolerante Menschen.
berichten	über	Der Polizist berichtet über den Unfall.
sich beschweren	über	Er beschwerte sich über seine Note in Musik.
diskutieren	über	Sie diskutieren immer über dasselbe Problem.
sich freuen	über	Fredo freut sich über jeden Sieg vom 1. FC Köln.
sich informieren	über	Ich lese Zeitung, um mich über die Politik zu informieren.
lächeln	über	Sie kann so schön lächeln und fröhlich sein.
lachen	über	Die Leute lachen über den Witz.
nachdenken	über	Ich habe lange über den Vorschlag nachgedacht.
sich bewerben	um	Ich habe mich um einen neuen Job beworben.
bitten	um	Sophie bittet ihre Freundin um einen Tipp.
es geht	um	In diesem Buch geht es um einen bekannten Mann.
sich kümmern	um	Hasan hat sich um die Kundinnen gekümmert.
leiden	unter	Unter dem hohen Energieverbrauch leidet auch die Umwelt.
sich erholen	von	Sie hat sich gut von dem Unfall erholt.
erzählen	von	Eine Wissenschaftlerin hat mir von ihrem Beruf erzählt.
halten	von	Schreib mir, was du von der Idee hältst.
hören	von	Ich habe schon viel von Ihnen gehört.
reden	von	Alle reden nur noch von diesem Film.
träumen	von	Ich träume von der Zukunft.
sich trennen	von	Du solltest dich von ihm trennen.
sich unterscheiden	von	Er unterscheidet sich stark von seinem Vater.
sich verabschieden	von	So, jetzt muss ich mich von dir verabschieden.
wissen	von	Weißt du schon von unserem Plan?
sich fürchten	vor	Viele Menschen fürchten sich vor dem Bewerbungsprozess.
schützen	vor	Diese Jacke schützt vor Regen.
warnen	vor	Ich warne dich vor Susi. Sie ist total sauer auf dich.
reden	über	Ich will nicht immer nur über die Arbeit reden.
schimpfen	über	Sie schimpfte über ihren anstrengenden Kollegen.
sprechen	über	Ich spreche fast nie über Politik.
streiten	über	Wir streiten oft über Kleinigkeiten.
einladen	zu	Der Präsident hat 1000 Journalisten zum Pressefest eingeladen.
sich entwickeln	zu	Er hat sich zu einem guten Mitarbeiter entwickelt.
führen	zu	Diese Diskussion führt zu keinem Ergebnis.
gehören	zu	Gehörst du auch zu dieser Abteilung?
gratulieren	zu	Ich gratuliere dir zum Geburtstag.
kommen	zu	Wegen des Nebels kam es zu vielen Unfällen.
meinen	zu	Was meinst du zu meinem Vorschlag?
passen	zu	Welche Fähigkeiten von dir passen zu diesem Beruf?
wählen	zu	Michaela wurde gestern zum Betriebsratmitglied gewählt.

Quellen

Bildquellen

Cover: Shutterstock.com/voronaman; **U2** (Badge Apple-Store): Apple Inc.,IP & Licensing; (Badge Google App): Google Ireland ltd.; (Profis gesucht Deutsche Welle) ©dw.com/profis; **S. 3** ©DW.com/profis;
S. 4/1: Shutterstock.com/Oleggg, 2: Shutterstock.com/fizkes, 3: Shutterstock.com/Kzenon, 4: Shutterstock.com/nitpicker, 5: Shutterstock.com/Robert Kneschke, 6: Shutterstock.com/PeopleImages.com - Yuri A, 7: Shutterstock.com/Drazen Zigic;
S. 6/8: Shutterstock.com/Robert Kneschke, 9: Shutterstock.com/Dusan Petkovic, 10: Shutterstock.com/SeventyFour, 11: Shutterstock.com/ViewFinder nilsophon, 12: Shutterstock.com/Stokkete, 13: Shutterstock.com/ART STOCK CREATIVE, 14: Shutterstock.com/Bartolomiej Pietrzyk; **S. 8**/A: Shutterstock.com/Lucky Business, B: Shutterstock.com/VGstockstudio, C: Shutterstock.com/Oleggg, D: Shutterstock.com/frantic00, E: Shutterstock.com/andrea lehmkuhl, F: Shutterstock.com/Kzenon; **S. 10**/o.: Shutterstock.com/Blue Titan, m.: Shutterstock.com/Aleksandar Malivuk; **S. 10**/u.: Shutterstock.com/Halfpoint; **S. 11**/o.: Shutterstock.com/Blue Planet Studio;
S. 14/v.l.n.r.: Shutterstock.com/Jeanette Dietl, Shutterstock.com/Djomas, Shutterstock.com/B-D-S Piotr Marcinski, Shutterstock.com/kurhan; **S. 19**: Shutterstock.com/Cast Of Thousands;
S. 22/A: Shutterstock.com/Monkey Business Images, B: Shutterstock.com/Rawpixel.com, C: Shutterstock.com/Dmytro Zinkevych, D: Shutterstock.com/AnnaStills; **S. 23**: Shutterstock.com/haki7733;
S. 24/m.: Shutterstock.com/Robert Kneschke, u.: Shutterstock.com/Ground Picture; **S. 25**: Shutterstock.com/fizkes; **S. 27**/A: Shutterstock.com/Kzenon, B: Shutterstock.com/BearFotos, C: Shutterstock.com/Kzenon, D: Shutterstock.com/Africa Studio, E: Shutterstock.com/Monkey Business Images, F: Shutterstock.com/LightField Studios, G: Shutterstock.com/andreonegin, H: Shutterstock.com/Ground Picture, I: Shutterstock.com/NDAB Creativity, J: Shutterstock.com/Aleksandar Malivuk, K: Shutterstock.com/NassornSnitwong, L: Shutterstock.com/insta_photos; **S. 30**: Shutterstock.com/Ronald Rampsch; **S. 32**/u.: Shutterstock.com/Africa Studio;
S. 36/A: Shutterstock.com/Mangostar, B: Frau am Rechner: Shutterstock.com/Andrey_Popov; Abstrakte grüne Zahlen: Shutterstock.com/Valery Brozhinsky, C: Shutterstock.com/Prostock-studio, D: Shutterstock.com/Africa Studio, E: Shutterstock.com/Pixel-Shot, F: Shutterstock.com/Gorloff-KV; **S. 37**/A: Deutsche Bahn AG/Dominic Dupont, B: Shutterstock.com/PeopleImages.com - Yuri A, C: Shutterstock.com/bbernard, D: Shutterstock.com/Makistock, G: Shutterstock.com/Studio Romantic, H: Shutterstock.com/BearFotos, I: Shutterstock.com/Jasen Wright, J: Deutsche Bahn AG/Dominic Dupont, K: Shutterstock.com/Milos Muller, L: Shutterstock.com/Olena Yakobchuk; **S. 38**/m.: Shutterstock.com/Vadym Pastukh, u.: Shutterstock.com/Ground Picture; **S. 39**: Shutterstock.com/Kzenon; **S. 40**: Shutterstock.com/aanbetta; **S. 41**: Shutterstock.com/staukestock; **S. 47**/1: Shutterstock.com/NAN728, 2: Shutterstock.com/MUNGKHOOD STUDIO, 3: Shutterstock.com/Hlib Shabashnyi, 4: Shutterstock.com/Gts; **S. 53**: ©DW.com/profis;
S. 60/A: Shutterstock.com/Vitpho, B: Shutterstock.com/nitpicker, C: Shutterstock.com/Twin Design, D: Shutterstock.com/panitanphoto, E: stock.adobe.com/Tobias Arhelger, F: Shutterstock.com/mangpor2004, G: Shutterstock.com/Tupungato;
S. 62/r.v.o.n.u.: Shutterstock.com/G Estudios Multimedia, Shutterstock.com/yurakrasil, Shutterstock.com/Maksim Shmeljov, Shutterstock.com/Andrey_Popov; **S. 64**/o.: Shutterstock.com/serato, m.: Shutterstock.com/Inna Kot; **S. 65**/u.v.l.n.r.: Shutterstock.com/Drazen Zigic, Shutterstock.com/Frau aus UA, Shutterstock.com/Rawpixel.com, Shutterstock.com/nimito;
S. 66/1 o., v.o.l.n.u.r.: Shutterstock.com/Zerbor, Shutterstock.com/BearFotos, Shutterstock.com/Africa Studio, Shutterstock.com/Monkey Business Images, Shutterstock.com/Olena Yakobchuk, Shutterstock.com/Kzenon, Shutterstock.com/Kzenon, Shutterstock.com/Aleksandar Malivuk, Shutterstock.com/Blue Planet Studio, Shutterstock.com/Blue Titan, Shutterstock.com/Ground Picture, Shutterstock.com/Prostock-studio, Shutterstock.com/Ground Picture, Shutterstock.com/Halfpoint, Shutterstock.com/Aleksandar Malivuk, Shutterstock.com/AnnaStills, Shutterstock.com/NassornSnitwong; **S. 74**/A: Shutterstock.com/valiantsin suprunovich, B: Shutterstock.com/Rustam Shanov, C: Shutterstock.com/Kaspars Grinvalds, D: stock.adobe.com/MclittleStock, E: Shutterstock.com/Lisa-S, F: Shutterstock.com/bodnar.photo; **S. 75**: Shutterstock.com/Toey Andante; **S. 78**: Shutterstock.com/leungchopan; **S. 79**: Shutterstock.com/conejota;
S. 88/A: Shutterstock.com/baranq, B: Shutterstock.com/Nejron Photo, C: Shutterstock.com/djile, D: Shutterstock.com/GaudiLab, E: Shutterstock.com/Drazen Zigic, F: Shutterstock.com/stockfour; **S. 93**: Shutterstock.com/baranq; **S. 97**: Shutterstock.com/Aruta Images; **S. 100**/l.: Shutterstock.com/Kritsanai Chaemcharindamr, m.: Shutterstock.com/New Africa, r.: Shutterstock.com/fizkes; **S. 102**/A: Shutterstock.com/Jacob Lund, B: Shutterstock.com/feeling lucky, C: Shutterstock.com/15Studio, D: Shutterstock.com/PeopleImages.com - Yuri A, E: Shutterstock.com/Prostock-studio, F: Shutterstock.com/Drazen Zigic, G: Shutterstock.com/Dmytro Zinkevych, H: Shutterstock.com/Dragon Images;
S. 104/o.: Shutterstock.com/Dragon Images, m.: Shutterstock.com/Hryshchyshen Serhii, u.: Shutterstock.com/U. J. Alexander;
S. 108/o.: Shutterstock.com/Robert Kneschke, m.: Shutterstock.com/Ingo Bartussek; **S. 119**: ©dw.com/profis; **S. 128**/A: stock.adobe.com/wetzkaz, B: Shutterstock.com/industryviews, C: Shutterstock.com/BAZA Production, D: Shutterstock.com/Kzenon, E: Shutterstock.com/Robert Kneschke, F: Shutterstock.com/Halfpoint; **S. 132**: Shutterstock.com/Amnard Silabut; **S. 133**: Shutterstock.com/Pixel-Shot;
S. 134: Shutterstock.com/stockfour; **S. 137**: Shutterstock.com/Weitwinkel; **S. 139**: Shutterstock.com/hilmawan nurhatmadi;
S. 142/A: Shutterstock.com/Branislav Cerven, B: Shutterstock.com/Andrey_Popov, C: Shutterstock.com/APChanel, D: Shutterstock.com/sculpies, E: Shutterstock.com/Grand Warszawski, F: Shutterstock.com/haraldmuc, G: Shutterstock.com/M2020, H: Shutterstock.com/Amorn Suriyan; **S. 143**/1: Shutterstock.com/dott.am, 2: Shutterstock.com/S.Charnak, 3: Shutterstock.com/hanohiki, 4: Standard Studio, 5: Shutterstock.com/aydngvn, 6: Shutterstock.com/Photoonlife, 7: Shutterstock.com/r.classen, 8: stock.adobe.com/jlbuyz, 9: Shutterstock.com/theerakit, 10: Shutterstock.com/Joey001;
S. 144/v.l.n.r.: Shutterstock.com/Elnur, Shutterstock.com/Monkey Business Images, Shutterstock.com/Dusan Petkovic, Shutterstock.com/Krakenimages.com; **S. 145**: Shutterstock.com/AJR_photo;
S. 146/o.: Shutterstock.com/branislavpudar, u.l.: Shutterstock.com/Photoonlife, u. r.: Shutterstock.com/Walther S; **S. 148**/1: Shutterstock.com/Kitthanes, 2: Shutterstock.com/Voronina Svetlana, 3: Shutterstock.com/Dmitriy Kazitsyn, 4: Shutterstock.com/Africa Studio, 5: Shutterstock.com/Africa Studio, 6: Shutterstock.com/industryviews, 7: stock.adobe.com/Gerhard Seybert, 8: Shutterstock.com/Monkey Business Images, 9: Shutterstock.com/Demkat; **S. 150**/o.: Shutterstock.com/Rido, m.: Shutterstock.com/Mark Agnor; **S. 152**/1: Shutterstock.com/Standard Studio, 2: Shutterstock.com/Polina Tomtosova, 3: Shutterstock.com/Photoonlife, 4: Shutterstock.com/Photoonlife, 5: Shutterstock.com/Photoonlife;
S. 156/A: Shutterstock.com/KarepaStock, B: Shutterstock.com/SeventyFour, C: Shutterstock.com/Ground Picture;
S. 157: Shutterstock.com/Wth; **S. 158**/l.: stock.adobe.com/Manuel, r.: Shutterstock.com/UfaBizPhoto; **S. 161**: Shutterstock.com/fizkes;
S. 166: Shutterstock.com/antoniodiaz; **S. 173**/o.: u ©DW.com/profis, A: Shutterstock.com/Sepp photography, B: Shutterstock.com/Peter Gudella, C: Shutterstock.com/Nancy Pauwels, D: Shutterstock.com/Matt Becc, E: Shutterstock.com/Vova Shevchuk;
S. 180/A: Shutterstock.com/fizkes, B: Shutterstock.com/StunningArt, C: Shutterstock.com/Blue Planet Studio, D: Shutterstock.com/BearFotos, E: Shutterstock.com/Kzenon, F: Shutterstock.com/Dusan Petkovic; **S. 181**: Shutterstock.com/ViewFinder nilsophon;
S. 182: Shutterstock.com/Rob Wilson; **S. 186**: Shutterstock.com/Ground Picture; **S. 194**/A: Shutterstock.com/Andrey_Popov, B: Shutterstock.com/KTOGRAPHY, C: Shutterstock.com/SeventyFour, D: Shutterstock.com/Stokkete, E: Shutterstock.com/voronaman, F: Shutterstock.com/industryviews; **S. 195**: Shutterstock.com/vectorfusionart; **S. 196**: Shutterstock.com/g-stockstudio;
S. 200: Shutterstock.com/Kmpzzz; **S. 205**: Shutterstock.com/SlayStorm; **S. 206**: Shutterstock.com/BigPixel Photo;
S. 208/A: Shutterstock.com/frantic00, B: Shutterstock.com/Dean

Drobot, C: Shutterstock.com/Halfpoint, D: Shutterstock.com/Mike_shots; **S. 209**/E: Shutterstock.com/Josep Suria, F: Shutterstock.com/Leika production, G: Shutterstock.com/ART STOCK CREATIVE, H: Shutterstock.com/Gorodenkoff; **S. 210**/u.: Shutterstock.com/Thomas Amby; **S. 211**/u.: Shutterstock.com/New Africa; **S. 213**/o.v.l.n.r.: Shutterstock.com/BongkarnGraphic, Shutterstock.com/guteksk7, Shutterstock.com/FabrikaSimf, Shutterstock.com/Kaikoro, m.: Shutterstock.com/antstang, u.: Shutterstock.com/Rawpixel.com; **S. 214**: Shutterstock.com/Stokkete; **S. 222**/A: Shutterstock.com/Ground Picture, B: Shutterstock.com/Ralf Geithe, C: Shutterstock.com/GaudiLab, D: Shutterstock.com/Ground Picture, E: Shutterstock.com/Unai Huizi Photography, F: Shutterstock.com/FooTToo; **S. 224**/1: Shutterstock.com/Prostock-studio, 2: Shutterstock.com/Evannovostro, 3: Shutterstock.com/Krakenimages.com; **S. 226**/A: Shutterstock.com/Hananeko_Studio, B: Shutterstock.com/Thanakorn.P, C: stock.adobe.com/DailyLifeImages, D: stock.adobe.com/mitifoto, E: Shutterstock.com/Tongpool Piasupun, F: Shutterstock.com/simona pilolla 2; S. 228/o.: Shutterstock.com/Olena Znak; **S. 231**/m.: Shutterstock.com/Bartolomiej Pietrzyk; **S. 233**/m.: stock.adobe.com/Gianfranco Bella; **S. 239**/A: Shutterstock.com/Wellnhofer Designs, B: Shutterstock.com/New Africa, C: Shutterstock.com/Pixel-Shot, D: Shutterstock.com/Skylines, E: Shutterstock.com/Ralf Geithe, u: ©DW.com/profis; **S. 265**: Cornelsen, Ball: Shutterstock.com/BigMouse, Kugel: Shutterstock.com/Macrovector; **U3**: Cornelsen/Maria Funk

Inhalte der Audio-Dateien

Track	Einheit | Übung	Kurztitel
01		Nutzerhinweise
	Einheit 1	
02	A | 2a	Small-Talk-Dialoge
03	C | 2a	Umgangsformen am Arbeitsplatz
04	D | 1a	Wichtig bei der Arbeit
	Einheit 2	
05	A | 1b	Schule, Aus- und Weiterbildung
06	A | 4a	Ein Beratungsgespräch
07	B | 2a	Berufliche Qualifikationen
08	B | 3a	In der Beratungsstelle
09	C | 1a	Berufswege
10	C | 2a	Im Beratungsgespräch
	Einheit 3	
11	A | 2a	Durchsagen
12	C | 2a	Urlaubszeiten planen
13	C | 3a	Urlaubswünsche
14	D | 1a	Eine Radioumfrage
15	D | 1c	Der Arbeitsweg
	Übungen 3	
16	3a	Durchsagen
17	11	Den Urlaubsplan besprechen
	Einheit 4	
18	A | 2a	Arbeitssuche
19	B | 2a	Welchen Beruf hat Cedric?
	Übungen 4	
20	3	Das BiZ
21	14a	Die Jobmesse
	Einheit 5	
22	A | 1b	Beim Arbeitsamt
23	B | 3a	Die offene Stelle
	Einheit 6	
24	A | 4a	Über die Bewerbung sprechen
25	B | 3a	Phasen im Vorstellungsgespräch
26	C | 3a	Das Vorstellungsgespräch
	Übungen 6	
27	2a	Einen Termin verschieben
	Einheit 7	
28	A | 2a	Die ersten Arbeitstage
29	B | 1a	Um Erklärung bitten
30	B | 3b	Wo finde ich …?
31	C | 2a	Eine Arbeitsbesprechung
	Übungen 7	
32	1a	Der erste Arbeitstag
33	4	Am Kopierer
34	10a	Terminplanung
	Einheit 8	
35	A | 1b	Wie war die Nachtschicht?
36	A | 4a	Die Dienstbesprechung
37	B | 1b	Sie wollten mich sprechen?
38	B | 3b	Höflich oder weniger höflich?
39	C | 2a	Telefonieren trainieren
	Übungen 8	
40	12a	Eine telefonische Mitteilung

Track	Einheit | Übung	Kurztitel
	Einheit 9	
41	A | 1a	Arbeitsunfälle
42	B | 2a	Wer sagt was?
43	C | 1a	Ein Notruf
	Übungen 9	
44	9	Ein Notrufdialog
45	10	Ein Unfallprotokoll
	Einheit 10	
46	A | 2b	Vor- und Nachteile der Selbstständigkeit
47	C | 4a	Ein Kündigungsgespräch
48	D | 4a	Häufigste Kündigungsgründe
	Übungen 10	
49	5	Selbstständige in Deutschland
	Prüfungstraining 3 – Hören	
50	Hören 1	Aufgaben 22–29
51	Hören 2	Aufgaben 30–31
52	Hören 3	Aufgaben 32–35
53	Hören 4	Aufgaben 36–40
54	Hören und Schreiben 1	Aufgaben 41–45
	Einheit 11	
55	A | 1b	Arbeit und Termine
56	A | 4a	Pünktlichkeit am Arbeitsplatz
57	B | 1a	Einen Termin vereinbaren
58	B | 2	Eine telefonische Mitteilung
59	D | 2a	Abteilungsprobleme
	Übungen 11	
60	4	Am nächsten Freitag
61	6	Eine Terminvereinbarung
	Einheit 12	
62	A | 1b	Bestellungen und Einkäufe
63	A | 3b	Ein Radiointerview
64	A | 3d	Erwartungen beim Onlinekauf
65	B | 1	Bestellungen
66	C | 3a	Reklamationen
	Übungen 12	
67	3	Unser Angebot
	Einheit 13	
68	A | 1c	Veränderungen am Arbeitsplatz
69	B | 4a	Technologie beruflich nutzen
70	C | 3a	Anruf bei der IT-Hotline 1
71	C | 3b	Anruf bei der IT-Hotline 2
	Übungen 13	
72	7a	Computer und Tablets
73	11	Ein Anruf beim IT-Support
74	13a	KI in der Spedition Huning
	Einheit 14	
75	A | 2a	Ein unbefristeter Vertrag
76	B | 1b	Wer hat welchen Vertrag?
77	C | 1b	Was stört Beschäftigte?
78	D | 1a	Die Gehaltsabrechnung